Sports olympiques
Album officiel
**Montréal
1976**

Olympic Sports
Official Album
**Montréal
1976**

Album officiel

Official Album

Traduit et adapté du français par
Betty Howell

Translated and adapted from the
French by Betty Howell

A Sports Illustrated Book
Little, Brown and Company
Boston, Toronto.

Roger de Groote

Sports olympiques
Album officiel
Montréal
1976

Olympic Sports
Official Album
Montréal
1976

Montréal 1976

Pierre de Coubertin

«Athlètes qui, de vos mains ardentes, allez porter d'Olympie à Berlin le flambeau symbolique, je veux vous dire en quel esprit ma pensée vous accompagne, et quelle signification j'attache à votre effort . . .

«Demandez pour moi à la jeunesse assemblée à Berlin qu'elle accepte l'héritage de mon travail et qu'elle achève ce que j'ai commencé, ce que la routine et la pédanterie ambiantes m'ont empêché d'accomplir jusqu'au bout, afin que soit scellée définitivement l'union des muscles et de la pensée, pour le progrès et pour la dignité humaine.»

Extrait du : dernier message du baron Pierre *de Coubertin* adressé à la veille des Jeux de Berlin en 1936, à la jeunesse du monde.

"You athletes, who will carry the symbolic flame from Olympia to Berlin in your ardent hands, I wish to tell you with what emotion my thoughts accompany you and what significance I attach to your efforts . . .

"Ask for me of the young people gathered in Berlin that they take on the legacy of my work and finish what I have begun, that they complete those things which routine and pedantry have kept me from accomplishing, so that the union of thought and muscle be definitively sealed, for the sake of progress and human dignity."

Quotation from Baron Pierre *de Couber tin's* last message to the young people of the world, sent on the eve of the Berlin Games of 1936.

Lord Killanin

Partis de la volonté d'un homme d'une valeur exceptionnelle les Jeux Olympiques sont aujourd'hui à l'échelle de notre planète. Cependant, parmi les millions de personnes fascinées par le spectacle des luttes pacifiques, combien demeurent des «profanes», combien ignorent l'essentiel des sports dont ils applaudissent pourtant les champions.

Le désir de mettre les Jeux à la portée de tous a guidé la rédaction de ce livre. Après un hommage rendu à la ville qui bientôt recevra le monde entier, cet ouvrage nous conduit aux sources de l'olympisme d'hier et d'aujourd'hui et nous fait revivre quelques-uns des grands moments de l'histoire des sports.

En 1976, les Jeux Olympiques convoqueront à nouveau la jeunesse du monde. Dans nos temps troublés, ils nous apparaissent comme un phare bâti sur le roc. Puisse ce livre contribuer à leur développement et permettre à tous d'en apprécier la portée et leur juste valeur.

Lord Killanin
Président du
Comité International Olympique

Started by the will of a man of great worth, the Olympic Games have today attained importance relative to the real size of our planet. However, among the millions of people fascinated by the spectacle of pacific contests, how many remain "uninitiated", how many are unaware of the main points of the sports, the champions of which they nevertheless applaud?

The desire to put the Games within everyone's reach has guided the writer of this book. After paying tribute to the city which will soon be welcoming the whole world, this book leads us to the sources of Olympism of yesterday and today and revives for us some of the great moments in the history of sport.

In 1976, the Olympic Games will again convene the youth of the world. In our troubled times, they appear to us as a guiding light firmly established on rock. May this book contribute to their development and enable all to appreciate their import and true worth.

Lord Killanin
President
International Olympic Committee

L'Association Olympique Canadienne est fière d'avoir contribué à faire de Montréal et du Canada les hôtes des Jeux de la XXIe Olympiade.

Dès le début du siècle, le Canada a reconnu la valeur et la portée de l'Olympisme. Il a d'ailleurs participé à tous les Jeux de l'ère moderne à l'exception de ceux qui se sont déroulés à Athènes en 1896 et à Paris en 1900.

L'Association Olympique Canadienne mesure l'extraordinaire pouvoir d'émulation que l'Olympisme exerce sur la jeunesse en l'incitant à de saines activités et à la recherche de la perfection dans la pratique du sport.

La compétition sera acharnée mais amicale, et nous croyons fermement que l'Olympisme et les Jeux permettent de transcender la plupart des problèmes qui divisent les nations. Après avoir participé vingt-six fois aux Jeux d'été et d'hiver, le Canada aura l'honneur de recevoir les athlètes du monde entier.

Nous sommes persuadés que les citoyens du Canada se joindront à l'Association Olympique de leur pays pour accueillir avec chaleur les athlètes et les invités à ce grand événement.

Harold M. Wright
Président de
l'Association Olympique
Canadienne

The Canadian Olympic Association is proud of the role it has played in bringing to Canada the Games of the XXI Olympiad to be celebrated in the City of Montreal.

At the beginning of this century, Canada recognized the intrinsic values and the great potential of Olympism and has participated in all Olympic Games of the modern era with the exception of the Games in Athens in 1896 and Paris in 1900.

The Canadian Olympic Association realizes that Olympism is a tremendous inspirational force in the encouragement of youth to participate in healthful recreation and to pursue and develop excellence in their chosen sport.

The Olympic Games competition will be intensive and friendly and we hold to the belief that Olympism and the Games can transcend many of the problems facing the nations of the world today.

Canada, having been guests at 26 Summer and Winter Games, is now honoured to host the athletes of the world at the Games of the XXI Olympiad. We feel confident that the citizens of Canada will join with the Canadian Olympic Association in welcoming the Olympic athletes and guests to this great event.

Harold M. Wright, P. Eng.
President,
Canadian Olympic Association

Le baron Pierre de Coubertin a fait revivre un des événements les plus exceptionnels de toutes les époques, les Jeux Olympiques. Un événement dont il était le seul à soupçonner l'ampleur qu'il prendrait au cours de sa longue et captivante histoire.

Aujourd'hui, l'œuvre du rénovateur des Jeux Olympiques a atteint l'achèvement suprême que doit être le triomphe du Mouvement Olympique : le sport à la portée de tous.

M. Roger de Groote est l'auteur de plusieurs volumes sur l'olympisme. Ses ouvrages dégagent l'élan remarquable d'un monde fantastique, élan qui, d'une olympiade à l'autre, pose le jalon entre l'histoire olympique de l'ère moderne et celle de demain.

M. de Groote est attaché olympique français depuis 1961, il sait de quoi il parle, et le dit avec cette assurance qui s'impose au lecteur conscient de déceler les vertus de l'olympisme dans leurs valeurs les plus intrinsèques.

Cette fois-ci, M. de Groote emmène ses lecteurs au-delà du déjà connu. Il les entraîne vers les sources vives du sport amateur dans un voyage extraordinaire dont le terminus débouche sur les réalités olympiques actuelles.

Pour éviter de se répéter, il a choisi une voie tout autre en scellant ses chapitres et ses illustrations de l'influence formatrice.

Son livre est par conséquent un cours complet sur l'olympisme. Ceux qui le liront s'étonneront des aspirations de l'homme pour l'homme, des avantages pour toutes les nations de se pénétrer des réalités des vastes programmes de l'olympisme qui ouvrent tous sur l'avenue de l'eurythmie.

C. O. R. Rousseau
Président du COJO et
Commissaire général des Jeux de
la XXIe Olympiade

Baron Pierre de Coubertin brought back to life one of the most exceptional events of all time, the Olympic Games. He alone suspected the breadth of its long and captivating history.

Today, the work of the restorer of the Olympic Games has reached its supreme achievement : the triumph of the Olympic movement is the availability of sports to everyone.

Mr. Roger de Groote is the author of several works on the Olympic movement. His books free the remarkable impulse of a fantastic world, an impulse which marks the path of Olympism from the modern era to that of tomorrow.

Mr. de Groote has been French Olympic attaché since 1961, and he knows his subject. He writes with such assurance that the attentive reader cannot help but see the values of Olympism in their most intrinsic state.

This time, Mr. de Groote takes his readers beyond the familiar to the living sources of amateur sport. It is an extraordinary journey, and its last stop is the Olympic reality of today.

To avoid repetition, he has chosen a new way to present the sports, each in its own illustrated chapter, with formative influences carefully documented.

As a result, the book is a complete course in Olympism. Those who read it will be astounded by the grandeur of man's aspirations and convinced of the advantages to all countries of involvement in Olympic programs and of the possibility for all of attaining the goal of "harmonious movement."

C. O. R. Rousseau
President and
Commissioner-General of the
Organizing Committee of the
1976 Olympic Games

Rendez-vous à
la jeunesse du monde

Rendez vous
for the world's youth

Montréal, ville olympique

Montreal, Olympic City

A commencer par celui de sa fondation — et il était de taille — les nombreux défis qui racontent l'histoire de Montréal illustrent les solides vertus de nos ancêtres et la vocation exaltante de cette ville sur le continent nord-américain.

Capitale ni de l'état fédéral canadien, ni de l'état du Québec, Montréal devait quand même devenir l'indiscutable métropole de l'un et de l'autre parce qu'elle portait en elle la promesse d'une grande ville. Grande au sens noble, au sens humain du mot. Ainsi l'avait conçue l'inspirateur de sa fondation, Monsieur de la Dauversière, dès 1635, ainsi l'a fondée Monsieur de Maisonneuve en 1642.

Roger de Groote vient de découvrir Montréal. Il y vit depuis moins de deux ans. Il a vécu assez longtemps sur divers continents pour que sa présentation de Montréal porte son cachet personnel. Une découverte qui ne peut pas ne pas être en un certain sens comparative : ce qui le frappe, ce qu'il retient, ce qu'il veut communiquer. Tout cela, sans doute, par rapport à d'autres images d'autres villes. Peut-être aussi sous le coup de pressentiments ou de visions qu'il a du Montréal de demain et d'après-demain.

Pour le Canadien que je suis depuis quinze générations, et Montréalais depuis trois générations, Montréal c'est la puissance de l'avenir jointe aux forces du passé.

Trait d'union entre le nouveau monde et les vieux continents, Montréal projette, partout et de plus en plus, des scènes de sa vie quotidienne, aujourd'hui comme hier marquée d'audace et de détermination. Montréal est sûrement entrée dans la phase du devenir international.

Merci à Roger de Groote d'aimer Montréal, de le dire et de l'écrire.

Jean Drapeau
Maire de Montréal

From the story of its founding — and it is one of appropriate grandeur — the numerous challenges which constitute the history of Montreal illustrate the solid virtues of our ancestors and this city's call to greatness on the North American continent.

It is the capital neither of Canada nor of the Province of Quebec, yet it is the undisputed Canadian metropolis because it carried within it the promise of a city great in size and great in humanity. This was the hope in 1635 of Monsieur de la Dauversiere, the man who inspired the city's settlement, and also of the man who actually founded the city in 1642, Monsieur de Maisonneuve.

Roger de Groote has just made his own voyage of discovery to Montreal. Although a resident here for less than two years, he has lived long enough elsewhere to appreciate this city and for his appreciation to bear his own personal stamp. Of course his discoveries are subjective : what attracts his attention and what he wants to communicate to others about Montreal are influenced by his experience of other cities. And perhaps too by his vision of Montreal in the future.

As a Canadian for fifteen generations and a Montrealer for three, I see Montreal as combining the power of the future with the forces of the past.

A bridge which links the New World to the other continents, Montreal projects everywhere a life-style which is still marked by boldness and determination. Montreal is clearly embarked on its international phase.

Merci to Roger de Groote for loving Montreal and for writing about this city with his heart so clearly on his sleeve.

Jean Drapeau
Mayor of Montreal

Paul de Chomedey, Sieur de Maisonneuve
Premier Gouverneur de Montréal

Paul de Chomedey, Sieur de Maisonneuve
First Governor of Montreal

Jacques *Cartier* en était à son deuxième voyage au Canada lorsque, remontant l'impétueux courant du Saint-Laurent, il fit la découverte de l'île de 145 000 arpents carrés qui allait accueillir une des grandes villes d'Amérique du Nord. C'était le 2 octobre 1535.

A cette époque, le site était occupé par un groupe d'Indiens qui vivait dans un petit village d'une cinquantaine de maisons de bois, longues d'au moins cinquante pas chacune, construites en rondins et recouvertes d'écorce. Ce village, Hochelaga, était bâti au pied d'une montagne que *Cartier* baptisa Mont-Royal, qui allait donner son nom à l'île toute entière : Montréal.

Un siècle plus tard, le 15 octobre 1641, Paul de *Chomedey* de *Maisonneuve* prenait possession de l'île au nom de la compagnie dont il était le mandataire.

Jacques *Cartier* was sailing up the St. Lawrence River on his second trip to Canada when he discovered the 145 000 acre island that would one day contain one of the great cities of North America. It was October 2, 1535.

At that time the site was inhabited by a small group of Indians, who lived in a village of fifty or so log cabins, each one fifty steps long and covered with bark. This village, called Hochelaga, was located at the foot of a mountain that Cartier christened Mount Royal. Soon it was to give its name to the whole island as Montreal.

On October 15, 1641, more than a century later, Paul de *Chomedy* de *Maisonneuve* claimed the island in the name of the trading company he represented.

Le 18 mai 1642, le Père *Vimont*, face au grand fleuve, à l'orée de la forêt, célébrait la messe de fondation de Ville-Marie, noyau de la future grande cité. Combien par son sermon, prononcé dans un impressionnant décor de nature sauvage, le prêtre se montra prophétique quand il dit :

«Messieurs, ce que vous voyez n'est qu'un grain de moutarde, mais il est jeté par des mains si pieuses et animées de l'esprit de foi et de religion, que sans doute il faut que le ciel ait de grands desseins puisqu'il se sert de tels ouvriers, et je ne fais aucun doute que ce grain ne produira un grand arbre, ne fasse un jour des merveilles, ne soit multiplié et ne s'étende de toutes parts.»

Avec ce premier office divin célébré dans l'île, Montréal venait de naître.

Ville-Marie connut des débuts difficiles. Jusqu'en 1653, elle ne fut qu'un poste militaire soumis à d'incessantes pressions iroquoises et quelque peu abandonné par le gouvernement de Québec «trop loin pour entendre les coups de fusil et pour voir tomber les victimes de sa propre défense.» Cependant, l'arrivée de nouveaux contingents d'hommes engagés en France devait permettre l'établissement d'une véritable colonie. Le territoire de la ville délimité, on procéda à l'attribution de terres arables et de terrains à bâtir ainsi qu'à l'octroi d'aides matérielles et financières. Bientôt, les premiers artisans purent ouvrir boutique tandis que quelques fermes se développaient et que s'installait le clergé paroissial composé de quatre Sulpiciens ramenés de France par M. de *Maisonneuve* à l'occasion d'un de ses voyages à Paris. Ceux-ci remplaçaient les Pères Jésuites qui exerçaient leur ministère depuis la fondation de Ville-Marie.

Tels furent les véritables pionniers de Montréal dont les héritiers, aidés de nouveaux venus et en dépit des innombrables attaques indiennes, devaient donner à la cité un premier essor et au Canada des héros dont les rues, les places, les villes nous rappellent aujourd'hui encore les noms.

Lorsqu'en 1669, M. de *Maisonneuve* se démit de ses fonctions, il pouvait être fier de son œuvre. Un quart de siècle était passé sur Ville-Marie, la cité s'était donnée des structures, s'était développée, ses champs de blé s'étaient multipliés : elle était désormais prête pour de nouveaux progrès. Sa position géographique privilégiée devait d'ailleurs contribuer à sa prospérité future.

Then, on May 18, 1642, *Father Vimont*, standing on the edge of the forest and facing the majestic river, celebrated the inaugural mass in the settlement called Ville-Marie, the heart of the future metropolis. How prophetic were the words of his sermon, delivered in such a grandiose natural setting!

"Gentlemen," he said, "what you see here is only a mustard seed, but it was thrown by hands that are so pious and guided by such deep faith and religion that Heaven indeed must have great expectations to employ such labourers. There can be no doubt that this seed will bring forth a fine tree, one which will work great wonders and grow and expand." With this first religious ceremony the city of Montreal was born.

From the start, Ville-Marie was plagued with troubles. Until 1653, it was only a military outpost, constantly harassed by the Iroquois and neglected by the government of Quebec, which was "too far away to hear the firing of the muskets and see the victims fall in its defense." However, the arrival of several contingents of settlers recruited in Europe led to the establishment of a real colony. Once the boundaries of the future city had been set, land was parcelled out for housing and farming, and financial assistance and supplies were made available. It was not long before the first shops opened and the farmers gathered their first harvests. The clergy, consisting of four Sulpicians brought back from one of his trips to France by Monsieur de *Maisonneuve*, set up their parishes. They replaced the Jesuits, who had ministered to the spiritual needs of Ville-Marie since its founding.

These were Montreal's real pioneers, whose descendants, with the help of new arrivals, were to ward off numerous Indian attacks. They gave the city its start and Canada its heroes, whose names now adorn the streets, squares and even cities of this country.

When Monsieur de *Maisonneuve* stepped down from his post in 1669, he could be proud of his work. In a quarter of a century, the settlement of Ville-Marie had become a well-organized city. It had spread out; the number of wheat fields under cultivation had increased substantially, and it was now ready for new progress. Its remarkably favourable location was the key to Montreal's future prosperity.

Le port de Montréal vers la fin de l'ère de la navigation à voile

Montreal's harbour at the end of the age of sail

Au carrefour de la navigation fluviale, en liaison directe avec l'Europe à l'est et les Grands Lacs à l'ouest, l'île de Montréal était naturellement destinée à devenir un important nœud de communications et un grand centre commercial et industriel.

Le fructueux marché de la fourrure fut longtemps une des principales activités de la ville. De quelques dizaines en 1642, les habitants étaient 584 en 1665, et plus de 2 000 en 1685. Pourtant la paix était loin de régner. Les Iroquois, soutenus par les Anglais, se montraient de plus en plus audacieux et leurs attaques se faisaient de plus en plus meurtrières. Les rivalités franco-anglaises venaient encore ajouter aux difficultés de la jeune colonie. Cette situation troublée aurait pu durer longtemps encore si deux évènements importants n'y avaient mis fin : l'entente des deux couronnes concrétisée par le Traité de Ryswick signé en septembre 1697 et la paix générale conclue trois ans plus tard avec toutes les tribus indiennes. Cet accord appelé la «*Grande Paix de Montréal*» et unique dans l'histoire de la ville, fut signé le 8 septembre 1700. Ce jour-là, au milieu d'un camp militaire, le Gouverneur général accompagné de ses proches collaborateurs et des plus hautes personnalités ecclésiastiques de Montréal ainsi que les dix-neuf délégués des tribus indiennes revêtus de leur costume d'apparât, apposèrent qui sa signature qui son signe symbolique sur les parchemins qui mettaient fin à

At the heart of the river navigation routes, with Europe directly accessible to the east and the Great Lakes to the west, the island of Montreal was destined by nature to become an important communications crossroads and a great commercial and industrial centre.

The thriving fur trade was one of the city's principal activities for many years. Montreal had grown from a handful of traders in 1642 to 584 inhabitants in 1665 and then more than 2 000 in 1685. However, times were far from peaceful. The Iroquois, with the help of the British, were becoming more and more daring, and their attacks on the settlement more and more devastating. The rivalry between the English and the French added much to the infant colony's troubles, and this troubled situation would have continued much longer, had it not been for two important events : the agreement between the two powers that was confirmed in the Treaty of Ryswick, signed in September, 1697, and the general truce concluded three years later with the Indian tribes. This agreement, called the "Great Truce of Montreal", is unique in the city's history. On September 8, 1700, the Governor-General, his closest associates, and high-ranking members of the Montreal clergy met in the middle of a military camp with nineteen delegates from the Indian tribes dressed in their ceremonial robes. They placed their signatures or put their marks on the parchment and thereby put an end to sixty

une guerre de soixante ans dont la ville avait tant souffert depuis sa fondation. Montréal put enfin se consacrer entièrement à son développement et renforcer son organisation civile. Les religieux prirent en charge l'enseignement, créèrent des écoles en même temps que des institutions hospitalières.

Malheureusement, la paix à peine conclue avec les Indiens, la guerre de Succession d'Espagne, déclarée le 15 mai 1702, allait de nouveau plonger Anglais et Français d'Amérique dans la discorde. Citoyens de Montréal et de Deerfield allaient s'entretuer parce que, à des milliers de kilomètres, le Duc d'Anjou montait sur le trône d'Espagne. Cet épisode sanglant dura quelques années. En réalité, c'est à partir de 1709 que la ville s'affranchit de la guerre. En effet, les Iroquois respectèrent toujours les termes de l'accord de 1700 et lorsque les Anglais reprirent la lutte, ce fut en dehors des limites de la cité. Cette paix se prolongea jusqu'en 1760. Pourtant, par prudence sans doute, ce fut pendant cette époque de tranquillité que Montréal devint une ville fortifiée, entourée d'une muraille hérissée de bastions qui devait par la suite se révéler inutile. Par ailleurs, deux incendies, l'un accidentel en 1721 et l'autre criminel en 1734, devaient en partie détruire la basse ville. Édifices et habitations furent chaque fois reconstruits sur les anciennes ruines.

Nous avons vu que depuis sa création, Montréal était le principal marché de la fourrure du pays. Chaque année, les Indiens descendaient à Ville-Marie avec le produit de leur chasse et troquaient les peaux de castors, de renards, d'orignaux, etc. contre des armes et des munitions, des étoffes, des ustensiles divers et surtout de l'alcool. Ce commerce devait bien sûr favoriser la création d'autres activités et bientôt on vit apparaître les premières manufactures de tissage, des briquetteries, des tuileries (1705), et autres fabriques d'objets de nécessité dont la production locale était rendue indispensable par les difficultés que soulevait leur importation d'Europe.

Étrange destin que celui des colons d'Amérique dans l'obligation de se battre à cause de différends européens. Le Canada vivait en paix depuis trente ans quand, de 1745 à 1748, la guerre de Succession d'Autriche le plongea dans de sanglants combats. Cependant, si les miliciens de Montréal participèrent à plusieurs expéditions, la ville fut épargnée.

years of warfare that had caused the city such suffering since its founding. Montreal could finally concentrate its attention entirely on its development and strengthen its civic organization. The religious orders took charge of education, establishing schools and setting up hospitals.

Unfortunately, peace had hardly been secured with the Indians when the War of the Spanish Succession broke out on May 15, 1702, rekindling hostilities between the English and French in North America. There was violence between the citizens of Montreal and Deerfield simply because thousands of kilometers away the Duke of Anjou was trying to take the throne of Spain. This bloody interlude lasted seven years, and in fact, it was only from 1709 that the city was free of conflict. Since the Iroquois respected the terms of the agreement they had made in 1700, the city was not threatened when the English resumed fighting. This peace lasted until 1760, but it was during this era of tranquility that prudence dictated the building of fortifications. Montreal was surrounded by a wall bristling with bastions that proved to be quite useless when the time came to use it later on. Two fires, an accidental one in 1721 and one which had been set in 1734, would partially destroy the lower town, but each time the homes and buildings were rebuilt on top of the ruins.

As we mentioned, Montreal was the country's principal fur market. Each year the Indians came to Ville-Marie with the results of their hunting and trapping, and they exchanged beaver, fox, moose and other skins for arms and ammunition, cloth, various tools, and especially alcohol. This trade clearly benefited the development of other industries, and soon there appeared the first weavers and other artisans, who provided the necessary objects which took too long to come from Europe. The first brickyards and tile works opened in 1705.

It was the curious destiny of the colonists to have to fight in North America because of European quarrels. Canada had been at peace for thirty years when the War of the Austrian Succession plunged it into fresh combat from 1745 to 1748. However, although Montreal's militiamen participated in several expeditions, the city itself was spared.

Le magnifique
choeur de l'église
Notre-Dame

Magnificent
altar of the Church of
Notre-Dame

Huit ans plus tard, en 1756, un nouveau conflit éclatait entre l'Angleterre et la France. Il devait se terminer le 8 septembre 1760 par la capitulation de Montréal qui sonnait le glas de l'Empire Français d'Amérique.

Le Traité de Paris, signé le 10 février 1763, céda définitivement le Canada à l'Angleterre. En 1764, les districts indépendants de Trois-Rivières et de Montréal furent abolis, leurs territoires assujettis au gouvernement de Québec – la justice adopta les normes anglaises. Déjà éprouvés par la perte de leurs privilèges et de leurs lois, remplacées par de nouveaux textes inconnus, synonymes de dépenses et de tracasseries, et par la prise de contrôle des sources de richesse nationale par les Anglais, les Canadiens de Montréal durent subir deux fois encore les effets d'énormes incendies dont l'un détruisit toute la partie Ouest de la ville et l'autre tout un faubourg.

Dès 1775, profitant de la confusion de la situation interne, les Américains menèrent au Canada une campagne de propagande en agitant notamment la menace d'un soulèvement populaire. Cette campagne préparait l'invasion que clôtura la capitulation de Montréal aux mains des troupes du général *Montgomery*. Ainsi la ville devint américaine, à la satisfaction de certains mais dans une indifférence presque générale. Cette aventure ne devait d'ailleurs durer que quelques mois : en juin 1776, les troupes anglaises reprirent la cité sans avoir à combattre.

Au début du XIXe siècle, Montréal n'était encore qu'une petite ville de 20 000 habitants, divisée en deux quartiers principaux, la haute ville et la basse ville, avec chacun un axe coupé à angle droit par des rues transversales.

Eight years later, in 1756, a new conflict broke out between England and France. It would end on September 8, 1760, with the surrender of Montreal, sounding the death knell of the northern French Empire in America.

By the terms of the Treaty of Paris, signed on February 10, 1763, Canada was now English territory. In 1764, the independent districts of Three Rivers and Montreal were abolished and their territories placed under the government of Quebec. The courts adopted the English judicial system. Already sorely tested by the loss of their old laws, now replaced by new and unfamiliar texts, and the English take-over of their natural resources, the Canadians of Montreal now had to suffer twice more the effects of extensive fires, one of which destroyed the whole western part of the city and the other an entire neighbourhood.

By 1775, taking advantage of the confused internal situation, the Americans launched a propaganda campaign in Canada, attempting to incite popular insurrection. This campaign paved the way for the American invasion of Canada, culminating with the capitulation of the city of Montreal to General *Montgomery* and his troops. Thus, the city became American, to the satisfaction of some but the general indifference of most of the population. This Yankee interlude did not last more than a few months : in June, 1776, the British troops retook the city without having to fight a battle.

At the beginning of the 19th century, Montreal was still just a small city of 20 000 people, divided into two main sections an upper town and a lower town, each one built along a main street that was interrupted at right angles by cross streets.

En 1801, la démolition des inutiles fortifications fut décidée. Elle devait s'achever en 1817.

A la suite d'un nouvel incendie, véritable fléau qui ravagea encore de nombreuses maisons, la construction d'un aqueduc fut entreprise. C'est également au début du XIXe siècle que Montréal prit véritablement conscience de ses possibilités maritimes. Un actif industriel, John *Molson*, fit construire l'*Accomodation*, premier navire à vapeur en service au Canada. Le 3 novembre 1809, ce bateau entreprit son voyage inaugural entre Montréal et Québec qu'il relia en trente-six heures. Mais le Saint-Laurent était sinueux et son lit par endroits peu profond. On entreprit donc de draguer le fleuve et d'en redresser le chenal afin de permettre l'accès à des bateaux de plus en plus grands. D'ailleurs, vers 1815, une dizaine de navires assuraient la liaison avec Québec, et bientôt le port de Montréal s'ouvrit à la navigation océanique. Une nouvelle industrie naquit : la construction navale.

En 1812, la guerre canado-américaine éclata mais elle devait vite se terminer en épargnant la ville qui put ainsi continuer à progresser malgré les malheurs qui s'abattirent sur elle : incendies (1825), épidémie de choléra (1832) qui fit 1 904 victimes et, bien sûr, luttes internes pendant la rébellion de 1837.

C'est le 3 juin 1833 que l'autonomie municipale fut accordée à Montréal. Le 5 juin, le premier Conseil, composé de neuf Anglais et de sept Canadiens français, tint sa séance inaugurale au cours de laquelle M. Jacques *Viger* fut choisi comme premier Maire.

Le 19 juillet, les armes de Montréal dessinées par *M. Viger* lui-même étaient adoptées, ainsi que la devise : *Concordia Salus*.

La rébellion de 1837 valut à la ville d'être soumise à la loi martiale de 1837 à 1840 et de perdre ses prérogatives municipales. Elle les recouvra en partie en 1840, avec la nomination par le Gouverneur d'un maire, M. Peter *McGill*, et en totalité en 1843, lorsque le Conseil municipal élu désigna M. Joseph *Bourret* comme successeur au maire imposé. C'est à partir de 1852 que l'élection du Premier magistrat releva du suffrage populaire.

En 1844, Montréal connut un important évènement sportif. Pendant deux jours, les 28 et 29 août, se déroulèrent les premiers «Jeux Olympiques» de la municipalité, comme en témoigne un article paru le 5 août dans le journal *La Minerve*.

In 1801, it was decided to demolish the useless fortifications. This task was finished in 1817.

Following another disastrous fire, an aqueduct was finally built. And it was also in this era that Montreal really awoke to its potential as a seaport. John *Molson*, a successful industrialist, built "The Accommodation," the first steamship in service in Canada. On November 3, 1809 this ship made its maiden voyage from Montreal to Quebec, a trip which took thirty-six hours. But the St. Lawrence was far from straight, and the river bed was very shallow in some places. Dredging operations were begun to cut a straight channel and permit access to larger ships. By 1815, a dozen or more ships maintained contact with Quebec, and soon the port of Montreal would be open to ocean-going traffic. The shipbuilding industry was born.

The War of 1812 broke out, with the inevitable conflict between Canada and the young United States, but it ended quickly, sparing the city any significant involvement. Despite a series of misfortunes — the fires of 1825, the cholera epidemic of 1832 which claimed 1 904 lives, and of course the internal conflicts during the 1837 rebellion — progress and continued expansion were still possible.

On June 3, 1833 the city was granted municipal autonomy. The first city council, made up of nine Englishmen and seven French Canadians, held its first session on June 5 of that year, and Jacques *Viger* was elected the first mayor of Montreal.

On July 19, Montreal's coat of arms, designed by M. *Viger* himself, was adopted by the council, along with the motto, *Concordia Salus*.

Because of the Rebellion of 1837, the city was under martial law from 1837 to 1840, and its municipal rights were suspended. They were partially restored in 1840, when the Governor appointed Peter *McGill* mayor, and totally returned in 1843, when the elected city council chose Joseph *Bourret* as successor to the appointed mayor. Since 1852, the first magistrate of the city has been elected by popular vote.

In 1844, Montreal witnessed an important sporting event. For two days, August 28 and 29, the municipality's first "Olympic Games" were held, as described in an article which appeared on August 5 in "La Minerve".

La période 1845-1860 fut marquée par une série d'évènements qui, sans l'arrêter, devaient freiner l'expansion. Les Montréalais eurent à subir notamment :

■ L'épidémie de typhus de 1847 qui coûta la vie à 3 860 Irlandais nouvellement arrivés au Canada.

■ Les inondations de 1848 et les nombreux incendies dont le plus désastreux fut celui du 9 juillet 1852 qui détruisit des centaines de maisons. La même année une terrible conflagration ravagea 1 200 constructions.

■ Les émeutes de 1849, séquelles des troubles de 1837, au cours desquelles les Montréalais incendièrent l'Hôtel du Gouvernement.

■ L'épidémie de choléra de 1849 qui fit 500 victimes en quelques jours. Cinq ans plus tard, une nouvelle épidémie emportait près de 1,200 personnes. Toutes ces épidémies eurent la même origine : l'absence d'hygiène à bord des navires qui transportaient les immigrants d'Angleterre et d'Irlande.

Durant l'été 1855, la France devait réapparaître au Canada quand le navire de guerre *La Capricieuse* fit son entrée à Montréal sous les acclamations de toute la population canadienne française. L'heure était, il est vrai, favorable à cette reprise de contact, d'autant plus que Anglais et Français étaient unis dans la guerre de Crimée.

C'est le 5 août 1858 que le Canada fut rattaché à l'Europe par le premier câble transatlantique et le 24 août 1860 que le Prince de Galles, futur Edouard VII, inaugura le pont Victoria, construction gigantesque reliant les deux rives du Saint-Laurent.

De 1871 à 1890, la population de Montréal passa de 180 000 à 210 000 âmes. C'est durant cette période que de nombreuses rues furent construites, ou améliorées, pour atteindre une longueur totale de 180 milles, et que furent aménagés : le parc Mont-Royal (1872), le parc de l'île Sainte-Hélène (1873), le parc Lafontaine (1888).

En 1910, la population de Montréal atteignait 480 000 habitants et la ville était devenue un centre important. Cette année-là, son port reçut 747 navires et 2 234 722 tonnes de marchandises. Dès leur début, les chemins de fer s'étaient rapidement développés ; ils ne devaient pas tarder à rayonner autour de la cité, la reliant à Québec, à la rivière Richelieu, à Portland dans le Maine, puis à New York, à Toronto, à Ottawa et finalement à Vancouver.

The period from 1845-1860 was marked by a series of events which considerably slowed down the city's had to face.

■ The typhus epidemic of 1847, which took the lives of 3 860 newly arrived Irish immigrants.

■ The floods of 1848 ; and numerous fires, the most disastrous of which occurred on July 9, 1852 and destroyed hundreds of homes. That same year another terrible conflagration destroyed 1 200 buildings.

■ There were the 1849 riots, a sequel to the incidents of 1837, during which the people of Montreal set fire to Government House.

■ The cholera epidemic of 1849 claimed 500 victims in just a few days, and five years later another epidemic carried off nearly 1 200 people. All these epidemics had the same source : the lack of hygienic conditions on board the ships carrying immigrants to Canada from England and Ireland.

During the summer of 1855, contact was re-established with France when the warship "La Capricieuse" arrived in Montreal to the cheers of the whole French Canadian population. This was a good time for a renewal of contact, because the English and French were allies in the Crimean War.

On August 5, 1858, Canada was linked to Europe by the first transatlantic cable, and on August 24, 1860, the Prince of Wales, the future Edward VII, opened the Victoria Bridge, a massive ironwork structure which connected the two shores of the St. Lawrence River.

From 1871 to 1890, the population of Montreal grew from 180 000 to 210 000. During this period, many streets were built or improved, reaching a total length of 180 miles. The major parks were laid out at this time : Mount Royal Park in 1872, the park on St. Helen's Island in 1873, and Lafontaine Park in 1888.

By 1910, the population of Montreal had reached 480 000, and the city had become an important Canadian centre. That year its port was visited by 747 ships and 2 234 722 tons of freight were handled. Once begun, the railways had developed very rapidly. They quickly extended out in all directions from the city, at first to Quebec, the Richelieu Valley, and Portland, Maine, and then to New York, Toronto, Ottawa, and finally Vancouver.

Les escaliers extérieurs, particularité de Montréal

Outside staircases, a characteristic of Montreal

Tout ce développement devait assurer à Montréal les bases de son activité : l'industrie et la finance. A mesure que progressait la cité, la région environnante fournissait une main-d'œuvre de qualité. L'essor économique ne devait pas s'arrêter.

Comme nous l'avons vu, l'histoire des Montréalais est bien particulière. En 1706, la majorité de la population était française. Au cours du demi-siècle suivant, l'élément anglais s'accrut, d'abord lentement, ensuite à un rythme plus rapide, si bien qu'en 1830, les deux groupes étaient d'égale importance. Plus tard, avec l'immigration irlandaise massive, la majorité devint anglophone. C'est à partir de 1860 que cette tendance se renversa, les Canadiens français reprirent un tel avantage qu'ils constituèrent bientôt les deux tiers de la population, l'autre tiers se partageant entre Canadiens anglais et immigrants. C'est ainsi que Montréal devint la plus grande ville d'expression française hors de France.

Aujourd'hui on peut affirmer que la prophétie du Père *Vimont* s'est pleinement réalisée. Montréal, que l'Exposition Universelle de 1967 a véritablement placée sur la carte du monde, est devenue une des plus grandes métropoles de l'Amérique du Nord. Elle occupe un territoire de 155 kilomètres carrés, soit les trois dixièmes de la surface totale de l'île qui, avec ses vingt-huit municipalités de banlieue, couvre 518 kilomètres carrés.

All this development secured for Montreal the required foundation for the next areas to be developed : finance and industry. As the city grew, the surrounding regions provided skilled manpower.

As we have seen, the history of the people of Montreal is quite special. In 1706, the majority of the population was French. During the next half-century, the English element increased, at first slowly and then at a more rapid pace, so that by 1830, the two groups were of equal size. Later, with the massive immigration from Ireland, the majority was English-speaking. From 1860 on, this tendancy began to reverse, and soon the French Canadians regained a numerical advantage, so that they made up two-thirds of the population, the other third being English Canadians and immigrants. That is how Montreal became the largest French-speaking city outside France.

It is easy to see today that Father *Vimont's* prophecy has been fulfilled. The 1967 World Exhibition gave Montreal a world-wide reputation, and it is now recognized as one of North America's largest urban centres. The city itself occupies an area of 155 square kilometers, which is three-tenths of the surface of the Island of Montreal, and when combined with its twenty-eight suburban communities, it covers an area of 518 square kilometers.

Place Jacques
Cartier, rendez-vous
des noctambules

Place Jacques
Cartier, rendez vous
of the night owls

Métro de
Montréal, le plus
moderne du monde

Montreal's
Metro, the most
modern subway in
the world

La population de Montréal s'élève
à 1 400 000 habitants. Celle de la
région métropolitaine atteint 2 800 000
âmes, soit 42% de la population du
Québec.

Le Montréal industriel et commercial dispose, à 1 500 kilomètres de
la mer, du plus grand port intérieur du
monde, origine du développement des
industries de la région qui se répartissent dans de nombreuses zones et qui
concernent les branches les plus diverses : de la pétrochimie à l'électronique, en passant par l'aéronautique,
les constructions ferroviaires, les biens
d'équipements, les textiles, le papier,
etc.

Montreal's population is now
1 400 000, and the metropolitan region
has 2 800 000 inhabitants – 42% of
the population of the province of
Quebec.

*Industrial and commercial
Montreal*, 1 500 kilometers from the
sea, is served by the world's largest
inland port. This unique situation has
facilitated the development of the most
varied kinds of industries in the region :
from petrochemicals to electronics,
from aircraft and railway industries to
consumer products, textiles and paper.
Montreal has not only the head
offices of the two Canadian railways,
whose extensive networks link the city
with all the major centres of North
America, but also the headquarters of
the International Civil Aviation Organization (ICAO) and the International
Air Transport Association (IATA),
making the city the world's aviation
capital. And just opened is the city's
giant new airport, called Mirabel,
which is used by the world's major
airlines.

17

Place des Arts,
rendez-vous de la
culture

Place des Arts,
cultural meeting
place

Montréal est non seulement le siège des deux grandes compagnies de chemins de fer du pays dont les réseaux permettent des liaisons avec toutes les grandes villes américaines, mais aussi celui de l'Organisation de l'Aviation Civile Internationale (O.A.C.I.) et de l'Association du Transport Aérien International (A.T.A.I.) qui en font la capitale mondiale de l'aviation. D'ailleurs, la cité vient d'être dotée d'un nouvel aéroport géant, Mirabel, desservi par toutes les grandes compagnies aériennes du monde.

Le Montréal de la Culture, des Arts et des Sciences compte deux universités de langue française et deux de langue anglaise. Dans le domaine de la médecine et de la recherche scientifique, la réputation de la ville n'est plus à faire. La métropole offre entre autres : un conservatoire de musique et d'art dramatique, un complexe réservé aux arts du spectacle – la Place des Arts,– siège de son orchestre symphonique –, plusieurs écoles de danse, un planétarium, un aquarium, un merveilleux jardin botanique, un musée d'art contemporain, une importante bibliothèque, et surtout l'imposante exposition culturelle populaire «Terre des Hommes», héritière d'Expo '67, qui reçoit chaque année des millions de visiteurs.

Montréal possède enfin un important système scolaire placé sous la responsabilité de deux conseils – l'un catholique, l'autre protestant – qui administrent des écoles françaises et anglaises.

Le Montréal touristique présente de nombreuses particularités qui étonnent toujours les visiteurs. Parmi celles-ci figure en bonne place, le caractère cosmopolite de la ville où les immigrants venus du monde entier ont apporté avec eux beaucoup de leur pays et sont parvenus, par un heureux mariage de leurs coutumes et des moeurs locales, à s'adapter à leur nouveau milieu tout en préservant l'essentiel de leur culture.

As a cultural centre, Montreal is known for its support of arts and sciences and as the home of two French-language and two English-language universities. The city has a world-wide reputation for excellence in medicine and scientific research, as well as a conservatory of music and dramatic arts, Place des Arts, the concert hall and theatre complex which is the home of the Montreal Symphony Orchestra, and schools of dance. There is a planetarium, aquarium, the exceptional botanical gardens, a museum of contemporary art, libraries, and, most famous outside the city, the popular cultural exhibition "Man and His World," the successor to Expo '67, which welcomes millions of visitors each year.

Montreal's public school systems, under the jurisdiction of two separate councils, one Catholic and the other Protestant, administer the self-contained French and English schools.

Montreal offers the tourist numerous surprises. First of all is the city's cosmopolitan character. Immigrants from all over the world have brought much of their local colour with them and have succeeded in adapting to their new environment while preserving the essence of their native culture.

No matter their race, colour or creed, the 400 000 people of varied backgrounds who have chosen to live in this great city, often grouped in neighbourhoods they themselves have created, are above all else Montrealers, and very few of them intend to live anywhere else. With this ethnic variety comes the diversity of religions, and there are numerous religious denominations and groups.

This special situation makes Montreal a truly international city. It doesn't take new arrivals long to feel at home. The art of eating well has developed to a level that has no rival anywhere in North America, and more than 6 000 restaurants offer the cuisine of thirty different countries. There are stores offering the most varied and exotic articles.

The city's hotel facilities are excellent. Vast construction programs are underway to meet an ever-increasing demand, and Montreal will be able to accommodate with a wide range of styles and prices, the large numbers of spectators who will come to watch the 1976 Olympic Games.

Qu'elles aient le teint clair, les yeux bridés, la peau colorée, les cheveux blonds ou bruns, les 400 000 personnes de toutes origines qui vivent dans la grande cité, regroupées dans des quartiers souvent créés par elles, sont avant tout Montréalaises. Bien peu, en effet, envisagent d'aller ailleurs. Parallèlement à cette mosaïque de races, on trouve bien sûr une diversité de religions.

Cette situation privilégiée fait de Montréal la ville de tout le monde : très vite les nouveaux venus s'y sentent chez eux. Plus de 6 000 restaurants, où l'art du bien-manger n'a pas son égal en Amérique, proposent la cuisine de trente pays. Les articles les plus divers et les plus exotiques sont offerts par de nombreux magasins.

Dans le domaine de l'hôtellerie, les possibilités de la ville sont grandes. Afin de répondre à une demande de plus en plus importante, de vastes programmes de constructions sont en cours de réalisation ils permettront à Montréal d'accueillir les innombrables spectateurs des Jeux Olympiques de 1976.

La vie souterraine de Montréal constitue une attraction qui ne manque pas de surprendre. La métropole du Canada est en effet la seule ville où les voyageurs arrivant par le train dans la gare souterraine peuvent accéder à plusieurs grands hôtels, à une multitude de magasins et supermarchés, à des dizaines de restaurants, à de nombreuses salles de spectacles, sans avoir à mettre le nez dehors : il leur suffit d'emprunter les galeries commerçantes, les passages en sous-sol, et bien sûr, le métro le plus moderne au monde. Cette particularité a d'ailleurs fait déclarer à un éminent urbaniste que Montréal était l'unique ville à avoir quatre dimensions.

La visite de la ville comporte des itinéraires aux constrastes saisissants. Du Montréal moderne qui s'enorgueillit de la Place Ville-Marie, avec son gratte-ciel cruciforme, de la Place Bonaventure, plus grand édifice commercial du monde après le Merchandise Mart de Chicago, de la Place des Arts, coeur de la vie artistique locale, et du Complexe Desjardins, de construction récente, rien n'est plus facile de gagner le Montréal historique tout proche. Là commence une promenade dans le temps, dans un autre monde qui évoque les grands moments de l'histoire à laquelle fut si étroitement mêlé le vieux continent.

Montreal's underground city is an attraction which never fails to excite and surprise its visitors. Canada's metropolis is the only city where travellers who arrive by train in a subterranean central station have access to one of many grand hotels, a multitude of stores and supermarkets, dozens of restaurants, and numerous theatres, without ever having to step out-of-doors. He can get to department stores, shop in modern boutiques in the underground passageways, and, of course, ride the world's most modern subway in this way. One eminent city planner has said that with these unique facilities, Montreal is the only city in the world with four dimensions!

A tour of the city can take routes of delightful contrasts. From modern downtown Montreal, with the cross-shaped skyscraper at Place Ville-Marie, to Place Bonaventure, the world's second largest commercial building (after Chicago's Merchandise Mart), from Place des Arts, heart of the local artistic community, to newly built Complex Desjardins, close-by historic Montreal is easily reached. There you can take a walk through time into another world, evoking the great moments of history which link two continents.

No tourist should miss this walk through the past, which begins at Place d'Armes, dominated by the monument to the city's founder. From there you go to the Seminary of St. Sulpice, opened in 1685, and then to the Church of Notre-Dame, a pseudo-Gothic building whose windows tell the main events of the colony's history, and which many consider one of the most beautiful churches of North America. Then on to the old Palace of Justice, with its Greek columns. Opened as a courthouse in 1856, it is now the headquarters of the Organizing Committee for the 1976 Olympic Games (COJO). From here, you can admire Place Jacques-Cartier, with its Nelson's column, Montreal's oldest monument, and also Place Vauquelin across the street, with its fountain and statue of Jean Vauquelin, heroic but tragic defender of Quebec in 1760. Finally, there is the renaissance-style City Hall, reminiscent of the Hotel de Ville in Paris, and across from it the historic Chateau de Ramezay, which now houses the city's museum. This walk through time can go on with a visit to the Church of Notre-Dame-de-Bonsecours, the sailor's refuge, the house of the Patriotes, Place Youville, which has been recently restored, Place Royale and its obelisque commemorating the founding of Ville-Marie. Of course,

En débutant par la Place d'Armes où se dresse le monument du fondateur de la ville, cet indispensable voyage dans le passé vous conduira successivement vers : le séminaire de Saint-Sulpice inauguré en 1685, Notre-Dame, la plus belle église de l'Amérique du Nord, construction pseudo-gothique dont les vitraux relatent les principaux évènements de la fondation de la colonie, le vieux Palais de Justice, aux colonnades grecques, inauguré en 1856 et aujourd'hui siège du Comité organisateur des Jeux Olympiques. Ensuite, il vous permettra d'admirer la Place Jacques-Cartier et sa colonne Nelson, le plus ancien monument de Montréal, la Place Vauquelin et la statue de Jean *Vauquelin*, infortuné mais héroïque défenseur de Québec en 1760, l'Hôtel de ville de style renaissance, qui rappelle celui de Paris, ainsi que le château de Ramezay, musée historique de la cité. Enfin, cette promenade se terminera par une visite de Notre-Dame de Bonsecours qui fut le refuge des marins, de la maison Del Vecchio, de la maison du Patriote, de la Place Youville avec ses écuries récemment restaurées, de la Place Royale et de l'Obélisque qui commémorent la fondation de Ville-Marie. Si cet itinéraire constitue pour les touristes une promenade de choix, là ne s'arrête pas la découverte de la ville qu'il ne faut surtout point quitter sans avoir vu le plus grand planétarium du Canada, l'Oratoire Saint-Joseph, la Christ Church Cathedral, église gothique du diocèse anglican de la ville, les îles de l'archipel Hochelaga dont la principale, l'île Sainte-Hélène et ses voisines sont le site de la populaire exposition «Terre des Hommes». Les visiteurs peuvent d'ailleurs saisir cette occasion pour se rendre également à l'Aquarium, au Musée militaire et maritime, au Musée d'art contemporain situés à proximité.

Les touristes peuvent évidemment découvrir encore beaucoup d'autres choses à Montréal. Mais surtout, que nul ne quitte la ville sans avoir contemplé du haut du Mont-Royal le remarquable panorama qui le soir se transforme en une fééric de lumières.

there are many other things for the tourist to discover in Montreal. He ought to see Canada's largest planetarium, the Oratory of St. Joseph, and Christ Church Cathedral, home of the city's Anglican diocese. He should visit the islands in the St. Lawrence, including St. Helen's island with the aquarium, the military and naval museum, the Cité du Havre, with the museum of contemporary art and the world-famous structure "Habitat '67", and of course the popular exhibition "Man and His World".

But most of all, no tourist should leave Montreal without having watched from the top of Mount Royal the transformation of the city into a fairyland of lights as night falls over the city. It is an unforgettable experience.

Montréal la nuit,
féerie de lumières

Montreal, a
night-time fairyland
of lights

Le Montréal olympique. Lorsque
le 12 mai 1970 le Comité International
Olympique confia à la ville de Montréal
la responsabilité d'organiser les Jeux
de la XXIe olympiade, M. Jean *Drapeau*
venait de remporter une grande victoire et de prendre un engagement
solennel.

Ce jour là, le Maire de la ville élue
n'était pas seul : quelques-uns des
pionniers de la grande aventure l'ac-
compagnaient. Aujourd'hui, l'équipe
a grandi. Contre vents et marées, dé-
jouant les embûches, elle met tout en
œuvre pour mener à bien la mission qui
lui a été confiée.

Après les Jeux, les nombreuses
installations dont on a tant parlé, feront
pour longtemps de Montréal une des
villes les mieux équipées du monde dans
le domaine des aménagements sportifs.
Ces installations seront les suivantes :

Olympic Montreal. When the
International Olympic Committee gave
the responsibility of organizing the
Games of the XXI Olympiad to the
City of Montreal on May 12, 1970,
Jean *Drapeau* had both won a great
victory and undertaken an awesome
responsibility.

On that day in Amsterdam, the
Mayor of the chosen city was not
alone ; with him were other supporters
of this great adventure. Today, the few
have become many, and a well-knit
team is devoting all its efforts to the
successful completion of this task.

After the Games Montreal will be
one of the world's best-equipped
sports cities. The facilities, which have
been talked about all over the world,
are as follows :

Installations	Installations	Sports olympiques	Olympic sports	Capacité en en spectateurs Seating capacity
Constructions neuves	_New construction_			
Stade olympique	Olympic stadium	Cérémonie d'ouverture et de clôture Athlétisme Football (finales) Sports équestres (sauts d'obstacles par équipes)	Opening and closing ceremonies Athletics Football finals Equestrian sports (Team jumping)	70 000 55 000 (après les Jeux) (after the Games)
Piscine olympique	Olympic pool	Natation Plongeons Water-polo (éliminatoires et finales)	Swimming Diving Water polo (preliminaries and finals)	9 000 1 500 (après les Jeux) (after the Games)
Vélodrome olympique	Olympic velodrome	Cyclisme Judo	Cycling Judo	7 000
Bassin olympique	Olympic rowing basin	Aviron Canoë-Kayak	Rowing Canoeing, kayak	30 000
Centre Etienne-Desmarteaux	Etienne-Desmarteaux Centre	Basket-Ball (éliminatoires)	Basketball (preliminaries)	4 500
Centre Claude-Robillard	Claude-Robillard Centre	Handball (éliminatoires) Water-polo (éliminatoires)	Handball (preliminaries) Water polo (preliminaries)	4 500
Constructions à aménager	_Remodelled facilities_			
Forum	Forum	Gymnastique Basket-Ball (finales) Boxe (finales) Handball (finales) Volley-Ball (finales)	Gymnastics Basketball (finals) Boxing (finals) Handball (finals) Volleyball (finals)	16 000 16 400 18 400 16 400 16 400
Arena Maurice-Richard	Maurice-Richard Arena	Boxe (éliminatoires) Lutte libre (finales)	Boxing (preliminaries) Free style wrestling (finals)	6 800
Centre Sportif Maisonneuve	Maisonneuve Sports Centre	Lutte gréco-romaine (totalité) Lutte libre (éliminatoires)	Greco-Roman wrestling (all events) Free style wrestling (preliminaries)	2 000
Arena St-Michel	St. Michel Arena	Haltérophilie	Weightlifting	2 500
Stade d'hiver de l'Université de Montréal	University of Montreal Indoor stadium	Escrime	Fencing	2 500
Stade Molson	Molson Stadium	Hockey sur gazon	Hockey	19 000
Centre Paul-Sauvé	Paul-Sauvé Centre	Volley-Ball	Volleyball	4 500

Il faut préciser que certaines compétitions se dérouleront dans des installations situées en dehors des limites de Montréal.

Éliminatoires de Football :
Stade Varsity de Toronto (27 000 places), Parc Landsdowne d'Ottawa (26 000 places), stade de Sherbrooke (12 000 places).

Éliminatoires de Handball :
PEPS, Université Laval de Québec (4 000 places), Palais des Sports de Sherbrooke (6 400 places).

Sports Équestres :
Sauts d'obstacles individuels, concours complet, dressage :
Centre Équestre de Bromont (6 000 places).

Tir :
Stand de tir de l'Acadie (1 900 places).

Tir à l'Arc :
Stand de tir à l'arc de Joliette (2,000 places).

Yachting :
Kingston (Ontario).

Enfin, rappelons que le village olympique construit à proximité du complexe sportif Maisonneuve accueillera tous les athlètes dans des conditions idéales.

Du 17 juillet au 1er août 1976, les moyens d'information de notre époque permettront au monde entier de vivre à l'heure des Jeux. Plus d'un milliard de personnes auront les yeux tournés vers le Canada, vers le Québec, mais surtout vers Montréal, sacrée pour toujours ville olympique grâce à la ténacité d'un homme, au travail d'une équipe dont les membres, du plus humble au plus important auront, lorsque le flambeau olympique fera son entrée dans le stade, tous le même droit : celui d'être fiers d'avoir contribué au succès de la merveilleuse fête olympique.

It should be noted that certain competitions will be held at facilities located outside Montreal.

Football preliminaries :
Varsity Stadium in Toronto (27 000 seats), Lansdowne Park in Ottawa (26 000), Sherbrooke Stadium (12 000).

Handball preliminaries :
PEPS, Laval University, Quebec, (4 000 seats), Sherbrooke Sports Palace, (6 400 seats).

Equestrian sports :
Individual jumping, three day event, dressage : Bromont Equestrian Centre (6 000 seats).

Shooting :
L'Acadie Rifle Range (1 900 seats)

Archery :
Joliette Archery Range (2 000 seats)

Yachting :
Kingston, Ontario

Finally, the Olympic Village, located near the Maisonneuve Sports complex, will accomodate all the athletes in ideal conditions.

From July 17 to August 1, 1976, the information media will enable the whole world to follow the Games as they go on. The attention of more than a billion people will be focused on Canada, Quebec, and most of all Montreal, which has become the Olympic city thanks to the tenacity of one man and the co-ordinated efforts of a team whose members can be proud of their contribution to the success of the Olympic festival.

D'hier
à
aujourd'hui

From
the Past
to
the Present

Les Jeux de l'antiquité

The ancient Games

L'autel d'Héracles

The altar of Hercules

Depuis toujours, les hommes ont manifesté le désir de mesurer leur force, leur adresse et leur rapidité. À l'âge de pierre, ces trois éléments étaient d'ailleurs indispensables à la survie même. Puis, à l'échelle des groupes ethniques, religieux ou autres, ce fut malheureusement à travers les guerres que s'évaluèrent les dimensions des puissances. Les armées d'alors recrutaient leurs soldats parmi les hommes les plus solides – les experts de la massue, de l'épée et du javelot. Malheur aux gringalets et aux vaincus, les portes de l'esclavage leur étaient ouvertes.

L'entraînement physique était la base de la formation guerrière. Plus de 2 500 ans avant l'ère chrétienne, les compétitions athlétiques, la lutte, les jeux de force étaient couramment pratiqués. De nombreux témoignages comme les bas-reliefs de Cnosos, en Crête, ou ceux des temples égyptiens nous montrent des scènes de la vie sportive de l'antiquité. Dans le chant XXIII de l'Iliade, *Homère* nous décrit quelques-uns des exercices que nous retrouverons des siècles plus tard au programme des manifestations sportives. L'Odyssée nous conte également les épreuves athlétiques des Phéaciens en l'honneur d'*Ulysse*.

Fêtes populaires des Anciens, les Jeux qui permettaient aux athlètes de se mesurer dans des rencontres pas toujours exemptes de cruauté, existèrent dans de nombreuses cités. Ceux que nous appelons olympiques doivent leur nom au site dans lequel ils se déroulaient : Olympie, capitale de l'Elide, nichée dans une vallée verdoyante entre l'Alphée et le Mont Kronion, à seize kilomètres de la mer Ionienne.

Si on remonte au plus lointain de l'histoire, la création des Jeux Olympiques serait l'œuvre des Pisates. Dans sa *Pédagogie sportive*, Pierre de *Coubertin* nous dit d'ailleurs : «Il est probable que la création des Jeux Olympiques fut l'œuvre des Pisates, premiers possesseurs de la vallée de l'Alphée.»

La fertile imagination populaire, entremêlant les réalités historiques et les créations poétiques, tisse les plus belles des légendes. Les Jeux Olympiques ont bien sûr les leurs . . . L'une d'elles attribue la première épreuve olympique à *Héraclès*. En ce temps-là, le roi *Augias* offrait une énorme récompense à celui qui parviendrait à nettoyer ses écuries où, dans une crasse vieille de plusieurs années, trois mille bœufs se prélassaient. *Héraclès* releva le défi et, ayant détourné le cours d'une rivière, s'acquitta de la tâche en une seule journée. Malheureusement, il ne perçut pas la récompense promise.

The desire to compete is as old as man. Men have always wanted to test their strength, skill and speed against each other. In the Stone Age, these talents were necessary for survival. As civilization developed, it was warfare which provided opportunities to measure them. The armies of ancient times recruited their soldiers from among the most athletic men – the experts with maces, swords and spears. Those who proved too weak or easily defeated faced slavery.

Physical exercise was the basis of military training. More than 2 500 years B.C., athletic competitions, wrestling matches, and games of strength were common. Scenes showing the sports of antiquity can be found on the walls of Knossos on Crete and the temples of Egypt. In the xxiii Book of the *Iliad*, *Homer* describes exercises that we will find centuries later among the programs of sports competitions. In the *Odyssey* he recounts the athletic contests staged by the Phaeacians in *Ulysses*' honour.

Games were the popular festivals of the people of antiquity and were held in many cities. They gave athletes an opportunity to compete with each other in events which, by our standards, were not always free of cruelty. Those which we call the Olympic Games owe their name to the place where they were held, the plain of Olympia, capital of the kingdom of the Elis, nestled in the lush valley between the Alpheus River and Mount Kronion, sixteen kilometers from the Ionian Sea.

Pierre de *Coubertin* stated in his *Pedagogy of Sports* the belief that "the Olympic Games were probably the creation of the inhabitants of Pisa in Elis, first settlers of the Alpheus Valley."

Popular imagination has mixed historic realities with poetic invention to weave a beautiful fabric of legend. The Olympic Games have more than their share of such legends concerning their origin.

One legend credits *Hercules* with arranging the first Olympic competition. When King *Augias* offered an enormous reward to anyone who could clean his stables, where he had kept three thousand head of cattle without cleaning for thirty years, *Hercules* took up the challenge. By changing the

Le stade
d'Olympie au pied
du Mont Kronion

The stadium of
Olympia, at the foot
of Mt. Kronion

La Palestre
d'Olympie

The palaestra
at Olympia

Le temple de
Zeus, dieu des dieux

The Temple of
Zeus, the highest
of the gods

Pour se venger, le héros grec tua l'insolent monarque d'Elide et, pour marquer cette fin, organisa une course entre ses quatre frères : *Ephimedes*, *Idas*, *Peoneos* et *Iasos*. *Héraclès* traça un ovale, le *téménos*, à l'intérieur duquel il compta six cents pieds. Le vainqueur fut couronné d'une branche d'olivier sauvage. C'était quinze siècles avant notre ère.

Une autre légende donne à *Pélops* la paternité des Jeux Olympiques. Le roi de Lydie, tué et découpé en morceaux par son père *Tantale*, puis servi aux dieux au cours d'un repas, fut ressuscité par *Zeus*. Après cette aventure, *Pélops* se rendit à Pise, en Elide, où régnait *Oenomaos*, descendant du dieu de la guerre *Ares*. La fille de ce roi était d'une rare beauté et son père refusait de la marier car l'oracle lui avait prédit qu'il mourrait des mains de son gendre. Aussi, plus soucieux de son sort que du bonheur de sa fille, le souverain de Pise imposait aux nombreux prétendants des courses de chars au cours desquelles il parvenait toujours à les éliminer. *Pélops*, plus rusé que ses prédécesseurs, acheta les services de *Myrtille*, le cocher royal. Ce dernier remplaça les chevilles de bois des roues du char de son maître par de la cire. C'est ainsi que *Oenomaos* disparut plus tôt que l'avait prédit l'oracle. *Pélops* lui succéda et, bien sûr épousa la belle *Hippodamie*. Pour fêter ce double succès, il décida la célébration de jeux athlétiques à Olympie. Jeux qui, tout comme la course des frères d'*Héraclès*, devaient tomber dans l'oubli. C'était 1 300 ans environ avant notre ère.

Cinq siècles plus tard, la peste ravageait le pays. *Iphitos*, roi d'Elide, ne sachant comment vaincre ce terrible fléau, dut se résoudre à se rendre à *Delphes* où, par la bouche de la *Pythie*, *Apollon*, Dieu de la Lumière, des Arts et de la Divination, rendait des oracles. C'est ainsi qu'*Iphitos* apprit que s'il rétablissait les Jeux Olympiques, les puissances divines interviendraient favorablement. Il fallait pour cela attendre le moment propice car à cette époque, Sparte écrasait de sa puissance toutes les autres cités et le roi *Lycurgue* convoitait particulièrement la magnifique et fertile plaine d'Olympie.

course of a river, he was able to do the task in a single day. Unfortunately, Augias refused to give the promised reward, so Hercules killed him. Then, to celebrate the death of the insolent king of Elis, *Hercules* organized a race among his four brothers : *Ephimedes*, *Idas*, *Peoneos*, and *Iasos*. He drew an oval course on the ground, the "temenos", which measured six hundred feet inside. The winner was crowned with a branch of wild olive. All this was said to have happened about 1 500 B.C.

Another legend says that the Games were started by *Pelops*. This king of Lydia, having been killed and cut into pieces and served to the gods for a meal by his father *Tantalus*, was brought back to life by *Zeus*. After this adventure, *Pelops* went to Pisa in Elis, which was then ruled by *Oenomaos*, a descendant of the god of war *Ares*. This king had a very beautiful daughter, but he refused to allow her to marry, because an oracle had predicted that he would die at the hands of his son-in-law. More concerned about his own fate than his daughter's happiness, he said he would allow his daughter to marry anyone who succeeded in beating him in a chariot race, but anyone who lost such a race would be killed. *Pelops* was more clever than his predecessors and managed to bribe *Myrtilus*, the king's charioteer, who helped him replace the wooden pegs on the king's chariot with ones made of wax. Thus *Oenomaos* met his fate sooner than he expected, and *Pelops* succeeded to the throne and married the beautiful daughter, *Hippodamia*. To celebrate this double success, he decided to hold athletic contests at Olympia. These Games were said to have been held about 1300 B.C. and like the earlier race were soon forgotten.

Five centuries later, with a plague ravaging his country, *Iphitos*, King of Elis, decided to go to Delphi for advice from the god Apollo. The god of light, the arts, and prophecy told him through the Pythian oracle, that the gods would intercede if he would restore the Olympic Games. But the time was not yet ripe for this undertaking ; Sparta was conquering all the other cities, and its king *Lycurgus* particularly coveted the fertile plain of Olympia.

Iphitos, jouant de ruse, parvint à faire signer au puissant souverain des Lacédémoniens un traité déclarant Olympie inviolable. Le roi d'Elide put ainsi, en 776 avant J.C., répondre au désir des dieux et rétablir les Jeux. Dès lors les Grecs mesureront le temps en olympiades, c'est-à-dire en périodes de quatre ans séparant deux célébrations de la grande fête sacrée qui se déroulait à la nouvelle lune après le solstice d'été – soit vers la mi-juillet.

Certains historiens ne sont pas d'accord sur cette date de renaissance des Jeux Olympiques et la situent vers 884 avant J.C. Cependant, il est certain que c'est à partir de 776 avant J.C. que les registres publics furent ouverts à l'inscription des noms des vainqueurs des épreuves olympiques : les olympioniques.

Durant près de douze siècles, les Jeux seront régulièrement célébrés selon un rite précis.

Bien avant la cérémonie d'ouverture, des spondophores, messagers choisis parmi les membres de la haute société, quittaient l'Elide pour informer le monde hellène de la tenue prochaine des Jeux Olympiques. Ils se répartissaient le territoire : un groupe se dirigeait vers la Sicile et la Grande Grèce, un autre visitait l'Asie Mineure et les îles de la mer Egée et un troisième s'en allait vers le Nord. Ces messagers étaient aussi les annonciateurs de la trêve sacrée qui accompagnait toujours les Jeux. Cette trêve s'appelait *Ekecheiria* ou *Therma*. Elle faisait des cités hellènes des sanctuaires et abolissait toutes les frontières afin de permettre aux athlètes et spectateurs de se rendre en toute liberté à Olympie. En 1 165 ans, la trêve ne fut violée que cinq fois.

Lors des Jeux de l'antiquité, les délégations olympiques, véritables ambassades ou «théories» des cités du monde grec, étaient non seulement composées de participants – athlètes, cavaliers, lutteurs-, mais aussi de poètes, philosophes, olympioniques, invités d'honneur, auxquels se joignaient de nombreux partisans. Elles étaient conduites par les principales autorités gouvernantes. Leur grandeur ne se mesurait pas seulement à leur importance numérique mais aussi à la valeur des offrandes déposées au pied de l'autel de *Zeus* et dans les autres lieux sacrés d'Olympie, et à celle des cadeaux remis à Elis, ville organisatrice, et à ses gouverneurs.

Iphitos was able to trick the powerful king of Sparta into signing a treaty which declared Olympia sacred ground. Then in 776 B.C., the king of Elis could satisfy the wish of the gods and restore the Games. From then on, the Greeks measured time in Olympiads, which were the four years in between the sacred celebrations held at Olympia on the first new moon after the summer solstice, around mid-July.

There is some disagreement about this date for the renewal of the Games. Some historians place it around 884 B.C. What is certain is that from 776 B.C. on, public records were kept and the names of the winners of the Olympic contests, called the Olympians, were recorded.

For nearly twelve centuries, the Olympic Games were regularly celebrated according to a precise ritual.

Well before the opening ceremonies, the spondophores, messengers chosen from among the upper classes, would leave Elis to inform the Hellenic world that the time for the next Olympic Games was approaching. They divided among themselves the places to be visited : one group went to Sicily and the Greek mainland, another headed for Asia Minor and the islands in the Aegean, and a third traveled to the north. These messengers also proclaimed the sacred truce which always accompanied the Games. Called the "Ekecheiria" or "Therma", it signified that all the cities of Greece were now sanctuaries and all frontiers were open, so that the athletes and spectators could travel freely to Olympia. During a period of 1 165 years, this truce was violated only five times.

During the ancient Games, the Olympic delegations were true representatives of the Greek world, containing not only athletes, horsemen and wrestlers, but also poets, philosophers, former champions, and guests of honour, in addition to the usual crowd of followers. The delegations were headed by the chief authorities of the cities, and their importance was reflected not merely in their size but also in the value of the offerings they placed at the foot of the altar dedicated to Zeus and at other sacred places in Olympia, as well as the gifts they presented to Elis, the host city, and its rulers.

Certaines délégations, pour montrer la puissance des cités qu'elles représentaient, faisaient étalage de luxe. Ainsi celle d'Athènes, lors des XCe Jeux Olympiques (420 avant J.C.), conduite et financée par le général *Alcibiade* et composée de dizaines de notables richement vêtus, de sept chars de course plaqués d'or, de centaines de chevaux d'apparat, de douzaines de chariots de cadeaux et de vivres, ainsi que d'un énorme troupeau de bœufs destiné tant aux sacrifices qu'à la nourriture de l'innombrable suite.

Le programme des Jeux Olympiques de l'antiquité ne comportait à l'origine qu'une seule épreuve : le *dromos*. Puis, au fil des olympiades, il devait peu à peu s'étoffer et atteindre son maximum en 520 avant J.C., lors des LXVe Jeux Olympiques, avec treize épreuves dont trois réservées aux éphèbes :

Epreuves pour adultes*
Dromos, *diaulos*, *dolichos*, pentathle, lutte, pugilat, courses de chars, courses de chevaux, pancrace (combiné de lutte et de pugilat) et course en armes.

Epreuves pour éphèbes*
Dromos, lutte, pentathle.

Les Jeux Olympiques de l'antiquité duraient cinq jours et le programme se déroulait selon un ordre précis :

Premier jour :
Sacrifices et cérémonie d'ouverture.

Deuxième jour :
Compétitions réservées aux éphèbes.

Troisième jour :
Compétitions des adultes : *dromos*, *diaulos*, *dolichos*, pugilat, pancrace, lutte.

Quatrième jour :
Épreuves équestres, pentathle, course en armes.

Cinquième jour :
Cérémonie de clôture, proclamation des héros, sacrifices.

*Les explications concernant ces disciplines sportives figurent dans le chapitre 'Sports olympiques.''

Sometimes a delegation would use this occasion to display, with their ostentations wealth, the power of the city they represented. Thus, the Athenian delegation at the XC Games (420 B.C.) was led and financed by the general *Alcibiades* and included many richly dressed notables, as well as seven gold-plated racing chariots, hundreds of parade horses and dozen of carts filled with gifts and provisions, and a large herd of cattle to be used for sacrifices and for feeding his enormous retinue.

The program of the ancient Olympic Games at first contained only one event, the "dromos". Then, as time passed, the programme expanded, reaching its largest size at the LXV Olympics in 520 B.C. with thirteen events, three of which were reserved for the "ephebi", the Athenian term for younger men.

Events for adults*
"dromos", "diaulos", "dolichos", pentathlon, wrestling, boxing, pancratium (a combination of wrestling and boxing), chariot races, horse races, and a race with arms.

Events for the "ephebi"*
"Dromos", wrestling, pentathlon.

The ancient Olympic Games lasted for five days, and the events took place in a precise order :

First day:
Sacrifices and opening ceremonies.

Second day:
Special competitions for the "ephebians".

Third day:
Events for adult competitors : dromos, diaulos, dolichos, pugilism, wrestling, pancratium.

Fourth day:
Equestrian events, pentathlon, race with arms.

Fifth day:
Closing ceremonies, proclamation of the heroes, sacrifices..

*Explanations of these sports will be found in the chapter entitled "Olympic Sports".

29

La cérémonie d'ouverture comportait deux parties. La première avait surtout un caractère religieux. Les riches équipages, les députations et les hauts dignitaires des principales cités du monde hellène déposaient des offrandes et célébraient des sacrifices qui se déroulaient dans l'Altis – vaste enceinte entourant le site sacré-, sur l'autel de *Zeus*, face à son temple de style dorique de 64 mètres de longueur, 27,60 mètres de largeur et 22 mètres de hauteur. Du haut de ses 13 mètres d'or et d'ivoire, le dieu des dieux, œuvre du célèbre *Phidias*, dominait dans toute sa splendeur.

Alors qu'à l'intérieur des temples les trésors offerts s'entassaient, dehors les rites expiatoires commençaient. Tandis que les grands prêtres imploraient les dieux, les bêtes, purifiées par le sel, étaient conduites vers l'autel où, d'un geste sûr, les aides les immolaient. Haut dans le ciel d'Olympie montait bientôt la fumée des foyers sacrés où entrailles et encens brûlaient lentement.

Après ces sacrifices, commençait la seconde partie de la cérémonie d'ouverture. La foule se dirigeait vers les gradins du stade taillés à flanc de montagne. Une femme – une seule – était autorisée à pénétrer dans l'enceinte olympique : la prêtresse de *Demeter*, déesse de la fécondité. Une place d'honneur lui était toujours réservée à l'autel situé face aux sièges des juges. Une des plus célèbres prêtresses fut *Régilla*, l'épouse d'Hérode Atticus, devenu bienfaiteur d'Olympie depuis le jour où il y fit construire un aqueduc.

Si les femmes n'avaient pas accès au stade, les vierges, par contre, y étaient admises. Cependant, selon l'historien *Pausanias*, il était permis aux femmes d'assister aux compétitions équestres car elles pouvaient se rendre à l'hippodrome sans avoir à traverser l'Altis et le stade.

Tous les spectateurs avaient rejoint leur place lorsque le défilé débutait. Précédé des trompettes et des flûtes, le cortège officiel s'avançait majestueux. Les Helladonices (juges) vêtus de leurs robes écarlates ouvraient la marche, suivis des députations, puis des athlètes, égaux dans leur nudité, des cochers, des maîtres et enfin des dignitaires des théories et des invités qui se hâtaient de rejoindre la tribune royale.

Après s'être inclinés devant la statue de *Zeus* les athlètes se rendaient vers le Bouleuterion, construction de forme carrée, décorée d'une colonnade ionique où, face aux juges, chacun faisait le serment de lutter avec loyauté.

The opening ceremony had two parts. During the first, which was religious in nature, the richly adorned delegations and high officials from the great cities of the Hellenic world placed their offerings on the altar to Zeus and celebrated the appropriate rituals in the Altis, the enclosure surrounding the sacred grove. The Doric temple, which was 64 m long, 27.6 m wide and 22 m high, was dominated by the famous statue of *Zeus* by *Phidias*, which was 13 m high and covered in gold and ivory.

As the offered treasures accumulated inside the temples, the expiatory rites began outside. While the high priests implored the gods, animals who had been purified with salt were led toward the altar and killed with a swift blow by an acolyte. Soon the smoke from the sacred fires on which the animals' entrails and incense burned rose high in the sky over Olympia.

After these sacrifices, the second part of the opening ceremony would begin. The crowd would move toward the stands of the stadium which had been cut into the side of the mountain. Only one woman was allowed to enter the Olympic enclosure : the priestess of *Demeter*, goddess of fertility. A place of honor was kept for her opposite the judges. One of the most famous priestesses was *Regilla*, wife of *Herodius Atticus*, who was considered a benefactor of the city for having built an aqueduct there.

Although married women were not allowed into the stadium, virgins could enter. However, according to the historian *Pausanias*, the women were allowed to watch the equestrian events, since they could get to the hippodrome without crossing the Altis and the stadium.

All the spectators had to be in their places before the procession could begin. Preceded by trumpets and flutes, the official cortege advanced majestically. The Helladonices, or judges, wearing scarlet robes, were in the lead, followed by the delegations, with the athletes, all alike in their nakedness, then the charioteers, the trainers, and finally the dignitaries from the ''theories'' and their guests, who hurried to reach the special enclosure.

After saluting the statue of *Zeus*, the athletes went to the Bouleuterion, a square building decorated with Ionic columns, where they faced the judges and each swore to fight with honor.

Figure du pancrace: vase grec du Ve siècle avant J.-C.

Athletes engaged in pancrateum, Vth century B.C.

Bientôt, le silence envahissait la plaine d'Olympie. Le contraste rendait encore plus solennel l'instant où, d'une voix puissante, le héraut appelait l'un après l'autre tous les participants puis s'adressait à ce peuple venu de toutes les contrées de la Grèce: «Quelqu'un d'entre vous peut-il reprocher à l'un de ces athlètes de n'être point de naissance pure ou de condition libre, d'avoir été puni des fers, d'avoir montré des mœurs indignes?»

C'est par cet appel que prenait fin la cérémonie d'ouverture. Le lendemain commençaient les compétitions qui duraient trois jours.

Le cinquième jour se déroulait la cérémonie de clôture. Elle débutait par la proclamation des vainqueurs et la remise des récompenses. Les olympioniques dont les noms avaient été inscrits sur les registres publics, richement vêtus d'or et d'argent, tenant une branche de palmier, marque de leur succés, se dirigeaient vers l'Altis où, dans le temple de *Zeus*, ils recevaient chacun une couronne faite de branches d'olivier taillées par des mains pures. C'est *Iphitos* lui-même qui, après sa consultation de la *Pythie* à Delphes, décida de ce prix, appelé «Athlon». Le géographe *Strabon* (58 avant J.C. – 21 à 25 après J.C.) a d'ailleurs écrit que le roi d'Elide avait choisi l'olivier par suite de son abondance aux abords de l'Altis.

Silence fell over the Olympian plain. Then, in a moment made even more solemn by the contrast with the expectant hush, the herald, in a powerful voice, called the participants one after the other. Turning toward the crowd assembled from all regions of Greece he cried: ''Is there any one among you who can reproach any of these athletes with not being a free man or of pure birth or with having been placed in chains or been guilty of indecent behaviour?''

This question marked the end of the opening ceremonies. The competitions began on the next day and lasted for three days.

On the fifth day, another ceremony closed the Games. First came the proclamation of the names of the winners and the awarding of their prizes. The Olympians, whose names had been recorded in the public records, now dressed in gold and silver and carrying a palm branch, the symbol of their triumph, walked toward the Altis, where they received a crown made of olive branches fashioned by pure hands. It was *Iphitos* himself who decided on this prize after his consultation with the Pythia at Delphi. It was called the *Athlon*, and according to the geographer *Strabo* (58 B.C. to 21-25 A.D.), the King of Elis chose the olive branch because the tree grew abundantly in the area around the Altis.

Vase grec du début du Ve siècle avant J.-C. Entraînement au son de la flûte

Greek vase from the early Vth century B.C. training to the sound of the flute

Pourtant, lors des six premiers Jeux Olympiques, le prix consista en une portion de viande ou «meria» qui était prise sur l'animal sacrifié aux dieux. C'est à partir des VIIe Jeux Olympiques que la couronne d'olivier fut décernée aux vainqueurs. La signification morale de ce prix était considérable.

Jusqu'à la moitié du Ve siècle avant J.C. tous les historiens ne sont pas d'accord sur le moment et sur le cérémonial de la remise des prix. Certains relatent que les récompenses étaient attribuées immédiatement après chaque compétition et citent même qu'en plusieurs occasions des athlètes succombèrent à leurs blessures au moment de recevoir leur prix : par exemple, *Arrichion*, vainqueur du pancrace dont *Philostrate* rapporte qu'il fut «couronné pour sa victoire en même temps qu'il mourut». D'autres affirment que dès les premiers Jeux Olympiques, les prix furent distribués le dernier jour, avant les ultimes sacrifices de remerciement aux dieux. C'est vers les LXXXe Jeux Olympiques (452 avant J.C.) que le couronnement des champions se serait déroulé après la fin de toutes les compétitions.

La remise des récompenses était suivie par un lâcher de pigeons. Ceux-ci allaient porter à toutes les cités grecques le nom des vainqueurs.

Ensuite, pour remercier les dieux, comme le premier jour on procédait à des sacrifices. Tard dans la nuit, le Prytanée retentissait des cris des vainqueurs, de leurs parents et amis, conviés à un festin qui se prolongeait jusqu'à l'aube.

Les Jeux étaient finis.

Durant de nombreuses olympiades, seuls les Doriens, les Eléens et les Arcadiens, considérés comme purs hellènes, furent admis aux Jeux. Puis, au fur et à mesure de la fondation des colonies grecques, d'abord vers les côtes d'Asie Mineure et ensuite vers l'Occident, ce privilège fut étendu à d'autres citoyens.

Après les guerres médiques avec leurs batailles demeurées célèbres : Marathon et Platée sur terre et Salamine sur mer, vinrent les sanglantes rivalités d'Athènes et de Sparte, prélude à la décadence, marquée d'abord par la tutelle macédonienne, puis par la conquête romaine qui devait ouvrir les portes d'Olympie aux premiers «barbares» dont les plus célèbres furent *Tibère* et *Neron*.

During the first six Olympic Games, however, the prize had been a portion of meat or ''meria'' taken from an animal sacrificed to the gods. It was only after the VII Games that the olive crown was given to the winners, and the moral significance of this prize was considerable.

Historians disagree about the way the winners were crowned until the middle of the 5th century B.C. Some say that the prizes were given immediately after the event, citing reports of athletes who died of their wounds at the moment they were receiving their awards. According to *Philostratus*, for example, *Arrichion*, winner in the special wrestling event, the pancratium, was ''crowned for his victory at the moment he died.'' Other sources claim that from the very first Olympic Games, the awards were given out on the last day just before the final thanksgiving offerings were sacrificed to the gods. It was not until about the LXXX Olympic Games (452 B.C.) that the champions were crowned after the end of all competitions.

Once the prizes were awarded, a flock of pigeons was released to carry the names of the champions to all the cities of Greece.

Then sacrifices were offered to thank the gods, as on the first day. Late into the night the shouts of the winners and their families and friends could be heard as they celebrated their victories in the Prytaneum.

The Games were over.

For many Olympiads, only Dorians, Eleans and Arcadians, who were considered pure Hellenes, were allowed to participate in the Games. Then as Greek colonies were founded, first along the coast of Asia Minor and then toward the west, this privilege was extended to other citizens.

After the wars with the Persians, with the famous land battles at Marathon and Plataea and the naval battle at Salamis, came the bloody rivalry between Athens and Sparta. The growing decadence, marked by the Macedonian overlordship and followed by the Roman conquest, was to open the doors of Olympia to the first ''barbarians,'' the most famous being *Tiberius* and *Nero*.

Foreign intervention eventually led to the degradation of the Olympic Games. There were several stages : prizes were falsely awarded, then victories were bought, when love of money prevailed, and finally professionals were admitted.

Le retour
d'Hephaistos à
Olympie.
Vase grec du VIe
siècle avant J.-C.

The return of
Hephestus to
Olympia.
Greek vase from
VI century B.C.

Ces diverses intrusions étrangères furent à l'origine de la dégradation des Jeux. Elle connut plusieurs phases : depuis la désignation de faux vainqueurs, l'achat de victoires, l'esprit de lucre, jusqu'au véritable professionnalisme.

Malgré cette lente déchéance, les Jeux auraient pu survivre longtemps encore si un empereur romain, récemment converti au christianisme, n'y avait brutalement mis fin.

Théodose 1er *Le Grand*, né à Cauca en Espagne en 347, désireux de faire rapidement triompher sa nouvelle religion face au paganisme et de répondre favorablement aux vœux de Saint *Ambroise*, évêque de Milan, décida de mettre fin à toutes les manifestations païennes.

En interdisant les sacrifices, il s'opposait directement au déroulement même des Jeux Olympiques qu'il supprima définitivement par un édit, en 393.

In spite of this decline, the Games might have survived much longer, had it not been for a Roman emperor who put a brutal end to the Olympics after his conversion to Christianity. *Theodosius* the Great, born in Cauca in Spain in 347, was anxious to help his new religion triumph over paganism and, in response to the urging of St. Ambrose, the bishop of Milan, he decided to put an end to all pagan manifestations.

By forbidding sacrifices, he stood in direct opposition to the ritual of the Olympic Games, and he finally suppressed them by edict in 393 A.D.

Les Jeux modernes

The Modern Games

C'est à Paris, au 20 de la rue Oudinot, le jour de l'an 1863 que naquit, près de 1 500 ans après la fin des Jeux de l'antiquité, celui qui allait en faire revivre les fastes.

Issu d'une famille d'origine italienne émigrée en France vers les années 1400, Pierre de *Coubertin* était le troisième de quatre enfants. Bien que parisien de naissance, c'est au château de Mirville, en Normandie, qu'il vécut son enfance. Très jeune encore au moment des désastres de la guerre de 1870, il devait en conserver une profonde impression qui allait influer sur sa destinée. Il songea d'abord à servir la France comme officier. Il commença même à se préparer pour l'École Militaire de Saint Cyr. Puis, renonçant brusquement à la carrière des armes, il prit la résolution de se consacrer à la réforme des méthodes françaises d'éducation.

Seule la politique lui paraissait alors capable de donner les moyens d'action nécessaires. Il envisagea donc d'essayer d'entrer au Parlement et pour y parvenir s'inscrivit à l'École des Sciences Politiques.

Plus tard, dans un but d'information, il effectua une série de voyages à l'étranger. En 1883, il se rendit en Angleterre où il découvrit tout un système d'éducation, de formation morale et sociale, basé sur la pratique quotidienne des sports scolaires et inspiré des principes d'un grand réformateur anglais : Thomas *Arnold*, pour lequel *Coubertin* manifesta durant toute son existence une profonde admiration.

De retour en France, Pierre de *Coubertin* exposa les conclusions de ses diverses enquêtes dans quatre ouvrages très importants :
■ *l'Éducation en Angleterre* (1888).
■ *l'Éducation anglaise en France* (1889).
■ *Universités transatlantiques* (1890).
■ *Vingt et un ans de carrière* (1908).
Puis, il entreprit sans tarder son œuvre. Bientôt, sous son impulsion, quelques établissements scolaires commencèrent à appliquer ses principes, des clubs se créèrent — le Racing Club de France et le Stade Français,— suivis par de nombreux cercles. L'élan était donné.

Encouragé par ces premiers succès, Pierre de *Coubertin* poursuivit ses efforts. Depuis toujours il était convaincu que le sport devait servir à l'établissement de relations cordiales entre les jeunes de tous les pays. C'est dans le monde entier qu'il voulait des échanges sportifs. Déjà, dans son esprit s'échafaudait la vision de vastes

The man who was to restore the Games and revive the Olympic tradition was born in Paris, at 20 rue Oudinot, on January 1, 1863, nearly fifteen hundred years after the last of the ancient Games.

Born into a family of Italian origin which had settled in France during the fifteenth century, Pierre *de Coubertin* was the third of four children. He spent most of his childhood at the Chateau de Mirville in Normandy, and although he was quite young at the time of the disastrous Franco-Prussian War, it made a profound impression on him, one which influenced the course of his life. At first he wanted to serve his country as an officer and even began preparations for entering the French Military Academy at St. Cyr. But suddenly he dropped the idea of an army career and decided to devote himself to reforming the French educational system.

Realizing that such changes could only be brought about through politics, he decided to study at the School of Political Science, hoping eventually to run for Parliament.

Later, he made a series of fact-finding trips abroad. In 1883 he went to England, where he discovered an educational system in which the moral and social training of the students was based on daily sports activities. This system was inspired by the principles of Thomas *Arnold*, the great English reformer, for whom *de Coubertin* felt a profound and lasting admiration.

Once back in France, *de Coubertin* began writing, using the conclusions he had drawn from his investigations to produce :
■ *Education in England* (*1888*).
■ *English-style Education in France* (*1889*).
■ *Overseas Universities* (*1890*).
■ *Twenty-one Year Career* (*1908*).
Then he set to work. Soon, under his influence, a few schools began to apply his principles. Clubs like the Racing Club of France and Le Stade Français were formed, to be followed by many others. His ideas were gaining momentum.

Encouraged by these successes, *de Coubertin* continued his efforts. He had always been convinced that sports could help in the promotion of friendly relations among young people. He wished to extend these contacts throughout the world. Already in his mind was a vision of great demonstrations at which athletes from every country could meet.

Le château de Mirville aujourd'hui

Château de Mirville today

Quelques membres du premier CIO aux Jeux d'Athènes en 1896 : Assis, de g.à.d. : Coubertin, secrétaire, D. Vikélas, président (Grèce) Gén. A. de Boutovsky (Russie) ; debout : Dr. W. Gebhardt (Allemagne), Jiri Guth-Jarkovsky (Bohème), F. Kémeny (Hongrie), Gén. V. Balck (Suède).

Several members of the IOC at the Athens Games in 1896 : Sitting from right to left : Coubertin, secretary, D. Vikélas, president (Greece), Gen. A. de Boutovsky (Russia) ; standing : Dr. W. Gebhardt (Germany), Jiri Guth-Jarkovsky (Bohemia), F. Kémeny (Hungaria), Gen. V. Balck (Sweden).

manifestations où seraient conviés les athlètes de toutes les nations.

C'est le 25 novembre 1892, à la Sorbonne, au cours d'une conférence sur les exercices physiques dans l'antiquité, au moyen âge et dans le monde moderne, que pour la première fois, Pierre de *Coubertin* prononça en public ces cinq mots : «*Le rétablissement des Jeux Olympiques.*»

Pierre de *Coubertin* qui s'était réservé la troisième partie de cette conférence, termina son exposé par ces mots : «Exportons des rameurs, des coureurs, des escrimeurs : voilà le libre échange de l'avenir. Le jour où il sera introduit dans les mœurs de la vieille Europe, la cause de la paix aura reçu un nouvel et puissant appui. Cela suffit à m'encourager à songer dès maintenant à la seconde partie de mon programme ; j'espère que vous m'aiderez et qu'avec vous, je pourrai poursuivre et réaliser, sur une base conforme aux traditions de la vie moderne, cette œuvre grandiose et bienfaisante : *Le rétablissement des Jeux Olympiques*».

Chose invraisemblable, presque personne ne prit garde à cette con-

It was on November 25, 1892, during a conference at the Sorbonne about the history of physical exercise, that Pierre *de Coubertin* first pronounced those famous six words in public ''*The Restoration of the Olympic Games !*''

The group was discussing the role of sports in ancient, medieval and modern times, and *Coubertin* was addressing his remarks to contemporary athletics. He finished with these words : ''Let us then export rowers, runners and fencers : let that be the free trade of the future ! From the day such exchanges become common in the old world, the cause of peace will have gained new and powerful support. That hope is enough to encourage me to turn my efforts to the second part of my program. I hope that you will help me and that with you I may continue to work on and eventually realize this magnificent and beneficial goal in a way that holds to the traditions of modern life. I call for *The Restoration of the Olympic Games.*''

clusion, les auditeurs avaient cru à une métaphore, à une image, à un symbole. Pierre de *Coubertin* décida de se méfier.

L'attitude de ses auditeurs le convainquit que faute de s'être comme lui longtemps promené en esprit autour de l'exèdre d'Hérode Atticus et du tombeau de *Pélops*, ils plaçaient les Jeux Olympiques au même niveau que les mystères d'Eleusis ou l'oracle de Delphes, choses mortes qui ne peuvent revivre qu'à l'opéra.

Plus qu'à des critiques, on s'exposait à de l'ironie, et on risquait même de n'être pas pris au sérieux. Il fallait attendre une occasion propice et préparer le terrain. Pierre de *Coubertin* décida donc de profiter du Congrès International de Paris pour l'étude et la propagation des principes d'amateurisme, organisé du 16 au 23 juin 1894, pour «glisser» tout à la fin la question du rétablissement des Jeux Olympiques.

Les difficultés n'allaient pas lui manquer. Les sociétés étrangères conviées à assister à ce Congrès ne marquaient aucun empressement à accepter l'invitation. Finalement, grâce aux efforts de Pierre de *Coubertin*, l'assemblée s'ouvrit avec un grand succès. Soixante-dix-neuf délégations représentaient quarante-neuf sociétés adhérentes et douze pays.

La première séance fut empreinte de solennité : on y interpréta le fameux hymne à *Apollon*, récemment découvert dans les ruines de Delphes, transcrit par l'historien Théodore *Reinach* et adapté par l'illustre musicien Gabriel *Fauré*. Dans le grand amphithéâtre de la Sorbonne, devant 2 000 personnes, l'effet fut immense et donna au Congrès un éclat exceptionnel.

Chapitrés par Pierre de *Coubertin* et ses collaborateurs, les congressistes décidèrent à l'unanimité, le 23 juin, du rétablissement des Jeux Olympiques et de la création du Comité International Olympique.

Pierre de *Coubertin* avait songé à choisir la date de 1900 et la ville de Paris pour la première olympiade. Dans leur zèle de néophytes, les délégués trouvèrent ce délai trop long et insistèrent pour que soit retenue la date de 1896. *Coubertin* tenait à réserver 1900 pour la capitale française. C'est ainsi que, d'accord avec l'Ambassadeur de Grèce en France, il proposa Athènes pour 1896. Ce qui fut adopté d'enthousiasme.

Jusqu'en 1925, Pierre de *Coubertin* se consacra totalement au mouvement olympique qu'il avait créé. Il en rédigea les règlements et en mit au point dans les moindres détails tout le protocole. Peu après les Jeux de Paris, il résigna ses fonctions au

Cabinet de travail de Pierre de Coubertin, Lausanne

Pierre de Coubertin's studio, Lausanne

As unlikely as it may seem today, almost no one in that audience thought of this conclusion as anything more than a metaphor. *De Coubertin* realized that much work lay ahead of him.

The attitude of his audience had convinced him that unless they too had walked through the halls of *Herodius Atticus* and around the tomb of *Pelops*, they would consider the Olympic Games to be something like the Eleusian mysteries or the Delphic oracle, mere artifacts of the past which could only be revived on an opera stage.

Deadlier than the criticism was the risk of not being taken seriously. *De Coubertin* had to wait for a propitious moment and saw that the ground had to be prepared beforehand. He decided to take advantage of the International Congress for the Study and Propagation of the Principles of Amateurism, which was to be held in Paris from June 16 to 23, 1894, to "slip in" his message about the restoration of the Olympic Games near the end of the meeting.

There was no lack of obstacles to this plan. The foreign organizations which had been invited to attend the Congress were reluctant to accept the invitation. Finally, thanks to *de Coubertin's* efforts, seventy-nine delegations, representing forty-nine member organizations and twelve countries, attended.

The first session was carefully planned to produce the greatest effect. In front of an audience of 2 000 in the Great Hall of the Sorbonne, they presented the famous hymn to *Apollo* which had been discovered only shortly before among the ruins of Delphi, transcribed by Theodore *Reinach*, the historian, and set to music by Gabriel *Fauré*. The result was spectacular. Led by *de Coubertin* and his associates, the delegates voted unanimously on June 23 to restore the Olympic Games and to create an International Olympic Committee to oversee them.

De Coubertin had planned to propose Paris for the site of the first modern Olympics in 1900, but the enthusiasm and zeal of the delegates was so great that they insisted the first Games be held in 1896. In order to keep the later date for Paris, *de Coubertin*, with the agreement of the Greek ambassador to France, was able to suggest Athens for the 1896 Games. This suggestion was enthusiastically adopted.

Monument
Pierre de Coubertin
à Olympie

Coubertin
Monument at
Olympia

Comité International Olympique au profit du comte *Baillet-Latour*. Les Jeux étaient lancés et avaient moins besoin de lui. Il retourna à sa première vocation d'éducateur qui n'avait jamais abandonné son esprit.

Par ailleurs, Pierre de *Coubertin* attribuait à l'histoire, exposée selon ses conceptions, la plus haute valeur d'enseignement. Aussi, ne faut-il point s'étonner que parmi son œuvre écrite considérable, on trouve un nombre important d'ouvrages historiques. Citons simplement, à côté de la *Chronique de France*, l'*Avenir de l'Europe*, en sept volumes publiés de 1900 à 1907, enfin son *Histoire universelle* en quatre volumes où sa méthode d'exposition apparaît dans toute sa puissante originalité.

Depuis la fin de la première guerre mondiale, Pierre de *Coubertin* habitait Lausanne dont il était citoyen d'honneur. Il se rendait souvent à Genève. C'est là, le 2 septembre 1937, qu'il s'éteignit brusquement. Cette âme droite s'est rompue d'un seul coup, comme une lame d'épée.

Par une pieuse pensée, son cœur, enfermé dans une urne fut déposé à Olympie, site sacré des Jeux antiques dont, par son génie et sa volonté, il a fait renaître les fastes, par-delà des millénaires.

D'Athènes à Montréal, les Jeux Olympiques ont eu à surmonter d'énormes difficultés. Contrairement à ceux de l'antiquité, aucune trève n'a malheureusement jamais pu les accompagner. C'est ainsi que les grands conflits de notre siècle en ont par trois fois empêché la tenue.

Cependant rien n'a pu arrêter leur progrès. Le succès des Jeux, centuplé par les moyens modernes d'information, atteint un tel sommet qu'il offre aujourd'hui un remarquable tremplin parfois utilisé à des fins qui n'ont rien à voir avec le sport et encore moins avec l'idéal olympique. Plus souvent heureusement, ce tremplin est au service des peuples et surtout à celui de leur levain : la jeunesse. Est-il besoin de rappeler que, malgré leurs imperfections, insignifiantes en regard des résultats déjà acquis et du but poursuivi, les Jeux Olympiques constituent l'unique manifestation qui unit dans un même élan la presque totalité des nations de notre monde tourmenté. Ils sont aujourd'hui à l'échelle de notre planète, tel que Pierre de *Coubertin* le souhaitait.

Until 1925, Pierre *de Coubertin* devoted himself completely to the Olympic movement that he had created. He personally drew up the regulations and elaborated its whole protocol down to the smallest detail. Shortly after the Paris Games in 1900, he turned over his post at the International Olympic Committee to Count *Baillet-Latour*. Now that the Games were successfully launched, they required less of his attention, and he returned to his original vocation as educator, one he had never totally abandoned.

Moreover, since he considered the study of history, when viewed from his perspective, as a prime value in teaching, he turned to writing history, and his published books include many important historical works. These include the *Chronique de France*, *The Future of Europe*, published in seven volumes from 1900 to 1907, and his *Universal History*, in which his historical approach appears in all its powerful originality.

After World War I, *de Coubertin* lived in Lausanne, Switzerland, where he was made an honorary citizen. He frequently visited Geneva, and it was there that he died on September 2, 1937.

In a romantic gesture, his heart was placed in an urn and left at Olympia, the sacred site of the ancient Games which, by his genius and force of will, he had resurrected in all their splendor.

The path from Athens to Montreal has contained many difficulties for the Olympic Games. Unlike the Games of antiquity, there was no universal peace proclaimed to accompany the modern Games. Three times in our century wars have kept the Games from being held.

However, nothing has interrupted their progress. The success of the Games, magnified by the modern information media, has become so great that today they offer an incomparable opportunity, sometimes unfortunately used for purposes having nothing to do with sport and even less to do with the Olympic ideal, for attracting the world's attention. But most often this opportunity has been of service to the people of the world, especially to youth, and in spite of imperfections, which are insignificant when compared to what has been achieved and the nobility of the end sought, the Olympic Games are the only event to unite almost all the nations of this tormented world in the same spirit. Pierre *de Coubertin's* dream has become a reality on what is truly a planetary scale.

La fête olympique   The Olympic Celebration

Le drapeau olympique, créé en 1913 à la suggestion du baron Pierre de *Coubertin*, fut solennellement inauguré à Paris en juin 1914. S'il flotta le 18 mars 1915 lors de l'exposition de San Francisco à l'occasion de la journée consacrée au C.I.O., c'est aux Jeux d'Anvers en 1920 qu'il fut hissé pour la première fois dans un stade olympique.

Il existe un second drapeau olympique officiel utilisé pour les Jeux d'hiver.

Ces drapeaux de soie blanche comportent cinq anneaux entrelacés : bleu, jaune, noir, vert, rouge (de gauche à droite). Les anneaux correspondent aux cinq parties du monde et les couleurs représentent tous les pays — toutes les nations en possèdent, en effet, au moins une dans leur emblème.

The Olympic flag, created in 1913 at the suggestion of Baron Pierre *de Coubertin*, was solemnly inaugurated in Paris in June, 1914. Although it was flown at the San Francisco World's Fair on March 18, 1915, the day dedicated to the International Olympic Committee, it was not until the Antwerp Games in 1920 that it was raised over an Olympic stadium for the first time.

There is also a second Olympic flag, which is used for the Winter Games.

These flags are made of white silk and contain five intertwined rings. From left to right the rings are blue, yellow, black, green and red. The rings are meant to recall the five continents and the colors, the countries of the world. At least one of these colors is found on the flag of every country.

Citius
Altius
Fortius

C'est un religieux, le Père Didon (1840 – 1900), prieur d'Arcueil (localité de la banlieue Sud de Paris), grand animateur sportif des collèges catholiques de France de la fin du siècle dernier, qui le premier adopta la devise «*Citius – Altius – Fortius*» (plus vite, plus haut, plus fort) et la fit inscrire sur les fanions de son club scolaire.

Le baron Pierre de *Coubertin*, ami du Père Didon, séduit par cette brève définition de la philosophie du sport, la fit adopter le 23 juin 1894 lors du Congrès International de Paris pour «l'étude et la propagation des principes de l'amateurisme», le même jour où il fut décidé du rétablissement des Jeux Olympiques et de la création du Comité International Olympique.

A French monk, Father *Didon* (1840-1900), the prior of Arcueil in suburban Paris and a great promotor of sports in the French Catholic colleges near the end of the nineteenth century, first used the motto "*Citius – Altius – Fortius*" (faster, higher, stronger) and had it embroidered on the pennants of his school clubs.

This succinct definition of the philosophy of sport appealed to Father Didon's friend, Baron Pierre *de Coubertin*, and it was adopted at his suggestion at the International Congress for the "Study and Propagation of the Principles of Amateurism" on June 23, 1894, the same day on which the restoration of the Olympic Games and the creation of the International Olympic Committee were also decided.

Flamme olympique

The Olympic Flame

1

2

3

1	Les vestales s'avancent dans l'Altis	1	Procession of the vestal virgins in the Altis
2	La grande prêtresse allume la torche	2	The high priestess lights the torch
3	La procession se dirige vers le stade	3	The procession advances toward the stadium
4	La grande prêtresse s'adresse au dieu suprême	4	The high priestess invokes the supreme deity
5	Le premier porteur reçoit la torche	5	The first torchbearer receives the torch
6	Le feu sacré commence son grand voyage	6	The sacred flame begins its momentous voyage
7	Première escale : le stade d'Athènes	7	First stop : the stadium in Athens

C'est en 1928, aux Jeux d'Amsterdam, que pour la première fois une flamme allumée sur place brûla dans une énorme vasque construite à l'entrée du stade.

L'idée fut reprise en 1932 lors des Jeux de Los Angeles et améliorée en 1936 à l'occasion des Jeux de Berlin à la demande du professeur Carl *Diem*, fondateur de l'École Supérieure des Sports de Cologne. Allumé à Olympie, le flambeau fut transporté de main en main jusqu'au stade olympique, par les routes d'Europe. Depuis, cette symbolique manifestation se perpétue.

L'allumage de la flamme sacrée à Olympie se déroule selon un cérémonial très précis comportant deux phases. La première débute par l'hymne athlétique suivi des hymnes nationaux du pays organisateur et de la Grèce. Après les allocutions du Président du Comité Olympique Hellène et des personnalités de la ville organisatrice, les vestales s'avancent dans l'Altis, du temple d'*Héra* à l'autel de *Zeus*, où, à l'aide d'un miroir concave et des rayons du soleil, la Grande Prêtresse allume la flamme sacrée. Pendant ce temps, un récitant déclame l'ode *Lumière d'Olympie*, œuvre du poète grec Takis *Doxas*. Ensuite, après avoir cueilli quelques branches d'olivier sauvage, la procession, escortant la flamme olympique, se dirige vers le stade. Les vestales se placent autour de l'autel de *Zeus*. La Grande Prêtresse s'adresse au Dieu suprême de la Grèce antique, puis allume la torche qu'elle remet au premier porteur.

Bientôt, les prêtresses se retirent de l'Altis et regagnent le temple d'*Héra*.

L'hymne olympique clôture cette première partie de la cérémonie.

It was at the Amsterdam Games in 1928 that for the first time an Olympic flame was ceremonially lighted and burned in a giant torch at the entrance to the stadium.

The highly dramatic idea was taken up again in Los Angeles at the 1932 Games and then perfected in 1936 at the Berlin Games, at the request of Professor Carl *Diem*, founder of the Graduate School of Sports in Cologne. The torch was ceremonially lit in Olympia, then carried from hand to hand across Europe to the Olympic Stadium in Berlin by athletes. This symbolic race has been part of the Olympic ritual ever since.

The lighting of the torch in Olympia takes place according to a well-defined procedure, which has two parts. The first part begins with the Athlete's Hymn, followed by the national anthems of the host country and Greece. After speeches by the President of the Greek Olympic Committee and officials from the host city, vestal virgins enter the Altis, going from the temple of *Hera* to the altar of *Zeus*. There, with the help of a concave mirror reflecting the rays of the sun, the High Priestess lights the sacred flame, while the ode "Light of Olympia" by the Greek poet Takis *Doxas* is recited. Then, after cutting some branches of wild olive, the procession escorts the Olympic flame toward the ancient stadium. The vestal virgins gather around the altar of *Zeus*, and the High Priestess offers a prayer to the highest god of ancient Greece, lighting the torch, and placing it in the hands of the first runner.

Shortly afterwards, the priestesses leave the Altis and return to the Temple of Hera. The Olympic hymn closes this part of the ritual.

4

5

6

7

La seconde phase qui se déroule au monument Pierre de *Coubertin* débute lorsque le premier porteur du flambeau pénètre dans le bosquet qui porte le nom de l'illustre personnage et allume l'autel olympique. Puis, levant la torche, il salue la stèle du rénovateur des Jeux. Ensuite, encadré de son escorte, il se dirige vers le village d'Olympie. Le grand voyage de la flamme sacrée commence. Il ne prendra fin que dans le stade olympique, le jour de la cérémonie d'ouverture des Jeux consacrant une nouvelle olympiade.

Le transport du flambeau vers la ville olympique est réalisé selon un plan mis au point par le Comité organisateur des Jeux qui décide, en accord avec le Comité International Olympique, des procédés à utiliser.

Le 15 juillet 1976, des moyens de notre temps seront mis en œuvre pour le transport de la flamme d'un continent à l'autre. Le Canada qui a déjà donné beaucoup au monde dans le domaine des télécommunications sera encore, comme pour le téléphone et les transmissions transatlantiques des signaux radio, à l'origine d'une première mondiale.

C'est au stade Panathénien d'Athènes, première étape de la flamme olympique, que les particules ionisées émanant du feu sacré seront captées par un dispositif électronique spécial : le «sensor». La flamme ainsi transformée en une séquence d'impulsions électriques codées, sera transmise par satellite à Ottawa. Grâce à la télévision le monde entier pourra donc assister à sa passation.

Le message d'Olympie sera porté d'Ottawa à Montréal par des athlètes représentant toutes les régions du Canada et tous les sports olympiques.

Le 16 juillet, au cours d'un grandiose rassemblement populaire, la flamme sera accueillie au Mont-Royal qui domine la ville. Un second flambeau sera allumé et transporté par divers moyens jusqu'à Kingston où il parviendra le 18 juillet, jour de l'ouverture des manifestions olympiques de Yachting.

Le 17 juillet, une longue procession à travers les rues de Montréal conduira la flamme sacrée au stade olympique.

Now begins the second part, which takes place at the monument to Pierre *de Coubertin*. The first torchbearer enters the grove which bears the name of the man who restored the Games and lights the Olympic altar. Then, raising the torch, he salutes the monument. Surrounded by the escort, he now goes to the village of Olympia. The long voyage of the sacred flame begins, only ending when a new Olympiad is proclaimed in the Olympic Stadium on the day of the opening ceremonies.

The Organizing Committee for the Games decides, with the agreement of the International Olympic Committee, how the flame will be brought to the Olympic city.

On July 15, 1976, space age technology will be used to transport the flame from one continent to another. Canada, already a world leader in the field of telecommunications, will stage another world premier, perhaps even more dramatic than the one for the telephone or transatlantic radio signals.

In the Panathenian Stadium in Athens, the first stop of the Olympic flame, ionized particles emanating from the sacred fire will be converted by an electronic device called the *Sensor*, which will transform the flame into a sequence of electronic impulses that will be transmitted to Ottawa by satellite. Thanks to television, the whole world will be able to witness the passage of the flame through space, certainly the most appropriate means of traveling for the gift of the gods!

The message from Olympia will be carried to Montreal from Ottawa by athletes who represent all the regions of Canada and all the Olympic sports.

On July 16, as part of a spectacular popular celebration, the flame will arrive on Mount Royal, which overlooks the city. A second torch will be lit and transported by various means to Kingston, arriving there on July 18, the day of the opening of the Olympic yachting events.

On July 17, a long procession through the streets of Montreal will conduct the sacred flame from Mount Royal to the Olympic stadium.

Cérémonie d'ouverture

Opening ceremonies

La cérémonie d'ouverture est sans nul doute l'évènement olympique qui dévoile le plus clairement au monde que la grande rencontre internationale est véritablement la fête quadriennale du printemps humain.

Malgré les exigences d'un protocole relativement strict, indispensable à la solennité du moment, une indescriptible atmosphère de joie et d'amitié se dégage de l'arène olympique, de ces milliers de jeunes gens et jeunes filles de toutes races, de toutes religions et de toutes opinions, heureux et fiers à la fois de contribuer au succès de la plus belle des aventures de leur existence.

Venus aussi de tous les horizons, les innombrables spectateurs participent à leur manière et avec une grande ferveur à l'inoubliable liesse.

Aujourd'hui, grâce aux moyens modernes d'information, c'est le monde entier qui vit à l'heure olympique et, au moment où à la cime des mâts qui ceinturent le stade montent les drapeaux de tous les pays participants, plus d'un milliard de personnes applaudissent à l'ouverture de la nouvelle olympiade. La cérémonie commence lorsque le Président du Comité International Olympique et le Président du Comité organisateur accueillent le Chef de l'État et l'accompagnent jusqu'à sa loge, dans la tribune d'honneur, où il demeure debout car, joué par une musique militaire et chanté par des milliers de sujets, s'élève l'hymne national. Les dernières mesures résonnent encore lorsque de longs applaudissements éclatent, bientôt couverts par les sons cuivrés d'une fanfare qui annonce le début du défilé. Au moment où apparait le premier drapeau, celui de la Grèce, la foule se lève et une ovation emplit le stade, comparable sans doute à celle qui accueillait les athlètes de l'antiquité. Ainsi débute la parade des délégations qui, après celle de la Grèce, se suivent par ordre alphabétique, à l'exception des représentants du Canada, pays hôte, qui ferment cette marche triomphale. Dès que tous les participants ont pris place sur la verte pelouse derrière leur drapeau respectif, le Président du Comité organisateur se dirige vers le rostre placé face à la tribune d'honneur et, brièvement, présente le Président du Comité International Olympique qui s'est également approché et lui demande de bien vouloir inviter le Chef de l'État à ouvrir les Jeux.

It is at the opening ceremony where the world can most clearly see that this great international gathering is really a giant youth festival, occurring only once every four years.

In spite of a relatively strict required program, necessary to maintain the solemnity of the event and provide continuity from Olympiad to Olympiad, there is an undescribable atmosphere of joy and friendship filling the Olympic arena, where thousands of young people of every race and creed are gathered. They are visibly happy and proud to participate in one of the most beautiful adventures of their lives.

Spectators, who have come from every corner of the world, also enthusiastically share in these moments of great elation.

Today with the help of the modern information media, the whole world will experience the Olympics, and at the moment when the flags of all the participating countries are raised on the poles which surround the stadium more than a *billion* people will applaud the opening of a new Olympiad.

The ceremony begins when the President of the International Olympic Committee and the President of the Organizing Committee welcome the Chief of State and accompany him to his seat in the Tribune of Honor, where he remains standing while the national anthem of the host country is played by a military band and sung by the thousands present. With the last bars, the applause of the crowd fills the stadium, but these shouts are soon drowned out by a fanfare signalling the start of the parade of the participants. When the first flag, the flag of Greece appears, the crowd stands, and the stadium reverberates with their applause, no doubt like the moment when the athletes appeared at the ancient Games. The delegations now appear in alphabetical order, with the exception of Canada, which, as the host country, is the last to enter the stadium. When all the marchers have taken their places behind their respective flags, the President of the Organizing Committee accompanied by the President of the International Olympic Committee proceeds to the rostrum placed on the field in front of the Tribune of Honor, where he introduces the President of the International Olympic Committee with a few appropriate remarks and asks him to request the Chief of State to open the Games.

Entrée du dernier porteur de la torche dans le stade Olympique de Munich

Entrance of the last torchbearer into the Munich Olympic stadium

Entrée de la
délégation cana-
dienne à Munich

Entrance of the
Canadian delegation
in Munich

Entrée de la
délégation cana-
dienne à Munich

Entrance of the
Canadian delegation
in Munich

Le Président du Comité International Olympique prononce alors une courte allocution qu'il termine par l'invitation à la proclamation de l'ouverture des Jeux. Le Chef de l'État se lève et, d'une voix claire que de nombreux haut-parleurs répercutent dans la ville entière, prononce la phrase rituelle :

«Je proclame l'ouverture des Jeux Olympiques de Montréal célébrant la XXIe olympiade de l'ère moderne.»

Une sonnerie de trompettes se fait aussitôt entendre et, tandis que retentit l'hymne olympique, le drapeau aux cinq cercles monte lentement au mât qui se dresse à l'intérieur même de l'arène. La foule, émue, d'abord silencieuse, se déchaîne soudain et hurle sa joie.

C'est alors que le maire de Montréal, entouré de charmantes citoyennes en costume local, rejoint le Président du Comité International Olympique sur le rostre où il reçoit des mains du Premier magistrat de la ville de Munich, le drapeau officiel qui depuis les Jeux d'Anvers de 1920 est conservé durant une olympiade par les villes organisatrices successives.

Cette partie de la cérémonie est souvent agrémentée de courtes manifestations folkloriques.

Une salve d'artillerie annonce ensuite l'arrivée du flambeau olympique et le traditionnel lâcher de pigeons. À ce moment, d'abord une rumeur . . . puis un véritable grondement semble accompagner le porteur qui s'avance magnifique, sous des vivats indescriptibles. Alors que le long voyage de la flamme sacrée s'achève, le tumulte peu à peu s'atténue pour reprendre de plus belle au moment où s'embrase la vasque qui jusqu'aux derniers instants des Jeux éclairera de son feu l'arène olympique de Montréal.

The President of the International Olympic Committee then mounts the rostrum, delivers a brief speech of welcome concluding with the request for the Games to be opened. The Chief of State then rises and says in a clear voice which loudspeakers will convey throughout the city that ritual phrase :

"I declare open the Olympic Games of 1976 celebrating the XXI Olympiad of the modern era."

Immediately afterward, a fanfare of trumpets is sounded, and to the strains of the Olympic Anthem, the Olympic flag is slowly raised on the flagpole erected in the arena. The crowd, which has been standing in hushed silence, suddenly lets loose with shouts of joy.

Now the Mayor of Montreal joins the President of the International Olympic Committee on the rostrum, where he receives the official Olympic flag from a representative of the City of Munich, which has kept the flag for the four years since the last Games.

This part of the ceremony is often accompanied by short displays of folklore.

A gun salute is now fired, followed by the symbolic release of pigeons. At that moment, a low rumble and then an increasingly louder ovation accompanies the torch bearer, who advances proudly around the track. The tumult grows, reaching its high point at the moment he lights the sacred Olympic fire, which will burn until the very last moments of the Games.

Adolfo Con-
solini prononce le
serment olympique
aux Jeux de Rome.
Au premier plan, M.
Avery Brundage et le
maire de la ville de
Melbourne

Adolfo Conso-
lini taking the
Olympic oath at the
Games of Rome. In
the foreground:
Avery Brundage and
the Mayor of Mel-
bourne

À ce moment précis, un athlète canadien monte au rostre autour duquel se sont placés tous les porte-drapeaux, et, découvert, tenant de la main gauche le pan du drapeau à la feuille d'érable, levant la main droite, prononce le serment olympique :

«Au nom de tous les concurrents, je promets que nous nous présentons aux Jeux Olympiques en concurrents loyaux, respectueux des règlements qui les régissent et désireux d'y participer dans un esprit chevaleresque pour la gloire du sport et l'honneur de nos équipes.»

Immédiatement après, un juge de la nation invitante monte à son tour au rostre et prononce le serment suivant :

«Au nom de tous les juges et officiels, je promets que nous remplirons nos fonctions pendant les présents Jeux Olympiques en toute impartialité, respectueux des règlements et fidèles aux principes du véritable esprit sportif.»

L'hymne national du pays hôte et le départ des athlètes terminent cette cérémonie.

Les Jeux sont ouverts.

Voilà le spectacle que Montréal offrira au monde entier le 17 juillet 1976.

At the moment the flame is lit, a Canadian athlete climbs to the rostrum, accompanied by a flag bearer with the Canadian flag. The other flag bearers come forward and form a semi-circle around the rostrum. Holding a corner of the maple leaf banner in his left hand, he raises his right hand and takes the Olympic oath on behalf of all the athletes :

"In the name of all competitors, I promise that we will take part in these Olympic Games, respecting and abiding by the rules which govern them, in the true spirit of sportsmanship, for the glory of sport, and the honor of our teams."

Immediately after this, a judge from the host country comes to the rostrum and takes the following oath in a similar fashion :

"In the name of all judges and officials, I promise that we will officiate in these Olympic Games with complete impartiality, respecting and abiding by the rules which govern them, in the true spirit of sportsmanship."

The national anthem of the host country and the departure of the athletes mark the end of this ceremony.

The Games are officially opened.

This is the ceremony which Montreal will show the world on July 17, 1976.

Prix, médailles, diplômes

Prizes, medals, certificates

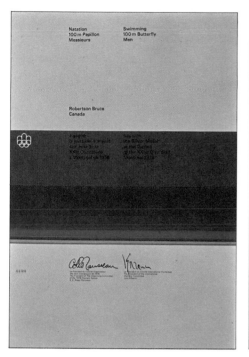

Si dans l'antiquité les héros olympiques recevaient en reconnaissance de leurs exploits une couronne d'olivier, aujourd'hui ce sont des médailles et des diplômes qui honorent nos champions.

La médaille de vermeil, ou médaille d'or, récompense les athlètes classés premiers. Celle d'argent, les athlètes classés seconds. Celle de bronze, les athlètes classés troisièmes. En outre, tous les concurrents classés de premier à sixième reçoivent un diplôme.

Si dans la hiérarchie internationale du sport nombreux sont ceux qui classent les nations selon la quantité de médailles d'or gagnées par leurs athlètes lors des Jeux Olympiques, bien peu savent qu'en réalité ces récompenses ne sont pas d'or. En effet, les médailles doivent avoir un diamètre minimal de 60 millimètres et une épaisseur de 3 millimètres. Pour les premières et secondes places, elles doivent être en argent au titre minimal de 92.5%, et la médaille pour la première place doit être plaquée d'au moins 6 grammes d'or fin. Pour les troisièmes places, les médailles doivent être en bronze.

Si possible, les prix sont remis, à l'issue et sur le lieu même de chaque compétition, par le Président du Comité International Olympique, ou par son délégué, accompagné par le Président de la Fédération Internationale intéressée, ou par son représentant.

While in ancient times the Olympic heroes received a crown of olive branches for their exploits, modern Olympic champions are rewarded with medals and certificates.

The winning athlete receives a gold medal, the athlete in second place is awarded a silver medal, and the third place athlete wins a bronze medal. In addition, all athletes ranking from first to sixth receive a certificate.

Although there are many people who tend to rank countries by the number of gold medals their athletes win at the Olympic Games, there are only a few who know that these medals are not really made of gold. All the medals must be at least 60 mm in diameter and 3 mm thick. The first and second place medals must be made of at least 92.5% silver, and the medal for the winner is then plated with at least 6 grams of fine gold. Medals for third place must be made of bronze.

Medals are presented by the President of the International Olympic Committee (or a member selected by him) accompanied by the President of the International Federation concerned or his deputy. They should be awarded immediately after the event, if possible, and at the place where the competition was held.

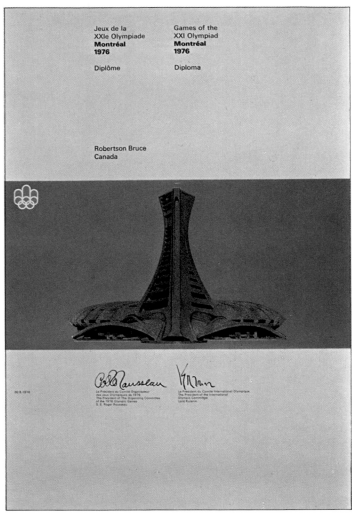

Jeux de la
XXIe Olympiade
Montréal
1976

Diplôme

Games of the
XXI Olympiad
Montréal
1976

Diploma

Robertson Bruce
Canada

La cérémonie se termine par le lever des couleurs des nations des athlètes concernés tandis que retentit l'hymne, abrégé, du pays du nouvel olympionique. Après les Jeux, les noms des vainqueurs doivent être gravés sur un des murs du stade olympique.

En outre, tous les participants aux Jeux, les officiels régulièrement certifiés par les Comités Olympiques de leur pays et accrédités par le Comité organisateur, les juges, les arbitres, les chronométreurs, etc., reçoivent une médaille commémorative et un diplôme.

Aucune autre distinction, médaille et diplôme ne peuvent être attribués lors des Jeux Olympiques. Tous les éventuels surplus doivent être remis au Comité International Olympique.

The ceremony ends with the hoisting of the flags of the countries of the athletes in the first three places while an abbreviated version of the national anthem of the country of the new Olympic champion is played. The names of the winners must be engraved on one wall of the Olympic stadium after the Games.

Furthermore, all those who have participated in the Games, as well as officials who have been certified by the Olympic Committees of their respective countries and accredited by the Organizing Committee, judges, referees, and timekeepers, etc. receive a commemorative medal and a certificate.

No other award, medal or certificate may be awarded during the Olympic Games. Any that are left over must be returned to the International Olympic Committee.

Participation   Participation

Participation

Il n'existe aucun écrit sur l'importance numérique de la participation aux compétitions des Jeux de l'antiquité. En ce qui concerne les Jeux Modernes, les chiffres diffèrent quelquefois selon leur origine. Certains documents totalisent les athlètes présents au village, d'autres les athlètes ayant effectivement participé, sans tenir compte des remplaçants.

Le tableau ci-après indique l'importance numérique de la participation aux différents Jeux relevée dans divers documents officiels.

There is no record of the number of participants in the ancient Games. As far as the modern Games are concerned, figures vary somewhat according to their source. Some documents are based on the number of athletes present in the Olympic Village, while others use the number of athletes who actually participated, not counting the substitutes.

The following table gives some indication of the size of participation in different Games, using data obtained from various official documents.

Jeux olympiques Olympic games		Participants		Nombre de nations Countries
		Hommes Men	Femmes Women	
1896	Athènes/Athens	285	0	13
1900	Paris	1,060	14	20
1904	Saint-Louis/St. Louis	496	0	11
1908	Londres/London	2,038	21	22
1912	Stockholm	2,484	57	28
1920	Anvers/Antwerp	2,543	63	29
1924	Paris	2,802	290	44
1928	Amsterdam	2,725	290	46
1932	Los Angeles	1,281	127	37
1936	Berlin	3,741	328	49
1948	Londres/London	4,030	438	59
1952	Helsinki	5,294	573	69
1956	Melbourne	2,945	384	67
	Stockholm (sports équestres) (equestrian sports)	142	16	29
1960	Rome	4,775	620	84
1964	Tokyo	4,835	723	94
1968	Mexico	5,291	768	113
1972	Munich	6,659	1,171	122

Les estimations de participation à Montréal atteignent environ 9,500 athlètes représentant 132 nations.

It is estimated the 9 500 athletes will participate in Montreal, representing 132 countries.

Sports olympiques Olympic Sports

Athlétisme
Athletics

Aviron
Rowing

Basket-Ball
Basketball

Boxe
Boxing

Canoë
Canoeing

Cyclisme
Cycling

Escrime
Fencing

Football
Football

Gymnastique
Gymnastics

Haltérophilie
Weightlifting

Handball
Handball

Hockey
Hockey

Judo
Judo

Lutte
Wrestling

Natation
Swimming

Pentathlon moderne
Modern pentathlon

Sports équestres
Equestrian sports

Tir
Shooting

Tir à l'arc
Archery

Volley-ball
Volleyball

Yachting
Yachting

Athlétisme   Athletics

Plus de 2 000 ans avant notre ère, les Egyptiens pratiquaient déjà l'athlétisme car, si légende et réalité se confondent lorsqu'il s'agit des exploits sportifs de l'antiquité, il est par contre certain que l'époque de la naissance de cette forme d'activité physique se situe à l'Âge de bronze. Plus tard, 1 500 ans avant J.C., les Crétois, puis les Grecs furent les premiers à s'y livrer avec méthode. D'abord réservés à l'entraînement guerrier, les exercices athlétiques étaient bientôt élevés au rang de compétitions pacifiques. Plus de huit siècles avant J.C., les cités grecques organisaient des rencontres sportives pour célébrer leurs hôtes ou honorer leurs dieux. C'est ainsi d'ailleurs que naquirent les Jeux Olympiques.

En Europe, les preuves écrites les plus anciennes de la pratique de l'athlétisme sont conservées au Trinity College de Dublin. Elles relatent les exploits sportifs des Irlandais de l'époque pré-celtique aux Jeux de Tailti.

C'est aux écoles et universités anglaises que nous devons l'athlétisme moderne que nous connaissons. C'est en effet à Rugby (Warwickshire) que fut organisée, en 1837, la première compétition amateur d'athlétisme, bientôt suivie par de nombreuses autres. L'exemple s'étendit rapidement à l'Amérique du Nord, puis à l'Europe.

La restauration des Jeux Olympiques en 1896 devait, bien sûr, apporter un nouvel élan au développement de ce sport aujourd'hui universel.

L'athlétisme qui réunit trois activités physiques de base : courses, sauts, lancers, est avant tout un sport individuel offrant à l'homme la possibilité de s'exprimer, d'affirmer sa personnalité. C'est aussi une lutte permanente de l'individu contre lui-même et contre la nature car, plus que dans la confrontation avec ses rivaux, l'athlète mesure ses progrès ou ses défaillances dans l'espace et le temps. Le verdict de la distance ou du chronomètre est sans appel. Par ses multiples disciplines, l'athlétisme offre en outre à ses adeptes un choix d'orientations adaptées à leur constitution physique ou à leur tempérament.

L'histoire de l'olympisme est inséparable de celle de l'athlétisme, son aîné. D'ailleurs, durant les dix-sept premiers Jeux de l'antiquité, seules des épreuves de ce sport figurèrent à un mince programme qui s'enrichit au fil des olympiades :

Although it is difficult to distinguish legend from reality when it comes to the sports of ancient times, it is nevertheless certain that the Bronze Age saw the birth of this form of physical activity. The Egyptians were practicing athletic sports more than 4 000 years ago, and the people of Crete and later the Greeks applied method to the performance of these movements about 1 500 B.C. At first it was intended as military training, but athletic exercises were soon raised to the level of peaceful competitions. More than 2 800 years ago, the Greek cities were organizing athletic meets to celebrate the visit of important guests and to honor the gods. This was eventually the source of the great festivals like the Olympic Games.

In Europe the most ancient written record of the practice of athletics is preserved at Trinity College, Dublin : it is an account of the sports feats of the earliest Irish, known as the Games of Tailti.

Modern athletics pose less of a mystery. English schools and universities developed athletics as we know it today. More precisely, it was at Rugby in Warwickshire in 1837 that the first amateur athletic competition took place, and it was soon followed by many others. The concept quickly became popular and spread first to North America and then throughout Europe.

Of course, the development of this sport was given great impetus by the restoration of the Olympic Games in 1896. Today it is practiced all over the world.

The sport of athletics combines three basic physical activities : running, jumping and throwing. It is above all an individual sport, offering the individual competitor a chance to express himself and assert his personality. It also reflects the continual struggle of man against himself and against nature, since in addition to the rivalry with his opponent, the athlete is competing against time and space. The verdicts of the tape measure and the timepiece stand alone, to be compared with the achievements of others. In its multiplicity of disciplines, athletics offers its practitioners a wide choice of activities, allowing them to match physical ability with inclination.

The history of Olympism cannot be separated from that of athletics, its oldest component. After all, only track and field events were on the comparatively narrow program of the first seventeen Olympic Games. The original events included :

Athlètes à l'en-
traînement. Vase grec,
525-500 avant J.-C.

Athletes in
training Greek vase
(525-500 B.C.)

Le dromos :

Unique épreuve des treize premiers Jeux Olympiques, il se disputait sur 192,27 m, soit la longueur de la piste du stade d'Olympie.

Le diaulos :

(À partir des XIVe Jeux Olympiques) course double (aller et retour).
Les athlètes devaient contourner une borne et revenir au point de départ (*aphesis*).

Le dolichos :

(À partir des XVe Jeux Olympiques) ancêtre de nos courses de fond actuelles. Les concurrents devaient parcourir vingt-quatre fois la piste du stade (douze fois l'aller et le retour), soit environ 4 600 mètres.

Le pentathle :

(À partir des XVIIIe Jeux Olympiques) spécialité qui comportait quatre épreuves d'athlétisme et une épreuve de lutte sur laquelle nous reviendrons dans le chapitre consacré à ce sport. Les quatre épreuves d'athlétisme étaient : la course (probablement le *dolichos*), le lancer du disque, le lancer du javelot et le saut en longueur.
Les discoboles lançaient à partir d'une plate-forme (*balbis*). Le disque fut d'abord de pierre avant d'être de bronze, son poids varia de 1 à 5 kilos et son diamètre de 20 à 30 centimètres.
Le javelot, d'une longueur voisine de 2 mètres, était lancé à l'aide d'une lanière de cuir.
Pour le saut en longueur, les athlètes s'aidaient, ou compte-tenu de la technique actuelle, croyaient s'aider en portant des poids qu'ils lançaient durant leur trajectoire. Chacun d'eux devait effectuer trois sauts dont l'addition désignait le vainqueur.
A partir des LXVe Jeux Olympiques (510 avant J.C.) une spécialité athlétique supplémentaire fut inscrite au programme :

La course en armes :

Probablement davantage considérée comme une parade, c'est elle qui clôturait les rencontres sportives. Il existe plusieurs versions sur le déroulement de cette épreuve dont l'une précise que durant la course, les athlètes devaient abandonner armes et armures et terminer entièrement nus. Une autre indique que les participants devaient, comme marque de leur qualité, simplement emporter leur bouclier.

The dromos :

The only event of the first thirteen Olympic Games, it was a race held over a distance of 192.27 m, the length of the track in the original stadium at Olympia.

The diaulos :

(Included from the XIV Games on) was a race in which the athletes had to run to a marker at the far end of the track and return, finishing at the starting line (*aphesis*).

The dolichos :

(Included from the XV Games on) ancestor of our present long distance races. The contestants had to run twenty-four lengths of the track in the stadium, twelve times in each direction, for a total distance of approximately 4 600 meters.

The pentathlon :

(From the XVIII Games on) a special combined event, including four athletic events and a wrestling match, which will be discussed in a later chapter devoted to that sport. The four athletic events were running (probably the dolichos), the discus throw, the javelin throw, and the long jump.
The discus thrower stood on a kind of springboard, the *balbis*. The discus he threw was first made of stone, later of bronze, and varied in weight from 1 to 5 kilograms and from 20 to 30 cm in diameter.
The javelin, approximately 2 meters long, was thrown with the help of a leather thong.
For the long jump, the athletes were helped — or in light of present techniques, thought they were helped — by carrying weights which they would discard as they travelled through the air. Each competitor made three jumps, and the total combined distance determined the winner.
From the LXV Games on (510 B.C.) an additional athletic event was put on the program :

The race with arms :

Probably viewed more as a parade than a contest, it was the final sporting event of the competition. There are several different versions of how this event was held, one of which specifies that during the race the athletes were supposed to drop their arms and armor gradually, finishing the race naked. Another source indicates that the participants simply had to carry a shield as a sign of their status as they ran.

Spyridon Louys,
vainqueur du premier
marathon olympique,
Athènes 1896

Spyridon Louys,
winner of the first
Olympic marathon,
Athens, 1896

Ce qui semble certain c'est le caractère symbolique de cette dernière manifestation sportive des Jeux. Philostrate l'Athénien a d'ailleurs écrit qu'elle avait pour but de rappeler aux Grecs la fin de la trève olympique et la reprise prochaine des hostilités.

Sport unique des premiers Jeux Olympiques de l'antiquité, l'athlétisme eut évidemment une place de choix au sein des Jeux rénovés par le baron Pierre de *Coubertin*. Pourtant, en 1896 à Athènes, le programme fut relativement modeste ; mais au fil des olympiades la liste des épreuves devait subir de nombreuses et importantes modifications ayant pour but principal une présentation équilibrée tant dans les courses, les sauts que les lancers. Par ailleurs, il faut rappeler que c'est en 1928 aux Jeux d'Amsterdam que pour la première fois les femmes participèrent aux compétitions olympiques d'athlétisme.

Les dieux du stade
Depuis *Coréobos*, premier olympionique des Jeux Antiques, l'athlétisme a donné au monde sportif un nombre considérable de champions. Il n'est évidemment pas possible de consacrer ici un chapitre à chacun d'eux. Mais, en ne considérant que les Jeux modernes, rappelons les noms de ceux qui ont véritablement contribué aux grands moments du sport et de l'olympisme, en respectant dans la mesure du possible l'ordre chronologique des événements.

What does appear to be certain is that this final sports event had symbolic significance. *Philostratus* the Athenian wrote that it was intended to remind the Greeks of the end of the Olympic truce and the approaching resumption of hostilities.

As the only sport of the earliest Olympics, athletics claimed a favored position in the Olympic Games as restored by Pierre *de Coubertin*. However, the program in Athens in 1896 was relatively modest. Since then, from Olympiad to Olympiad, the list of events has undergone many important changes, the main goal of which was to achieve a more balanced presentation of all three kinds of events. Women have participated in Olympic athletic competitions since the Amsterdam Games in 1928, where they made their first appearance.

The "gods" of the stadium
Since *Coreobos*, the first known Olympian of ancient times, a considerable number of famous champions have come from the ranks of the athletes. It is obviously impossible to devote a chapter to each of them here, as much as they deserve it ; still, we can remember the names of those from the Modern Games who have contributed to the great moments of sport and of Olympism. Keeping as far as possible to the chronological order of the events, there were :

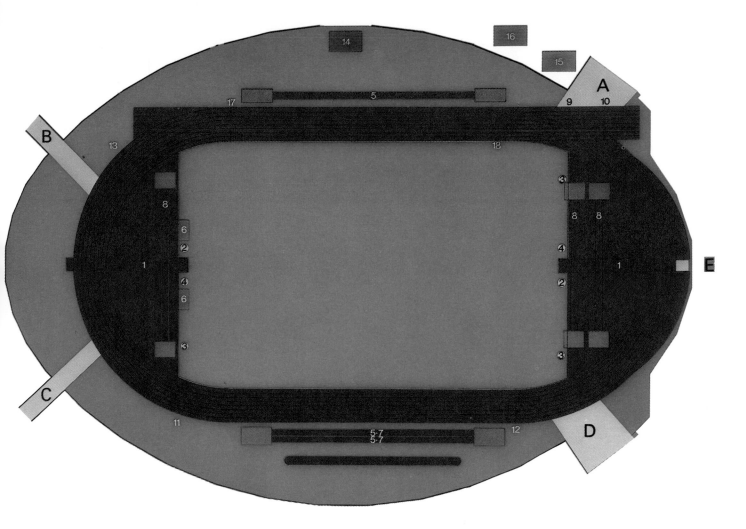

1	Javelot	1	Javelin
2	Disque	2	Discus
3	Poids	3	Shot
4	Marteau	4	Hammer
5	Saut en longueur	5	Long jump
6	Saut en hauteur	6	High jump
7	Triple saut	7	Triple jump
8	Saut à la perche	8	Pole vault
9	Départ 100 m	9	Start for the 100 m
10	Départ 110 m	10	Start for 110 m hurdles
11	Départ 1 500 m	11	Start for 1 500 m
12	Départ 200 et 5 000 m	12	Start for 200 and 5 000 m
13	Départ 400 m	13	Start for 400 m
14	Jury d'appel	14	Jury
15	Chambre d'appel athlètes	15	Athletes' call room
16	Vestiaire athlètes	16	Athletes' locker room
17	Ligne d'arrivée	17	Finish line
18	3 000 m steeple	18	3 000 m steeplechase
A	Sorties	A	Exits
B		B	
C		C	
D		D	
E	Passage temporaire	E	Temporary passage

Spiridon *Louys*, berger grec, vainqueur du premier marathon olympique à Athènes en 1896.

L'Américain Archie *Hahn* qui remporta, à Saint Louis en 1904, les titres des 60 m, 100 m et celui du 200 m où, en 21''6, il établit un record qui tiendra jusqu'en 1932.

Le Finlandais Paavo *Nurmi* qui, avec une aisance remarquable, se classa premier du 10 000 m et du cross-country des Jeux d'Anvers en 1920 et second d'un fantastique 5 000 m remporté par le Français Joseph *Guillemot*. Quatre ans plus tard, *Nurmi* gagnait le 1 500 m et le 5 000 m des Jeux de Paris, en battant chaque fois le record olympique, ainsi que le cross-country. Enfin, en 1928 à Amsterdam, ce magnifique athlète de trente-et-un ans, devenu un véritable héros national, remportait la finale du 10 000 m et son sixième titre olympique individuel. Ce ne sont certes pas les manoeuvres qui ont entâché le déroulement de cette dernière épreuve qui peuvent jeter le doute sur la valeur de Paavo *Nurmi*, car ce fut vraiment un des plus grands champions de l'histoire de l'athlétisme.

Spiridion *Louys*, a Greek shepherd, winner of the first Olympic marathon in Athens in 1896.

The American Archie *Hahn*, who in St Louis in 1904 came in first in the 60 m, 100 m and 200 m – in which he set a record of 21''6, which held until 1932.

The Finn Paavo *Nurmi*, who came in first in the 10 000 m and cross country event in the Antwerp Games in 1920 with remarkable ease and second in a fantastic 5 000 m to the Frenchman Joseph *Guillemot*. Four years later, *Nurmi* won the 1 500 m and the 5 000 m in the Paris Games, breaking the Olympic record each time, and he also won the cross country event. Finally in Amsterdam in 1928, this magnificent thirty-one year old athlete, now a national hero and known throughout the world as ''The Flying Finn'', won the 10 000 m finals and his sixth individual Olympic title. The maneuvering that went on during that race did not cast any doubt on Paavo *Nurmi*'s great prowess, for he was truly one of the greatest champions of Olympic athletics.

L'extraordinaire
Hollandaise Fanny
Blankers-Koen en
pleine action à
Londres, en 1948

The extraordi-
nary Dutchwoman
Fanny Blankers-Koen
in top form in London,
1948

La locomotive
humaine Emil Zatopek
devant le Français
Alain Mimoun et
l'Allemand Herbert
Schade dans le 5 000
m des Jeux d'Hel-
sinki

Emil Zatopek,
the "human loco-
motive", ahead of
Frenchman Alain
Mimoun and German
Herbert Schade in the
5,000 m of the
Helsinki Games

C'est également au cours des Jeux d'Amsterdam, qu'un Canadien, Percy *Williams*, devait gagner les finales des 100 m et 200 m, exploit renouvelé en 1932 à Los Angeles par l'Américain Eddie *Tolan* dont les succès devaient d'ailleurs marquer l'avènement des sprinters noirs.

Le grand Jesse *Owens*, cet athlète de couleur qui, à Berlin en 1936, fit s'écrouler l'édifice de la conception hitlérienne sur la prétendue supériorité aryenne. Ce magnifique champion, en battant trois records du monde et quatre records olympiques, remporta cinq victoires dont quatre sur lui-même et une sur le raciste Fuhrer. Lors de ces Jeux mémorables, Jesse *Owens* gagna le 100 m en 10''3, le 200 m en 20''7 et le 4 x 100 m, associé à *Metcalfe*, *Draper* et *Wykoff*, en 39''8, ainsi que le saut en longueur, grâce à un bond de 8 m 06, record qui tiendra . . . vingt-quatre ans.

Les Jeux de Londres de 1948 devaient révéler deux grandes championnes :
■ la Française Micheline *Ostermeyer*, artiste autant que sportive puisque premier prix de piano au Conservatoire de Paris, qui remporta les titres du lancer du disque, du lancer du poids et la médaille de bronze du saut en hauteur ;
■ la Hollandaise Fanny *Blankers-Koen*, mère de deux enfants, qui douze ans après sa discrète participation à Berlin, monta quatre fois sur la plus haute marche du podium pour recevoir les médailles d'or du 100 m, du 200 m, du 80 m haies et, avec son équipe, celle du relais 4 x 100 m. C'est certainement là un des plus grands exploits de l'athlétisme féminin.

It was also during the Amsterdam Games that a Canadian, Percy *Williams*, won the finals of both the 100 m and 200 m, a feat which was repeated in Los Angeles in 1932 by the American Eddie *Tolan*, whose success began the era of the great black sprinters.

It was yet another black athlete, the great Jesse *Owens*, who shattered the Hitlerian concept of Aryan superiority by breaking three world's records and four Olympic records. In Berlin, in 1936, he won five victories : four against the other competitors and a fifth against the racist Führer. During these memorable Games, Jesse *Owens* won the 100 m in 10''3, the 200 m in 20''7 and the 4 x 100 m relay along with *Metcalfe*, *Draper* and *Wykoff* in a time of 39''8, and he won the long jump with a jump of 8.06 m, a record that lasted . . . twenty-four years!

The London Games in 1948 gave us two great women Olympians :
■ Micheline *Ostermeyer* from France, who was an artistic as well as athletic champion. She won the first prize for piano at the Paris Conservatory and two Olympic gold medals in the discus and shot put, as well as a bronze medal for the high jump.
■ Fanny *Blankers-Koen* from Holland, the mother of two children, twelve years after participating in the Berlin Games without any notable successes, climbed the winner's platform four times to receive gold medals: for the 100 m, 200 m, 80 m hurdles and, with the national team, the 400 m relay. This was certainly one of the great moments in women's athletics.

Jesse Owens remporte le titre du saut en longueur des Jeux de Berlin avec un bond de 8,06 m

Jesse Owens winning the long jump title at the Berlin Games with a jump of 8,06 m

C'est également au cours des Jeux de Londres que pour la première fois, à l'exception des initiés, le monde sportif entendit parler d'un certain Emil *Zatopek* et d'un "débutant" Alain *Mimoun*. Quatre ans plus tard, lors de la grande fête d'Helsinki de 1952, le champion Tchécoslovaque remportait la finale du 10 000 m, à l'issue d'une magnifique démonstration de sa puissance au cours de laquelle il devança un tenace *Mimoun*, remarquable second. Quatre jours après cette victoire, *Zatopek* s'adjugeait la médaille d'or du 5 000 m, toujours devant le même adversaire direct. A peine remis des fatigues de sa course, apprenant le succès de son épouse au javelot et ne voulant certainement pas lui laisser le dernier mot, il enlevait le titre du marathon et celui de "locomotive humaine". Quant à *Mimoun*, l'éternel second olympique, il devait enfin monter sur la plus haute marche du podium à Melbourne en 1956, après son triomphal marathon. C'est aussi au cours de ces "Jeux du bout du monde" que le Soviétique Vladimir *Kuts* gagna le titre du 5 000 m à l'issue d'une fantastique course pendant laquelle il dut effectuer pas moins de vingt-huit accélérations pour décramponner l'Anglais Gordon *Piree* qui devait malheureusement "craquer" avant la fin de l'épreuve. C'est toujours à Melbourne que l'Américain Alfred *Oerter* remporta le titre du lancer du disque qu'il devait conserver durant seize ans : fait unique dans l'histoire des Jeux.

It was also during the London Games that the sports world heard of a certain Emil *Zatopek* and a "beginner" named Alain *Mimoun*, already known to a handful of track initiates. Four years later at the festive Helsinki Games in 1952, the Czechoslovakian champion won the 10 000 m final in a tremendous demonstration of strength, beating the tenacious *Mimoun*, who was a close second. Four days after that victory, *Zatopek* added the gold medal for the 5 000 m, in front of the same adversary. Hardly rested from his race, he learned that his wife had won the javelin event, and probably not wanting to leave her the last word, he ran in the marathon, winning the race and the name "The Human Locomotive". As for *Mimoun*, the eternal Olympic second, he finally climbed to the top of the platform after a triumphant marathon in Melbourne in 1956. Also during those Games "down under", the Soviet Vladimir *Kuts* won the 5 000 m title in a fantastic race in which he had to accelerate no less than twenty-eight times to shake off Britain's Gordon *Piree*, who unfortunately broke down before the race was over. It was also in Melbourne that the American Alfred *Oerter* won the discus title, one he would keep for sixteen years, a unique occurence in the annals of the Games.

Peter Snell,
vainqueur du 800 m
des Jeux de Tokyo

Peter Snell,
winner of the 800 m
in the Tokyo Games

Wilma Rudolph   Wilma Rudolph

Le Néo-Zélandais Peter *Snell* qui, à Rome en 1960, gagna la médaille d'or du 800 m, exploit qu'il renouvellera à Tokyo quatre ans plus tard, doublé cette fois d'une victoire au 1 500 m.

Si lors de ces Jeux de Rome il avait fallu élire une reine, nul doute que l'Américaine Wilma *Rudolph*, la gazelle noire, aurait ajouté ce titre aux trois autres conquis sur les pistes : celui du 100 m en 11'' – soit trois dixièmes de seconde de moins que le record du monde –, mais ce temps ne fut pas homologué par suite d'un vent trop favorable (2,47 m/s), celui du 200 m en 24'', et avec son équipe, celui du relais 4 x 100 m en 44''5.

Comment écrire sur ces Jeux de Rome sans évoquer une de ses plus impressionnantes images : celle de la frêle silhouette de l'Ethiopien Bikila *Abebe* s'avançant vers la gloire jusqu'au pied de l'Arc de triomphe dédié à Constantin, vainqueur de Maxence. Avec une remarquable aisance, *Abebe* devait, à Tokyo en 1964, conserver ce titre olympique du marathon.

The New Zealander Peter *Snell* won a gold medal in the 800 m in Rome in 1960 and repeated that feat four years later in Tokyo, this time also winning the 1 500 m event.

If one were to have chosen a queen of the Rome Games, it would have been the American Wilma *Rudolph*, the "black gazelle", who could have added this title to the three others she won on the track : the 100 m, which she won in 11'', beating the world record by .3 of a second, although this record was not listed because of an overly favorable wind (2.47 meters per second) ; the 200 m which was won in 24'' and, with her team, the 4 x 100 m relay in 44''5.

It is impossible to write about the Games of Rome without recalling its most touching moment : the sight of the fragile Ethiopian Bikila *Abebe* at the foot of the Arch of Constantine on his way to win the marathon. *Abebe* was able to retain his marathon title in 1964 with remarkable ease.

Victoire facile de la grande championne Renate Stecher de la République Démocratique d'Allemagne, 100 m des Jeux de Munich

Easy victory in the 100 m by the great champion Renate Stecher from the Democratic Republic of Germany

A Mexico en 1968, Alfred Oerter remporte sa quatrième médaille d'or au lancement du disque

In Mexico in 1968, Alfred Oerter won his fourth gold medal in the discus throw

Les Jeux de Mexico furent marqués par une série de performances extraordinaires concrétisées par la chute de nombreux records dans les épreuves courtes et par le succès des athlètes africains, habitués de l'altitude, dans les épreuves de fond. Ce sont les Américains qui à cette occasion se distinguèrent le plus. Dans les courses, citons : Jim *Hines*, vainqueur du 100 m et premier sous les 10'' (9''9), Tommie *Smith* qui remporta le titre du 200 m en 19''8 (nouveau record du monde), Lee *Evans* qui gagna la finale du 400 m en 43''8 (nouveau record du monde). Dans les épreuves de saut, Bob *Seagren* triompha à la perche avec un bond de 5,40 m (nouveau record du monde) devant deux Allemands l'un de l'Ouest, l'autre de l'Est, également avec 5,40 m. Dick *Fosbury* remporta le titre en hauteur (2,24 m) et étonna le monde par son style particulier que de nombreux adeptes ont aujourd'hui adopté. La plus grande performance de ces Jeux de l'altitude fut incontestablement celle du sauteur en longueur Bob *Beamon* qui sut profiter au maximum des conditions idéales qui lui étaient offertes et qui s'adjugea la palme olympique grâce à un incroyable bond de 8, 90 m, record qui tiendra certainement encore de nombreuses années. Enfin, le triple saut vit la victoire du Soviétique Viktor *Saneev* avec 17,39 m enleva le titre devant quatre adversaires à plus de 17.09 m, tous améliorant le record du monde.

Les Jeux Olympiques de Munich furent encore l'occasion de remarquable performances, notamment celles de :
■ Renate *Stecher* qui remporta le titre du 100 m et celui du 200 m, imitée dans les mêmes spécialités par le Soviétique Valeri *Borzov* ;

The Mexico Games produced a series of extraordinary performances and the fall of many records in the sprint events. It also witnessed the success of the African athletes, who were accustomed to the high altitudes, in the long distance events. It was the Americans who had the greatest athletic successes on this occasion. On the track, let us recall Jim *Hines*,winner of the 100 m and the first runner to break the 10'' barrier, with a time of 9''9 ; Tommie *Smith*, winner of the 200 m in 19''8, a new world record ; and Lee *Evans*, who won the 400 m final in 43''8, also a new world record. In the jumping events there was Bob *Seagren*, who pole vaulted to a 5.40 m world's record, edging out an East and West German who had vaulted the same height. Dick *Fosbury* took the high jump title with a jump of 2.24 m and stunned the spectators with his "flop" style, since then adopted by a number of young jumpers. The greatest performance of these high altitude Games was uncontestably that of long jumper Bob *Beamon*, who used the ideal conditions to the maximum effect and won the competition in a world's record jump of 8.90 m, a record which will undoubtedly last for many years to come. Also exciting was the triple jump of the Russian Viktor *Saneev*, four of whose rivals had already broken the 17.09 m world's record in the jump when he took that title with an incredible jump of 17.39 m.

The Munich Games were also the scene of outstanding athletic performances, such as those of :
■ Renata *Stecher*, who won both the 100 m and 200 m titles, a feat copied by the Soviet sprinter Valeri *Borzov*, who won the 100 m and 200 m events for men.

Le Soviétique Nikolai Avilov, champion olympique du décathlon, vient de passer la barre au saut à la perche

Soviet Nikolai Avilov, Olympic decathlon champion, has cleared the bar in the pole vault

■ Lasse *Viren* qui étonna le monde sportif en enlevant les médailles d'or du 5 000 m en 13'26''4 et du 10 000 m en 27'38''4 (nouveau record du monde) ;

■ Kipchoge *Keino*, l'infatigable Kenyan, déjà vainqueur du 1 500 m de Mexico, qui cette fois se classa second de la même épreuve et remporta le titre du 3 000 m steeple devant son compatriote Benjamin *Jipcho*.

Pour terminer cette liste des super-champions de l'athlétisme évidemment bien restreinte, quoi de plus logique que de citer un athlète complet en la personne du Soviétique Nik *Avilov*, médaille d'or du décathlon des Jeux de 1972 avec un total de 8 454 points correspondant à un nouveau record du monde. Cet exploit, peut-être le plus grand des Jeux de Munich, est malheureusement passé inaperçu du grand public.

De 1896 à 1976, le programme olympique de l'athlétisme a évidemment connu une constante évolution. Il comporte aujourd'hui les épreuves suivantes :

Hommes
23 épreuves

Epreuves individuelles sur piste
100 m
200 m
400 m
800 m
1 500 m
5 000 m
10 000 m
110 m haies
400 m haies
3 000 m course d'obstacles

Epreuves par équipes sur piste
Relais 4 x 100 m
Relais 4 x 400 m

Epreuves sur route
20 km marche
Marathon – 42 195 m

Epreuves de sauts
Saut en hauteur
Saut en longueur
Triple saut
Saut à la perche

Epreuves de lancers
Lancement du poids
Lancement du disque
Lancement du javelot
Lancement du marteau

Epreuve combinée
Décathlon

■ Lasse *Viren*, who astounded the sports world by winning gold medals in the 5 000 m in 13'26'' and the 10 000 m in 27'38''4 (a new world record).

■ Kipchoge *Keino*, the indefatigable Kenyan, already winner of the 1 500 m in Mexico who this time came in second in that event but won the 3 000 m steeplechase ahead of his compatriot Benjamin *Jipcho*.

To end this obviously incomplete list of athletic "superchampions", it seems appropriate to mention the all-round athlete, the Soviet Nik *Avilov*, winner of the 1972 decathlon gold medal with a total of 8 454 points, a new world's record. This feat, perhaps the greatest of the Munich Games, unfortunately went by unnoticed.

From 1896 to 1976, the Olympic athletics program has undergone constant evolution. Today it contains the following events :

Men
23 events

Individual track events
100 m
200 m
400 m
800 m
1 500 m
5 000 m
10 000 m
110 m hurdles
400 m hurdles
3 000 m steeplechase

Team track events
4 x 100 m relay
4 x 400 m relay

Road events
20 km walk
marathon – 42 195 m

Jumping events
high jump
long jump
triple jump
pole vault

Throwing events
shot put
discus throw
javelin throw
hammer throw

Combined events
decathlon

La jolie Deborah Van Keikebelt du Canada dans l'épreuve de qualification du lancement du poids, Munich 1972

Pretty Debby von Keikebelt of Canada in the shot put trials, Munich 1972

Femmes
14 épreuves

Epreuves individuelles sur piste
100 m
200 m
400 m
800 m
1 500 m
100 m haies

Epreuves par équipes sur piste
Relais 4 x 100 m
Relais 4 x 400 m

Epreuves de sauts
Saut en hauteur
Saut en longueur

Epreuves de lancers
Lancement du poids
Lancement du disque
Lancement du javelot

Epreuve combinée
Pentathlon

Epreuves individuelles :
Chaque pays peut engager un concurrent par épreuve sans obligation pour lui d'avoir réalisé la performance minimale qualificative. De plus, chaque pays peut également engager deux autres concurrents à condition que tous, même le premier, aient réalisé les performances minimales qualificatives.

En ce qui concerne le marathon et le 20 km marche, chaque pays peut engager un maximum de trois athlètes, sans obligation de performances minimales qualificatives.

Aucun des concurrents engagés pour les épreuves individuelles ne peut être inscrit à titre de remplaçant.

Epreuves par équipes :
Pour les courses de relais, chaque pays peut engager une équipe sans obligation de performances minimales qualificatives et pour chaque équipe six athlètes peuvent être inscrits dont quatre seulement participeront à la compétition.

Women
14 events

Individual track events
100 m
200 m
400 m
800 m
1 500 m
100 m hurdles

Team track events
4 x 100 m relay
4 x 400 m relay

Jumping events
high jump
long jump

Throwing events
shot put
discus throw
javelin throw

Combined events
pentathlon

Individual events :
Each country is entitled to enter one competitor per event without his having qualified. In addition, each country may also enter two other competitors, on the condition that all the competitors, including the first one, have passed the qualifying level.

For the marathon and 20 km walk, each country may enter a maximum of three athletes without qualifying performances.

None of the competitors entered in individual events may be entered as substitutes.

Team events :
For the relay races, each country may enter one team without qualifying performances, and for each team six athletes may be entered, only four of whom will actually participate.

Coureurs à leurs
marques: moment
de tension

Runners on their
marks: a tense
moment

Déroulement des épreuves

Courses

L'accès aux finales est réservé aux
meilleurs athlètes de chaque discipline
qualifiés après des épreuves éliminatoires (séries et, si nécessaire, demi-
finales).

Les performances sont chronométrées électroniquement au centième de
seconde. En cas d'égalité, le classement est déterminé après lecture de la
''photo-finish''.

Pour les épreuves qui le nécessi-
tent (100 m, 200 m, 400 m, 800 m,
courses de haies, relais) les couloirs
sont attribués par tirage au sort. Pour
les autres épreuves, il n'y a pas de
couloirs attribués.

Les records ne sont pas homolo-
gués si la vitesse du vent est supérieure à 2 m/seconde en faveur du
concurrent.

The events

Races

Access to the finals is reserved for
the best athletes in each discipline
who have qualified in qualifying
events (heats, and, if necessary, semi-
finals).

Performances are electronically
timed to the one-hundredth of a
second. In case of a tie, order of finish
is determined after reading a ''photo
finish''.

For the events which require lanes
(100 m, 200 m, 400 m, 800 m, hurdle
and relay races), lanes are determined
by lot. For the other events, there are
no designated lanes.

Records are not kept if the wind
speed is more than 2 m per second in
the competitor's favor.

Hommes
Épreuves individuelles sur piste

Men
Individual track events

100 m
Au départ, les athlètes sont placés sur une même ligne perpendiculaire aux côtés de la piste.

100 m
All the athletes are placed on the same line which is perpendicular to the sides of the track at the start.

Champions olympiques / Olympic champions					
	Burke, T.	USA	12″0	1896	Athènes/Athens
	Jarvis, F.	USA	11″0	1900	Paris
	Hahn, A.	USA	11″0	1904	Saint Louis/St. Louis
	Walker, R.	SAF	10″8	1908	Londres/London
	Craig, R. C.	USA	10″8	1912	Stockholm
	Paddock, C.	USA	10″8	1920	Anvers/Antwerp
	Abrahams, H.	GBR	10″6	1924	Paris
	Williams, P.	CAN	10″8	1928	Amsterdam
	Tolan, E.	USA	10″3	1932	Los Angeles
	Owens, J.	USA	10″3	1936	Berlin
	Dillard, H.	USA	10″3	1948	Londres/London
	Remigino, L.	USA	10″4	1952	Helsinki
	Morrow, R.	USA	10″5	1956	Melbourne
	Hary, A.	GER	10″2	1960	Rome
	Hayes, R.	USA	10″0	1964	Tokyo
	Hines, J.	USA	9″9	1968	Mexico
	Borsov, V.	URS	10″14	1972	Munich

Record olympique/Olympic record	Hines, J.	USA	9″90	1968	Mexico

Record du monde/World record*					
	Hines, J.	USA	9″90	1968	
	Greene, C.	USA	9″90	1968	
	Smith, R.R.	USA	9″90	1968	
	Hart, E.	USA	9″90	1972	
	Robinson, R.	USA	9″90	1972	
	Williams, S.	USA	9″90	1974	
	Leonard, S.	CUBA	9″90	1975	
	Jones, R.	USA	9″90	1975	

*au 1er septembre 1975   *as of September 1st 1975

200 m
Cette course se déroulant sur un demi-tour de piste, au départ les athlètes sont décalés dans chacun des couloirs d'une distance égale à la différence de longueur des courbes du virage.

200 m
This race is run over one-half lap around the track. The start is staggered, with the athletes in lanes, so that all run the same distance.

Champions olympiques / Olympic champions					
	Tewkesbury, J.W.B.	USA	22″2	1900	Paris
	Hahn, A.	USA	21″6	1904	Saint-Louis/St. Louis
	Kerr, R.	CAN	22″6	1908	Londres/London
	Craig, R.C.	USA	21″7	1912	Stockholm
	Woodring, A.	USA	22″0	1920	Anvers/Antwerp
	Scholz, J.V.	USA	21″6	1924	Paris
	Williams, P.	CAN	21″8	1928	Amsterdam
	Tolan, E.	USA	21″2	1932	Los Angeles
	Owens, J.	USA	20″7	1936	Berlin
	Patton, M.	USA	21″1	1948	Londres/London
	Stanfield, A.	USA	20″7	1952	Helsinki
	Morrow, R.	USA	20″6	1956	Melbourne
	Berruti, L.	ITA	20″5	1960	Rome
	Carr, H.	USA	20″3	1964	Tokyo
	Smith, T.	USA	19″8	1968	Mexico
	Borsov, V.	URS	20″0	1972	Munich

Record olympique/Olympic record	Smith, T.	USA	19″8	1968	Mexico

Record du monde/World record					
	Smith, T.	USA	19″8	1968	
	Quarrie, D.	JAM		1971	

	400 m Un tour de piste, départ décalé. Les athlètes ne doivent pas quitter leur couloir.				**400 m** Once around the track ; staggered start. The athletes must not leave their lanes.
Champions olympiques Olympic champions	Burke, T.E.	USA	54"2	1896	Athènes/Athens
	Long, M.W.	USA	49"4	1900	Paris
	Hillman, H.L.	USA	49"2	1904	Saint-Louis/St. Louis
	Halswell, W.	GBR	50"0	1908	Londres/London
	Reidpath, C.	USA	48"2	1912	Stockholm
	Rudd, B.	SAF	49"6	1920	Anvers/Antwerp
	Liddell, E.	GBR	47"6	1924	Paris
	Barbutti, R.	USA	47"8	1928	Amsterdam
	Carr, W.	USA	46"2	1932	Los Angeles
	Williams, A.F.	USA	46"5	1936	Berlin
	Wint, A.	JAM	46"2	1948	Londres/London
	Rhoden, G.	JAM	45"9	1952	Helsinki
	Jenkins, C.	USA	46"7	1956	Melbourne
	Davis, O.	USA	44"9	1960	Rome
	Larrabee, M.D.	USA	45"1	1964	Tokyo
	Evans, L.	USA	43"8	1968	Mexico
	Matthews, V.	USA	44"66	1972	Munich
Record olympique/Olympic record	Evans, L.	USA	43"8	1968	Mexico
Record du monde/World record	Evans, L.	USA	43"8	1968	

Arrivée victo-
rieuse de l'Américain
Vincent Matthews
devant son compa-
triote Wayne Collett.
400 m des Jeux de
Munich.

Victorious
finish by American
Vince Matthews,
ahead of fellow
American Wayne
Collett. 400 m at
the Munich Games.

800 m
Course de demi-fond. Deux tours de piste. Départ décalé. Après 300 m de course, à la sortie du second virage, les athlètes sont autorisés à quitter leur couloir.

800 m
Middle distance race with staggered start. Two times around the track. After the first 300 m, after the second turn, the athletes may leave their lanes.

Champions olympiques Olympic champions	Flack, E.H.	AUS	2'11"0	1896	Athènes/Athens
	Tysoe, A.E.	GBR	2'01"4	1900	Paris
	Lightbody, J.D.	USA	1'56"0	1904	Saint-Louis/St. Louis
	Sheppard, M.W.	USA	1'52"8	1908	Londres/London
	Meredith, J.E.	USA	1'51"9	1912	Stockholm
	Hill, A.G.	GBR	1'53"4	1920	Anvers/Antwerp
	Lowe, D.G.A.	GBR	1'52"4	1924	Paris
	Lowe, D.G.A.	GBR	1'51"8	1928	Amsterdam
	Hampson, T.	GBR	1'49"7	1932	Los Angeles
	Woodruff, J.	USA	1'52"9	1936	Berlin
	Whitfield, M.	USA	1'49"2	1948	Londres/London
	Whitfield, M.	USA	1'49"2	1952	Helsinki
	Courtney, T.W.	USA	1'47"7	1956	Melbourne
	Snell, P.	NZL	1'46"3	1960	Rome
	Snell, P.	NZL	1'45"1	1964	Tokyo
	Doubell, R.	AUS	1'44"3	1968	Mexico
	Wottle, D.	USA	1'45"9	1972	Munich
Record olympique/Olympic record	Doubell, R.	AUS	1'44"3	1968	Mexico
Record du monde/World record	Fiasconaro, M.	ITA	1'43"7	1973	

1 500 m
Course de demi-fond. Trois tours de piste et 300 m. Départ en ligne.

1 500 m
Middle distance race. Three times around the track plus 300 m. Start in a straight line.

Champions olympiques Olympic champions	Flack, E.H.	AUS	4'33"2	1896	Athènes/Athens
	Bennett, C.	GBR	4'06"2	1900	Paris
	Lightbody, J.D.	USA	4'05"4	1904	Saint-Louis/St. Louis
	Sheppard, M.W.	USA	4'03"4	1908	Londres/London
	Jackson, A.N.S.	GBR	3'56"8	1912	Stockholm
	Hill, A.G.	GBR	4'01"8	1920	Anvers/Antwerp
	Nurmi, P.	FIN	3'53"6	1924	Paris
	Larva, H.E.	FIN	3'53"2	1928	Amsterdam
	Beccali, L.	ITA	3'51"2	1932	Los Angeles
	Lovelock, J.E.	NZL	3'47"8	1936	Berlin
	Erikson, H.	SWE	3'49"8	1948	Londres/London
	Barthel, J.	LUX	3'45"1	1952	Helsinki
	Delany, R.	IRL	3'41"2	1956	Melbourne
	Elliot, H.	AUS	3'35"6	1960	Rome
	Snell, P.	NZL	3'38"1	1964	Tokyo
	Keino, K.	KEN	3'34"9	1968	Mexico
	Vassala, P.	FIN	3'36"3	1972	Munich
Record olympique/Olympic record	Keino, K.	KEN	3'34"9	1968	Mexico
Record du monde/World record	Bayi, F.	TAN	3'32"2	1974	

5 000 m

Course de fond. Douze tours de piste et 200 m. Départ groupé en ligne.

5 000 m

Long distance race. Twelve times around the track plus 200 m. Athletes grouped in a line at the start.

Champions olympiques Olympic champions	Kolehmainen, H.	FIN	14'36"6	1912	Stockholm
	Guillemot, J.	FRA	14'55"6	1920	Anvers/Antwerp
	Nurmi, P.	FIN	14'31"2	1924	Paris
	Ritola, V.	FIN	14'38"0	1928	Amsterdam
	Lehtinen, L.	FIN	14'30"0	1932	Los Angeles
	Hockert, G.	FIN	14'22"2	1936	Berlin
	Reiff, G.	BEL	14'17"6	1948	Londres/London
	Zatopek, E.	TCH	14'06"6	1952	Helsinki
	Kuts, V.	URS	13'39"6	1956	Melbourne
	Halberg, M.	NZL	13'43"4	1960	Rome
	Schul, R.K.	USA	13'48"8	1964	Tokyo
	Gammoudi, M.	TUN	14'05"0	1968	Mexico
	Viren, L.	FIN	13'26"4	1972	Munich
Record olympique/Olympic record	Viren, L.	FIN	13'26"4	1972	Munich
Record du monde/World record	Puttemans, E.	BEL	13'13"0	1972	

10 000 m

Course de fond. Vingt-cinq tours de piste. Départ groupé en ligne.

10 000 m

Long distance race. Twenty-five times around the track. Athletes grouped in a line at the start.

Champions olympiques Olympic champions	Kolehmainen, H.	FIN	31'20"8	1912	Stockholm
	Nurmi, P.	FIN	31'45"8	1920	Anvers/Antwerp
	Ritola, V.	FIN	30'23"2	1924	Paris
	Nurmi, P.	FIN	30'18"8	1928	Amsterdam
	Kusocinski, J.	POL	30'11"4	1932	Los Angeles
	Salminen, I.	FIN	30'15"4	1936	Berlin
	Zatopek, E.	TCH	29'59"6	1948	Londres/London
	Zatopek, E.	TCH	29'17"0	1952	Helsinki
	Kuts, V.	URS	28'45"6	1956	Melbourne
	Bolotnikov, P.	URS	28'32"2	1960	Rome
	Mills, W.M.	USA	28'24"4	1964	Tokyo
	Temu, N.	KEN	29'27"4	1968	Mexico
	Viren, L.	FIN	27'38"4	1972	Munich
Record olympique/Olympic record	Viren, L.	FIN	27'38"4	1972	Munich
Record du monde/World record	Bedford, D.	GBR	27'30"8	1973	

110 m haies

Départ en ligne. Dix haies de 1,06 m à franchir, espacées de la manière suivante : première haie à 13,72 m du départ ; espacement entre les autres haies 9,14 m ; ligne d'arrivée à 14,02 m de la dernière haie.

110 m hurdles

In-line start. There are ten hurdles, each 1.06 m high, to jump, arranged as follows : first hurdle 13.72 m from starting line, remaining hurdles 9.14 m apart ; finish line 14.02 m from last hurdle.

Champions olympiques Olympic champions	Curtis, T.P.	USA	17"6	1896	Athènes/Athens
	Kraenzlein, A.C.	USA	15"4	1900	Paris
	Schule, F.W.	USA	16"0	1904	Saint-Louis/St. Louis
	Smithson, F.C.	USA	15"0	1908	Londres/London
	Kelly, F.W.	USA	15"1	1912	Stockholm
	Thompson, E.	CAN	14"8	1920	Anvers/Antwerp
	Kinsey, D.	USA	15"0	1924	Paris
	Atkinson, S.J.M.	SAF	14"8	1928	Amsterdam
	Saling, G.	USA	14"6	1932	Los Angeles
	Towns, F.G.	USA	14"2	1936	Berlin
	Porter, W.	USA	13"9	1948	Londres/London
	Dillard, H.	USA	13"7	1952	Helsinki
	Calhoun, L.	USA	13"5	1956	Melbourne
	Calhoun, L.	USA	13"8	1960	Rome
	Jones, H.W.	USA	13"6	1964	Tokyo
	Davenport, W.	USA	13"3	1968	Mexico
	Milburn, R. jr.	USA	13"24	1972	Munich
Record olympique/Olympic record	Milburn, R. jr.	USA	13"24	1972	Munich
Record du monde/World record	Drut, G.	FRA	13"00	1975	

400 m haies
Un tour de piste. Départ décalé. Les concurrents ne doivent pas quitter leur couloir. Dix haies de 0,914 m à franchir, espacées de la manière suivante : première haie à 45 m du départ ; espacement entre les autres haies 35 m ; ligne d'arrivée à 40 m de la dernière haie.

400 m hurdles
Once around the track. Staggered start. Athletes may not leave their lanes. Ten .914 m hurdles to be jumped, arranged as follows : first hurdle 45 m from starting line ; the rest spaced at 35 m ; finish line 40 m from last hurdle.

Champions olympiques Olympic champions	Tewkesbury, J.W.	USA	57"6	1900	Paris
	Hillman, HL.	USA	53"0	1904	Saint-Louis/St. Louis
	Bacon, C.J.	USA	55"0	1908	Londres/London
	Loomis, F.F.	USA	54"0	1920	Anvers/Antwerp
	Taylor, F.M.	USA	52"6	1924	Paris
	Lord Burghley	GBR	53"4	1928	Amsterdam
	Tisdall, R.M.N.	IRL	51"8	1932	Los Angeles
	Hardin, G.	USA	52"4	1936	Berlin
	Cochran, R.	USA	51"1	1948	Londres/London
	Moore, C.	USA	50"8	1952	Helsinki
	Davis, G.	USA	50"1	1956	Melbourne
	Davis, G.	USA	49"3	1960	Rome
	Cawley, W.J.	USA	49"6	1964	Tokyo
	Hemery, D.	GBR	48"1	1968	Mexico
	Akii-Bua, J.	UGA	47"8	1972	Munich
Record olympique/Olympic record	Akii-Bua, J.	UGA	47"8	1972	Munich
Record du monde/World record	Akii-Bua, J.	UGA	47"8	1972	

3 000 m course d'obstacles
Course de fond avec obstacles. Sept tours de piste et 200 m. Les haies lourdes, de 0,914 m, sont placées à quatre endroits de la piste, la troisième précède une rivière longue et large de 3,66 m dont la profondeur maximum de 0,76 m, au pied de la haie, va en décroissant jusqu'au niveau du terrain. Les athlètes doivent donc franchir au total vingt-huit haies et sept fois la rivière. Il leur est permis de s'aider des mains sur les haies et de poser les pieds sur la haie de la rivière.

3 000 m steeplechase
Long distance obstacle race. Seven times around the track plus 200 m. Heavy hurdles, .914 m high, are arranged at four places on the track, the third before a water jump with a pool 3.66 m square whose maximum depth is .76 m at the foot of the hurdle and decreasingly shallow toward the outside edge. The runner must run over twenty-eight hurdles with seven water jumps. He is permitted to use his hands on the hurdles and put his feet on the hurdle at the water jump.

Champions olympiques Olympic champions	Hodge, P.	GBR	10'00"4	1920	Anvers/Antwerp
	Ritola, V.	FIN	9'33"6	1924	Paris
	Loukola, T.A.	FIN	9'21"8	1928	Amsterdam
	Iso-Hollo, V.	FIN	10'33"4	1932	Los Angeles
	Iso-Hollo, V.	FIN	9'03"8	1936	Berlin
	Sjostrand, T.	SWE	9'04"6	1948	Londres/London
	Ashenfelter, H.	USA	8'45"4	1952	Helsinki
	Brasher, C.W.	GBR	8'41"2	1956	Melbourne
	Kryszkowiak, Z.	POL	8'34"2	1960	Rome
	Roelants, G.	BEL	8'30"8	1964	Tokyo
	Biwott, A.	KEN	8'51"0	1968	Mexico
	Keino, K.	KEN	8'23"6	1972	Munich
Record olympique/Olympic record	Keino, K.	KEN	8'23"6	1972	Munich
Record du monde/World record	Gaerderud, A.	SWE	8'09"8	1975	

Arrivée de Tom Smith lors de la finale du 200 m des Jeux de Mexico

Tom Smith's finish in the 200 m final in the Mexico Games

Épreuves par équipes sur piste

Relais 4 x 100 m

Un tour de piste. Départ décalé. Chaque athlète doit parcourir 100 m. Le passage du témoin, ou bâtonnet de 30 cm, doit s'effectuer dans une zone de 20 m de longueur, délimitée par deux lignes tracées à 10 m en avant et en arrière de la ligne indiquant la distance des relais. Le receveur du témoin peut utiliser une pré-zone d'élan de 10 m également. En cas de passage du témoin hors des limites permises, l'équipe est éliminée.

Team track events

4 x 100 m relay

Once around the track. Staggered start. Each athlete must run a distance of 100 m. The passing of the 30 cm relay baton must take place in the 20 m long take-over zone, which is marked on the track 10 m before and 10 m after the distance lines. The receiver may use a run-up zone of 10 m. If the baton is passed outside the allowed zone the team is disqualified.

Champions olympiques Olympic champions	Jacobs, Macintosh, Applegarth, D'Arcy,	GBR	42"4	1912	Stockholm
	Paddock, Scholz, Murchison, Kirksey,	USA	42"2	1920	Anvers/Antwerp
	Clarke, Hussey, Murchison, Leconey	USA	41"0	1924	Paris
	Wykoff, Quinn, Borah, Russel,	USA	41"0	1928	Amsterdam
	Kiesel, Dyer, Toppino, Wykoff,	USA	40"0	1932	Los Angeles
	Owens, Metcalfe, Draper, Wykoff,	USA	39"8	1936	Berlin
	Ewell, Wright, Dillard, Patton,	USA	40"6	1948	Londres/London
	Smith, Dillard, Remigino, Stanfield,	USA	40"1	1952	Helsinki
	Baker, Murchison, King, Morrow,	USA	39"5	1956	Melbourne
	Cullmann, Hary, Mahlendorf, Lauer,	GER	39"5	1960	Rome
	Drayton, Ashworth, Stebbins, Hayes	USA	39"0	1964	Tokyo
	Greene, Pender, Smith, Hines	USA	38"2	1968	Mexico
	Black, Taylor, Tinker, Hart,	USA	38"19	1972	Munich
Record olympique/Olympic record		USA	38"19	1968 1972	Mexico et Munich
Record du monde/World record		USA	38"19	1968	

Relais 4 x 400 m

Quatre tours de piste. Départ décalé. Chaque athlète doit parcourir 400 m ou un tour de piste. Le respect du couloir est obligatoire jusqu'au premier virage du second relayeur, soit pendant 500 m. Ensuite, la piste est libre. La zone du passage du témoin a également 20 m de longueur.

4 x 400 m relay

Four times around the track. Staggered start. Each athlete must run 400 m, one lap around the track. The lanes must be kept until the first turn of the second runner, about 500 m. After that the track is free. The take-over zone is also 20 m long.

Champions olympiques Olympic champions					
Sheppard, Meredith, Lindberg, Reidpath,	USA	3'16"6	1912	Stockholm
Lindsay, Butler, Ainsworth-Davies, Griffiths,	GBR	3'22'2	1920	Anvers/Antwerp
Cochran, Helffrich, Macdonald, Stevenson	USA	3'16"0	1924	Paris
Baird, Alderman, Spencer, Barbutti,	USA	3'14"2	1928	Amsterdam
Fuqua, Ablowich, Warner, Carr	USA	3'08"2	1932	Los Angeles
Wolff, Rampling, Roberts, Brown	GBR	3'09"0	1936	Berlin
Cochran, Bourland, Hornden, Whitfield	USA	3'10"4	1948	Londres/London
Wint, Laing, Mckenley, Rhoden	JAM	3'03"9	1952	Helsinki
Jones, Jenkins, Mashburn, Courtney,	USA	3'04"8	1956	Melbourne
Yerman, Young, Davis, G., Davis, O.	USA	3'02"2	1960	Rome
Cassell, Larrabee, Williams, Carr	USA	3'00"7	1964	Tokyo
Mattews, Freeman, James, Evans	USA	2'56"1	1968	Mexico
Asati, Nyamau, Ouko, Sang	KEN	2'59"8	1972	Munich
Record olympique/Olympic record	USA	2'56"1	1968	Mexico
Record du monde/World record	USA	2'56"1	1968	

Épreuves sur route

Road races

20 kilomètres marche

Le règlement dit que : "L'athlète doit effectuer une progression pas à pas et de telle façon qu'un contact ininterrompu soit maintenu avec le sol". Le marcheur doit donc toujours poser un talon à terre. Il lui est interdit de courir. Le départ groupé est donné au stade olympique où se trouve également la ligne d'arrivée. Le parcours est tracé dans la ville.

20 kilometer walk

The rules specify that walkers must maintain unbroken contact with the ground. Thus the rear foot must not leave the ground before the advancing foot has made contact. Running is forbidden. The group start is given in the Olympic stadium, and the race finishes there as well, after a course through the city.

Champions olympiques / Olympic champions					
Spirin, L.	URS	1h31'27"4	1956	Melbourne
Golubnichiy, V.	URS	1h34'07"2	1960	Rome
Matthews, K.	GBR	1h29'34"0	1964	Tokyo
Golubnichiy, V.	URS	1h33'58"4	1968	Mexico
Frenkel, P.	RDA	1h26'42"4	1972	Munich

Nota :
Les conditions atmosphériques et surtout les difficultés de parcours qui varient selon les tracés rendent aléatoire la comparaison entre les différentes performances des marcheurs. Il est donc préférable de s'abstenir de citer des records.

Note :
Differences in atmospheric conditions and the difficulty of the course make comparisons of the walkers' records difficult if not totally impossible. It is thus preferable to refrain from quoting records.

Marathon

Contrairement à ce que beaucoup pensent le Marathon ne figurait pas au programme des Jeux antiques. C'est à l'initiative d'un professeur français, M. Michel *Breal*, qu'il devint épreuve olympique à Athènes en 1896. Il se déroula sur les lieux mêmes de l'exploit légendaire du soldat grec *Phillipides*, mort après 42 km 195 de course pour avoir voulu être le premier à apporter aux Athéniens la nouvelle de la victoire de *Thémistocle* sur les Perses.

Le départ du marathon est donné groupé dans le stade olympique où se trouve également la ligne d'arrivée. Le parcours est tracé dans la ville.

Marathon

Contrary to popular belief, the marathon was not part of the ancient Games. It was the idea of a French professor, Michel *Breal*, to make it an Olympic event at the Athens Games in 1896. At that time, the race was held on the very route of the legendary Greek soldier *Phillipides*, who died after having run 42.195 km to be the first to bring the news of *Themistocles'* victory over the Persians to the Athenians.

The modern marathon has a grouped start in the Olympic stadium and finishes there as well. The rest of the course is throughout the city.

Champions olympiques / Olympic champions					
Louys, S.	GRE	2h58'50"0	1896	Athènes/Athens
Theato, M.	FRA	2h59'45"0	1900	Paris
Hicks, T.	USA	3h28'53"0	1904	Saint-Louis/St. Louis
Hayes, J.	USA	2h55'18"4	1908	Londres/London
McArthur, K.	SAF	2h36'54"8	1912	Stockholm
Kolehmainen, H.	FIN	2h32'35"8	1920	Anvers/Antwerp
Stenroos, A.	FIN	2h41'22"6	1924	Paris
El Ouafi, A.	FRA	2h32'57"0	1928	Amsterdam
Zabala, J.	ARG	2h31'36"0	1932	Los Angeles
Son, K.	JPA	2h29'19"2	1936	Berlin
Cabrera, D.	ARG	2h34'51"6	1948	Londres/London
Zatopek, E.	TCH	2h23'03"2	1952	Helsinki
Mimoun, A.	FRA	2h25'00"0	1956	Melbourne
Abebe, B.	ETH	2h15'16"2	1960	Rome
Abebe, B.	ETH	2h12'11"2	1964	Tokyo
Wolde, M.	ETH	2h20'26"4	1968	Mexico
Shorter, F.	USA	2h12'19"8	1972	Munich

Nota :
Pour les mêmes raisons que celles indiquées pour la marche, il est préférable de s'abstenir de citer des records.

Note :
As for the walking events, it is preferable to refrain from quoting records for this event.

John Akii-Bua,
champion olympique
du 400 m haies,
Munich 1972

John Akii-Bua,
Olympic champion in
the 400 m hurdles,
Munich 1972

Épreuves de saut

L'accès aux finales des compétitions de saut est réservé aux athlètes ayant obtenu les meilleurs résultats au cours d'épreuves de qualification.

Jumping events

The finals of the jumping competitions are reserved for the athletes who obtain the best results in the qualifying rounds.

Saut en hauteur

Les concurrents doivent franchir une barre ronde horizontale de 4 m, placée sur des taquets dépassant de 6 cm. Ils peuvent commencer à la hauteur de leur choix. Ils ont droit à trois essais à chaque hauteur. Après trois échecs consécutifs, c'est l'élimination. En cas d'égalité, c'est le nombre d'essais à la hauteur précédente qui détermine le classement. Si l'égalité persiste, il est tenu compte du nombre d'échecs total. Aucun style n'est imposé.

High jump

The competitors must clear a round horizontal bar 4 m long placed on two pins 6 cm long. They may start at whatever height they choose and have three tries at each height. After three failures at one height, they are eliminated. In the event of a tie it is the number of attempts at the previous height which determines the winner. If there is still a tie, the total number of misses is counted. No one style of jumping is obligatory.

Champions olympiques Olympic champions					
	Clark, E.	USA	1,81 m	1896	Athènes/Athens
	Baxter, I.	USA	1,90 m	1900	Paris
	Jones, S.	USA	1,80 m	1904	Saint-Louis/St. Louis
	Porter, H.	USA	1,90 m	1908	Londres/London
	Richards, A.	USA	1,93 m	1912	Stockholm
	Landon, R.	USA	1,94 m	1920	Anvers/Antwerp
	Osborn, H.	USA	1,98 m	1924	Paris
	King, R.	USA	1,94 m	1928	Amsterdam
	McNaughton, D.	CAN	1,97 m	1932	Los Angeles
	Johnson, C.	USA	2,03 m	1936	Berlin
	Winter, J.	AUS	1,98 m	1948	Londres/London
	Davis, W.	USA	2,04 m	1952	Helsinki
	Dumas, C.	USA	2,12 m	1956	Melbourne
	Shavlakadze, R.	URS	2,16 m	1960	Rome
	Brumel, V.	URS	2,18 m	1964	Tokyo
	Fosbury, R.	USA	2,24 m	1968	Mexico
	Tarmak, Y.	URS	2,23 m	1972	Munich
Record olympique/Olympic record	Fosbury, R.	USA	2,24 m	1968	Mexico
Record du monde/World record	Stones, D.	USA	2,30 m	1973	

Saut en longueur / Long jump

Les concurrents disposent d'une piste d'élan de 1,22 m de large. Le bord extérieur de la planche d'appel constitue la ligne de départ du saut qui sera mesuré à partir de ce point jusqu'à l'empreinte la plus en arrière laissée sur le sol du sautoir. Les concurrents ont droit à trois essais au total pour les épreuves de qualification, et à six essais pour les finales. Cependant lors de ces finales, seuls les huit meilleurs sauteurs après trois essais disputent les trois derniers. Le meilleur saut est retenu.

The competitors have a run-up track 1.22 m wide. The outside edge of the take-off board is considered the starting line of the jump, which is measured from this point to the nearest break in the landing area made by any part of the competitor's body. The competitors may make a total of three tries for the qualifying round and six tries for the finals. However, during the finals, only the eight best jumpers after three attempts may make the final three attempts. The best jump counts.

Champions olympiques / Olympic champions					
Clark, E.	USA	6,35 m	1896	Athènes/Athens
Kraenzlein, A.	USA	7,18 m	1900	Paris
Prinstein, M.	USA	7,35 m	1904	Saint-Louis/St. Louis
Irons, F.	USA	7,48 m	1908	Londres/London
Gutterson, A.	USA	7,60 m	1912	Stockholm
Petterson, W.	SWE	7,15 m	1920	Anvers/Antwerp
De Hart Hubbard, W.	USA	7,44 m	1924	Paris
Hamm, E.	USA	7,73 m	1928	Amsterdam
Gordon, E.	USA	7,64 m	1932	Los Angeles
Owens, J.	USA	8,06 m	1936	Berlin
Steele, W.	USA	7,82 m	1948	Londres/London
Biffle, J.	USA	7,57 m	1952	Helsinki
Bell, G.	USA	7,83 m	1956	Melbourne
Boston, R.	USA	8,12 m	1960	Rome
Davies, L.	GBR	8,07 m	1964	Tokyo
Beamon, R.	USA	8,90 m	1968	Mexico
Williams, R.	USA	8,24 m	1972	Munich
Record olympique/Olympic record	Beamon, R.	USA	8,90 m	1968	Mexico
Record du monde/World record	Beamon, R.	USA	8,90 m	1968	

Triple saut / Triple jump

Saut exécuté en trois bonds, la planche d'appel étant située à 11 m du sautoir. La chute au premier saut doit se faire sur le pied d'appel, au deuxième, sur le pied opposé et au troisième, sur les deux pieds. Les concurrents ont droit au même nombre d'essais que pour le saut en longueur.

The triple jump consists of a hop, step and jump sequence. The take-off board is located 11 m from the landing area. The competitor must land on the foot from which he first took off for the hop, for the step he must land on the other foot, and the jump on both feet. The competitors have the same number of tries as for the long jump.

Champions olympiques / Olympic champions					
Connolly, J.	USA	13,71 m	1896	Athènes/Athens
Prinstein, M.	USA	14,44 m	1900	Paris
Prinstein, M.	USA	14,33 m	1904	Saint-Louis/St. Louis
Ahearne, T.	GBR	14,92 m	1908	Londres/London
Lindblom, G.	SWE	14,76 m	1912	Stockholm
Tuulos, V.	FIN	14,50 m	1920	Anvers/Antwerp
Winter, A.	AUS	15,53 m	1924	Paris
Oda, M.	JPN	15,21 m	1928	Amsterdam
Nanbu, C.	JPN	15,72 m	1932	Los Angeles
Tajima, N.	JPN	16,00 m	1936	Berlin
Ahman, A.	SWE	15,40 m	1948	Londres/London
Ferreira Da Silva, A.	BRA	16,22 m	1952	Helsinki
Ferreira Da Silva, A.	BRA	16,35 m	1956	Melbourne
Schmidt, J.	POL	16,81 m	1960	Rome
Schmidt, J.	POL	16,85 m	1964	Tokyo
Saneev, V.	URS	17,39 m	1968	Mexico
Saneev, V.	URS	17,35 m	1972	Munich
Record olympique/Olympic record	Saneev, V.	URS	17,39 m	1968	Mexico
Record du monde/World record	Saneev, V.	URS	17,44 m	1972	

Wolfgang Nordwig de la République Démocratique Allemande, remporte la médaille d'or du saut à la perche, Munich 1972

Wolfgang Nordwig from the German Democratic Republic winning the gold medal in the pole vault, Munich 1972

Saut à la perche

À l'aide d'une perche les concurrents doivent franchir une barre ronde horizontale placée sur des taquets dépassant de 7,5 cm. Les concurrents peuvent commencer à la hauteur de leur choix. Ils ont droit à trois essais à chaque hauteur. En cas d'égalité, c'est aussi le nombre d'essais qui détermine le classement. Le sautoir comporte une boîte d'appel ou butoir. Même si après l'avoir franchie, le sauteur fait tomber la barre avec sa perche, le saut compte pour un essai. Nul n'a le droit de dévier la chute de la perche.

Pole vault

The competitors use a pole to vault over a round horizontal bar placed on two pins 7.5 cm long. They can begin at any height they wish and are entitled to three tries at each height. In case of a tie, the number of tries determines the winner. The landing area contains the box for the pole. If the jumper causes the bar to fall with his pole after he has cleared the bar, the jump counts as an attempt. No one may interfere with the fall of the pole.

Champions olympiques Olympic champions	Hoyt, W.	USA	3,30 m	1896	Athènes/Athens
	Baxter, I.	USA	3,30 m	1900	Paris
	Dvorak, C.	USA	3,50 m	1904	Saint-Louis/St. Louis
	Gilbert, A.	USA	3,71 m	1908	Londres/London
	Cooke, E.	USA	3,71 m	1908	Londres/London
	Babcock, H.	USA	3,95 m	1912	Stockholm
	Foss, F.	USA	3,80 m	1920	Anvers/Antwerp
	Barnes, L.	USA	3,95 m	1924	Paris
	Carr, S.	USA	4,20 m	1928	Amsterdam
	Miller, W.	USA	4,31 m	1932	Los Angeles
	Meadows, E.	USA	4,35 m	1936	Berlin
	Smith, O.	USA	4,30 m	1948	Londres/London
	Richards, R.	USA	4,55 m	1952	Helsinki
	Richards, R.	USA	4,56 m	1956	Melbourne
	Bragg, D.	USA	4,70 m	1960	Rome
	Hansen, F.	USA	5,10 m	1964	Tokyo
	Seagren, B.	USA	5,40 m	1968	Mexico
	Nordwig, W.	RDA	5,50 m	1972	Munich
Record olympique/Olympic record	Nordwig, W.	RDA	5,50 m	1972	Munich
Record du monde/World record	Roberts, D.	USA	5,65 m	1975	

La Soviétique Faina Melnik en pleine action

Soviet Faina Melnik in action

Épreuves de lancer

Lancement du poids

Le poids pèse 7,257 kg. Les concurrents doivent exécuter leurs lancers à partir d'un cercle de 2,13 m de diamètre. Ils doivent attendre la fin de la chute de l'engin avant de quitter le cercle de lancer, toujours par la partie arrière. L'angle d'ouverture de l'aire de lancer est de quarante-cinq degrés. Les concurrents ont droit à trois essais pour les épreuves de qualification et à six essais pour les finales. Cependant lors de ces finales, seuls les huit meilleurs lanceurs après trois essais disputent les trois derniers. Le meilleur lancer est retenu.

Throwing events

Shot put

The shot weighs 7.257 kg. The competitors must execute their throws from within a circle which is 2.13 m in diameter. The competitor must not leave the circle until the shot has touched the ground, and then he must leave from behind the dividing line. The shot must land within a forty-five degree sector. The competitors have three attempts for the qualifying rounds and six attempts in the finals. However, only the eight best putters after three attempts may attempt the last three. The best throw counts.

Champions olympiques Olympic champions					
Garrett, R.	USA	11,22 m	1896	Athènes/Athens
Sheldon, R.	USA	14,10 m	1900	Paris
Rose, R.	USA	14,81 m	1904	Saint-Louis/St. Louis
Rose, R.	USA	14,21 m	1908	Londres/London
McDonald, P.	USA	15,34 m	1912	Stockholm
Porhola, V.	FIN	14,81 m	1920	Anvers/Antwerp
Houser, C.	USA	14,99 m	1924	Paris
Kuck, J	USA	15,87 m	1928	Amsterdam
Sexton, L.	USA	16,00 m	1932	Los Angeles
Woellke, H.	GER	16,20 m	1936	Berlin
Thompson, W.	USA	17,12 m	1948	Londres/London
O'Brien, W.	USA	17,41 m	1952	Helsinki
O'Brien, W.	USA	18,57 m	1956	Melbourne
Nieder, W.	USA	19,68 m	1960	Rome
Long, D.	USA	20,33 m	1964	Tokyo
Matson, R.	USA	20,54 m	1968	Mexico
Komar, W.	POL	21,18 m	1972	Munich

Record olympique/Olympic record	Komar, W.	POL	21,18 m	1972	Munich

Record du monde/World record	Feuerbach, A.	USA	21,82 m	1973	

Mosaïque   Mosaic

Lancement du disque

Le disque en bois avec jante métallique, ou en métal, d'au moins 21,9 cm de diamètre, doit peser 2 kg. Les concurrents doivent exécuter leurs lancers à partir d'un cercle de 2,50 m de diamètre. Ils doivent attendre la fin de la chute de l'engin avant de quitter le cercle de lancer, toujours par la partie arrière. L'angle d'ouverture de l'aire de lancement est de quarante-cinq degrés. Chaque concurrent a droit au même nombre d'essais que pour le lancement du poids. Le meilleur lancer est retenu.

Discus

A smooth metal rim is attached to the body of the discus, which may be of either wood or metal, at least 21.9 cm in diameter, and 2 kg in weight. The competitors must throw the discus from within a circle 2.50 m in diameter, to a marked sector of forty-five degrees. They must wait for the discus to touch the ground before leaving the throwing circle from behind the dividing line. The number of tries is the same as for the shot put. The best throw is counted.

Champions olympiques Olympic champions	Garrett, R.	USA	29,15 m	1896	Athènes/Athens
	Bauer, R.	HUN	36,04 m	1900	Paris
	Sheridan, M.J.	USA	39,28 m	1904	Saint-Louis/St. Louis
	Sheridan, M.J.	USA	40,89 m	1908	Londres/London
	Taipale, A.R.	FIN	45,21 m	1912	Stockholm
	Niklander, E.	FIN	44,68 m	1920	Anvers/Antwerp
	Houser, C.	USA	46,15 m	1924	Paris
	Houser, C.	USA	47,32 m	1928	Amsterdam
	Anderson, J.	USA	49,49 m	1932	Los Angeles
	Carpenter, K.	USA	50,48 m	1936	Berlin
	Consolini, A.	ITA	52,78 m	1948	Londres/London
	Iness, S.	USA	55,03 m	1952	Helsinki
	Oerter, A.	USA	56,36 m	1956	Melbourne
	Oerter, A.	USA	59,18 m	1960	Rome
	Oerter, A.	USA	61,00 m	1964	Tokyo
	Oerter, A.	USA	64,78 m	1968	Mexico
	Danek, L.	TCH	64,40 m	1972	Munich
Record olympique/Olympic record	Oerter, A.	USA	64,78 m	1968	Mexico
Record du monde/World record	Powell, J.	USA	69,10 m	1975	

Lancement du javelot

Le javelot en bois, terminé par une pointe métallique doit avoir une longueur minimum de 2,60 m et maximum de 2,70 m et peser au moins 800 g. Les concurrents disposent d'une piste d'élan de 4 m de large terminée par une traverse, ou ligne de départ, qu'ils ne doivent pas dépasser sous peine d'annulation du jet. La pointe du javelot doit toucher le sol la première et laisser une empreinte. Chaque concurrent a droit au même nombre d'essais que pour le lancement du poids. Le meilleur lancer est retenu.

Javelin

The javelin is made of wood with a metal tip and must be between 2.60 and 2.70 m long and weigh at least 800 g. The competitors have a run-up track 4 m wide, ending at an arc or starting line which they must not cross for the throw to be good. The tip of the javelin must touch the ground first and leave a mark. Each contestant has the same number of tries as for the shot put. The best throw counts.

Champions olympiques Olympic champions	Lemming, E.V.	SWE	54,83 m	1908	Londres/London
	Lemming, E.V.	SWE	60,64 m	1912	Stockholm
	Myyra, J.	FIN	65,78 m	1920	Anvers/Antwerp
	Myyra, J.	FIN	62,96 m	1924	Paris
	Lundqvis, E.H.	SWE	66,60 m	1928	Amsterdam
	Jarvinen, M.	FIN	72,71 m	1932	Los Angeles
	Stoeck, G.	GER	71,84 m	1936	Berlin
	Rautavaara, T.	FIN	69,77 m	1948	Londres/London
	Young, C.	USA	73,78 m	1952	Helsinki
	Danielsen, E.	NOR	85,71 m	1956	Melbourne
	Tzybulenko, V.	URS	84,64 m	1960	Rome
	Nevala, P.L.	FIN	82,66 m	1964	Tokyo
	Lusis, Y.	URS	90,10 m	1968	Mexico
	Wolfermann, K.	GER*	90,48 m	1972	Munich
Record olympique/Olympic record	Wolfermann, K.	GER	90,48 m	1972	Munich
Record du monde/World record	Wolfermann, K.	GER	94,08 m	1973	

*Aux jeux olympiques, à partir de la participation en deux équipes séparées pour les deux Allemagnes (1968), la République Fédérale d'Allemagne a conservé l'abréviation GER.

*Since the Games of Mexico, in 1968, the Federal Republic of Germany kept the abbreviation GER. The Democratic Republic of Germany is identified as RDA.

Belle action de
Klaus Wolfermann
de la République
Fédérale d'Allemagne,
médaille d'or au
lancement du javelot,
Munich 1972

Beautiful move-
ment of Klaus Wolfer-
mann from the Ger-
man Federal Republic,
gold medallist in the
javelin throw,
Munich 1972

Lancement du marteau

Le marteau est constitué d'une boule en métal suspendue à un fil d'acier terminé par une poignée. La longueur totale de l'engin ne doit pas dépasser 1,22 m. Il doit peser au moins 7,257 kg. Les concurrents doivent exécuter leurs lancers à partir d'un cercle de 2,135 m qu'ils ne doivent quitter, par l'arrière, qu'après la chute au sol du marteau. L'angle d'ouverture de l'aire de lancement est de quarante-cinq degrés. Chaque concurrent a droit au même nombre d'essais que pour le lancement du poids.

Hammer throw

The hammer is a metal ball attached by a swivel to a handle. Its total length may not exceed 1.22 m and the minimum weight for the complete hammer is 7.257 kg. The contestants must make their throws from within a circle 2.135 m in diameter, which they may leave from behind the dividing line after the hammer has landed. The marked sector in which the hammer must land is at a forty-five degree angle to the throwing circle. Each contestant is allowed the same number of tries as in the shot put.

Champions olympiques Olympic champions	Flanagan, J.J.	USA	49,73 m	1900	Paris
	Flanagan, J.J.	USA	51,23 m	1904	Saint-Louis/St. Louis
	Flanagan, J.J.	USA	51,92 m	1908	Londres/London
	McGrath, M.J.	USA	54,74 m	1912	Stockholm
	Ryan, P.	USA	52,87 m	1920	Anvers/Antwerp
	Tootell, F.D.	USA	53,29 m	1924	Paris
	O'Callaghan, P.	IRL	51,39 m	1928	Amsterdam
	O'Callaghan, P.	IRL	53,92 m	1932	Los Angeles
	Hein, K.	GER	56,49 m	1936	Berlin
	Nemeth, I.	HUN	56,07 m	1948	Londres/London
	Csermak, J.	HUN	60,34 m	1952	Helsinki
	Connolly, H.	USA	63,19 m	1956	Melbourne
	Rudenkov, V.	URS	67,10 m	1960	Rome
	Klim, R.	URS	69,74 m	1964	Tokyo
	Zsivotzky, G.	HUN	73,36 m	1968	Mexico
	Bondartchuk, A.	URS	75,50 m	1972	Munich
Record olympique/Olympic record	Bondartchuk, A.	URS	75,50 m	1972	Munich
Record du monde/World record	Schmidt, W.	GER	79,30 m	1975	

Épreuve combinée / Combined event

Décathlon / Decathlon

Réservé aux athlètes complets, le décathlon est issu du pentathle des Jeux de l'antiquité. Il comporte les épreuves suivantes :

Reserved for the all-around athlete, the decathlon is an extended version of the pentathlon of the ancient Games. It is made up of the following events :

■ 100 m	■ 100 m run
■ 400 m	■ 400 m run
■ 1 500 m	■ 1 500 m run
■ 110 m haies	■ 110 m hurdles
■ saut en hauteur	■ high jump
■ saut en longueur	■ long jump
■ saut à la perche	■ pole vault
■ lancement du poids	■ shot put
■ lancement du disque	■ discus
■ lancement du javelot	■ javelin

Ces épreuves doivent obligatoirement se disputer en deux jours.

A chaque performance correspond un nombre de points déterminé selon une table.

These events must be held on two consecutive days. Scoring is done according to tables which give points for the performance in each event.

Champions olympiques / Olympic champions					
	Weislander, H.	SWE	6 267 pts	1912	Stockholm
	Loevland, H.	NOR	5 180 pts	1920	Anvers/Antwerp
	Osborn, H.M.	USA	6 163 pts	1924	Paris
	Yrjola, P.	FIN	6 246 pts	1928	Amsterdam
	Bausch, J.	USA	6 588 pts	1932	Los Angeles
	Morris, G.E.	USA	7 310 pts	1936	Berlin
	Mathias, R.	USA	6 386 pts	1948	Londres/London
	Mathias, R.	USA	7 887 pts	1952	Helsinki
	Campbell, M.	USA	7 937 pts	1956	Melbourne
	Johnson, R.	USA	8 392 pts	1960	Rome
	Holdorf, W.	GER	7 887 pts	1964	Tokyo
	Toomey, W.	USA	8 193 pts	1968	Mexico
	Avilov, N.	URS	8 454 pts	1972	Munich
Record olympique/Olympic record	Avilov, N.	URS	8 454 pts	1972	Munich
Record du monde/World record	Jenner, B.	USA	8 524 pts	1975	

Femmes / Women

Épreuves individuelles sur piste / Individual track events

Mêmes règles que pour les hommes.

Same rules as for men.

100 m / 100 m

Championnes olympiques / Olympic Champions					
	Robinson, E.	USA	12"2	1928	Amsterdam
	Walasiewicz, S.	POL	11"9	1932	Los Angeles
	Stephens, H.	USA	11"5	1936	Berlin
	Blankers-Koen, F.	HOL	11"9	1948	Londres/London
	Jackson, M.	AUS	11"5	1952	Helsinki
	Cuthbert, B.	AUS	11"5	1956	Melbourne
	Rudolph, W.	USA	11"0	1960	Rome
	Tyus, W.	USA	11"4	1964	Tokyo
	Tyus, W.	USA	11"0	1968	Mexico
	Stecher, R.	RDA	11"07	1972	Munich
Record olympique/Olympic record	Tyus, W.	USA	11"00	1968	Mexico
Record du monde/World record	Stecher, R.	RDA	10"08	1973	

	200 m				**200 m**
Championnes olympiques Olympic champions	Blankers-Koen, F.	HOL	24"4	1948	Londres/London
	Jackson, M.	AUS	23"7	1952	Helsinki
	Cuthbert, B.	AUS	23"4	1956	Melbourne
	Rudolph, W.	USA	24"0	1960	Rome
	McGuire, E.	USA	23"0	1964	Tokyo
	Kirszenstein, I.	POL	22"5	1968	Mexico
	Stecher, R.	RDA	22"40	1972	Munich
Record olympique/Olympic record	Stecher, R.	RDA	22"40	1972	Munich
Record du monde/World record	Stecher, R.	RDA	22"10	1973*	

*La performance de la polonaise Kirszenstein-Szewinska, I. de 22"00 réalisée en 1974 n'a pas été homologuée.

*In 1974, Kirszenstein-Szewinska, I., of Poland clocked a time of 22"00. Her performance was not homologated.

	400 m				**400 m**
Championnes olympiques Olympic champions	Cuthbert, B.	AUS	52"00	1964	Tokyo
	Besson, C.	FRA	52"00	1968	Mexico
	Zehrt, M.	RDA	51"08	1972	Munich
Record olympique/Olympic record	Zehrt, M.	RDA	51"08	1972	Munich
Record du monde/World record	Szewinska, I.	POL	49"90	1974	

	800 m				**800 m**
Championnes olympiques Olympic champions	Radke-Batschauer, L.	GER	2'16"8	1928	Amsterdam
	Shevcova, L.	URS	2'04"3	1960	Rome
	Packer, A.E.	GBR	2'01"1	1964	Tokyo
	Manning, M.	USA	2'00"9	1968	Mexico
	Falck, H.	GER	1'58"6	1972	Munich
Record olympique/Olympic record	Falck, H.	GER	1'58"6	1972	Munich
Record du monde/World record	Zlateva, S.	BUL	1'57"5	1973	

	1 500 m				**1 500 m**
Championne olympique Olympic champion	Bragina, L.	URS	4'01"4	1972	Munich
Record olympique/Olympic record	Bragina, L.	URS	4'01"4	1972	Munich
Record du monde/World record	Bragina, L.	URS	4'01"4	1972	

100 m haies

Comme pour le 110 m haies hommes, le départ du 100 m haies femmes est donné en ligne. Dix haies de 0,84 m à franchir, espacées de la manière suivante : première haie à 13 m du départ ; espacement entre les autres haies : 8,50 m ; ligne d'arrivée à 10,50 m de la dernière haie.

100 m hurdles

As in the men's 110 m hurdles, the start for the women's 100 m hurdles is in a straight line. Ten hurdles .84 m high must be cleared, and they are arranged in the following manner : first hurdle 13 m from the start ; the others 8.50 m apart ; the finish line 10.50 m from the last hurdle.

Championne olympique Olympic champion	Ehrhardt, A.	RDA	12"59	1972	Munich
Record olympique/Olympic record	Ehrhardt, A.	RDA	12"59	1972	Munich
Record du monde/World record	Ehrhardt, A.	RDA	12"30	1973	

Action de Niko-
lai Avilov dans l'é-
preuve du saut en
longueur au décath-
lon des Jeux de
Munich

Nikolai Avilov
in the long jump
event of the deca-
thlon at the Munich
Games

Épreuves par équipes sur piste
Mêmes règles que pour les hommes.

Team track events
Same rules as for men.

Relais 4 x 100 m

4 x 100 m relay

Championnes olympiques Olympic champions	Rosenfeld, Smith, Bell, Cook	CAN	48"4	1928	Amsterdam
	Carew, Rogers, Furtsch,	USA	47"0	1932	Los Angeles
	Von Bremen	USA	46"9	1936	Berlin
	Bland, Rogers, Robinson, Stephen	HOL	47"5	1948	Londres/London
	Stad De Jongh, Timmers, Koudijs, Blankers-Koen	USA	45"9	1952	Helsinki
	Faggs, Jones, Morreau, Hardy	AUS	44"5	1956	Melbourne
	Strickland, Crocker, Mellor, Cuthbert	USA	44"5	1960	Rome
	Hudson, Williams, Jones, Rudolph	POL	43"6	1964	Tokyo
	Ciepla, Kirszenstein, Gorecka, Klobukowska	USA	42"8	1968	Mexico
	Ferrel, Bailes, Netter, Tyus	GER	42"81	1972	Munich
	Krause, Mickler, Richter, Rosendahl				
Record olympique/Olympic record		GER	42"81	1972	Munich
Record du monde/World record		GER	42"50	1974	

Relais 4 x 400 m

4 x 400 m relay

Championnes olympiques Olympic champions	Kaesling, Kuehne, Seidler, Zehrt	RDA	3'23"00	1972	Munich
Record olympique/Olympic record		RDA	3'23"	1972	Munich
Record du monde/World record		RDA	3'23"	1972	

Épreuves de sauts
Mêmes règles que pour les hommes.

Jumping events
Same rules as for men.

Saut en hauteur

High jump

Championnes olympiques Olympic champions	Catherwood, E.	CAN	1,59 m	1928	Amsterdam
	Shiley, J.	USA	1,65 m	1932	Los Angeles
	Csak, I.	HUN	1,60 m	1936	Berlin
	Coachman, A.	USA	1,68 m	1948	Londres/London
	Brand, E.	SAF	1,67 m	1952	Helsinki
	McDaniel, M.	USA	1,76 m	1956	Melbourne
	Balas, I.	ROM	1,85 m	1960	Rome
	Balas, I.	ROM	1,90 m	1964	Tokyo
	Rezkova, M.	TCH	1,82 m	1968	Mexico
	Meyfarth, U.	GER	1,92 m	1972	Munich
Record olympique/Olympic record	Meyfarth, U.	GER	1,92 m	1972	Munich
Record du monde/World record	Witschas, R.	RDA	1,95 m	1974	

Saut en longueur — Long jump

Championnes olympiques Olympic champions	Gyarmati, O.	HUN	5,69 m	1948	Londres/London
	Williams, Y.	NZL	6,24 m	1952	Helsinki
	Kresinska, E.	POL	6,35 m	1956	Melbourne
	Krepkina, V.	URS	6,37 m	1960	Rome
	Rand, M.	GBR	6,76 m	1964	Tokyo
	Viscopoleanu, V.	ROM	6,82 m	1968	Mexico
	Rosendahl, H.	GER	6,78 m	1972	Munich
Record olympique/Olympic record	Viscopoleanu, V.	ROM	6,82 m	1968	Mexico
Record du monde/World record	Rosendahl, H.	GER	6,84 m	1970	

Épreuves de lancers — Throwing events

Mêmes règles que pour les hommes.

Same rules as for men.

Lancement du poids — Shot put

Le poids pèse 4 kg.

The shot weighs 4 kg.

Championnes olympiques Olympic champions	Ostermeyer, M.	FRA	13,75 m	1948	Londres/London
	Zybina, G.	URS	15,28 m	1952	Helsinki
	Tychekevitsch, T.	URS	16,59 m	1956	Melbourne
	Press, T.	URS	17,32 m	1960	Rome
	Press, T.	URS	18.14 m	1964	Tokyo
	Gummel, M.	RDA	19,61 m	1968	Mexico
	Chizhova, N.	URS	21,03 m	1972	Munich
Record olympique/Olympic record	Chizhova, N.	URS	21,03 m	1972	Munich
Record du monde/World record	Adam, M.	RDA	21,60 m	1975	

Lancement du disque / Discus

Diamètre minimal du disque : 18 cm, Poids : 1 kg.

Minimum diameter of the discus : 18 cm. Weight : 1 kg.

Championnes olympiques Olympic champions					
Konopacka, H.	POL	39,62 m	1928	Amsterdam
Copeland, L.	USA	40,58 m	1932	Los Angeles
Mauermayer, G.	GER	47,63 m	1936	Berlin
Ostermeyer, M.	FRA	41,92 m	1948	Londres/London
Romashkova, N.	URS	51,42 m	1952	Helsinki
Fikotova, O.	TCH	53,69 m	1956	Melbourne
Ponomaryeva, N.	URS	55,10 m	1960	Rome
Press, T.	URS	57,27 m	1964	Tokyo
Manoliu, L.	ROM	58,28 m	1968	Mexico
Melnik, F.	URS	66,52 m	1972	Munich
Record olympique/Olympic record	Melnik, F.	URS	66,62 m	1972	Munich
Record du monde/World record	Melnik, F.	URS	70,20 m	1975	

Lancement du javelot / Javelin

Longueur minimum du javelot 2,20 m, longueur maximum 2,30 m. Poids : 600 g.

Minimum length of javelin : 2.20 m ; maximum length : 2.30 m. Weight : 600 g.

Championnes olympiques Olympic champions					
Didrikson, M.	USA	43,68 m	1932	Los Angeles
Fleischer, T.	GER	45,18 m	1936	Berlin
Bauma, H.	AUS	45,57 m	1948	Londres/London
Zatopkova, D.	TCH	50,47 m	1952	Helsinki
Yaunzeme, I.	URS	53,86 m	1956	Melbourne
Ozolina, E.	URS	55,98 m	1960	Rome
Penes, M.	ROM	60,54 m	1964	Tokyo
Nemeth, A.	HUN	60,36 m	1968	Mexico
Fuchs, R.	RDA	63,88 m	1972	Munich
Record olympique/Olympic record	Fuchs, R.	RDA	63,88 m	1972	Munich
Record du monde/World record	Fuchs, R.	RDA	67,22 m	1974	

Épreuve combinée / Combined event

Pentathlon

Le pentathlon fut inscrit au programme olympique à partir des Jeux de 1964, à Tokyo. Il comprend les épreuves suivantes :
- 200 m
- 100 m haies
- saut en hauteur
- saut en longueur
- lancer du poids

Ces épreuves doivent obligatoirement se disputer en deux jours.

A chaque performance correspond un nombre de points déterminé selon une table.

Pentathlon

The pentathlon was added to the Olympic program in Tokyo in 1964. It includes the following events :
- 200 m
- 100 m hurdles
- high jump
- long jump
- shot put.

These events must take place on two consecutive days.

Scoring is according to a table for the performance in each event.

Championnes olympiques Olympic champions					
Press, I.	URS	5 246 pts	1964	Tokyo
Becker, I.	GER	5 098 pts	1968	Mexico
Peters, M.	GBR	4 801 pts	1972*	Munich
Record olympique/Olympic record*	Peters, M.	GBR	4 801 pts	1972	Munich
Record du monde/World record	Pollak, B.	RDA	4 932 pts	1973	

*Nouvelle table de points

*Newly adopted point system

Aviron   Rowing

L'aviron . . .

«. . . La plus belle gymnastique qui soit»
    Pierre de Coubertin

Rowing . . .

''. . . The most beautiful form of exercise there is''
    Pierre de Coubertin

Dans l'antiquité, moyen de propulsion normal sur l'eau, la rame se révéla rapidement un auxiliaire précieux de la voile que surent utiliser avec une grande efficacité les marins égyptiens, phéniciens et romains.

Au Moyen Age, alors que les rameurs guerriers des drakkars vikings ravageaient l'Europe, les galères et leurs rameurs prisonniers sillonnaient les mers sous la conduite de pirates de toutes espèces, et même de corsaires.

L'accroissement du tonnage des navires devait bientôt réduire la rame à un rôle bien moins glorieux mais bien plus romantique.

Comme en témoignent les écrits de nombre d'auteurs célèbres, c'est au XIXe siècle que le canotage-promenade connut sa plus grande vogue. Il ne tarda pas, grâce au tempérament combattif des hommes, à donner naissance à un nouveau sport: l'aviron.

The oar was the usual means of propelling a boat in ancient times, and it was also an indispensable adjunct to the sail on the wide-ranging ships of the Egyptians, the Phoenicians, and the Romans.

The galleys and their prisoner rowers roamed the open seas, often under the command of mercenary pirates. The Viking oarsmen of the Middle Ages ravaged Europe from the swift and maneuverable dragon-headed ships.

The development in the size and capacity of ships reduced the oar to a less important role in locomotion. Instead, recreational boating became popular as a social activity. During the 19th century, these small pleasure craft knew their greatest vogue. And given man's aggressive inclinations, it did not take long for this calm, reliable means of transportation to become the sport of rowing.

En route pour le départ . . .

On the way to the starting line . . .

Soixante-dix ans avant la rénovation des Jeux Olympiques, l'aviron faisait sa véritable entrée dans le domaine de la compétition sportive moderne avec la première course entre Oxford et Cambridge qui, depuis 1829, se dispute sur 6 838 m de la Tamise, entre Puttney et Mortlake.

C'est encore à la Grande-Bretagne que nous devons la première manifestation internationale d'aviron : les régates royales d'Henley qui, depuis 1839, attirent les meilleurs spécialistes du monde entier.

Longtemps réservé aux privilégiés, l'aviron s'est depuis une trentaine d'années, ouvert de plus en plus à toutes les classes de la société. Il est vrai que parallèlement de nombreuses compétitions sont venues étoffer un calendrier de rencontres qui a permis d'accroître la popularité de ce sport aujourd'hui pratiqué par les adeptes des deux sexes.

Défini par Pierre de *Coubertin* comme «la plus belle gymnastique qui soit», l'aviron est un des sports qui se rapprochent le plus de l'idéal olympique. Il élimine toute arrière pensée de lucre et n'offre aucun moyen de devenir professionnel.

Sport complet, activité physique de plein air, l'aviron convient à tous les tempéraments. Il développe les muscles et la volonté en même temps que l'esprit de solidarité. Il est une source d'enrichissement moral en raison de l'effort désintéressé qu'il exige.

Rowing made its first appearance in the world of modern sports competitions seventy years before the restoration of the Olympic Games. The occasion was the first race between crews from Oxford and Cambridge, which has been held along the same 6 838 m stretch of the Thames between Putney and Mortlake ever since 1829.

Great Britain also hosted the first international rowing event, the Henley Royal Regatta, which has attracted the best crews in the sport since 1839.

In the last thirty years, rowing has developed from a sport for the few to one that is practiced on all levels of society and by both sexes. The great number of meets has provided an intensive, competitive schedule, both increasing the popularity of the sport and the level of performance. Montreal will host the first Olympic rowing competition for women.

This sport, which Pierre *de Coubertin* characterized as "the most beautiful exercise there is," is one which comes very close to the Olympic ideal. For the rower there is no thought of material reward or of becoming professional.

An all-around sport and outdoor activity, rowing suits all temperaments. It develops muscles and character, as well as team spirit, because of the amount of disinterested effort it requires.

Le Britannique
Jack Beresford lors
des Jeux d'Anvers
en 1920

Englishman
Jack Beresford in the
Antwerp Games of
1920

Une étude des résultats des compétitions olympiques d'aviron révèle les périodes fastes de ce sport dans divers pays. Avec vingt-sept titres les États-Unis dominent le palmarès. Si leur suprématie s'est surtout manifestée en huit où ils totalisent onze victoires sur un total possible de seize, il faut noter qu'au cours des Jeux successifs, leurs champions ont remporté des médailles d'or dans toutes les catégories d'embarcations.

Derrière les États-Unis, on trouve l'Allemagne avec quatorze titres dont cinq gagnés lors des Jeux de Berlin en 1936. Parmi ces victoires, sept ont été acquises en quatre avec barreur — ceci, bien sûr, avant la participation d'équipes séparées pour la République Fédérale Allemande et la République Démocratique Allemande, c'est-à-dire jusqu'aux Jeux de Tokyo en 1964 inclus.

Au même niveau que l'Allemagne se place la Grande-Bretagne. Les compétitions d'aviron ayant vu le jour dans ce pays, c'est naturellement lors des Jeux des premières olympiades que ses plus grands succès ont été enregistrés.

L'U.R.S.S., absente du palmarès jusqu'en 1948, a fait une entrée remarquée dans le monde de l'aviron en remportant, depuis 1952, dix titres dont cinq en skiff (un rameur).

A ces quatre pépinières d'olympioniques de l'aviron il convient maintenant d'ajouter la République Démocratique Allemande qui, à Munich, en 1972, a étonné en enlevant trois médailles d'or alors que quatre années plus tôt à Mexico, elle en avait déjà gagnées deux.

Il serait injuste de ne point rappeler les quelques autres nations qui eurent aussi leurs moments de gloire, notamment la République Fédérale Allemande, l'Italie, l'Australie, les Pays Bas, le Canada, la France, le Danemark, la Suisse et surtout la Nouvelle-Zélande.

A chacun de ces pays correspondent bien sûr des noms qui figurent sur le tableau des olympioniques modernes. Parmi les plus célèbres citons plus particulièrement :
■ Le Britannique Jack *Beresford*, second en skiff à Anvers en 1920 et vainqueur en 1924 à Paris. A Los Angeles en 1932, il remporta le titre du quatre sans barreur, associé à *Badcok*, *Edward* et *Roland*. Enfin, associé à *Southwood*, il gagna la finale du deux rameurs en couple (double sculls) à Berlin en 1936, soit seize ans après sa première participation olympique. Il avait trente-sept ans.

A study of the results of Olympic rowing competitions reveals that this sport has experienced different peaks in different countries. The list of champions is dominated by the United States with twenty-seven golds. Its supremacy is evident in the "eights," where eleven of the sixteen possible first places have been won by American oarsmen, but there have been American champions in all categories throughout the Games.

Next to the United States is Germany, with fourteen titles, five of which were won during the Berlin Games in 1936. Among its victories were seven gained in the coxed fours before there were separate teams for the Federal and Democratic German Republics, which is to say, up to and including the Tokyo Games in 1964.

Great Britain has a record similar to Germany's. Its greatest successes were recorded during the earliest Olympics, naturally enough, since the sport was born in that country.

The U.S.S.R., absent from the list of winners until 1948, has made a remarkable entrance into the world of rowing by winning ten titles since 1952, five of them in the single sculls category.

To these four "nurseries" of rowing champions should be added the German Democratic Republic, which won an astounding three gold medals in Munich in 1972, while it had already won two golds in Mexico four years earlier.

Also worthy of note are the other countries which have had their moments of glory in rowing, particularly the German Federal Republic, Italy, Australia, the Netherlands, Canada, France, Denmark, Switzerland, and recently New Zealand.

Each of these countries is represented on the lists of modern Olympians by famous rowers, and among them we should mention :
■ The Englishman Jack *Beresford*, second in single sculls in Antwerp in 1920 and winner in Paris in 1924. In Los Angeles in 1932, he won the title in the coxless fours with *Badcok*, *Edward* and *Roland*, and he won the double sculls with *Southwood* in Berlin in 1936, at the age of 37, 16 years after his first Olympics.

Finale du deux sans barreur des Jeux de Munich remportée par Siegfried Britzke et Wolfgang Mager, RDA

Final in the coxless pairs at the Munich Games, won by Siegfried Britzke and Wolfgang Mager, GDR

■ L'Américain *Costello*, premier en deux rameurs en couple (double sculls) en 1920 et 1924, associé à un autre grand de l'aviron, John *Kelly*, vainqueur en skiff également en 1920, dont le fils devait aussi se distinguer sur les bassins internationaux d'aviron et la fille épouser le prince de Monaco.

■ Le Soviétique Viatcheslav *Ivanov* qui durant trois olympiades, de 1956 à 1964, fut le maître incontesté du skiff.

Si l'aviron ne figurait pas au programme des Jeux de la première olympiade moderne, depuis 1900, il y est inscrit et connaît un remarquable succès. Il faut préciser que pour la première fois à Montréal en 1976, les femmes participeront aux compétitions olympiques de ce sport.

Le programme olympique est aujourd'hui le suivant :

Hommes
8 épreuves

■ Quatre rameurs en pointe avec barreur
■ Deux rameurs en couple
■ Deux rameurs en pointe sans barreur
■ Un rameur
■ Deux rameurs en pointe avec barreur
■ Quatre rameurs en pointe sans barreur
■ Quatre rameurs en couple sans barreur
■ Huit rameurs en pointe avec barreur

Femmes
6 épreuves

■ Quatre rameuses en pointe avec barreur
■ Deux rameuses en couple
■ Deux rameuses en pointe sans barreur
■ Une rameuse
■ Quatre rameuses en couple avec barreur
■ Huit rameuses en pointe avec barreur

Aux Jeux Olympiques, chaque pays peut engager une équipe par épreuve. Tant pour les hommes que pour les femmes, il peut en outre inscrire, le nombre de remplaçants suivant :
■ Deux pour les épreuves en pointe
■ Quatre (s'il participe en huit)
■ Deux pour les épreuves en couple
■ Un barreur

Les embarcations se divisent en deux catégories distinctes : celles armées en couple, c'est-à-dire avec deux avirons maniés chacun d'une

■ The American *Costello*, first in double sculls in 1920 and 1924 with another rowing great, John *Kelly*, who had won the single sculls in 1920. This is the John *Kelly* whose son has also made a mark in international rowing and whose daughter married the Prince of Monaco.

■ The Soviet Viatcheslav *Ivanov*, who was the undisputed master of the single sculls event for three Olympiads, from 1956 to 1964.

Although rowing was not on the program of the very first modern Olympic Games, it was added in 1900 and has been very successful ever since. It is interesting to note that women will participate in rowing events for the first time on the Olympic level in Montreal in 1976.

The present Olympic rowing program is as follows :

Men
8 events

■ Four-oars with coxswain
■ Double sculls
■ Pair oars without coxswain
■ Single sculls
■ Pair oars with coxswain
■ Four oars without coxswain
■ Quadruple sculls without coxswain
■ Eight oars with coxswain

Women
6 events

■ Four-oars with coxswain
■ Double sculls
■ Pair oars without coxswain
■ Single sculls
■ Quadruple sculls with coxswain
■ Eight oars with coxswain

Each country may enter one crew per event in the Olympic Games. The number of substitutes allowed, for men as for women, is as follows :
■ Two oarsmen
■ Four if the country has entered a team in the eights
■ Two scullers
■ One coxswain

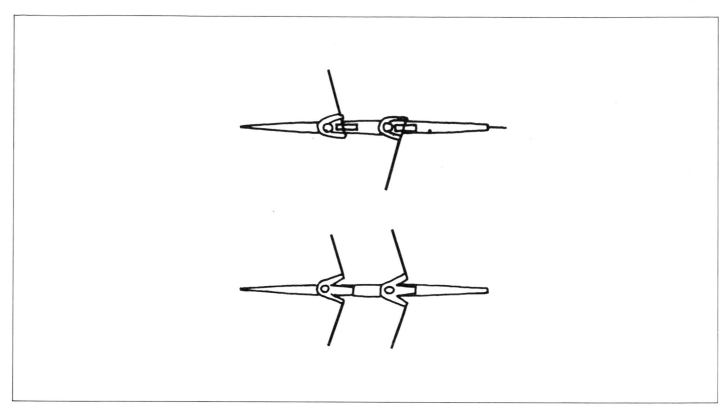

| Embarcation armée en pointe | Boats with alternating oars (shells) |
| Embarcation armée en couple | Boats with paired oars (sculls) |

main, et celles armées en pointe, c'est-à-dire avec un seul aviron par rameur manié à deux mains.

La finesse de ces bateaux, dont la longueur représente jusqu'à trente fois la largeur, permet des vitesses de 17 km/heure environ pour la plus petite embarcation et de plus de 20 km/heure pour la plus grande.

Les rameurs sont assis sur des sièges mobiles sur des coulisses qui permettent une extension complète des jambes.

Les embarcations sans barreur sont dirigées par un des rameurs qui dispose d'une commande de gouvernail au pied.

Déroulement des compétitions

Les compétitions d'aviron se déroulent sur une distance de 2 000 m pour les hommes, et de 1 000 m pour les femmes, en eau morte, sur six couloirs. Les épreuves comportent des séries, suivies de repêchages, puis des demi-finales, des petites finales pour les places de septième à douzième et des finales pour les places de premier à sixième.

Le système de qualification pour les demi-finales est identique pour chaque course. Cependant, le nombre de qualifiés directs est fixé en fonction du nombre de bateaux engagés. C'est ainsi que peuvent être admis directement en demi-finales, les premiers ou les trois premiers de chaque série, les autres qualifications devant être acquises au repêchage. L'essentiel étant d'admettre douze bateaux, soit deux demi-finales de six bateaux, sauf dans le cas d'un nombre d'engagés inférieur à douze. Les trois premiers de chaque demi-finale participent à la finale.

Les performances sont chronométrées électroniquement au centième de seconde.

Two distinctly different kinds of boats are used : those with paired oars (the sculls), in which each rower has his own pair of oars to row, one for each hand, and those with alternating oars (the shells), in which each rower pulls only one oar with both hands.

The boats are extremely narrow and their length may equal up to thirty times their width, thus enabling the smaller boats to reach speeds of up to 17 km per hour, and the biggest ones more than 20 km per hour.

The rowers are seated on sliding seats, so that a complete extension of the legs is possible.

Coxless craft are steered by one of the rowers, who uses a foot-controlled rudder.

The Events

All rowing events take place in still water over a distance of 2 000 m for men and 1 000 m for women. There are six lanes. The event has heats, followed by repechages, then semi-finals, secondary finals for seventh to twelfth places and finals for the first six places.

The qualifying system used for the semi-finals is the same for each race. However, the number of crews which qualify directly depends on the number of boats entered in the race. It is possible that only the first or the first three boats of each heat will be admitted directly to the semi-finals, and the other qualifying crews must enter through repechages. The essential thing is for there to be twelve boats in the finals, so that there will be two semi-finals of six boats each, except where there are fewer than twelve boats entered. In this case, the winners of the first three places in the semi-finals take part in the finals.

Time is kept electronically to the hundredth of a second.

Hommes / Men

Quatre rameurs en pointe avec barreur / Four oars with coxswain

Embarcation de 13,50 m de longueur pour une largeur de 0,48 m et un poids de 70 kg.

A shell 13.50 m long, .48 m wide, weighing 70 kg.

Champions olympiques / Olympic champions				
Arnheiter, Fickeisen, Fickeisen, R., Wilker	GER	6'59"04	1912	Stockholm
Walter, Rudolf, M., Bruderlin, Rudolf, P.	SUI	6'54"00	1920	Anvers/Antwerp
Albrecht, Probst, Sigg, Walter, Loosli	SUI	7'18"04	1924	Paris
Perentin, D'Este, Vittori, Delise, Petronio	ITA	6'47"08	1928	Amsterdam
Eller, Hoeck, Meyer, Spemberg, Neumann	GER	7'19"00	1932	Los Angeles
Maier, Volle, Gaber, Sollner, Bauer	GER	7'16"02	1936	Berlin
Westlund, Martin, Will, Giovanelli, Morgan	USA	6'50"03	1948	Londres/London
Metja, Havlis, Jindra, Lusk, Koranda	TCH	7'33"04	1952	Helsinki
Trincavelli, Vanzin, Sgheiz, Winkler, Stefanoni	ITA	7'19"04	1956	Melbourne
Cinti, Effertz, Litz, Riekemann, Obst	GER	6'39"12	1960	Rome
Neusel, Britting, Werner, Hirschfelder, Oelke	GER	7'00"44	1964	Tokyo
Joyce, Storey, Collinge, Cole, Dickie	NZL	6'45"62	1968	Mexico
Berger, Faerber, Auer, Bierl, Benter	GER	6'31"85	1972	Munich

Nota :
■ Les embarcations de l'aviron étant de construction libre, les dimensions et les poids ne sont donnés qu'à titre indicatif.
■ *Barreur :* Les barreurs doivent peser au moins 50 kg. Lorsqu'un barreur n'atteint pas ce poids, 10 kg de lest au maximum sont autorisés.

Note :
■ Since construction and design of the boats are unrestricted, the dimensions and weights given are only approximate.
■ *Coxswain :* The coxswain must weigh at least 50 kg. If the coxswain weighs less than that amount, a maximum of 10 kg of ballast is allowed.

	Deux rameurs en couple Embarcation de 10,20 m de longueur pour une largeur de 0,47 m et un poids de 27 kg.					**Double sculls** Scull 10.20 m long, .47 m wide, weighing 27 kg.
Champions olympiques Olympic champions	Kelly, Costello	USA	7'09"00	1920	Anvers/Antwerp	
	Kelly, Costello	USA	7'45"00	1924	Paris	
	Costello, Mac Ilvaine	USA	6'41"04	1928	Amsterdam	
	Myers, Gilmore	USA	7'17"04	1932	Los Angeles	
	Beresford, Southwood	GBR	7'20"08	1936	Berlin	
	Burnell, Bushnell	GBR	6'51"03	1948	Londres/London	
	Cappozzo, Guerrero	ARG	7'32"02	1952	Helsinki	
	Berkoutov, Tioukalov	URS	7'24"00	1956	Melbourne	
	Kozak, Schmidt	TCH	6'47"50	1960	Rome	
	Tiurin, Dubrovsky	URS	7'10"66	1964	Tokyo	
	Sass, Timoshinin	URS	6'51"82	1968	Mexico	
	Timoshinin, Korshikov	URS	7'01"77	1972	Munich	

	Deux rameurs en pointe sans barreur Embarcation de 10,20 m de longueur pour une largeur de 0,37 m et un poids de 34 kg.					**Pair oars without coxswain** Shell 10.20 m long, .37 m wide, weighing 34 kg.
Champions olympiques Olympic champions	Fenning, Thomson	GBR	9'41"00	1908	Londres/London	
	Olgeni, Scatturin	ITA	7'56"00	1920	Anvers/Antwerp	
	Rosingh, Beynen	HOL	8'19"04	1924	Paris	
	Moeschter, Muller	GER	7'06"04	1928	Amsterdam	
	Clive, Edwards	GBR	8'00"00	1932	Los Angeles	
	Eichhorn, Strauss	GER	8'16"01	1936	Berlin	
	Wilson, Laurie	GBR	7'21"01	1948	Londres/London	
	Logg, Price	USA	8'20"07	1952	Helsinki	
	Fifer, Hecht	USA	7'55"04	1956	Melbourne	
	Boreiko, Golovanov	URS	7'02"01	1960	Rome	
	Hungerford, Jackson	CAN	7'32"94	1964	Tokyo	
	Lucke, Bothe	RDA	7'26"56	1968	Mexico	
	Brietzke, Mager	RDA	6'53"16	1972	Munich	

Un rameur
Embarcation de 8 m de longueur pour une largeur de 0,27 m, et un poids de 15 kg.

Single sculls
Scull 8 m long, .27 m wide and weighing 15 kg.

Champions olympiques Olympic champions	Barrelet, H.	FRA	7'35''6	1900	Paris
	Greer, F.	USA	10'08''5	1904	Saint-Louis/St. Louis
	Blackstaffe, H.T.	GBR	9'26''0	1908	Londres/London
	Kinnear, W.D.	GBR	7'47''6	1912	Stockholm
	Kelly, J.B.	USA	7'35''0	1920	Anvers/Antwerp
	Beresford, J.	GBR	7'49''2	1924	Paris
	Pearce, H.	AUS	7'11''0	1928	Amsterdam
	Pearce, H.	AUS	7'44''4	1932	Los Angeles
	Schafer, G.	GER	8'21''5	1936	Berlin
	Wood, M.	AUS	7'24''4	1948	Londres/London
	Tyukalov, Y.	URS	8'12''8	1952	Helsinki
	Ivanof, V.	URS	8'02''5	1956	Melbourne
	Ivanof, V.	URS	7'13''96	1960	Rome
	Ivanof, V.	URS	8'22''51	1964	Tokyo
	Wienese, H.	HOL	7'47''80	1968	Mexico
	Malishev, Y.	URS	7'10''12	1972	Munich

Les Russes Aleksandre Timoshinin et Gennadi Korshikov, vainqueurs en double sculls devant les Norvégiens Frank Hansen et Sven Thogersen

Soviets Aleksander Timoshinin and Gennadi Korshikov, winners in the double sculls, ahead of Norwegians Frank Hansen and Sven Thogersen

Deux rameurs en pointe avec barreur

Embarcation de 10,80 m de longueur pour une largeur de 0,40 m et un poids de 36 kg.

Pair oars with coxswain

Shell 10.80 m long, .40 m wide, weighing 36 kg.

Champions olympiques / Olympic champions					
Candeveau, Felber, Lachapelle	SUI	8'39"00	1924	Paris
Schochlin, H. Bourquin, Schochlin, K.	SUI	7'42"06	1928	Amsterdam
Schauers, Kiefer, Jennings	USA	8'25"08	1932	Los Angeles
Gustmann, Adamski, Arend	GER	8'36"09	1936	Berlin
Pedersen, Henriksen, Andersen	DEN	8'00"05	1948	Londres/London
Salles, Mercier, Malivoire	FRA	8'28"06	1952	Helsinki
Ayrault, Findlay, Seiffert	USA	8'26"01	1956	Melbourne
Knubel, Renneberg, Zerta	GER	7'29"14	1960	Rome
Ferry, Findlay, Mitchell	USA	8'21"33	1964	Tokyo
Baran, Sambo, Cipolla	ITA	8'04"81	1968	Mexico
Gunkel, Lucke, Neubert	RDA	7'17"25	1972	Munich

Quatre rameurs en pointe sans barreur

Embarcation de 12,80 m de longueur pour une largeur de 0,50 m et un poids de 65 kg.

Four oars without coxswain

Shell 12.80 m long, .50 m wide, weighing 65 kg.

Champions olympiques / Olympic champions					
Cudmore, Gillan, McKinnon, Somers-Smith	GBR	8'34"00	1908	Londres/London
Eley, MacNabb, Morrison, Sanders	GBR	7'08"06	1924	Paris
Lander, Warriner, Beesly, Bevan	GBR	6'36"00	1928	Amsterdam
Badcok, Edwards, Beresford, Rowland	GBR	6'58"02	1932	Los Angeles
Eckstein, Romm, Karl, Menne	GER	7'01"08	1936	Berlin
Moioli, Morille, Invernizzi, Faggi	ITA	6'39"00	1948	Londres/London
Bonavic, Valenta, Trojanovic, Seguic	YUG	7'16"00	1952	Helsinki
MacKinnon, Loomer, D'Hondt, Arnold	CAN	7'08"08	1956	Melbourne
Ayrault, Nash, Sayre, Wailes	USA	6'26"26	1960	Rome
Hansen, Haslov, Petersen, Helmudt	DEN	6'59"30	1964	Tokyo
Forberger, Grahn, Ruehle, Schubert	RDA	6'39"18	1968	Mexico
Forberger, Grahn, Ruehle, Schubert	RDA	6'24"27	1972	Munich

Quatre rameurs en couple sans barreur

Embarcation de 13 m de longueur pour une largeur de 0,50 m et un poids de 67 kg.

Première compétition olympique à Montréal.

Quadruple sculls without coxswain

Shell 13 m long, .50 m wide, weighing 67 kg.

First Olympic competition in Montreal.

Huit rameurs en pointe avec barreur

Embarcation de 18,50 m de longueur pour une largeur de 0,57 m et un poids de 110 kg.

Eight oars with coxswain

Shell 18.50 m long, .57 m wide, weighing 110 kg.

Champions olympiques Olympic champions					
Gladstone, Kelly, Burnell, Johnstone, Nickalls, Sanderson, Etherington, Bucknell, MacLagan	GBR	7'52''00	1908	Londres/London
Swann, Wormald, Horsfall, Gillan, Garton, Kirby, Fleming, Burgess, Wells	GBR	6'15''00	1912	Stockholm
King, Gallager, Johnston, Sanborn, Moore, Jordan, Graves, Jacomini, Clark	USA	6'2''06	1920	Anvers/Antwerp
Carpentier, Kingsbury, Lindley, Miller, Rockfeller, Sheffield, Spock, Stoddard, Wilson	USA	6'33''04	1924	Paris
Stadler, Brinck, Frederik, Thompson, Dally, Workman, Caldwell, Donion, Blessing	USA	6'03''02	1928	Amsterdam
Salisbury, Blair, Gregg, Dunlap, Jastram, Chandler, Tower, Hall, Graham	USA	6'37''06	1932	Los Angeles
Morris, Day, Adam, White, MacMillin, Hunt, Rantz, Hume, Moch	USA	6'25''04	1936	Berlin
Turner, Turner, D., Hardy, Ahlgreen, Butler, Brown, Smith, Stack, Purchase	USA	5'56''07	1948	Londres/London
Shakespeage, Fields, Dunbar, Murphy, Detweiler, Proctor, Frye, Stevens, Manring	USA	6'25''09	1952	Helsinki
Beer, Charlton, Cooke, Esselstyn, Grimes, Morey, Wailes, Wight, Beacklean	USA	6'35''02	1956	Melbourne
Bittner, Hopp, Lenk, Ruiffs, Schepke, F., Schepke, K., Schroder, Von Groddeck, Padge	GER	5'57''18	1960	Rome

Champions olympiques Olympic champions	Amlong, J., Amlong, T., Budd, Cwiklinski, Knecht, Zimonyi, Clark, Foley, Stowe	USA	6'18"23	1964	Tokyo
	Meyer, Schreyer, Henning, Ulbrich, Hottenrott, Hirschfelder, Siebert, Ott, Thiersch	GER	6'07"00	1968	Mexico
	Hurt, Veldman, Joyce, Hunter, Wilson, Earl, Coker, Robertson, Dickie	NZL	6'08"94	1972	Munich

Femmes

Les embarcations utilisées par les femmes ont les mêmes caractéristiques que celles des hommes.

Barreur : Les barreurs doivent peser au moins 40 kg avec une possibilité de lest de 5 kg seulement.

Les épreuves ci-dessous sont inscrites pour la première fois au programme olympique :

Quatre rameuses en pointe avec barreur

Deux rameuses en couple

Deux rameuses en pointe sans barreur

Une rameuse (ou skiff)

Quatre rameuses en couple avec barreur

Huit rameuses en pointe avec barreur

Women

The boats used by the women have the same features as the men's.

Coxswain : The coxswain must weigh at least 40 kg, with a maximum ballast of only 5 kg.

These events appear on the Olympic program for the first time :

Four oars with coxswain

Double sculls

Pair oars without coxswain

Single sculls

Quadruple sculls with coxswain

Eight oars with coxswain

Basket-Ball   Basketball

Le basket-ball est né du désir d'un instructeur sportif de retenir au gymnase une jeunesse trop peu attirée par les exercices physiques classiques de l'époque.

C'est en effet en 1891, que M. James *Naismith*, de nationalité canadienne, professeur d'éducation physique au Collège de l'Association Mondiale des Jeunesses Chrétiennes (Y.M.C.A.) de Springfield (Massachusetts), inventa le basket-ball qui a aujourd'hui conquis le monde entier.

Malgré sa popularité rapidement acquise, le basket-ball fut difficilement admis parmi les sports olympiques. Certes, aux Jeux de Saint-Louis (1904), les Américains avaient bien présenté quelques rencontres en démonstration, mais il fallut attendre près d'un demi siècle pour que le programme officiel des Jeux s'enrichisse de cette belle discipline d'équipe. C'est en effet en 1936, à Berlin, que pour la première fois, des compétitions olympiques de basket-ball se déroulèrent avec un énorme succès. La plus grande victoire de ces rencontres sportives historiques revint sans doute à M. *Naismith*, alors âgé de soixante-quinze ans. Venu à cette grande fête internationale de la jeunesse grâce à la générosité de ses élèves, il put assister à une grande finale entre le Canada, son pays d'origine, et les Etats-Unis d'où il avait lancé ce sport quarante-cinq ans plus tôt. C'est peut-être pour défendre cet honneur que les basketteurs de ce pays affichèrent une écrasante supériorité durant sept Jeux Olympiques successifs – de Berlin 1936 à Mexico 1968 –, où chaque fois ils accédèrent à la plus haute marche du podium. Il est vrai que depuis longtemps, aux Etats-Unis, le basket-ball est un spectacle permanent qui attire des foules énormes, non seulement à l'occasion des championnats professionnels mais aussi lors des rencontres universitaires. Dès le plus jeune âge, les basketteurs américains possèdent une remarquable maîtrise. Le nombre d'adeptes est si grand que les sélectionneurs nationaux pourraient constituer sans difficulté, plusieurs équipes redoutables de classe internationale.

Derrière les Etats-Unis, on trouve l'U.R.S.S., finaliste régulier depuis les Jeux d'Helsinki (1952), et surtout vainqueur contesté, mais vainqueur quand même, aux Jeux de Munich.

Après ces deux grands, viennent quelques pays comme le Brésil, l'Uruguay et plus récemment Cuba, l'Italie et la Yougoslavie dont les équipes remportèrent certains succès à des époques diverses.

The game of basketball was the result of the desire of a young physical education teacher to find some way of keeping young people in the gymnasium when they showed little interest in the usual physical exercises of the day.

In 1891, James *Naismith*, a Canadian who was teaching physical education at the YMCA College in Springfield, Massachusetts, invented basketball, a game which now has devoted players and fans throughout the world.

In spite of its rapidly acquired popularity, basketball did not readily find a place among the Olympic sports. It is true that the Americans held demonstration games at the St. Louis Olympics in 1904, but it was not until many years later that the official program of the Games was enriched by this attractive team sport. The first Olympic basketball tournament took place in Berlin in 1936, where it was a tremendous success. The greatest triumph of that tournament, however, undoubtedly belonged to *Naismith*, who was then seventy-five years old. The generosity of his pupils had sent him to this international youth festival, and he attended the final match between Canada, the country of his birth, and the United States, where he had invented the sport forty-five years before. Perhaps it was the wish to defend the honor of the sport's home which motivated the players from the United States, whose team stood on the highest step of the winner's platform in seven successive Games, from Berlin to Mexico in 1968.

For many years basketball has attracted enormous crowds in the United States, not just for professional championships but for college tournaments as well. American basketball players develop remarkable mastery of their sport at an early age. The number of qualified players is so large that several teams of international caliber could be selected without any difficulty.

After the United States comes the Soviet Union, which has been a regular finalist since the 1952 Helsinki Games and, of course, the contested winner – but winner nonetheless – at the Munich Games in 1972.

After these two greats are several countries such as Brazil, Uruguay, and recently, Cuba, Italy and Yugoslavia, whose teams have shared in the success at various times.

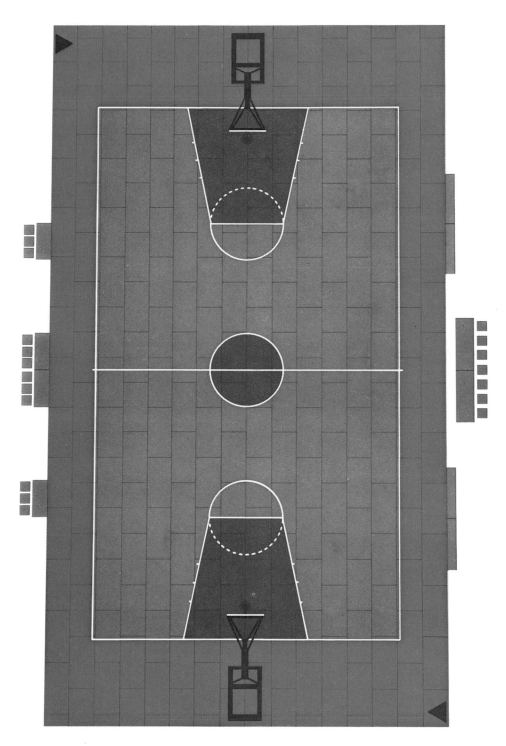

Bien que cadet d'un an seulement du basket-ball masculin, le basket-ball féminin a dû attendre quarante ans de plus pour être inscrit au programme olympique. C'est en effet, en 1976 à Montréal, que pour la première fois des équipes féminines participeront aux Jeux.

La participation aux tournois olympiques de basket-ball est limitée à douze équipes pour les hommes et à six équipes pour les femmes, qualifiées selon des critères déterminés par la Fédération Internationale.

Although it is only a year younger than men's basketball, women's basketball had to wait forty years more to be included on the Olympic program. In fact, Montreal will host the first women's Olympic Basketball Tournament.

Participation in the Olympic Basketball Tournaments is limited to twelve men's teams and six women's teams, selected according to criteria established by the International Federation.

James Naismith et son fils, 1925

James Naismith and his son, 1925

Dernières secondes de la rencontre USA–URS. Aleksandre Belov par ce point contesté, donne la médaille d'or à l'équipe soviétique, Munich 1972

Last seconds of the USA–URS match. Alexander Belov gave the gold medal to the Soviet team with this contested point, Munich 1972

Déroulement des compétitions

Pour les hommes, le tournoi olympique de basket-ball comporte des rencontres de classement, des demi-finales et des finales.

Pour les rencontres de classement, deux groupes de six équipes sont constitués où chaque équipe doit rencontrer toutes les autres. Le classement s'établit en fonction des points acquis :
■ rencontre gagnée : 2 points
■ rencontre perdue : 1 point
■ forfait : 0 point

Au stade des demi-finales, toutes les équipes participent ; la première du groupe A rencontre la seconde du groupe B et la première du groupe B rencontre la seconde du groupe A, et ainsi de suite.

Pour les finales, les vainqueurs des demi-finales se rencontrent pour les deux premières places, les seconds pour les troisième et quatrième places et ainsi de suite.

En ce qui concerne les femmes, les rencontres olympiques se déroulent sous forme d'un tournoi normal où chaque équipe doit être opposée à toutes les autres.

Les compétitions de basket-ball se déroulent sur un terrain de 26 m de longueur et de 14 m de largeur. Les paniers de 0,45 m de diamètre sont fixés à 3,05 m du sol sur un panneau rectangulaire de 1,80 m sur 1,20 m, situé à 2,75 m du sol.

Les quatre règles de base énoncées par Monsieur *Naismith*, en 1891, subsistent toujours :
■ utilisation d'une balle ronde à la main ;
■ interdiction de marcher plus de deux pas sans rebond de la balle au sol ;
■ interdiction de contacts corporels entre joueurs ;
■ possibilités aux joueurs de se déplacer sur le terrain n'importe où et n'importe quand.

Les équipes se composent de douze joueurs dont cinq seulement peuvent être alignés en même temps sur le terrain. Tout joueur qui commet cinq fautes est éliminé et peut-être remplacé.

Chaque panier compte pour deux points et chaque coup franc pour un point.

Les rencontres comportent deux manches de vingt minutes de jeu effectif coupées d'une pose de dix minutes.

The competitions

The men's Olympic Basketball Tournament is made up of qualifying rounds, semi-finals and finals.

For the qualifying rounds, the twelve teams are divided into two groups of six. Each team must play all the other teams in its group. Ranking is determined by the total of points which are awarded according to the results of the games as follows :
■ game won : 2 points
■ game lost : 1 point
■ game forfeited : 0 points

All teams participate in the semi-finals. The first team in group A plays the second in group B, the first team in group B plays the second team in group A, and so forth.

In the finals, the winners of the semi-finals play for the first two places, the two second-place teams in each group for third and fourth places, etc.

The basketball games are played on a court which is 26 m long and 14 m wide. Net baskets, .45 m in diameter, are attached at a point 3.05 m from the floor to a rectangular backboard that is 1.80 m x 1.20 m and 2.75 m from the floor.

The four basic rules devised by *Naismith* in 1891 still hold :
■ the round ball is played with the hands ;
■ the player with the ball may not take more than two steps without dribbling ;
■ body contact between the players is forbidden ;
■ the players are allowed to move freely on the court.

The teams have twelve players, only five of whom can be on the court at any one time. Any player who commits five fouls is automatically eliminated and must be replaced.

A basket is worth two points and a free throw one point.

The game consists of two twenty-minute periods, with a ten minute intermission.

	Hommes		**Men**	
Champions olympiques Olympic champions	Johnson, Knowles, Fortenberry, Wheatly, Ragland, Bishop, Shy	USA	1936	Berlin
	Barker, Barksdale, Beard, Beck, Borzla, Carpenter, Groza, Jones, Kurland, Lumpp, Pitts, Renick, Robinson, Rollins	USA	1948	Londres/London
	Hoag, Houghland, Kelley, Kenney, Lovelette, Frieberger, Glasgow, Maccabe, Pipinn, Williams, Bontemps, Kurland,	USA	1952	Helsinki
	Jones, Haldorson, Cain, Ford, Boushka, Walsh, Darling, Evans, Houghland, Jangerard, Russel, Tomsic	USA	1956	Melbourne
	Dischinger, West, Lucas, Robertson, Lane, Haldorson, Boozer, Imhoff, Arnette, Kelley, Smith, Bellamy	USA	1960	Rome
	Barnes, Bradley, Brown, Caldwell, Counts, Davies, Hazzard, Jackson, McCaffrey, Mullins, Shipp, Wilson	USA	1964	Tokyo
	Clawson, Spain, White, Barrett, Haywood, Scott, Hosket, Fowler, Silliman, Saulters, King, Dee	USA	1968	Mexico
	Polivoda, Paulauskas, Sakandelidze, Sharmukhamedov, Boloshev, Edehko, Belov-S, Korkia, Dvorni, Volnov, Bevov-A, Kovalenko	URS	1972	Munich

	Femmes	**Women**
	Première participation aux jeux olympiques de Montréal	First appearance on the Olympic program at the Montreal Games

Boxe

Boxing

Inventé, selon la légende, par *Thésée*, le pugilat, ancêtre de notre boxe, aurait été pratiqué non seulement par les Grecs mais aussi par les Etrusques. Les pugilistes recouvraient leurs mains et leurs avant-bras de lanières de cuir sur lesquelles étaient fixées des boules de métal. Ces gantelets s'appelaient *cestes*.

Les règles du pugilat sont toujours demeurées des plus obscures. Il est cependant probable que dans un premier temps, il fut surtout un exercice comparable à une sorte d'escrime sans arme, destinée à entraîner les soldats à parer les coups avec le bras gauche, généralement porteur du bouclier, et à frapper avec le bras droit, en principe porteur du glaive.

C'est en 688 avant J.C. lors des XXIIIe Jeux de l'antiquité que le pugilat fit son apparition au programme olympique. Le premier olympionique de cette violente discipline fut un citoyen de Smyrne nommé *Onomaste*. Devenu sport de compétition, le pugilat de la préparation militaire gagna sans doute beaucoup en férocité, comme en témoigne cette épigramme de l'anthologie grecque : "Moi, *Andreolus*, j'ai combattu vaillamment au pugilat dans tous les Jeux de la Grèce. A Pise, je perdis une oreille. A Platée, un œil. A Delphes, on m'emporta sans connaissance. Mais *Damotele*, mon père, avec mes compatriotes, était préparé à me faire enlever de l'arène ou mort ou blessé."

Lutte de force brutale, dénuée de toute science, le pugilat disparut avec les Jeux de l'antiquité en 393 aprèsJ.C.

Après l'abolition des Jeux, il n'y eut aucune forme de boxe jusqu'au début du XVIIIe siècle. A cette époque, Londres comptait de nombreuses salles d'armes où se déroulaient des tournois à l'épée qui attiraient un nombreux public autant intéressé par les paris que par les rencontres sportives. Un des bretteurs du moment, James *Figg*, propriétaire d'une salle d'armes, décida un jour d'abandonner l'épée pour l'«escrime sans arme» ou la boxe à mains nues. C'est ainsi qu'en 1719 James *Figg* devint le premier champion de boxe et connut la gloire jusqu'à sa mort, en 1734.

Les combats de boxe qui se déroulaient le plus souvent dans les arrières salles des cabarets n'eurent pas de règlements précis jusqu'en 1743, date à laquelle un ancien batelier de la Tamise, Jack *Broughton*, devenu champion d'un art encore à la recherche de ses titres de noblesse, créa une «Académie Pugilistique» et institua les premières règles de la boxe (London Prize Ring Rules).

According to legend, it was *Theseus* who invented pugilism, the ancestor of boxing as we know it. This sport was practiced by the ancient Etruscans as well as the Greeks. The pugilists would cover their hands and forearms with leather thongs to which metal balls had been fastened. These gauntlets were known as "*cestes*."

The exact rules of pugilism are lost in obscurity. However, it is probable that it was first a kind of exercise used to train soldiers. As "fencing without arms", the soldiers were taught to use their left arms, which would later carry shields, to block blows, and their right hands, which would later hold the swords, to strike blows.

Pugilism first appeared on the Olympic program in 688 B.C. during the Games of the XXIII Olympiad of ancient times. The first champion in this violent event was a man from Smyrna named *Onomastes*. When paramilitary pugilism became a competitive sport, it seems to have increased in ferocity a good deal. This can be inferred from an epigram from a Greek anthology : "I, *Andreolus*, have fought with courage in the pugilistic events of all the Games of Greece. In Pisa I lost an ear. In Platea, I lost an eye. In Delphi I was carried out unconscious. Yet *Damoteles*, my father, along with my countrymen, was prepared to remove me from the arena either dead or wounded."

A show of brute force almost totally lacking in science, pugilism disappeared with the ancient Games in 393 A.D.

After the abolition of the Games, boxing did not reappear again until the beginning of the 17th century. At that time there were many fencing schools in London, and the fencing tournaments attracted a number of spectators who were at least as interested in betting as they were in fencing. James *Figg*, a duelist who owned a fencing school of his own, decided to leave the sword in favor of "fencing without arms" or boxing. In 1719 *Figg* became the first boxing champion and remained famous until his death in 1734.

There were no particular rules for boxing at that time, and the bouts were held, more often than not, in the back rooms of drinking establishments until 1743. In that year, Jack *Broughton*, a retired Thames boatman, who had become champion of an art still seeking general acceptance, established a Boxing Academy and devised the first rules for boxing, known as the London Prize Ring Rules.

Le Hongrois Lazzlo Papp remporte son premier titre olympique en 1948, à Londres, en triomphant du Britannique John Wright

Hungarian Laszlo Papp winning his first Olympic title in London, in 1948, defeating British fighter John Wright

Durant près d'un siècle, la boxe à poings nus allait connaître une grande popularité et bientôt avoir ses héros et surtout ses victimes. L'une d'elle fut d'ailleurs *Broughton* lui-même. En effet, après vingt ans de règne, il perdit en quatorze minutes son titre de champion et la confiance du duc de *Cumberland* dont il était le protégé, face à un certain Jack *Slack*, boucher de son état.

Les règlements de 1743 ne prévoyant pas de limite de temps pour les combats, les accidents étaient fréquents. C'est ainsi, exemple parmi beaucoup d'autres, qu'un nommé *Winkworth*, opposé à un certain *Davies*, perdit la vie à l'issue d'un combat qui dura cinquante-huit reprises. L'histoire de cette rencontre mémorable précise d'ailleurs que le vainqueur fut condamné à douze mois de prison.

For almost a century this kind of bare-fisted boxing was very popular. It was a success which created victims as well as heroes. After holding the championship title for twenty years, *Broughton* himself was defeated in only fourteen minutes by a certain Jack *Slack*, a butcher. And along with his title, *Broughton* also lost the patronage of the Duke of Cumberland.

Since the rules of 1743 did not provide any time limit to the bouts or the number of rounds, accidents were frequent. For example, a man named *Winkworth* was killed during a bout with a certain boxer named *Davies* which lasted fifty-eight rounds. The story of this memorable match also mentions that *Davies* was sentenced to twelve months in prison afterwards.

Dieter Kottysh de la République Fédérale d'Allemagne en demi-finale des poids surwelter contre le Britannique Allan Minter, Munich 1972

Dieter Kottysh from the German Federal Republic in the light middle-weight class against Englishman Allan Minter, Munich 1972

La dernière victoire selon les règles du «London Prize Ring Rules» fut acquise par le boxeur américain John *Sullivan* en 1889. Deux ans plus tard, alors que la boxe telle qu'on la pratiquait venait d'être interdite, un journaliste, Arthur *Chamberlin*, rédigeait un nouveau règlement à la demande du marquis de *Queenberry*. Ce règlement imposait le port des gants, limitait la durée des reprises à trois minutes avec une minute de repos entre chacune d'elle, accordait dix secondes à l'homme à terre pour se relever, définissait des catégories de poids et instaurait un code de l'arbitrage. La boxe moderne était née.

La boxe ne figura pas au programme des deux premiers Jeux modernes. C'est en effet à partir de 1904, à Saint-Louis, qu'elle fut inscrite sur la liste des sports olympiques. Depuis, si on excepte les Jeux de Stockholm en 1912 – la loi suédoise interdisait la boxe –, elle a toujours été présentée avec un grand succès.

La lecture du palmarès olympique de la boxe nous dévoile combien sa popularité est grande et universelle. En effet, bien peu de sports ont un tableau d'honneur comportant un éventail aussi large de nationalités.

Ce sont les boxeurs des Etats-Unis qui dominent avec vingt-six titres conquis sur les rings olympiques. Ils sont suivis par ceux de la Grande-Bretagne et de l'U.R.S.S. avec chacun

The last victory according to the London Prize Ring Rules was won by the American boxer John *Sullivan* in 1889. Two years later, the sport as it was then practiced having been forbidden, the Marquis of *Queensbury* asked a journalist named Arthur *Chamberlin* to compose a new set of rules. These rules specified that the boxers must wear gloves, and the rounds were limited to three minutes each, with a one minute rest in between each round. They also gave a fallen fighter ten seconds to get back on his feet, matched the boxers by weight, and devised rules for refereeing the bout. Modern boxing was born.

Boxing was not on the program of the first two modern Olympic Games. It became an Olympic event for the first time in St. Louis in 1904. With the exception of the Stockholm Games of 1912 – boxing was outlawed in Sweden – it has always been one of the most successful competitions.

The list of Olympic champions in boxing gives us some insight into how really popular and universal this sport is. Indeed, very few sports can boast of such a variety of nationalities on its list of champions.

Boxers from the U.S.A. top the list with twenty-six titles won in the Olympic boxing ring. They are followed by Great Britain and the U.S.S.R. with twelve titles each, then Italy with eleven medals and Hungary with nine. Boxers from some twenty other countries share the remaining honors.

Sport ingrat qui exige un courage exceptionnel . . .

A difficult sport, which requires tremendous courage . . .

douze titres, de l'Italie, onze titres, de la Hongrie, neuf titres. Toutes les autres palmes se répartissent ensuite entre les pugilistes d'une vingtaine de pays.

Si la liste des champions olympiques est longue, rares sont ceux qui y figurent plusieurs fois. Les difficultés de ce sport ingrat, le courage exceptionnel qu'il exige, les qualités naturelles et l'esprit d'abnégation qu'il nécessite de ses adeptes, expliquent partiellement cette réalité. Par ailleurs, plus que le respect de ces vertus, le rêve de gains substantiels chez les professionnels vide après chaque Jeux les rangs des amateurs de nombreux pays, à l'exception de ceux de l'Est où le professionnalisme est exclu.

Quelques champions seulement ont accédé plusieurs fois à la plus haute marche du podium. Le plus grand parmi ceux-ci est sans nul doute le Hongrois Laszlo *Papp*, vainqueur des poids moyens en 1948, à Londres, et de la catégorie sur-welter en 1952, à Helsinki, et en 1956, à Melbourne. Derrière ce super grand de la boxe amateur, il faut citer le poids moyen Britannique Harry *Mallin*, vainqueur en 1920, à Anvers, et en 1924, à Paris. Nommons aussi le Polonais Jerzy *Kulej* qui remporta les médailles d'or de la catégorie mi-welter à Tokyo, en 1964 et à Mexico, en 1968 et le Soviétique Boris *Lagutin*, champion olympique des sur-welters également à Tokyo et à Mexico.

Aujourd'hui, rares sont les boxeurs professionnels qui n'ont pas fait leur apprentissage chez les amateurs. Pour certains grands noms les Jeux ont servi de tremplin idéal. Ce fut notamment le cas des *Patterson, Frazier, Foreman* et aussi d'un certain Cassius *Clay*, champion olympique de la catégorie mi-lourd à Rome, en 1960.

Il s'agit là bien sûr d'une minorité car bien peu de boxeurs meurent riches.

The list of Olympic champions is long, yet it is unusual to find any one name appearing more than once. The difficulty of this sport, the tremendous courage it requires, the talent, dedication and self-sacrifice demanded from boxers account for this situation to a certain extent. And then the prospect of substantial financial gain from professional bouts attracts amateurs from many countries after every Olympic tournament, with the exception from those countries where professional boxing does not exist.

Only a few Olympic champions have won more than one Olympic gold medal. The greatest among them is without question the Hungarian Laszlo *Papp*, who won the middleweight title in London in 1948 and the light middleweight titles in Helsinki in 1952 and in Melbourne in 1956. There was also the British middleweight fighter Harry *Mallin*, who won in Antwerp in 1920 and Paris in 1924. Then there was the Pole Jerzy *Kulej*, who won the light welterweight gold medal in Tokyo in 1964 and in Mexico in 1968, and the Soviet boxer Boris *Lagutin*, light middleweight champion in Tokyo and Mexico. Today it is rare to find a professional boxer who did not get his start in the amateur ranks. The Olympics have served as a springboard to a professional career for some of the greatest names in boxing today, such as *Patterson, Frazier, Foreman*, and also a certain Cassius *Clay*, now known as "Muhammad Ali", Olympic light heavyweight champion in Rome in 1960.

These fighters nevertheless represent only a small minority, for very few boxers die rich.

Pour certains, les Jeux ont servi de tremplin . . . Muhammad Ali (Cassius Clay) et Joe Frazier lors de la rencontre au Madison Square Garden pour le titre mondial, 3 août 1971

For some the Games have served as a springboard . . . Muhammad Ali (Cassius Clay) and Joe Frazier at the world title bout in Madison Square Garden, August 3, 1971

Aux Jeux Olympiques chaque pays peut engager un concurrent dans chacune des catégories de poids suivantes :
Mi-mouche
jusqu'à 48 kgs
Mouche
de 48 à 51 kgs
Coq
de 51 à 54 kgs
Plume
de 54 à 57 kgs
Léger
de 57 à 60 kgs
Mi-welter
de 60 à 63,5 kgs
Welter
de 63,5 à 67 kgs
Sur-welter
de 67 à 71 kgs
Moyen
de 71 à 75 kgs
Mi-lourd
de 75 à 81 kgs
Lourd
plus de 81 kgs.
Aucun remplaçant n'est admis.

For the Olympic Games each country may enter one competitor in each of the following weight categories :
Light fly
up to 48 kg
Fly
48 to 51 kg
Bantam
51 to 54 kg
Feather
54 to 57 kg
Light
57 to 60 kg
Light Welter
60 to 63.5 kg
Welter
63.5 to 67 kg
Light middle
67 to 71 kg
Middle
71 to 75 kg
Light heavy
75 to 81 kg
Heavy
81 kg and over
No substitutes are permitted.

Déroulement des compétitions

Tous les concurrents doivent se soumettre à un contrôle médical et, avant chaque combat, à une pesée officielle.

L'organisation du tournoi olympique de boxe est soumise à un tirage au sort des adversaires effectué en présence des représentants officiels des nations participantes.

Les combats se déroulent dans un ring d'au moins 6,10 m de côté, entouré de trois cordes gainées d'étoffe. Le sol est recouvert d'un tapis spécial destiné à atténuer l'effet des chutes.

Les boxeurs doivent porter un maillot de corps. Les chaussures légères doivent être dépourvues de clous. Tout objet métallique, y compris bagues et boucles de ceinture, est interdit. Une coquille, ou ceinture protectrice du bas-ventre, est obligatoire. Les gants doivent peser 227 grammes (8 onces).

La durée des combats est de trois reprises de trois minutes avec un repos d'une minute entre chacune d'elles.

L'arbitre est assisté de cinq juges. Le résultat est décidé à la majorité, en fonction du nombre de points attribué par les juges. L'estimation, chiffrée à vingt points au maximum par reprise, doit être fondée sur la science générale, la puissance des coups, la qualité de la défense et l'observation des règles.

Dans les compétitions olympiques, il ne peut y avoir de rencontre nulle.

L'arbitre peut donner des avertissements pour inobservation des règles et même disqualifier un boxeur sans avoir à consulter les juges.

Tout boxeur battu est éliminé.

Le règlement interdit de :
- frapper au-dessous de la ceinture ;
- tenir d'une main et frapper de l'autre ;
- frapper avec le gant ouvert ;
- frapper avec la paume, le tranchant de la main, le poignet, l'avant-bras ou le coude ;
- frapper en pivotant vers l'arrière ;
- frapper l'adversaire à terre ou se relevant ;
- donner des coups de pied, de tête ou d'épaule ;
- frapper sur le dessus ou le derrière de la tête ainsi que dans le dos ;
- frapper un adversaire engagé dans les cordes ;
- refuser le combat ;
- se tenir à la corde du ring.

Nota :
Aux Jeux Olympiques, les perdants des demi-finales des compétitions de boxe reçoivent chacun une médaille de bronze.

The competitions

All competitors must have a medical examination and must be officially weighed in before each bout.

In the Olympic boxing tournament, opponents are drawn by lot in the presence of official representatives of the participating countries.

The bouts take place in a ring which is at least 6.10 m on each side, surrounded by three cloth-covered ropes. The floor must be covered with a special material designed to lessen the impact of a fall.

The boxers wear shorts and undershirts. There may be no spikes or nails in their lightweight boots, and no metallic objects of any kind, including rings and belt buckles, may be worn. A protector or athletic supporter is mandatory. The gloves must weigh 227 g (8 oz.).

The bouts last three rounds of three minutes each, with one minute rest between the rounds.

The referee is assisted by five judges. The results are decided by the number of points awarded by the judges. A maximum of twenty points can be given per round, based on overall technique, strength of blows, quality of the defense, and adherence to the rules.

There can be no ties in Olympic competitions.

The referee may give warnings to boxers for not observing the rules and may disqualify a boxer without having to consult the judges.

The loser is eliminated from the tournament.

The rules forbid :
- hitting below the belt ;
- holding the opponent with one hand while hitting with the other ;
- hitting with the palm or butt of the hand, the wrist, forearm or elbow ;
- hitting the opponent while pivoting ;
- hitting the opponent while he is on the floor or in the process of getting up.
- hitting the opponent with the head or shoulder or kicking him ;
- hitting him on the back of the neck or in the kidneys ;
- refusing to fight ;
- holding on to the ropes with one or both hands, for either defensive or offensive purposes.

Note :
In the Olympic Games, the losers of the semi-finals of the boxing tournament are both awarded bronze medals.

George Fore-
man, champion olym-
pique aux Jeux de
Mexico en 1968, lors
de son combat pour
le titre mondial con-
tre Ken Norton.
Caracas, le 26 mars
1974

George Fore-
man, Olympic cham-
pion at the Mexico
Games in 1968,
during his world title
bout against Ken
Norton, Caracas,
March 26, 1974

	Mi-mouche, jusqu'à 48 kg		**Light fly, up to 48 kg**	
Champions olympiques	Rodriguez, F.	VEN	1968	Mexico
Olympic champions	Gedo, G.	HUN	1972	Munich

	Mouche, de 48 à 51 kg		**Fly, 48 to 51 kg**	
Champions olympiques	Finnegan, G.	USA	1904	Saint-Louis/St. Louis
Olympic champions	Genaro, F.	USA	1920	Anvers/Antwerp
	La Barba, F.	USA	1924	Paris
	Kocsis, A.	HUN	1928	Amsterdam
	Enekes, I.	HUN	1932	Los Angeles
	Kaiser, W.	GER	1936	Berlin
	Perez, P.	ARG	1948	Londres/London
	Brooks, N.	USA	1952	Helsinki
	Spinks, T.	GBR	1956	Melbourne
	Torok, G.	HUN	1960	Rome
	Atzori, F.	ITA	1964	Tokyo
	Delgado, R.	MEX	1968	Mexico
	Kostadinov, G.	BUL	1972	Munich

	Coq, de 51 à 54 kg		**Bantam, 51 to 54 kg**	
Champions olympiques	Kirk, O.	USA	1904	Saint-Louis/St. Louis
Olympic champions	Thomas, H.	GBR	1908	Londres/London
	Walker, C.	SAF	1920	Anvers/Antwerp
	Smith, W.	SAF	1924	Paris
	Tamagnini, V.	ITA	1928	Amsterdam
	Gwynne, H.	CAN	1932	Los Angeles
	Sergo, U.	ITA	1936	Berlin
	Csik, T.	HUN	1948	Londres/London
	Hamalainen, P.	FIN	1952	Helsinki
	Behrendt, W.	GER	1956	Melbourne
	Grigoryev, O.	URS	1960	Rome
	Sakurai, T.	JPN	1964	Tokyo
	Sokolov, V.	URS	1968	Mexico
	Martinez, O.	CUB	1972	Munich

	Plume, de 54 à 57 kg		**Feather, 54 to 57 kg**	
Champions olympiques	O'Kirk, L.	USA	1904	Saint-Louis/St. Louis
Olympic champions	Gunn, R.	GBR	1908	Londres/London
	Fritsch, P.	FRA	1920	Anvers/Antwerp
	Fields, J.	USA	1924	Paris
	Van Klaveren, L.	HOL	1928	Amsterdam
	Robledo, C.	ARG	1932	Los Angeles
	Casanovas, O.	ARG	1936	Berlin
	Formenti, E.	ITA	1948	Londres/London
	Zachara, J.	TCH	1952	Helsinki
	Safronov, V.	URS	1956	Melbourne
	Musso, F.	ITA	1960	Rome
	Stepashkin, S.	URS	1964	Tokyo
	Roldan, A.	MEX	1968	Mexico
	Kousnetsov, B.	URS	1972	Munich

	Léger de 57 à 60 kg			**Light, 57 to 60 kg**
Champions olympiques	Spanger, H.	USA	1904	Saint-Louis/St. Louis
Olympic champions	Grace, F.	GBR	1908	Londres/London
	Mosberg, S.	USA	1920	Anvers/Antwerp
	Nielsen, H.	DEN	1924	Paris
	Orlandi, C.	ITA	1928	Amsterdam
	Stevens, L.	SAF	1932	Los Angeles
	Harangi, I.	HUN	1936	Berlin
	Dreyer, G.	SAF	1948	Londres/London
	Bolognesi, A.	ITA	1952	Helsinki
	McTaggart, R.	GBR	1956	Melbourne
	Pazdzior, K.	POL	1960	Rome
	Grudzien, J.	POL	1964	Tokyo
	Harris, R.	USA	1968	Mexico
	Szczepanski, J.	POL	1972	Munich

	Mi-welter, de 60 à 63,5 kg			**Light welter, 60 to 63.5 kg**
Champions olympiques	Adkins, C.	USA	1952	Helsinki
Olympic champions	Engibarian, V.	URS	1956	Melbourne
	Nemecek, B.	TCH	1960	Rome
	Kulej, J.	POL	1964	Tokyo
	Kulej, J.	POL	1968	Mexico
	Seales, R.	USA	1972	Munich

	Welter, de 63.5 à 67 kg			**Welter, 63.5 to 67 kg**
Champions olympiques	Young, A.	USA	1904	Saint-Louis/St. Louis
Olympic champions	Schneider, T.	CAN	1920	Anvers/Antwerp
	Delarge, J.	BEL	1924	Paris
	Morgan, E.	NZL	1928	Amsterdam
	Flynn, E.	USA	1932	Los Angeles
	Suvio, S.	FIN	1936	Berlin
	Torma, G.	TCH	1948	Londres/London
	Chychla, Z.	POL	1952	Helsinki
	Linca, N.	ROM	1956	Melbourne
	Benvenuti, G.	ITA	1960	Rome
	Kasprzyk, M.	POL	1964	Tokyo
	Wolke, M.	RDA	1968	Mexico
	Correa, E.	CUB	1972	Munich

	Sur-welter, de 67 à 71 kg			**Light middle, 67 to 71 kg**
Champions olympiques	Papp, L.	HUN	1952	Helsinki
Olympic champions	Papp, L.	HUN	1956	Melbourne
	McClure, W.	USA	1960	Rome
	Lagutin, B.	URS	1964	Tokyo
	Lagutin, B.	URS	1968	Mexico
	Kottysch, D.	GER	1972	Munich

	Moyen, de 71 à 75 kg			**Middle, 71 to 75 kg**
Champions olympiques	Mayer, C.	USA	1904	Saint-Louis/St. Louis
Olympic champions	Douglas, J.	GBR	1908	Londres/London
	Mallin, H.	GBR	1920	Anvers/Antwerp
	Mallin, H.	GBR	1924	Paris
	Toscani, P.	ITA	1928	Amsterdam
	Barth, C.	USA	1932	Los Angeles
	Despeaux, J.	FRA	1936	Berlin
	Papp, L.	HUN	1948	Londres/London
	Patterson, F.	USA	1952	Helsinki
	Shatkov, G.	URS	1956	Melbourne
	Crook, E.	USA	1960	Rome
	Popenchenko, V.	URS	1964	Tokyo
	Finnegan, C.	GBR	1968	Mexico
	Lemechev, V.	URS	1972	Munich

	Mi-lourd, de 75 à 81 kg			**Light heavy, 75 to 81 kg**
Champions olympiques	Eagan, E.	USA	1920	Anvers/Antwerp
Olympic champions	Mitchell, H.	GBR	1924	Paris
	Avendano, V.	ARG	1928	Amsterdam
	Carstens, D.	SAF	1932	Los Angeles
	Michelot, R.	FRA	1936	Berlin
	Hunter, G.	SAF	1948	Londres/London
	Lee, N.	USA	1952	Helsinki
	Boyd, J.	USA	1956	Melbourne
	Clay, C.	USA	1960	Rome
	Pinto, C.	ITA	1964	Tokyo
	Pozniak, D.	URS	1968	Mexico
	Parlov, M.	YUG	1972	Munich

	Lourd, plus de 81 kg			**Heavy, over 81 kg**
Champions olympiques	Berger, S.	USA	1904	Saint-Louis/St. Louis
Olympic champions	Oldman, A.	GBR	1908	Londres/London
	Rawson, R.	GBR	1920	Anvers/Antwerp
	Von Porat, O.	NOR	1924	Paris
	Jurado, R.	ARG	1928	Amsterdam
	Lovell, S.	ARG	1932	Los Angeles
	Runge, H.	GER	1936	Berlin
	Iglesias, R.	ARG	1948	Londres/London
	Sanders, E.	USA	1952	Helsinki
	Rademacher, T.	USA	1956	Melbourne
	De Piccoli, F.	ITA	1960	Rome
	Frazier, J.	USA	1964	Tokyo
	Foreman, G.	USA	1968	Mexico
	Stevenson, T.	CUB	1972	Munich

Canoë-Kayak   Canoeing

Si les frêles et longues embarcations de l'aviron ne s'accommodent que des plans d'eau dégagés et calmes, les canoës et les kayaks, par contre, ont accès aux cours des plus tumultueux. Ces bateaux sont en effet conçus pour la lutte contre les éléments.

Au Canada, pays aux grands lacs et aux rivières rocheuses, le canoë fut longtemps le moyen de transport le plus utilisé des Indiens. Cette embarcation en bois, légèrement relevée aux extrémités, leur permettait en effet de se déplacer, non sans une certaine audace, par n'importe quel fond et quel que soit le courant.

Le kayak nous vient des Esquimaux qui l'utilisèrent avant les Scandinaves pour la pêche en mer. Ne disposant pas de bois, ils construisaient leurs bateaux à l'aide de peaux de phoque et d'os de renne. L'assemblage était si judicieusement réalisé que le pagayeur pouvait, sans danger, faire un tour complet sous l'eau. Aujourd'hui d'ailleurs, cette manœuvre appelée «esquimautage» est fréquemment exécutée.

Ce sont les membres des premières expéditions polaires qui introduisirent le kayak en Europe. Presqu'en même temps que le canoë, ce type d'embarcation devait attirer un certain nombre d'amateurs.

Les premières compétitions de canoë ont été organisées au Canada vers le milieu du XIXe siècle. Elles consistaient en courses en ligne, ouvertes à des embarcations à multiples pagayeurs.

En Europe, l'utilisation sportive du canoë et du kayak commença vers 1860 quand un avocat écossais, John *Mac Gregor*, réalisa une véritable expédition à bord d'une embarcation légère sur les rivières et les fleuves du vieux continent. A son retour dans les Iles britanniques, il relata ses voyages européens et en Terre Sainte, conquit nombre d'adeptes et fut à l'origine de la création en banlieue de Londres du Royal Canoë-Club en 1865. Très vite, les étudiants devaient populariser ce nouveau sport en Grande-Bretagne et, un peu plus tard, le faire connaître à l'Europe entière. Ce fut en Allemagne que le canoë et le kayak connurent le plus rapide essor. Les premières régates organisées dans ce pays se déroulèrent à Cologne, en 1876. Bientôt la France, suivant l'exemple, décernait le premier titre national en «monoplace, pagaie double» en 1892.

Certes, en 1896, le canoë et le kayak n'avaient pas encore atteint une popularité suffisante pour qu'ils puissent être inscrits dès les premiers Jeux au programme olympique.

While the thin, fragile shells used in rowing are only suited to calm, enclosed bodies of water, canoes and kayaks may be used in the most tumultuous currents. These boats were in fact designed for the struggle against the elements.

In Canada, land of the long lakes and white rivers, the canoe was the Indians' usual means of transport. This wooden craft, slightly pointed at the ends, allowed them to travel boldly through whatever bodies of water they encountered, no matter what the depth or the current.

The kayak comes to us from the Eskimos, who used it long before the Scandinavians for fishing at sea. Having no wood available, they made their boats from the materials at hand: sealskins and reindeer bones. These were sewn together so well that the paddler could make a complete turn through the water without danger to himself or his craft. This movement, called the "Eskimo roll", is frequently performed by kayak competitors.

Members of the first polar expeditions introduced the kayak to Europe around the same time as the canoe, and this type of craft attracted a small but devoted number of paddlers.

The first canoeing competitions were organized in Canada near the middle of the 19th century. These were straight line races, and were for canoes with several paddlers.

The sporting use of the canoe and kayak in Europe began around 1860, when a Scottish lawyer named John *Mac Gregor* travelled along the rivers and streams of the Old World in a lightweight craft. On his return to the British Isles, he told of his travels through Europe and the Holy Land and interested a number of people in the type of boat he had used. He helped create the Royal Canoeing Club at a meeting in a London suburb in 1865. Students were to popularize this new sport very quickly in Great Britain, and shortly thereafter, in the rest of Europe. It was in Germany that the canoe and kayak became popular most quickly. The first regattas to be organized in that country were held in Cologne in 1876. France soon followed this example and instituted the first national title in "Kayak singles, double paddle" in 1892.

Of course, the canoe and kayak had not yet become sufficiently popular by 1896 to be included on the program of the first Olympic Games.

Au Canada, le
canoë fut longtemps
le mode de transport
le plus utilisé

In Canada, the
canoe was long the
most widely used
form of transporta-
tion

Ce fut en 1924 à Paris, que ce
sport, encore réservé à des privilégiés,
fit une timide apparition aux Jeux
grâce à une démonstration en marge
des compétitions officielles. Quatre
nations y participèrent et pourtant les
archives olympiques n'en ont pas gardé
trace. Qu'importe, le précédent était
créé.

En 1932, le docteur Max *Eckert*,
président de la Fédération Allemande
de canoë, désireux de promouvoir
mondialement ce sport, entreprenait
une série de démarches auprès de ses
collègues étrangers dans le but de
constituer une fédération internationale. Son objectif était l'admission
de la discipline au programme des Jeux.
Les efforts du docteur *Eckert* devaient
aboutir. En 1936 ; le canoë et le kayak
devenaient un sport olympique.

Le départ fut magnifique puisque,
dès les premiers Jeux, cent vingt-et-un
concurrents représentant dix-neuf
nations prirent part aux compétitions.
Aux Jeux suivants (Londres en 1948),
les femmes étaient admises à participer,
et depuis, le canoë-kayak connaît un
succès olympique grandissant.

It was not until Paris in 1924
that this sport, still reserved for the
privileged few, made a timid appearance in the form of an exhibition held
outside the official competitions. Four
countries participated, and although
the Olympic archives have no trace
of it, the precedent was set.

In 1932, Dr. Max *Eckert*, president
of the German Canoeing Federation,
approached his foreign colleagues in
an effort to promote the sport inter-
nationally and ultimately establish an
international federation. His chief
objective was the addition of this sport
to the Olympic program, and his
efforts came to fruition in 1936, when
canoe and kayak events were included
in the Berlin Games.

Their Olympic launching was
a tremendous success : One hundred
and twenty-one competitors from
nineteen countries took part in the
competition. At the next Games in
London in 1948, women were allowed
to participate and, since then,
canoeing has been a growing Olympic
success.

Jusqu'en 1964, le palmarès olympique masculin révèle une supériorité des pays nordiques en kayak avec quelques incursions de l'Autriche et de l'Allemagne et une suprématie des pays de l'Est en canoë. Mais, depuis les Jeux de Mexico, ces derniers dominent dans les deux catégories, notamment la Tchécoslovaquie (quatre médailles d'or), la Roumanie (trois médailles d'or), la Hongrie et l'U.R.S.S. (deux médailles d'or chacun). Chez les femmes, en kayak monoplace (K1), les Soviétiques ont remporté les cinq derniers titres olympiques alors qu'en kayak biplace (K2), ils partagent les honneurs avec la République Fédérale Allemande, victorieuse en 1964 à Tokyo et en 1968 à Mexico, grâce à deux grandes championnes Roswitha *Esser* et Annemarie *Zimmermann*.

Comme tous les autres sports, le canoë-kayak a ses super-champions. Parmi ceux-ci, il convient de citer le Suédois Sven *Sjodelius*, vainqueur en K2 à Rome en 1960, associé à Gert *Fredriksson*, et à Tokyo en 1964, associé à Gunnar *Utterberg*. Nommons aussi le Soviétique Vladimir *Morozov*, trois fois champion olympique dont deux fois en K4, à Tokyo en 1964, associé à Nikolay *Chuzhikov*, Anatoly *Grischin* et Viacheslav *Ionov* et à Munich en 1972, associé à Yuri *Filatov*, Yuri *Stezenko* et Valeri *Didenko*, et une fois en K2 à Mexico en 1968, associé à Alexander *Shaparenko*. Mais le plus grand de tous est sans nul doute l'équipier de *Sjodelius* à Rome. En effet, durant quatre olympiades successives *Fredriksson* accéda six fois à la plus haute marche du podium : en 1948, 1952 et 1954 en canoë monoplace (C1), en 1948 et 1956 en K1, et en 1960 en K2. De plus, il fut médaillé d'argent en K1 en 1952, et médaillé de bronze en C1 en 1960. *Fredriksson* détient donc un record difficile à battre.

Il existe un grand nombre d'épreuves de canoë-kayak qui vont des courses de vitesse aux courses de fond en passant par les slaloms et les relais. Cependant, le programme olympique est beaucoup plus restreint. Depuis 1936 il a subi de sérieuses modifications dont les principales furent la suppression des courses de fond en 1960 à Rome et l'addition des slaloms à Munich, qui sont d'ailleurs supprimés à Montréal en 1976. Par contre, les hommes disputeront pour la première fois des courses sur 500 mètres. Le nouveau programme olympique sera donc le suivant :

Up until 1964, the men's Olympic champions indicate the superiority of the Nordic countries in the kayak events, with a few titles also going to Austria and Germany, while the eastern European countries led in canoeing. Since the Games in Mexico, however, the latter have dominated both categories, especially Czechoslovakia (four gold medals), Rumania (three golds), Hungary and the Soviet Union (two golds each). The Soviet women have won the last five Olympic titles in the kayak singles (K1), while they have shared the honors for kayak pairs (K2) with the Federal Republic of Germany, which was victorious in Tokyo in 1964 and Mexico in 1968, thanks to their two great champions, Roswitha *Esser* and Annemarie *Zimmerman*.

Like all other sports, canoe-kayak has its super-champions. Among them we should mention the Swede Sven *Sjodelius*, winner in K2 in Rome in 1960 with Gert *Fredriksson* and in Tokyo in 1964 with Gunnar *Utterberg*. There is the Russian Vladimir *Morozov*, a three-time Olympic champion, two of those times in K4 – in Tokyo in 1964 with Nikolay *Chuzhikov*, Anatoly *Grischin* and Viacheslav *Ionov* and in Munich in 1972 with Yuri *Filatov*, Yuri *Stezenko* and Valeri *Didenko* – and once in K2 in Mexico in 1968 with Alexander *Shaparenko*. But there is no doubt that the greatest of all of them is *Sjodelius'* teammate in Rome. During four successive Olympiads, Gert *Fredriksson* went to the highest step of the podium six times : in 1948, 1952 and 1956 in Canadian singles (C1), in 1948 and 1956 in Kayak singles (K1), and in 1960 in K2. Moreover, he won the silver medal in K1 in 1952 and the bronze medal in C1 in 1960. *Fredriksson* holds a record which will be very difficult to beat.

There are a great many different canoe and kayak events, ranging from sprints and long distance races over still water to slaloms and relays. The Olympic program is presently a very restricted one. Since 1936, it has undergone serious modifications, basically involving the elimination of the long-distance races in 1960 in Rome and the addition of the slaloms in Munich, which, incidentally, will not be held in Montreal in 1976. On the other hand, men will compete in the 500 m sprints for the first time in 1976. The new Olympic program will be as follows :

Hans Schumacher et Wilhelm Bauer GER, médailles d'argent à Augsburg, Munich 1972. Cette compétition n'aura pas lieu à Montréal

Hans Schumacher and Wilhelm Bauer GER, silver medallists in Augsburg, Munich 1972. This event will not be held in Montreal

Hommes
(9 épreuves)

Épreuves de 500 mètres
Kayak monoplace – (K1)
Canoë monoplace – (C1)
Kayak biplace – (K2)
Canoë biplace – (C2)

Épreuves de 1 000 mètres
Kayak monoplace – (K1)
Canoë monoplace – (C1)
Kayak biplace (K2)
Canoë biplace – (C2)
Kayak quatre places – (K4)

Femmes
(2 épreuves)

Épreuves de 500 mètres
Kayak monoplace – (K1)
Kayak biplace – (K2)

Aux Jeux Olympiques, chaque pays peut engager une embarcation par épreuve. Il y a donc un total de dix-sept participants, treize hommes et quatre femmes répartis de la manière suivante :

Hommes
■ Kayak
7 concurrents, plus 1 remplaçant
■ Canoë
3 concurrents, plus 2 remplaçants

Femmes
■ Kayak
3 concurrentes, plus 1 remplaçante

Men
(9 events)

500 meter events
Kayak singles – (K1)
Canadian singles – (C1)
Kayak pair – (K2)
Canadian pair – (C2)

1 000 meter events
Kayak singles – (K1)
Canadian singles – (C1)
Kayak pair – (K2)
Canadian pair – (C2)
Kayak four – (K4)

Women
(2 events)

500 meter events
Kayak singles – (K1)
Kayak pair – (K2)

Each country may enter one craft per event. There may be a total of seventeen participants per country, thirteen men and four women, divided as follows :

Men
■ Kayak
7 competitors plus 1 substitute
■ Canoe
3 competitors plus 2 substitutes

Women
■ Kayak
3 competitors plus 1 substitute

Arrivée très serrée dans la finale des K–4 à Munich. Les Soviétiques remportèrent la victoire

A very tight finish in the K–4 finals in Munich. The race was won by the Soviets

Déroulement des compétitions

Les compétitions de canoë-kayak se déroulent sur des distances de 500 m pour les femmes et de 500 et 1 000 m pour les hommes, en eau morte, sur neuf couloirs.

Les épreuves comportent des séries, des repêchages, des demi-finales et des finales. Le nombre de qualifiés directs pour les demi-finales est déterminé en fonction du nombre de participants. Les performances sont chronométrées électroniquement au centième de seconde.

The competitions

The competitions are held on 500 m courses for women and over 500 m and 1 000 m for men, in still water, with nine lanes.

The events consist of qualifying heats, repechages, semi-finals and finals. The number of teams which qualify directly for the semi-finals depends on the number of entrants. The performances are timed electronically to one hundredth of a second.

Hommes

Remarque :

Pour les épreuves se déroulant en eau calme, il est évident que les embarcations utilisées n'ont pas les mêmes dimensions ni les mêmes formes que celles qui servent aux descentes de rivières. Les unes sont destinées aux torrents, les autres aux rivières calmes et aux lacs.

Kayak

Les kayaks sont des bateaux pontés sauf à l'emplacement du trou d'homme. Les concurrents sont assis sur un siège moulé, dans le sens du déplacement, les pieds reposant sur une barre d'où partent les câbles de commande du gouvernail.

Les concurrents utilisent la pagaie double.

Kayak monoplace – (K1)

Les dimensions du K1 sont les suivantes :
- Longueur maximum : 5,20 m
- Largeur minimum : 0,51 m
- Poids minimum : 12 kg

500 mètres

Épreuve inscrite pour la première fois au programme olympique.

Men

Note :

The craft used in events in calm water are obviously different in design and size from those used in shooting rapids.

Kayak

Kayaks are boats which are covered except for the space for the paddler. The competitor sits on a moulded seat facing forward, his feet resting on a bar to which the rudder control cables are attached.

A double paddle is used.

Kayak singles – (K1)

The dimensions of the K-1 are as follows :
- maximum length : 5.20 m
- minimum beam : 0.51 m
- minimum weight : 12 kg

500 meters

First time on the Olympic program.

1 000 mètres / 1 000 meters

Champions olympiques Olympic champions					
Hradetzky, G.	AUT	4'22"9	1936	Berlin
Fredriksson, G.	SWE	4'33"2	1948	Londres/London
Fredriksson, G.	SWE	4'07"9	1952	Helsinki
Fredriksson, G.	SWE	4'12"8	1956	Melbourne
Hansen, E.	DEN	3'53"00	1960	Rome
Peterson, R.	SWE	3'57"13	1964	Tokyo
Hesz, M.	HUN	4'02"63	1968	Mexico
Shaparenko, A.	URS	3'48"06	1972	Munich

Kayak biplace – (K2)

Les dimensions du K2 sont les suivantes :
- Longueur maximum : 6,50 m
- Largeur minimum : 0,55 m
- Poids minimum : 18 kg

500 mètres

Épreuve inscrite pour la première fois au programme olympique.

Kayak pair – (K2)

The dimensions of the K-2 are as follows :
- maximum length : 6.50 m
- minimum beam : 0.55 m
- minimum weight : 18 kg

500 meters

First time on the Olympic program.

1 000 mètres / 1 000 meters

Champions olympiques Olympic champions					
Krainz, Dorfner	AUT	4'03"8	1936	Berlin
Berglund, Klingstrom	SWE	4'07"3	1948	Londres/London
Wires, Hietanen	FIN	3'51"1	1952	Helsinki
Scheuer, Miltenberger	GER	3'49"6	1956	Melbourne
Fredriksson, Sjodelius	SWE	3'34"73	1960	Rome
Sjodelius, Utterberg	SWE	3'38"54	1964	Tokyo
Shaparenko, Morozov	URS	3'37"54	1968	Mexico
Gorbachev, Kratassyuk	URS	3'31"23	1972	Munich

Kayak quatre places – (K4)
Les dimensions du K4 sont les suivantes :
■ Longueur maximum : 11,00 m
■ Largeur minimum : 0,60 m
■ Poids minimum : 30 kg

Kayak four – (K4)
The dimensions for the K-4 are as follows :
■ maximum length : 11.00 m
■ minimum beam : 0.60 m
■ minimum weight : 30 kg

1 000 mètres / **1 000 meters**

Champions olympiques Olympic champions					
Chuzhikov, Ionov, Grishin, Morozov	URS	3'14"67	1964	Tokyo
Amundsen, Berger, Soby, Johansen	NOR	3'14"38	1968	Mexico
Filatov, Stezenko, Morozov, Didenko	URS	3'14"02	1972	Munich

Canoë
Les canoës, pontés sur l'avant, ont un plat bord arrière incliné. Les concurrents se tiennent sur un genou, dans le sens du déplacement, une jambe étant placée en avant, légèrement fléchie. En C2, les deux équipiers sont placés au centre du bateau. Il n'y a pas de gouvernail.

Canoe
The canoes have decks on the front and a slanted stern gunwhale. The competitors kneel on one knee, facing forward. In C-2 events, the two paddlers are placed in the middle of the boat. There is no rudder.

Canoë monoplace – (C1)
Les dimensions du canoë monoplace sont les suivantes :
■ Longueur maximum : 5, 20 m
■ Largeur minimum : 0,75 m
■ Poids minimum : 16 kg

Canadian singles – (C1)
The dimensions of the canoe for C-1 are as follows :
■ maximum length : 5.20 m
■ minimum beam : 0.75 m
■ minimum weight : 16 kg

500 mètres
Épreuve inscrite pour la première fois au programme olympique.

500 meters
First time on the Olympic program.

1 000 mètres / **1 000 meters**

Champions olympiques Olympic champions					
Amyot, F.	CAN	5'32"1	1936	Berlin
Holecek, J.	TCH	5'42"0	1948	Londres/London
Holecek, J.	TCH	4'56"3	1952	Helsinki
Rotman, L.	ROU	5'05"3	1956	Melbourne
Parti, J.	HUN	4'33"39	1960	Rome
Eschert, J.	GER	4'35"14	1964	Tokyo
Tatai, T.	HUN	4'36"14	1968	Mexico
Patzaichin, I.	ROM	4'08"94	1972	Munich

Canoë biplace – (C2)
Les dimensions du canoë biplace sont les suivantes :
■ Longueur maximum : 6,50 m
■ Largeur minimum : 0,75 m
■ Poids minimum : 20 kg

Canadian pair – (C2)
The dimensions of the C-2 canoe are as follows :
■ maximum length : 6.50 m
■ minimum beam : 0.75 m
■ minimum weight : 20 kg

500 mètres
Épreuve inscrite pour la première fois au programme olympique.

500 meters
First time on the Olympic program.

1 000 mètres / **1 000 meters**

Champions olympiques Olympic champions					
Syrovatka, Brzak	TCH	4'50"1	1936	Berlin
Brzak, Kudrna	TCH	5'07"1	1948	Londres/London
Rasch, Haunstof	DEN	4'38"3	1952	Helsinki
Ismailciuc, Dumitru	ROM	4'47"4	1956	Melbourne
Makarenko, Geister	URS	4'17"94	1960	Rome
Khimich, Oschepkov	URS	4'04"65	1964	Tokyo
Patzaichin, Covaliov	ROM	4'07"18	1968	Mexico
Chessyunas, Lobanov	URS	3'52"60	1972	Munich

Finale des C-2, Munich 1972. Les soviétiques (7) remportèrent la victoire devant les Roumains (6) et l'équipage de la République Démocratique Allemande (8)

C-2 Finals, Munich 1972. The Soviet team (7) defeating teams from Rumania (6) and the German Democratic Republic (8)

	Femmes / **Women**				
	Kayak monoplace – (K1) / **Kayak singles – (K1)**				
	500 mètres / **500 meters**				
Championnes olympiques Olympic champions	Hoff, K.	DEN	2'31"9	1948	Londres/London
	Saimo, S.	FIN	2'18"4	1952	Helsinki
	Dementjeva, E.	URS	2'18"9	1956	Melbourne
	Seredina, A.	URS	2'08"8	1960	Rome
	Khvedosiuk, L.	URS	2'12"87	1964	Tokyo
	Pinaeva, L.	URS	2'11"09	1968	Mexico
	Ryabchinskaya, Y.	URS	2'03"17	1972	Munich

	Kayak biplace – (K2) / **Kayak pair – (K2)**				
	500 mètres / **500 meters**				
Championnes olympiques Olympic champions	Seredina, Choubina	URS	1'54"76	1960	Rome
	Esser, Zimmermann	GER	1'56"95	1964	Tokyo
	Esser, Zimmermann	GER	1'56"44	1968	Mexico
	Pinayeva, Kuryshko	URS	1'53"50	1972	Munich

Cyclisme   Cycling

Lorsqu'en 1790, l'imaginatif comte de *Sivrac* enfourcha pour la première fois cette étrange machine constituée d'une simple poutre posée sur deux roues, sans direction orientable, baptisée célérifère (du latin : celer : rapide et fère : porter), il devait davantage penser à maintenir son équilibre précaire qu'à l'avenir de l'ancêtre de la bicyclette d'aujourd'hui. Sous le Directoire, les «Incroyables», ou snobs du moment, s'amusèrent beaucoup avec cet engin qu'ils rebaptisèrent vélocipède.

En 1818, un sylviculteur badois, ingénieur de surcroît, le baron *Drais* de *Sauerbronn*, eut l'idée de rendre mobile autour d'un axe vertical la roue avant du vélocipède qui devint ainsi facilement orientable. Ce fut l'époque de la draisienne dont l'inventeur vint personnellement en faire la démonstration à Paris. Très vite, cette nouvelle machine eut en France un certain succès. Sous le nom de «hobby horse», elle connut une grande vogue en Angleterre où un certain Denis *Johnson* en fabriqua plusieurs centaines sous licence – d'abord en bois, puis en fer, ce qui constitua une sensible amélioration.

En 1861, un réparateur de véhicules, Pierre *Michaux*, père de quatre garçons, tenait une forge près de l'avenue Montaigne à Paris. Ernest, son fils aîné âgé de dix-neuf ans, qui se déplaçait souvent sur une draisienne, regrettait de devoir, une fois l'élan donné, rester les jambes levées inutilement et non sans fatigue.

Un jour de mars, un client apporta sa draisienne dont la direction était défectueuse. Ernest, chargé de la réparation, exécuta le travail et procéda à quelques essais. Ce fut pour lui une nouvelle occasion de déplorer la position des jambes. Son père lui conseilla alors d'adapter des repose-pieds de chaque côté de la fourche. Mieux, à partir de cette première idée, ils imaginèrent de fixer des manivelles à la roue : elles serviraient de repose-pieds et, qui plus est, de moyen de propulsion. Le système de pédales venait d'être inventé et avec lui le véritable bicycle.

La première firme qui fabriqua les vélocipèdes nouveau modèle fut la «Compagnie Parisienne, Ancienne Maison Michaux» que dirigeaient les frères *Olivier* à qui l'inventeur avait cédé ses droits et sa raison sociale.

Bien sûr, là ne s'arrêta point le progrès. La vitesse étant fonction du développement, une augmentation du diamètre de la roue motrice apporta une certaine amélioration – au détriment malheureusement de la stabilité.

In 1790, when the highly imaginative Count *de Sivrac* climbed on a strange apparatus consisting of a simple, unsteerable post supported by two wheels, he had to devote more thought to maintaining his precarious balance than to the uncertain future of this ancestor of today's bicycle. The machine, which he had named the celerifer (from the Latin *celer*, rapid and *ferre*, carry), was popular with the dandies of the Directory, who renamed it the velocipede.

In 1818, Baron Drais *de Sauerbronn*, a forester from Baden who was also an engineer, had the idea of making the front wheel of the velocipede move on a vertical axis, thus making the machine steerable. This was the era of the "draisian," whose inventor took it to Paris for demonstration. The new machine became a great success in France, and, under the name "hobby horse" was very fashionable in England, where a certain Denis *Johnson* made hundreds of them under license. He made them first out of wood, but later used iron, which proved to be a considerable improvement.

In 1861, a mechanic named Pierre *Michaux*, the father of four sons, had a forge near the Avenue Montaigne in Paris. Ernest was his oldest son and very fond of riding the "draisian." He told his father he thought it a great waste of energy to have to hold his legs up once he had given himself a push.

One March day a customer brought in a "draisian" for repairs. Ernest was given the job to do, and when he had finished it, he decided to try some experiments. Thinking how tiring he found the position he had to keep his legs in while riding the machine, he took his father's advice and attached a kind of footrest to each side of the post. Then, improving on this initial change, they thought of attaching cranks to the wheel, where they could serve both as footrests and a means of propulsion. The pedal system was thus invented, and with it the real bicycle had come into existence.

The first company to manufacture the new style of velocipedes was the "Compagnie Parisienne, Ancienne Maison Michaux". It was run by the *Olivier* brothers, who had bought the rights and name from the inventor.

Of course progress did not stop there. Speed was always a major preoccupation, and it was noted that an increase in the diameter of the driver wheel brought a certain improvement— unfortunately to the detriment of the velocipede's stability. This was the era

Lucien Petit Breton, vainqueur du Tour de France de 1907 et 1908

Lucien Petit Breton, winner of the Tour de France in 1907 and 1908

René Pottier, vainqueur du Tour de France de 1906

René Pottier, winner of the 1906 Tour de France

Ce fut l'époque du «grand bi» ou «araignée» dont la roue avant avait jusqu'à 1,50 mètre de diamètre.

La première course vélocipédique fut organisée en France, le 31 mai 1868, par les frères *Olivier*. Elle se déroula sur 1 200 mètres d'allées du Parc Saint-Cloud et fut gagnée par un sportif d'origine anglaise, James *Moore*. Devant le succès de cette première, la province suivit rapidement la capitale et de nombreuses compétitions, pas toujours de vitesse d'ailleurs, se déroulèrent un peu partout.

Pour le vélocipède, 1869 devait être l'année des importantes innovations. En effet, le 7 juin, un nommé *Doretty*, venu tout droit de sa campagne, surclassait contre toute attente tous les champions parisiens. Les roues de son «grand bi» étaient équipées de cercles de caoutchouc, invention de Clément *Ader*, pionnier de l'aviation. Le 16 septembre, un certain *J. Suriray* présentait un nouveau vélocipède muni, de chaque côté du moyeu de la grande roue, de deux cercles métalliques à cliquets dont le rôle était de libérer les pédales du mouvement circulaire. C'était les débuts de la roue libre par l'application du roulement à billes, breveté treize ans plus tôt par l'abbé *Tihay*. Presque en même temps apparaissaient les garde-boue, les rayons et les tubes qui remplacèrent les fers pleins dans la fabrication des cadres.

En 1880, un Anglais du nom de *Starley* lançait sur le marché la première bicyclette dite «safety», à roue arrière motrice grâce à une transmission par chaîne. Par suite de cette nouveauté la roue avant n'avait plus aucune raison d'être gigantesque et la sécurité augmentait d'autant.

En 1887, M. John Boyd *Dunlop*, vétérinaire de Belfast, inventait le pneumatique avec sa valve que *Robertson* en Angleterre et *Michelin* en France allaient perfectionner en le rendant démontable.

La machine était maintenant au point. De 40 kg à sa naissance, elle n'en pesait plus que 18. Dès 1920, elle devait s'alléger davantage grâce à l'utilisation d'alliages spéciaux.

Parallèlement à ces progrès matériels, le cyclisme connut un remarquable essor, surtout par suite de la multiplication des courses et de l'accroissement de leur popularité.

of the pennyfarthing bicycle, whose front driver wheel had a diameter of up to one meter and a half!

The first bicycle race was organized in France on May 31, 1868, by the *Olivier* brothers. It took place on 1 200 meters of paths in the park at St. Cloud and was won by an Englishman named James *Moore*. In view of the success of this original event, the provinces quickly followed the lead of the capital, and many competitions—not always for speed, incidentally—were held all over France.

1869 was to be a year of important innovations for the velocipede. On June 7, a young man named *Doretty*, just up from the country, outclassed all the Parisian champions, contrary to all expectations. The wheels of his pennyfarthing had been fitted with circles of rubber, the invention of Clement *Ader*, the aviation pioneer. On September 16, J. *Suriray* introduced a new velocipede equipped with ratchet wheels on either side of the center of the large wheel, whose purpose was to free the pedals from the actual circular movement. This was the start of the free wheel, using ball bearings that had been patented thirteen years earlier by Abbé *Tihay*. Other significant improvements appeared at almost the same time: mud guards, spokes, and hollow metal tubes for the frame, instead of the solid iron ones which had been used until then.

In 1880, an Englishman named *Starley* put the first so-called "safety bicycle" on the market. It had rear wheel drive and was propelled by a chain. As a result of this improvement, there was no longer any need for the gigantic front wheel, and safety was indeed considerably increased by making the wheels more even in size.

In 1887, John Boyd *Dunlop*, a Belfast veterinarian, invented the inflatable tire and valve, which *Robertson* in England and *Michelin* in France were to improve by making it removable.

The bicycle had clearly come into its own. From 40 kgs. at birth, it now weighed about 18 kgs., and from the 1920's on it would become increasingly lighter, thanks to the use of special alloys in the frame.

Parallel to these advances in design, the sport of cycling experienced remarkable successes, due to the growing number of races and their increasing popularity.

Les six jours de
1925 au Madison
Square Garden

The 1925 six-
day race in Madison
Square Garden

Après les premières compétitions de vitesse, il fallait prouver les possibilités du vélocipède sur les grands parcours. C'est ainsi que le 7 novembre 1869 se déroula la première véritable course sur route entre Paris et Rouen (environ 120 km). Ce fut encore James *Moore* qui remporta le premier prix, soit 1 000 francs-or.

C'est en 1891 que le cyclisme routier, déjà vieux de plus de vingt ans, devait connaître son grand démarrage grâce à la course Bordeaux – Paris (572 km), gagnée par l'Anglais *Mills* en 26h34'57'', soit à la vitesse horaire, stupéfiante pour l'époque, de 21,816 km. La course Paris-Brest-Paris (1 200 km), patronnée par le «*Petit Journal*» et remportée par Charles *Terront* sur une bicyclette de 21,5 kg en 71h44' soit à la vitesse horaire de 16,140 km, devait également contribuer au succès du nouveau sport.

After the first competitions for speed, it was time to test the possibilities of the bicycle over long distances. On November 7, 1869, the first true road race was held between Paris and Rouen, a distance of about 120 km. It was again James *Moore* who won the first prize, a purse of 1 000 gold francs.

In 1891, road racing, by now more than twenty years old, was to really take off as a popular sport. The occasion was the Bordeaux-Paris race over a distance of 572 km., which was won by an Englishman named *Mills* in a time of 26h34'57'', at the incredible average speed for those days of 21.816 km. per hour. The Paris-Brest-Paris race over 1 200 km. sponsored by the "Petit Journal" and won by Charles *Terront* on a bicycle weighing 21.5 kg. in 71h44', an average speed of 16.14 km. an hour, also contributed to the popularity of the new sport.

119

Départ de la course sur route, Munich 1972

Start of the road race, Munich 1972

Dès lors la cause du cyclisme était définitivement gagnée. Les épreuves sur route se multipliaient dans toute l'Europe. A la liste des champions anglais et français venaient s'ajouter ceux de Belgique : *Houa,* d'Allemagne : *Fischer,* du Danemark : *Meyer,* d'Italie : *Sauli,* d'Autriche : *Gerger,* des Pays-Bas : *Cordang,* etc.

Dans ces dernières années du XIXe siècle, la vélocipédie était pratiquement devenue le sport le plus apprécié.

From then on, cycling was definitely established. More and more road races were held throughout Europe, and the names of champions from countries besides France and England came to be added to the lists of outstanding riders. There was *Houa* from Belgium, *Fischer* from Germany, *Meyer* from Denmark, *Sauli* from Italy, *Gerger* from Austria, *Cordang* from the Netherlands, etc.

In these last years of the 19th century, cycling had become just about the most popular sport.

«Sur place» du Français Daniel Morelon, deux fois champion olympique et sept fois champion du monde de vitesse. Son adversaire, le Hollandais Klaas Balk

"In-place" cycling by Daniel Morelon, twice Olympic champion and seven times world's champion in the sprint. Competing in this race with Dutchman Klaas Balk

Jusqu'aux années 1880, les courses se déroulaient sur les places, dans les rues et sur les boulevards, un simple bâton indiquait le point de retour ou des drapeaux délimitaient des circuits. Mais bientôt, des pistes allaient être construites ainsi que de nombreux vélodromes. Les courses de vitesse pure, avec leurs records, venaient ainsi compléter les épreuves d'endurance et élargir l'éventail des compétitions.

Aux Etats-Unis, le cyclisme, surtout sur piste, connut également à la même époque un grand essor. En 1879, le champion Charles *Terront* put en mesurer l'ampleur lorsqu'il participa aux six jours de Boston et de Chicago qu'il remporta. L'Amérique devait d'ailleurs contribuer au développement de ce sport en lui apportant une formule de compétition qui, aujourd'hui encore, connaît un très grand succès. Il est vrai que ce nouveau type d'épreuve vit le jour d'une manière particulièrement insolite. En effet, en 1891 se déroulaient les premiers six jours du Madison Square Garden de New-York. Cette course individuelle pendant laquelle les concurrents pouvaient se reposer quand bon leur semblait, allait connaître durant sept ans un tel succès que les organisateurs, encouragés par un public avide de sensations, en vinrent à exiger des participants des efforts surhumains comme en témoignent certains commentaires parus dans les journaux de l'époque.

Until about 1880, the races were held in public squares, on streets and on boulevards, with a simple pole to indicate the finish line and flags marking the route. But soon special courses were constructed, and numerous velodromes were built. Races for speed, rather than distance, were now added to the endurance tests, and the scope of the competition was broadened.

Cycling, especially track cycling, experienced a great surge in popularity in the United States at that period. In 1879 the champion Charles *Terront* saw it for himself when he took part in six-day races in Boston and Chicago, both of which he won. America also contributed a new form of competition to the sport, one which is still popular today.

This new event owes its existence to some rather unusual circumstances. Madison Square Garden in New York had its first six-day race in 1891. This was an individual race, during which the contestants were allowed to rest whenever they wanted to. For seven years this type of racing was so successful that the organizers, catering to a public eager for more and more sensational feats, began to demand superhuman efforts from the participants, as contemporary commentaries in the newspapers make clear. On the day after the six-day race of 1898, the ''American Wheelman'' reported :

121

Le norvégien
Kurt Knudsen
champion du monde
de poursuite, Mont-
réal 1974 ; champion
olympique, Munich
1972

Kurt Knudsen
of Norway, World
Pursuit Champion,
Montreal 1974 ;
Olympic Pursuit
Champion, Munich
1972

Au lendemain des six jours de 1898, l'«*American Wheelman*» publiait : «.... Durant les dernières heures de course, le Madison Square Garden a vécu des moments de folie comme il n'en avait jamais encore connus !.... Au cours des trois dernières journées, des milliers et des milliers de gens n'ont pu franchir les portes de l'enceinte tellement la foule était dense. Les organisateurs ont d'ailleurs profité de cet engouement populaire pour doubler le prix des places. Cette initiative n'a provoqué aucune protestation. Le vélodrome est resté bondé durant trois jours et trois nuits bien que la course fut devenue terriblement monotone. Le spectacle était fourni exclusivement par ceux qui s'effondraient et zigzaguaient sur la piste, atteints d'une fatigue irréversible....».

Le même jour un autre journal précisait : «.... Au cours des dernières heures, *Hale* faisait songer à un fantôme. Son visage était blanc comme celui d'un cadavre et l'on ne voyait plus ses yeux tant ils étaient enfoncés dans leurs orbites... Pourtant, le public massé autour de la piste l'empêcha de s'arrêter à l'échéance des cent quarante-quatre heures et, l'applaudissant, l'encourageant de la voix, lui demanda d'effectuer dix milles supplémentaires ! .... Le malheureux *Hale* fut contraint de s'exécuter, sa fin de course fut terrible et il devint la proie d'hallucinations durant lesquelles il se croyait menacé par des gangsters. Pour le contraindre à poursuivre, son manager lui promit.... un lit de plumes....».

Ces derniers six jours individuels furent précisément remportés par *Hale* qui couvrit 3 070 kilomètres en cent quarante-quatre heures, avec seulement huit heures de repos.

"During the last hours of the race, Madison Square Garden experienced moments of madness like none it has ever known before !... For the last three days the crowd was so dense that thousands upon thousands of people were unable to get into the building. The organizers took advantage of the popular infatuation, of course, and doubled the price of the seats, but this provoked no protests. The velodrome remained full for the three days and three nights, even though the race had become terribly monotonous. The only spectacle was provided by those who collapsed and zigzagged across the track, overcome by fatigue." That same day another newspaper wrote:

"During the last hours, *Hale* was like a ghost. His face was as white as a corpse's, and you couldn't see his eyes any more, they had sunk so deep into his skull. However, the audience crowded around the track to keep him from stopping when the 144 hours were up, and through their applause they shouted at him to do another 10 miles ! The unfortunate *Hale* was forced to do it. His finish was terrible, and he was clearly the prey of hallucinations which made him think he was being pursued by gangsters. To persuade him to continue his manager promised him a featherbed."

This last individual six-day race was won by *Hale*, who covered the 3 070 kilometers in 144 hours, with only eight hours of sleep.

Devant l'état de fatigue alarmant des participants et face à ces excès, véritables offenses au sport et à la dignité humaine, les pouvoirs publics interdirent ce genre de compétition. Cependant, l'année suivante, les organisateurs parvenaient à obtenir l'autorisation de présenter à nouveau les six jours, à condition qu'ils soient disputés par équipes de deux coureurs se relayant à volonté. Ce fut la formule dite «à l'américaine» que l'Europe ne tarda pas à adopter.

Parmi les champions américains, plusieurs vinrent remporter quelques lauriers sur le vieux continent et marquer de leur nom l'histoire du cyclisme, tels *Zimmerman*, qui sut conquérir un nombreux public, *Banker*, vainqueur du premier Grand Prix de Paris et le Noir *Taylor* dont le nom seul déplaçait les foules.

La National Cyclist Union, première association de cyclisme, fut fondée le 16 février 1878 en Angleterre. Elle fut suivie de la Ligue Office American Wheelmen, le 31 mai 1880, de l'Union Vélocipédique Française, le 6 février 1881, de la Fédération Danoise, en 1881, et de la Canadian Wheelmen's Association, en 1882.

Au début de notre siècle, le cyclisme devait faire un nouveau bond en avant avec les grandes courses classiques qui, aujourd'hui encore, n'ont rien perdu de leur renommée. Après Paris-Roubaix, créé en 1896, ce fut Paris-Bruxelles (1906), Paris-Tours (1906), Milan – San Remo (1907), Liège-Bastogne-Liège (1908), et surtout avec les deux grands Tours : le Tour de France (1903) et le Tour d'Italie (1909).

Il faut ici rappeler le rôle important que joua la presse dans le développement du sport cycliste. En effet, presque toutes les courses furent, et beaucoup le sont encore, patronnées par les grands journaux du moment.

Il est malheureusement impossible de citer tous ceux, organisateurs et coureurs, qui depuis cette époque ont participé à l'incroyable épopée du cyclisme car la liste serait beaucoup trop longue. C'est à eux que ce sport doit sa grande popularité d'hier et d'aujourd'hui.

Admis aux Jeux dès 1896, le cyclisme tenait au début de l'olympisme moderne une place plus importante qu'aujourd'hui au sein du programme. Il faut cependant préciser que nombre d'épreuves de l'époque (¼ mille, ⅓ mille, ½ mille, 1 mille, 2 milles, etc.)... étaient réellement de trop. Il est heureux que les modifications apportées au fil des olympiades aient abouti à une présentation plus équilibrée.

Because of the alarming state of fatigue of the contestants, and the other excesses which truly abused any sense of sportsmanship and human dignity, the authorities banned this kind of competition. Nevertheless, the next year the organizers were able to obtain permission to hold six-day races again, on the condition that they have two-men teams, who could take turns riding as they wished. This was the so-called "American formula", which was adopted in Europe shortly after.

Many of the American champions went abroad to win prizes in the Old World, and they marked the history of cycling with their names. There was *Zimmerman*, who won a large following, *Banker*, winner of the first Grand Prix de Paris, and *Taylor*, a black man whose name alone drew crowds.

The National Cyclist Union, the first cycling association, was founded in England on February 16, 1878. It was followed by the Official American Wheelmen's League on May 31, 1880, the Union Vélocipédique Française on February 6, 1881, the Danish Federation that same year, and the Canadian Wheelmen's Association in 1882.

At the start of this century, a number of great races were held for the first time, and these classics still draw huge crowds today. After the Paris-Roubaix race, first held in 1896, there were the Paris-Brussels (1906), Paris-Tours (1906), Milan-San Remo (1907), Liege-Bastogne-Liege (1908), and most famous of all, the two greatest road races : the Tour de France (1903) and the Tour d'Italie (1909).

The significant role played by the press in the development of the sport of cycling should be recalled. Indeed, a large number of the early races were sponsored by the great newspapers of the time, and this practice continues today.

It is unfortunately impossible to list here all the organizers and competitors who have participated in the epic history of cycling, for the list would be far too long. But this sport clearly owes its past and present popularity to these devoted sportsmen.

Eddy Merckx,
un grand du cyclisme
... modeste douzième
lors des Jeux de
1964, Tokyo

Eddy Merckx,
one of the greats of
cycling, a modest
twelfth in the 1964
Games in Tokyo

Pour l'étude du palmarès olympique il est indispensable de traiter séparément des épreuves sur route et des épreuves sur piste.

Depuis Athènes, en 1896, dix pays seulement se sont partagés les titres individuels et les titres par équipes des courses sur route. Ce sont les coureurs français qui viennent en première place avec un total de huit médailles d'or, suivis de ceux de l'Italie (six médailles d'or), de la Belgique, des Pays-Bas (trois médailles d'or chacun), du Danemark, de la Suède et de l'U.R.S.S. (deux médailles d'or chacun).

En réalité, aucun coureur n'est jamais parvenu à remporter deux titres olympiques individuels. Même si certains ont accédé deux fois à la plus haute marche du podium, ils le doivent à la formule qui consistait jusqu'en 1960, à retenir les trois meilleurs coureurs de chaque pays à l'épreuve individuelle pour établir le classement par équipes. Ainsi un même concurrent pouvait être récompensé deux fois pour une même course. Ce fut en particulier le cas des Français *Blanchonnet* en 1924 et *Charpentier* en 1936, du Danois *Hansen* en 1928, de l'Italien *Pavesi* en 1932 et du Belge *Noyelle* en 1952.

Comme pour la boxe, et peut-être même plus que pour la boxe, les coureurs cyclistes des pays où le professionnalisme existe font leur apprentissage dans les rangs amateurs et ne tardent pas à passer dans ceux des professionnels. Certains même, poussés par l'appât du gain, se lancent trop rapidement dans «l'aventure-pro» où d'amères déceptions les attendent. C'est ainsi que nombre de champions olympiques ne sont jamais parvenus à briller sur des parcours professionnels trop sélectifs. Par ailleurs, le cycle olympique étant de quatre ans, nombre de coureurs se révèlent au cours des périodes intermédiaires et passent très souvent professionnels sans jamais représenter leur pays aux Jeux Olympiques ou y participent avant d'avoir atteint l'apogée de leur capacité. Cette situation explique pourquoi certains grands noms du cyclisme international ne figurent pas sur la liste des olympioniques.

Néanmoins, parmi les vedettes de la route les plus récentes, certaines furent des champions ou des concurrents olympiques comme par exemple: l'Italien Ercole *Baldini*, médaille d'or à Melbourne en 1956, le Suédois Gosta *Pettersson*, médaille d'argent par équipes à Mexico en 1968. Citons également le Hollandais Fedor *Den Hertog* médaille d'or par équipes à Mexico en 1968, en compagnie du

Cycling has been a part of the Olympic Games from 1896 on, although it occupied a larger place in the program at the start of the modern Olympics that it does today. It should be noted, however, that at that time there were a good many superfluous events (¼ mile, ⅓ mile, ½ mile, 1 mile, 2 miles, etc.) The changes made in the program over the years have led to a more balanced and interesting presentation.

Any study of this sport's Olympic champions must divide cycling into two categories: road events and track events.

Since the Athens Games in 1896, the individual and team titles for road racing have been shared among only ten countries. The French cyclists are in first place with a total of eight gold medals, followed by Italy (six golds), Belgium and the Netherlands (three golds each), and Denmark, Sweden, and the U.S.S.R. (two gold medals each).

In fact, no rider has ever succeeded in winning two individual Olympic titles, even though some of them have climbed twice to the top step of the winner's platform. This was due to a formula used until 1960, by which the three best riders from each country in the individual events were used to establish the rank of the team. Thus, a single competitor could win two medals for the same race. This was the case, for example, with the Frenchmen *Blanchonnet* in 1924 and *Charpentier* in 1936, the Dane *Hansen* in 1928, the Italian *Pavesi* in 1932, and the Belgian *Noyelle* in 1952.

As in boxing, or perhaps even more so than in boxing, bicycle racers in the countries where professional cycling exists may train in the amateur ranks but are not slow to go on to become professionals. Attracted by the large purses, some may even join in the "pro adventure" too quickly and find bitter disappointment. This may explain why some Olympic champions have never become great successes on the highly selective professional circuit. On the other hand, since the Olympic cycle is four years long, a number of cyclists are discovered during the intermediate periods, and they may become professionals without ever having represented their countries in the Olympic Games. Alternatively, they may participate but before they have reached their maximum potential. This is why some of the great names in international cycling do not appear on the lists of Olympic champions.

célèbre Gerardes *Zoetemelk*. Enfin terminons avec deux des plus grands champions de l'histoire du cyclisme sur route : le Français Jacques *Anquetil*, médaille de bronze par équipes à Helsinki en 1952, et le Belge Eddy *Merckx*, modeste douzième à Tokyo en 1964.

Le palmarès olympique du cyclisme sur piste dévoile que depuis 1896, quatorze pays se sont partagé les titres. Comme pour les courses sur route, ce sont les coureurs Français qui dominent avec dix-huit médailles d'or, suivis par ceux de l'Italie (seize médailles d'or), des Etats-Unis (huit médailles d'or), de la Grande-Bretagne (six médailles d'or), de l'Australie et des Pays-Bas (quatre médailles d'or chacun) et du Danemark (trois médailles d'or), etc. En ce qui concerne les succès des Etats-Unis, il faut remarquer qu'ils ont tous été acquis en 1900 et 1904 dans des épreuves aujourd'hui supprimées.

Contrairement aux coureurs sur route, les coureurs sur piste ne sont pas particulièrement attirés par un professionnalisme aussi pauvre que les bourses qu'il offre. De plus, la compétition sur piste nécessite, outre la condition physique et les aptitudes spéciales inhérentes à la vitesse, une technique difficile à acquérir qui permet à certains champions accomplis de se maintenir longtemps au plus haut niveau. Il faut cependant noter que la route intéresse beaucoup de pistards dont les qualités de «rouleurs» facilitent la reconversion. De toute manière, malgré les possibilités d'une carrière prolongée, relativement peu de coureurs sont parvenus à remporter plusieurs titres ; aussi, méritent-ils d'être particulièrement cités. En commençant par les plus anciens, nous avons :
■   les Américains *Hurley* et *Downing*, respectivement quatre fois et deux fois champions olympiques en 1904 à Saint Louis ;
■   les Italiens Sergio *Bianchetto*, deux fois champions en tandem en 1960 à Rome, associé à Giuseppe *Beghetto* et en 1964 à Tokyo, associé à Angelo *Damiano*, et Sante *Gaiardoni*, médaille d'or du kilomètre contre la montre et de la vitesse à Rome ;

Nevertheless, among more recent cycling stars, a certain number were Olympic competitors or even champions. For example, the Italian Ercole *Baldini* won a gold medal in Melbourne in 1956, and the Swede Gosta *Pettersson* won a silver medal in the team event in Mexico in 1968. There was Fedor *Den Hertog* from the Netherlands, who won a gold medal in the team event in Mexico in 1968, along with the famous Gerardes *Zoetemelk*. And finally, there are the Olympic statistics of two of the greatest champions in the history of road racing : the Frenchman Jacques *Anquetil*, team bronze medal winner in Helsinki in 1952, and the Belgian Eddy *Merckx*, a modest twelfth in Tokyo in 1964.

The list of Olympic champions on the track reveals that since 1896, fourteen countries have shared the honors. As with the road races, it is the French who predominate, with eighteen gold medals, followed by Italy with sixteen golds, the United States (eight golds), Great Britain with six golds, Australia and the Netherlands (four golds each), and Denmark (three golds). It is interesting to note that the successes of the United States all came during the 1900 and 1904 Games in events which are no longer held.

Unlike the road racers, track cyclists are not especially attracted to careers as professionals. Track cycling has barely developed as a professional sport. Moreover, in addition to physical conditioning and special sprinting skills, the sport requires special techniques which are hard to learn and therefore enable accomplished champions to stay at the top for quite a long time. It should also be noted that road racing does interest many track cyclists, whose skills on two wheels make their "conversion" easy. In any case, in spite of the possibility of having a prolonged career, relatively few of the track racers have succeeded in winning several titles ; and those who have done so merit special mention. In chronological order, we have :
■   the Americans *Hurley* and *Downing*, four and two times, respectively, Olympic champions in St. Louis in 1904 ;
■   the Italians Sergio *Bianchetto*, twice tandem champion, in Rome in 1960 with Guiseppe *Beghetto* and in Tokyo in 1964 with Agnelo *Damiano*, and Sante *Gaiardoni*, gold medal winner for the kilometer against the clock and the sprint in Rome ;

Vue du parcours sur route des championnats du monde de 1974 qui sera emprunté lors des Jeux de Montréal

View of the route of the roadraces from the 1974 world championships, which will be used during the Montreal Games

■ le Français Pierre *Trentin*, champion olympique du kilomètre contre la montre et du tandem à Mexico en 1968, associé au plus grand coureur sur piste de l'histoire du cyclisme, Daniel *Morelon*, détenteur de trois titres olympiques et sept fois champion du monde de vitesse.

Aux Jeux Olympiques, chaque pays peut engager un maximum de quinze concurrents; chaque concurrent peut participer comme remplaçant aux épreuves pour lesquelles il n'est pas inscrit. Ces concurrents se répartissent de la manière suivante:
- ■ route individuelle
  4 coureurs
- ■ route par équipes
  4 coureurs
- ■ kilomètre contre la montre
  1 coureur
- ■ vitesse
  1 coureur
- ■ poursuite par équipes
  4 coureurs
- ■ poursuite individuelle
  1 coureur

Le programme olympique comporte les épreuves suivantes:

Route
- ■ épreuve individuelle
- ■ épreuve par équipes
  (100 kilomètres contre la montre)

Piste

Épreuves individuelles
- ■ kilomètre contre la montre, départ arrêté
- ■ vitesse (trois tours de piste)
- ■ 4 000 mètres poursuite

Épreuve par équipes
- ■ 4 000 mètres poursuite

■ the Frenchman Pierre *Trentin*, Olympic champion in the kilometer against the clock and tandem in Mexico in 1968, together with the greatest track cyclist in the history of cycling, Daniel *Morelon*, holder of three Olympic titles and world sprint champion seven times.

Each country may enter a maximum of fifteen competitors in the cycling events in the Olympic Games. Each competitor may compete as a substitute in the events for which he has not been entered. The competitors are divided in the following manner:
- ■ individual road race
  4 riders
- ■ team road race
  4 riders
- ■ kilometer against the clock
  1 rider
- ■ sprint
  1 rider
- ■ team pursuit
  4 riders
- ■ individual pursuit
  1 rider

The Olympic program contains the following events:

Road Races
- ■ individual event
- ■ team event (100 kilometers against the clock)

Track

Individual events
- ■ kilometer against the clock, standing start
- ■ sprint (three laps around the track)
- ■ 4 000 meter pursuit

Team event
- ■ 4 000 meter pursuit

Déroulement des compétitions

Route

Épreuve individuelle

A Montréal, l'épreuve individuelle sur route, de 175 km, se déroulera sur le circuit du Mont-Royal déjà utilisé lors des Championnats du monde de 1974.

Le caractère individuel de cette course n'exclut toutefois pas l'esprit d'équipe. En effet, l'entraide entre coureurs d'un même pays est autorisée à l'exception des échanges de roues ou de bicyclettes.

The events

Road Races

Individual event

The Montreal individual road race covers 175 km and will be held on the Mount Royal circuit, first used during the 1974 World Cycling Championships.

The individual character of this race does not totally exclude team spirit. Competitors from the same team are permitted to help each other except for exchanges of wheels or bicycles.

Champions olympiques Olympic champions					
Flameng, L.	FRA	100 km 3h08'19"2	1896	Athènes/Athens
Bartlett, C.	GBR	100 km 2h41'48"6	1908	Londres/London
Lewis, R.	SAF	300 km 10h42'39"0	1912	Stockholm
Stenqvist, E.	SWE	175 km 4h40'01"8	1920	Anvers/Antwerp
Blanchonnet, A.	FRA	188 km 6h20'48"0	1924	Paris
Hansen, H.	DEN	169 km 4h47'18"0	1928	Amsterdam
Pavesi, A.	ITA	100 km 2h28'05"6	1932	Los Angeles
Charpentier, R.	FRA	100 km 2h33'05"0	1936	Berlin
Beyaert, J.	FRA	199,633 km 5h18'12"6	1948	Londres/London
Noyelle, A.	BEL	190,4 km 5h06'03"4	1952	Helsinki
Baldini, E.	ITA	187,731 km 5h21'17"0	1956	Melbourne
Kapitonov, V.	URS	175, 380 km 4h20'37"00	1960	Rome
Zanin, M.	ITA	194,832 km 4h39'51"63	1964	Tokyo
Vianelli, P.	ITA	196,008 km 4h41'25"24	1968	Mexico
Kuiper, H.	HOL	200 km 4h14'37"00	1972	Munich

Épreuve par équipes

100 kilomètres contre la montre

L'épreuve par équipes du 100 km contre la montre se déroulera sur la route transcanadienne qui fut utilisée également lors des Championnats du monde de 1974.

Les équipes sont composées de quatre coureurs. Les départs sont donnés à intervalles réguliers pouvant varier entre deux et quatre minutes selon le nombre d'équipes engagées.

Les temps sont pris sur le troisième coureur franchissant la ligne d'arrivée.

Team event

100 kilometers against the clock

The team 100 km. against the clock willl be held on the Transcanada Highway route, which was also used during the 1974 World Cycling Championships.

Each team has four riders. Starts are given at regular intervals of two or four minutes, according to the number of teams competing.

The time of the third rider from each team to cross the finish line is recorded.

(Classement par équipes établi d'après l'ordre d'arrivée à l'épreuve individuelle.)

(Team is ranked according to the order of finish in individual event)

Champions olympiques
Olympic champions

Friborg, Malm, Persson, Lonn	SWE	320 km 44h35'33"6	1912	Stockholm
Canteloube, Detreille, Souchard, Gobillot	FRA	175 km 19h16'43"2	1920	Anvers/Antwerp
Blanchonnet, Hamel, Wambst	FRA	188 km 19h30'14"0	1924	Paris
Hansen, Nielsen, Jorgensen	DEN	169 km 15h09'14"0	1928	Amsterdam
Olmo, Segato, Pavesi,	ITA	100 km 7h27'15"2	1932	Los Angeles
Charpentier, Lapebie, Dorgebray	FRA	100 km 7h39'16"2	1936	Berlin
Wouters, Delathouwer, Van Roosbroeck	BEL	199,633 km 15h58'17"4	1948	Londres/London
Noyelle, Grondelaers, Victor	BEL	190,4 km 15h20'46"6	1952	Helsinki
Geyre, Moucheraud, Vermeulin	FRA	187,731 km 16h10'36"0	1956	Melbourne

(Épreuve contre la montre par équipes) (Team event against the clock)

Bailetti, Cogliati, Fornoni, Trape	ITA	100 km 2h14'33"53	1960	Rome
Dolman, Karstens, Pieterse, Zoet	HOL	109,893 km 2h26'31"19	1964	Tokyo
Pijnen, Den Hertog, Krekels, Zoetemelk	HOL	100 km 2h07'49"06	1968	Mexico
Chouhov, Iardy, Komnatov, Likhachev	URS	100 km 2h11'17"80	1972	Munich

L'équipe de poursuite de la République Fédérale Allemande, médaille d'or aux Jeux de Munich

Pursuit team from the German Federal Republic, gold medallists in the Munich Games

Piste

La piste olympique

La piste du vélodrome de Montréal mesure 285,714 m pour une largeur de 7,50 m. Elle s'inscrit autour d'une plate-forme, pelouse de 103,50 m de longueur et de 36,50 m de largeur. Les virages sont progressivement relevés de 13 à 48 degrés.

Épreuves individuelles

Kilomètre contre la montre, départ arrêté

Au départ le coureur est tenu mais ne doit pas être poussé. Il s'agit d'une course contre le chronomètre. Toutes les tentatives doivent être effectuées au cours de la même réunion. Le classement est déterminé selon les temps réalisés par les concurrents.

Track

The Olympic track

The Olympic track in the Montreal velodrome is 285.714 m long and 7.5 m wide. It circles a platform which is 130.50 m long and 36.50 m wide. The curves are banked progressively from 13 to 48 degrees.

Individual events

Kilometer against the clock, standing start

The rider is supported at the start but he may not be pushed. This is a race against the clock. All attempts must be made at the same session. Results are determined by the times achieved by the competitors.

Champions olympiques Olympic champions					
Falk-Hansen, W.	DEN	1'14"2	1928	Amsterdam
Gray, E.	AUS	1'13"0	1932	Los Angeles
Van Vliet, A.	HOL	1'12"0	1936	Berlin
Dupont, J.	FRA	1'13"5	1948	Londres/London
Mockridge, R.	AUS	1'11"1	1952	Helsinki
Faggin, L.	ITA	1'09"8	1956	Melbourne
Gaiardoni, S.	ITA	1'07"27	1960	Rome
Sercu, P.	BEL	1'09"59	1964	Tokyo
Trentin, P.	FRA	1'03"91	1968	Mexico
Fredborg, N.	DEN	1'06"44	1972	Munich

Vitesse
(trois tours de piste)

Qualifiée d'«épreuve reine de la piste», la vitesse est une course où la tactique joue un rôle important. Au départ les coureurs s'efforcent de ne pas se trouver en tête afin de pouvoir surveiller étroitement le ou les adversaires – d'où les séances de «sur place». Bien que la vitesse se dispute sur trois tours, seuls les deux cents derniers mètres sont chronométrés. Les compétitions comportent des séries éliminatoires dont chaque vainqueur accède aux huitièmes de finale, les perdants participant à des repêchages. Les gagnants des séries de repêchage sont également admis aux huitièmes de finale. A partir des quarts de finale, on applique la formule des «matches à deux» (en deux manches et une belle, s'il y a lieu). Les perdants des quarts de finale se rencontrent dans un «match à quatre» pour les places de cinquième à huitième et les gagnants accèdent aux demi-finales dont les perdants disputent les troisième et quatrième places et les vainqueurs les première et deuxième places.

Sprint

Considered the "Queen of the track events", the sprint is a race where tactics are extremely important. At the start neither rider wants to be in the lead, so that he can better observe his opponent or opponents. This is the source of the "in place" sessions, where the riders actually "balance" in place on the track. Although there are three laps to a sprint race, only the last 200 meters are timed. The competition includes qualifying heats, whose winners go on to the eighth finals, while the losers participate in repechages. The winners of the repechage series are also admitted to the eighth finals. From the quarter finals on, the "two out of three" formula is used, the third heat to break a tie if necessary. The losers of the quarter finals meet in a four-way match for fifth to eighth places, while the winners go on to the semi-finals. The losers of the semi-finals compete for third and fourth places, and the winners for first and second.

Champions olympiques Olympic champions					
Taillandier, G.	FRA		1900	Paris
Peeters, M.	HOL		1920	Anvers/Antwerp
Michard, L.	FRA		1924	Paris
Beaufrand, R.	FRA		1928	Amsterdam
Van Egmond, J.	HOL		1932	Los Angeles
Merkens, T.	GER		1936	Berlin
Ghella, T.	ITA		1948	Londres/London
Sacchi, E.	ITA		1952	Helsinki
Rousseau, M.	FRA		1956	Melbourne
Gaiardoni, S.	ITA		1960	Rome
Pettenella, G.	ITA		1964	Tokyo
Morelon, D.	FRA		1968	Mexico
Morelon, D.	FRA		1972	Munich

4 000 mètres poursuite

Les compétitions de poursuite comportent des éliminatoires dont le but est la qualification de huit coureurs. Cette qualification est effectuée en fonction des temps réalisés sur 4 000 mètres. Dès ce moment commencent les véritables courses de poursuite. Les deux coureurs partent de deux points diamétralement opposés de la piste. Le coureur qui rejoint l'autre est déclaré vainqueur. Dans la cas contraire, c'est le coureur qui franchit le premier sa ligne d'arrivée qui remporte la victoire.

4 000 meter pursuit

The pursuit competition has qualifying heats, whose purpose is to select eight racers. These are chosen according to their times over 4 000 meters. Then the real pursuit racing begins. The two riders start from diametrically opposite points on the track. The first rider to overtake his opponent is declared the winner. If neither succeeds in catching up with the other, the rider who crosses his finish line first is the winner.

Champions olympiques Olympic champions					
Daller, J.	TCH	47,251 km/h 5'04"75	1964	Tokyo
Rebillard, D.	FRA	51,114 km/h 4'41"71	1968	Mexico
Knudsen, K.	NOR	50,395 km/h 4'45"74	1972	Munich

L'équipe Cana-
dienne de poursuite,
championnats du
monde, Montréal,
1974

The Canadian
pursuit team in the
1974 World Cycling
Championships,
Montreal

Épreuve par équipes

Team event

4 000 mètres poursuite

La poursuite par équipes se déroule selon les mêmes règles que la poursuite individuelle. Chaque équipe se compose de quatre coureurs. A chaque tour ou à chaque demi-tour, le coureur de tête cède sa place à son suivant et se range à la dernière place. Cette tactique, facultative, a pour but de répartir les efforts individuels. Le temps est pris sur le troisième coureur.

4 000 meter pursuit

Team pursuit has the same rules as individual pursuit. Each team has four riders. At each lap or half-lap, the leader yields his place to the next man on his team and goes to the end of the line. This optional tactic is intended to divide up the individual efforts. It is the time of the third rider across the finish line which is counted.

Champions olympiques Olympic champions					
Georgetti, Ferrario, Carli, Magnani	ITA	5'20"0	1920	Anvers/Antwerp
Dinale, Luchetti, Di Martino, Menegazzi	ITA	5'12"0	1924	Paris
Tasselli, Gaioni, Facciani, Lusiani	ITA	5'01"8	1928	Amsterdam
Cimatti, Pedretti, Ghilardi, Borsari	ITA	4'52"9	1932	Los Angeles
Charpentier, Goujon, Lapebie, Le Nizerhy	FRA	4'45"0	1936	Berlin
Adam, Blusson, Coste, Decanali	FRA	4'57"8	1948	Londres/London
Morettini, Messina, De Rossi, Campana	ITA	4'46"1	1952	Helsinki
Faggin, Gasparella, Domenicali, Gandini	ITA	4'37"4	1956	Melbourne
Arienti, Testa, Vallotta, Vigna	ITA	4'30"90	1960	Rome
Claesges, Henrichs, Link, Streng	GER	4'35"67	1964	Tokyo
Asmussen, Lyngemark, Olsen, Jensen	DEN	4'22"44	1968	Mexico
Colombo, Haritz, Hempel, Schumacher	GER	4'22"14	1972	Munich

Escrime   Fencing

Rares sont les musées qui, sous une forme ou une autre, ne présentent pas d'armes blanches. Elles furent trop longtemps un des principaux instruments de conquête pour ne pas occuper la place qui leur est accordée aujourd'hui dans la muséologie.

Plus de quatre cents ans avant les Jeux de la Grèce antique, l'escrime était un sport de compétition. En effet, un des bas reliefs du temple de *Medinet Habou* construit en 1190 avant J.-C., rappelle que, pour célébrer sa victoire sur les Lybiens, *Ramses III* avait organisé des épreuves d'escrime ressemblant étrangement aux tournois actuels. Malheureusement, ces lointaines rencontres amicales demeurèrent sans lendemain et durant de longs siècles l'arme blanche ne fut utilisée que pour des luttes qui n'avaient rien de pacifique. Héritière des guerres ancestrales, l'escrime a connu, de la lourde épée des guerriers de l'antiquité au fleuret de nos Jeux Olympiques d'aujourd'hui, en passant par la rapière de nos mousquetaires, une histoire étroitement liée à celle des héros de nos livres d'aventures et de nos manuels scolaires. Nous laissons à d'autres le soin de la conter.

Les progrès de ce sport aujourd'hui populaire ont constamment suivi ceux des armes. Ils ont par ailleurs été influencés par l'évolution des techniques.

L'escrime actuelle vit en réalité le jour au XVIe siècle en Italie et en France. Les Italiens furent les premiers à préconiser l'usage de l'estoc ou pointe, au détriment de celui de la taille ou tranchant.

C'est aux brillants maîtres d'armes français que nous devons les principes initiaux des touches et des parades. A la fin du XVIe siècle, M. de *Saint-Didier*, gentilhomme provençal, s'inspirant des escrimeurs italiens, fut le premier à établir une réglementation des actions offensives et défensives qui devait lui valoir le titre mérité de «Fondateur de l'escrime française». Ses successeurs au nom prestigieux *La Perche* de *Coudray* (1635), *Labat* (1690), *Gomard* (1845), etc., devaient améliorer les techniques, classifier les méthodes et être à l'origine d'une très grande école.

En escrime, un autre pas en avant fut accompli avec l'invention par les Italiens du *fioreti* ou fleuret, ainsi appelé par suite de la ressemblance du renflement protecteur de sa pointe avec un bouton de fleur. Par sa légèreté et sa flexibilité, cette nouvelle arme modifia sensiblement l'éventail des attaques et des ripostes.

Rare are the museums where swords of steel and other weapons used in hand-to-hand combat are not on display. They were the principal instruments of conquest for too long not to occupy an important place among the artifacts of the past which are exhibited in modern museums.

More than four hundred years before the Ancient Games, fencing was already a competition sport. In fact, one of the bas-reliefs on the temple of *Medinet Habou*, built in the year 1190 B.C., tells us that to celebrate his victory over the Libyans, *Ramses III* organized a fencing competition strangely like our present-day tournaments. Unfortunately, these peaceful encounters were not repeated, and throughout the centuries that followed, swords were put to uses that had nothing peaceful about them. In time, the shape and size of the instruments changed: the broad swords of the ancient warriors became the rapiers favored by the musketeers, and ultimately the foils used in modern Olympic competition. For most of us, the history of fencing is closely bound to the heroes of adventure stories and our history books.

The development of this sport which is so popular today has continually been influenced by changes in the weapons and in the evolution of fighting techniques.

Fencing as we know it began in Italy and France in the 16th century. The Italians were the first to favor the use of the tip of the sword rather than the edge or blade.

We owe the basic principles of the thrusts and parries to the brilliant French fencing masters. *Saint-Didier*, a nobleman from Provence, set up rules at the end of the 16th century for offensive and defensive moves, earning him the well-deserved title of "Founder of French Fencing." His successors, *La Perche de Coudray* (1635), *Labat* (1690) and much later *Gomard* (1845) among others, improved techniques, classified the methods, and originated a very great school of fencing.

Another important innovation was made when the Italians invented the fioreti or foil, named because of the slight swelling at the tip which resembled a flower bud. Because of its lightness and flexibility, the foil considerably enlarged the possibilities in thrust and parry.

Cette rapière
aux armes d'Albanie
aurait appartenu au
Pape Sixtus V

This rapier hilt
with the arms of the
Albani is said to have
belonged to Pope
Sixtus V

Partie de l'Italie et de la France, l'escrime devait rapidement connaître dans toute l'Europe un remarquable essor, plus particulièrement en Espagne, en Angleterre où les maîtres d'armes italiens connurent une grande vogue et en Allemagne où les adeptes s'inspirèrent des méthodes françaises.

Vers 1900, l'escrime connaissait une nouvelle évolution. En effet, nombre de pratiquants, plus soucieux d'efficacité que de finesse, en vinrent à dédaigner le jeu élégant du fleuret et à préférer l'efficience de l'épée, arme des duellistes. Pour répondre à une demande croissante, source de revenus, les maîtres d'armes appliquèrent de nouvelles méthodes d'enseignement contre lesquelles s'insurgèrent les puristes pour qui l'escrime était avant tout un art. C'est à partir de cette époque que s'imposa la véritable notion de l'escrime-sport et que l'on commença à compter les touches pour désigner les vainqueurs.

Arme traditionnelle des Magyars, le sabre fut enseigné dans leurs écoles militaires dès 1852. Considéré comme une spécialité un peu en marge de l'escrime classique, le sabre fut à ses débuts délaissé par les pays latins. C'est pourtant à un Italien, maître *Barbassetti*, que les Hongrois firent appel pour les initier aux méthodes modernes. Consciencieux et athlétiques, ils devaient d'ailleurs tirer un maximum de profit de cet enseignement et très vite s'imposer dans cette discipline.

Vers la fin du XIXe siècle, les premières associations civiles régionales d'escrime furent créées un peu partout en Europe et bientôt regroupées en fédérations.

Réunis à Paris le 29 novembre 1913, les responsables nationaux d'Italie, de France, d'Allemagne, de Grande-Bretagne, de Belgique, de Bohème, de Hollande, de Hongrie et de Norvège décidèrent de créer la Fédération Internationale d'Escrime (F.I.E.) qui, depuis cette date, préside aux destinées de ce sport.

Dès les premiers Jeux, en 1896 à Athènes, le programme olympique comporta des compétitions de fleuret et de sabre et, ce qui aujourd'hui ne manque pas d'étonner, un tournoi pour maîtres d'armes. En 1900, l'épée était à son tour admise ainsi que – oh! ironie –, des rencontres pour professionnels dans les trois armes. C'est en 1924 à Paris que pour la première fois les femmes participèrent aux épreuves olympiques de fleuret.

At a meeting in Paris on November 29, 1913, the national representatives of France, Italy, Great Britain, Germany, Belgium, Bohemia, Holland, Hungary and Norway decided to form the Fédération Internationale d'Escrime, which has been the governing body of the sport ever since.

The first modern Olympic Games in Athens in 1896 included foil and sabre events, along with something we would find quite surprising today: a tournament for fencing masters. In 1900, the épée was also admitted to the Olympic program, along with, ironically enough, tournaments for the (professional) fencing masters in all three kinds of arms!

Women participated in Olympic foil events for the first time in Paris in 1924.

From France and Italy, fencing spread with remarkable success throughout Europe, especially to Spain and England, where the Italian fencing masters were much in demand, while in Germany the French methods were very popular.

Around 1900, fencing underwent new development. At this time, many fencers, more concerned about effective movement than finesse, gave up the elegant play of the foil in favor of the more efficient épée, the weapon of the duelist. To meet a growing demand – and of course increase their revenues – the fencing masters applied new teaching methods, which upset the purists, who considered fencing a pure art. It is from this time on that the notion of fencing as a real sport came to be accepted: from then on, the number of hits was counted to determine the winner.

The use of the sabre, the traditional sword of the Magyars, had been taught in their military schools since 1852. Considered a specialty only slightly connected with classical fencing, the sabre was ignored by fencers in the Latin countries at first. It was an Italian named *Barbassetti* who, in response to their requests, went to teach the Hungarians the modern methods of fencing. A conscientious and athletic people, they took the maximum benefit from his teaching and learned this discipline very well.

Near the end of the 19th century, the first civilian associations for fencing were created on a regional level, and these organizations soon grouped themselves into national federations.

Belle action du Soviétique Victor Sidiak, champion olympique au sabre devant le Hongrois Peter Maroth, Munich 1972

Beautiful movement by the Soviet Victor Sidiak, Olympic sabre champion, ahead of Hungarian Peter Maroth, Munich 1972

Les progrès techniques devaient avoir une grande influence sur l'escrime. En effet, en 1934 à Budapest, lors des championnats d'Europe, pour la première fois le contrôle électrique était rendu obligatoire pour les rencontres à l'épée. Vingt et un ans plus tard, c'était au tour du fleuret. Ce système qui sacrifie l'élégance au profit de la vitesse et de la puissance, fut très longtemps critiqué par les puristes. Aujourd'hui, seul le sabre est encore soumis à l'unique appréciation humaine avec ce que cela comporte malheureusement quelquefois de doute et d'erreurs.

Admise dans la famille olympique dès 1896, l'escrime compte une imposante liste de champions. Il faut d'abord rappeler que la presque totalité des titres du fleuret masculin et de l'épée se répartit entre les escrimeurs de cinq pays : Italie, France, U.R.S.S., Hongrie et Pologne. En ce qui concerne le sabre, la suprématie hongroise est incontestable puisque les champions magyars ont jusqu'ici accédé vingt fois à la plus haute marche du podium. Cependant, depuis 1964, cette supériorité est battue en brèche par la Pologne et surtout par l'U.R.S.S. Quant au fleuret féminin, la répartition des palmes est relativement plus large puisqu'elle concerne sept pays, l'U.R.S.S. et la Hongrie dominant avec chacun quatre titres.

Technical innovations have had a great influence on fencing. Electrical monitoring for the épée was made mandatory for the first time in Budapest in 1934, at the European championships. Twenty-one years later, it was also applied to the foil. This system, which sacrifices elegance for speed and power, was severly criticized by the purists. Today only the sabre events still depend solely on human judgment for scoring, which unfortunately occasionally entails doubt and error.

Since becoming part of the Olympic family in 1896, fencing boasts an imposing list of champions. Interestingly enough, almost all the men's titles for foil and épée are divided among the fencers of five countries: Italy, France, U.S.S.R., Hungary, and Poland. The Hungarian supremacy in the sabre is undeniable; their champions have won twenty gold medals up to now. However, since 1964, Poland and the Soviet Union have become serious challengers. In the women's foil events, the honors are somewhat more widely shared, with the gold medals going to seven different countries, the U.S.S.R. and Hungary leading the list with four golds each.

Parmi les olympioniques de l'escrime on trouve quelques champions dont les exploits firent l'admiration des initiés du monde entier. Le premier d'entre eux est sans nul doute l'Italien Nado *Nadi* qui remporta six médailles d'or, dont cinq au cours des Jeux d'Anvers en 1920. Après lui, citons les Français Roger *Ducret*, qui triompha trois fois et reçut en outre deux médailles d'argent à Paris en 1924, Lucien *Gaudin*, cinq fois champion olympique en 1924 et en 1928 et Christian *D'Oriola* qui remporta quatre médailles d'or et deux médailles d'argent aux Jeux de 1948, 1952 et 1956.

Among the Olympic fencers, there are a number of champions whose accomplishments have won them the admiration of fencing fans all over the world. The first of them is unquestionably the Italian Nado *Nadi*, who won six golds, five of them during the Antwerp Games in 1920. Then there is the Frenchman Roger *Ducret*, who won three golds and two silvers in Paris in 1924, and Lucien *Gaudin*, who won five Olympic golds in 1924 and 1928. More recently, Christian *D'Oriola* won four golds and two silver medals at the Games in 1948, 1952 and 1956.

Au sabre, il faut surtout rappeler les exploits des Hongrois Jeno *Fuchs*, quatre fois champion olympique en 1908 et 1912, Rudolph *Karpati* et Aladar *Gervitch*, six fois médaillés d'or, et enfin Pal *Kovacs*, cinq fois vainqueur.

Parmi les championnes olympiques il faut nommer les Soviétiques Alexandra *Zabelina*, Galina *Gorokhova*, trois fois couronnées en 1960, 1968 et 1972 dans les tournois par équipes. Mais, la plus brillante escrimeuse fut sans conteste, la Hongroise Ilona *Elek-Schacherer qui* remporta sa première médaille d'or au fleuret individuel à Berlin en 1936, sa seconde douze ans plus tard à Londres en 1948 et une médaille d'argent à Helsinki en 1952. *Elek-Schacherer* fut également championne du monde en 1934, 1935, et . . . 1951. C'est sans doute là un des plus grands exploits de l'escrime féminine.

Aux Jeux Olympiques, chaque pays peut engager un maximum de seize concurrents et concurrentes, ainsi qu'un remplaçant et une remplaçante.

Pour les épreuves individuelles, chaque pays peut engager trois concurrents par arme.

Pour chaque arme, chaque pays ne peut engager qu'une équipe. Chaque équipe doit être composée de quatre ou cinq concurrents dont quatre seulement doivent être désignés par les capitaines d'équipes et présentés au directeur de la compétition avant le début de chaque rencontre. Le cinquième concurrent engagé doit être soit le remplaçant, soit un des membres officiellement inscrits dans l'une des autres équipes.

Le programme olympique d'escrime comporte les compétitions suivantes :

Hommes

compétitions individuelles
fleuret
sabre
épée

compétitions par équipes
fleuret
sabre
épée

Femmes

compétitions individuelles
fleuret

compétitions par équipes
fleuret

In the sabre events, there are the Hungarians Geno *Fuchs*, four-time Olympic winner in 1908 and 1912, Rudolph *Karpati* and Aladar *Gervitch*, six-time gold medalists, and Pal *Kovacs*, who won five Olympic titles.

From among the women Olympic champions we should mention the Soviet women Alexandra *Zabelina* and Galina *Gorokhova*, the winners in the team events three times, in 1960, 1968 and 1972. However, the most brilliant of the women fencers is the Hungarian Ilona *Elek-Schacherer*. She won her first gold medal in Berlin in 1936 in the individual foil events, the second gold in London in 1948, and then a silver in 1952 in Helsinki. *Elek-Schacherer* was world champion in 1934, 1935 and then again in 1951, sixteen years later! This is clearly one of the greatest achievements in fencing.

Each country may enter a total of sixteen competitors for both men and women plus one woman and one man as substitutes.

In the individual competitions only three competitors for each weapon may be entered by each country.

Each country may enter only one team per weapon. A team comprises four or five competitors, four of whom shall be selected by the team captain before each match and announced to the director of the competition. The fifth man can be a substitute or one of the members officially entered in one of the four-man teams.

The Olympic fencing program contains the following events :

Men

individual competitions
foil
sabre
épée

team competitions
foil
sabre
épée

Women

individual competitions
foil

team competitions
foil

Déroulement des compétitions

Généralités

La tenue des escrimeurs comprend : un ensemble de deux pièces en toile blanche épaisse couvrant le corps du cou aux genoux (pour l'épée, la veste est renforcée sous l'aisselle du bras armé), des bas blancs, des chaussures à semelle de caoutchouc, des gants de toile et de cuir et un masque à grillage métallique.

Les rencontres se déroulent en cinq touches ou six minutes pour les hommes comme pour les femmes, à l'exception des épreuves en élimination directe des compétitions individuelles qui se déroulent en dix touches ou douze minutes pour les hommes et huit touches ou dix minutes pour les femmes. Lorsque la limite du nombre de touches n'est pas atteinte, les résultats sont corrigés (exemple : 4-3, résultat corrigé 5-4). En cas d'égalité, c'est la différence entre les touches données et reçues qui déterminent le classement.

Compétitions individuelles

Les compétitions individuelles comportent des éliminatoires et des finales. Les éliminatoires se déroulent selon la formule mixte : poules, tableau d'élimination directe avec repêchages. Les poules sont constituées par le directoire technique. Dans chaque poule, chaque tireur doit rencontrer tous les autres. Le passage au tour suivant est déterminé en fonction du classement dans chacune des poules. Les six meilleurs tireurs sont admis à la poule finale.

Compétitions par équipes

Le premier tour des éliminatoires se déroule également par poules. Pour les tours suivants, le système de l'élimination directe est appliqué.

The events

General remarks :

The fencer's costume consists of a two-piece suit of strong white material which covers the body from the neck to the knees, white socks, rubber-soled shoes, canvas and leather gloves, and a metal grill mask (for the épée the vest is reinforced to provide underarm protection for the fighting arm).

The bout lasts five hits or six minutes for men and women, except for the direct qualifying rounds in the individual events, which have ten hits or twenty minutes for men and eight hits or ten minutes for women. When the limit number of hits is not reached, the results are corrected (for example, 4–3 is corrected to 5–4). In the case of a tie, it is the difference between the hits given and received which determines ranking.

Individual events

The individual events have qualifying rounds and finals. The qualifying rounds are held according to a mixed formula : pools, then a direct qualifying board with repechages. The pools are set up by the technical director. Each fencer must meet all the others in his pool. Moving up to the next stage depends on the rank in each pool. The six best fencers are admitted to the final pool.

Team events

The first round of the qualifying bouts is also determined by pool. For the following rounds, the direct qualifying system is used.

Hommes

Compétitions individuelles

Fleuret

Le fleuret, arme d'estoc, a une longueur totale de 1,10 m dont 0,90 m pour la lame, et un poids de 0,5 kg.

Les touches ne sont valables qu'avec la pointe de l'arme et sur une surface limitée par devant, du sommet du col au pli des aines et, dans le dos, jusqu'à la ligne horizontale passant par le sommet des hanches. Les bras et les épaules sont exclus. Les surfaces valables sont couvertes par un plastron métallique constituant la face conductrice.

L'appareillage électrique comporte quatre voyants lumineux : un rouge et un vert qui indiquent les touches valables et deux blancs qui marquent les touches non valables. *Les lumières s'allument toujours du côté de celui qui a reçu la touche.* Le juge a tout pouvoir pour refuser la validité de certaines touches.

A Montréal, la piste aura une longueur de 17 m et une largeur de 1,83 m. L'aire de compétition du fleuret aura 14 m de longueur.

Men

Individual events

Foil

The foil is a thrusting weapon 1.10 m long, .90 m of which is the length of the blade. It must weigh less than 500 grams.

The hits count only when made with the point of the foil on a target surface which is limited in front from the top of the collar to the crease of the groin and in back by a horizontal line touching the top of the hips. The arms and shoulders do not count. The target areas are covered by a metal plastron, which acts as a conducting surface.

The electronic scoring equipment is designed with four lights : the red and green, which indicate valid hits, and the two whites, which indicate invalid hits. *The lights always go on the side of the competitor who is hit.* The judge is entitled to refuse the validity of certain hits.

In Montreal, the piste will be 17 m long and 1.83 m wide. The foil competition area is 14 m long.

Champions olympiques Olympic champions	Gravelotte, M.	FRA	1896	Athènes/Athens
	Coste, E.	FRA	1900	Paris
	Fonst, R.	CUB	1904	Saint-Louis/St. Louis
	Nadi, N.	ITA	1912	Stockholm
	Nadi, N.	ITA	1920	Anvers/Antwerp
	Ducret, R.	FRA	1924	Paris
	Gaudin, L.	FRA	1928	Amsterdam
	Marzi, G.	ITA	1932	Los Angeles
	Gaudini, G.	ITA	1936	Berlin
	Buhan, J.	FRA	1948	Londres/London
	D'Oriola, C.	FRA	1952	Helsinki
	D'Oriola, C.	FRA	1956	Melbourne
	Zhdanovich, V.	URS	1960	Rome
	Franke, E.	POL	1964	Tokyo
	Drimba, I.	ROM	1968	Mexico
	Woyda, W.	POL	1972	Munich

Sabre

Le sabre, arme d'estoc et de taille, a une longueur totale de 1,05 m dont 0,88 m pour la lame, et un poids maximum de 0,5 kg. Les touches sont valables de la pointe et du tranchant sur une surface limitée à toute la partie du corps située au-dessus de la ligne horizontale passant par le sommet des cuisses et par le tronc, tête et bras compris. L'arbitrage est assuré par un président et quatre assesseurs. Le président peut accorder ou refuser les touches selon les avis de ses assesseurs.

En réalité, pour le sabre la piste doit avoir une longueur de 24 m, mais le règlement précise que si pour des raisons pratiques elle n'atteint pas cette dimension, le terrain doit être rendu à chaque tireur de telle façon qu'étant placé à 2 m de la ligne médiane, il dispose pour rompre d'une longueur totale de 10 m sans franchir la ligne arrière des deux pieds.

Sabre

The sabre is a thrusting and cutting weapon with a total length of 1.05 m, .88 m of which is the blade. Its maximum weight is .5 kg. Hits are valid from either the point or the side of the weapon. The target area is limited to the body above a horizontal line passing from the top of the hips and includes the trunk, head and arms. Scoring is done by a president and four judges. The president may grant or refuse hits, according to the advice of the judges.

The sabre actually needs a piste 24 m long, but the rules say that if for practical reasons this amount of space is not available, each fencer must have enough room so that he can stand 2 m from the centre line and still have a total length of 10 m to disengage without crossing the rear limit with both feet.

Champions olympiques Olympic champions				
	Georgiades, J.	GRE	1896	Athènes/Athens
	De La Falaise, G.	FRA	1900	Paris
	De Diaz, M.	CUB	1904	Saint-Louis/St. Louis
	Fuchs, J.	HUN	1908	Londres/London
	Fuchs, J.	HUN	1912	Stockholm
	Nadi, N.	ITA	1920	Anvers/Antwerp
	Posta, S.	HUN	1924	Paris
	Tersztyanzky, O.	HUN	1928	Amsterdam
	Piller, G.	HUN	1932	Los Angeles
	Kabos, E.	HUN	1936	Berlin
	Gerevitch, A.	HUN	1948	Londres/London
	Kovacs, P.	HUN	1952	Helsinki
	Karpati, R.	HUN	1956	Melbourne
	Karpati, R.	HUN	1960	Rome
	Pezsa, T.	HUN	1964	Tokyo
	Pawlowski, J.	POL	1968	Mexico
	Sidiak, V.	URS	1972	Munich

Épée

L'épée, arme d'estoc, a une longueur totale de 1,10 m dont 0,90 m pour la lame, et un poids total de 0,770 kg. Les assauts ne comportent aucune convention. Les touches sont valables sur toutes les parties du corps. L'appareillage électrique est utilisé. Les lampes rouges ou vertes indiquent le tireur ayant touché le premier. Le dispositif électrique doit réglementairement signaler comme «coup double» tout coup dans lequel les touches ont été échangées avec un écart de 1/20 de seconde. L'arbitrage est assuré par un juge.

En réalité, pour l'épée la piste doit avoir une longueur de 18 mètres, mais le règlement précise que si pour des raisons pratiques elle n'atteint pas cette dimension, le terrain doit être rendu à chaque tireur de telle façon qu'étant placé à deux mètres de la ligne médiane, il dispose pour rompre d'une longueur totale de sept mètres sans franchir la ligne arrière des deux pieds.

Épée

The épée is a thrusting weapon with a total length of 1.10 m, .9 m of which is the blade, and a maximum weight of .770 kg. There are no rules for attack. Hits are valid on all parts of the body. Electronic scoring is used in this event. Red or green lights indicate the fencer who first scored a hit. According to the rules, this system must signal a double hit if both fencers make a hit within 1/20 of a second of each other. The judge acts as referee.

The piste for épée should be 18 m long, but the rules state that if for practical reasons this amount of space is not available, each fencer must have enough room so that he can stand 2 m from the centre line and still have a total length of 7 m to disengage without crossing the rear limit with both feet.

Champions olympiques Olympic champions	Fonst, R.	CUB	1900	Paris
	Fonst, R.	CUB	1904	Saint-Louis/St. Louis
	Alibert, G.	FRA	1908	Londres/London
	Anspach, P.	BEL	1912	Stockholm
	Massard, A.	FRA	1920	Anvers/Antwerp
	Del Porte, C.	BEL	1924	Paris
	Gaudin, L.	FRA	1928	Amsterdam
	Cornaggia-Medici, G.	ITA	1932	Los Angeles
	Riccardi, F.	ITA	1936	Berlin
	Cantone, L.	ITA	1948	Londres/London
	Mangiarotti, E.	ITA	1952	Helsinki
	Pavesi, C.	ITA	1956	Melbourne
	Delfino, G.	ITA	1960	Rome
	Kriss, G.	URS	1964	Tokyo
	Kulcsar, G.	HUN	1968	Mexico
	Fenyvesi, C.	HUN	1972	Munich

	Compétitions par équipes			**Team events**	
	Fleuret			**Foil**	
Champions olympiques Olympic champions	Nadi, N., Nadi, A., Olivier, Terlizzi, Baldi, Puliti	ITA	1920	Anvers/Antwerp	
	Gaudin, Cattiau, Coutrot, Ducret, Jobier, Labattut, De Luger	FRA	1924	Paris	
		ITA	1928	Amsterdam	
	Gardere, Lemoine, Bougnol, Piot, Cattiau, Bondoux	FRA	1932	Los Angeles	
	Marzi, Guaragna, di Rosa, Verratti, Gaudini, Bocchino	ITA	1936	Berlin	
	Buhan, D'Oriola, Bougnol, Lataste, Netter, Closet	FRA	1948	Londres/London	
	D'Oriola, Rommel, Noel, Lataste	FRA	1952	Helsinki	
	Mangiarotti, Bergamini, Spallino, Carpaneda, Di Rosa, Lucarelli	ITA	1956	Melbourne	
	Zhdanovich, Sisikine, Sveshnikov, Midler, Roudov	URS	1960	Rome	
	Sveshnikov, Zhdanovich, Midler, Sisikine	URS	1964	Tokyo	
	Revenu, Berolatti, Noel, Magnan, Dimont	FRA	1968	Mexico	
	Woyda, Koziejowski, Kaczmareck, Dabrowski	POL	1972	Munich	

	Sabre			Sabre
Champions olympiques Olympic champions	Nadi, N., Nadi, E., Puliti, Cesarano, Baldi, Gargano, Santelli	ITA	1920	Anvers/Antwerp
	Puliti, Sarrochi, Bertinetti, Moricca, Anselmi, Belzarini, Bini, Cuccia	ITA	1924	Paris
	Garai, Glykais, Gombos, Rady, Petschauer, Tersztyanszky	HUN	1928	Amsterdam
	Kabos, Gerevitch, Piller, Glykais, Petschauer, Nagy	HUN	1932	Los Angeles
	Berczelly, Gerevitch, Kabos, Rajcsanyi, Rajczy, Papp	HUN	1936	Berlin
	Karpati, Kovacs, Berczelly, Gerevitch, Rajcsanyi, Papp	HUN	1948	Londres/London
	Karpati, Kovacs, Berczelly, Gerevitch, Rajcsanyi, Papp	HUN	1952	Helsinki
	Karpati, Gerevitch, Kovacs, Hamori, Keresztes, Magay	HUN	1956	Melbourne
	Gerevitch, Kovacs, Karpati, Horvath, Mendelenyi, Delneky,	HUN	1960	Rome
	Mavlikhanov, Asatiani, Rylsky, Rakita	URS	1964	Tokyo
	Nazlymov, Sidiak, Vinokurov, Rakita	URS	1968	Mexico
	Maffei, Montano, M.L., Rigoli, Montano, M.T.	ITA	1972	Munich

	Épée			**Épée**
Champions olympiques Olympic champions	Alibert, Gravier, Lippmann, Olivier, Stern, Berger, Collignon	FRA	1908	Londres/London
		BEL	1912	Stockholm
	Nadi, N., Nadi, A., Olivier, Canova, Urbani, Bozza, Marazzi, Allochio, Di Revel	ITA	1920	Anvers/Antwerp
	Gaudin, Ducret, Lippmann, Buchard, Labattut, Teinturier, Liottel	FRA	1924	Paris
	Agostini, Bertinetti, Medici, Minoli, Basletta, Riccardi	ITA	1928	Amsterdam
	Schmetz, Catiau, Buchard, Piot, Jourdant, Teinturier	FRA	1932	Los Angeles
	Medici, Mangiarotti, Ragno, Pezzano, Brusati, Riccardi	ITA	1936	Berlin
	Guerin, Lepage, Desprets, Pecheux, Huet, Artigas	FRA	1948	Londres/London
	Mangiarotti, E., Mangiarotti, D., Pavesi, Delfino, Bertinetti, Battaglia	ITA	1952	Helsinki
	Mangiarotti, E., Delfino, Anglesio, Pavesi, Bertinetti, Pelegrino	ITA	1956	Melbourne
	Delfino, Pellegrino, Pavesi, Mangiarotti, E., Saccaro, Marini	ITA	1960	Rome
	Kulcsar, Kausz, Nemere, Gabor	HUN	1964	Tokyo
	Nemere, Fenyves, Schmitt, Kulcsar, Nagy	HUN	1968	Mexico
	Erdoes, Kulcsar, Fenyvesi, Schmitt	HUN	1972	Munich

Femmes

Women

Compétitions individuelles

Individual events

Fleuret

Foil

Pour les femmes, les surfaces où les touches sont valables sont identiques à celles prévues pour les hommes.

For women, the surfaces where the hits are valid are the same as those for men.

Championnes olympiques Olympic champions	Osiier, E.	DEN	1924	Paris
	Mayer, H.	GER	1928	Amsterdam
	Preiss, E.	AUT	1932	Los Angeles
	Elek-Schacherer, I.	HUN	1936	Berlin
	Elek-Schacherer, I.	HUN	1948	Londres/London
	Camber, I.	ITA	1952	Helsinki
	Sheen, G.	GBR	1956	Melbourne
	Schmid, A.	GER	1960	Rome
	Ujlaki Reito, I.	HUN	1964	Tokyo
	Novikova, E.	URS	1968	Mexico
	Ragno, L.	ITA	1972	Munich

| | **Compétitions par équipes** | | **Team events** | |
	Fleuret		**Foil**	
Championnes olympiques Olympic champions	Gorokhova, Petrenko, Prudskova, Rastvorova, Shishova, Zabelina	URS	1960	Rome
	Mendelenyi Agoston, Ujlaki Rejto, Juhasz, Sakovics Domolky	HUN	1964	Tokyo
	Zabelina, Semusenko, Novikova, Gorokhova	URS	1968	Mexico
	Belova, Zabelina, Gorokhova, Semusenko	URS	1972	Munich

Football

Football

Au moment où *Herodote* en attribuait la paternité aux Lydiens, sujets de *Cresus*, les jeux de balles se pratiquaient déjà depuis des siècles en Asie.

Tandis que les éphèbes d'Athènes s'entraînaient à l'*épyskirios*, jeu qui consistait à lancer et pousser une balle dans un camp adverse, les Arabes s'adonnaient à la *koura* en qui certains voient l'ancêtre de la crosse ou du maillet.

Ce qu'on appelait le *tsu-chu* en Chine se nommait l'*harpastum* chez les Romains qui jouaient également à la pila (origine du mot pelote) venue tout droit de la sphaira grecque.

Alors qu'au Moyen Age, les Anglais et les Français jouaient à la soule et les Florentins au *calcio*, dans un continent encore inconnu, les Aztèques pratiquaient le *tlatchtli*, les Araucans le *pilimatun* et les Patagons le *tchoekah*.

Tous ces jeux de balles faisaient partie des folklores locaux. Ils y tenaient une place comparable à celle de la danse et étaient les divertissements populaires des plus appréciés. Ceci explique la grande diversité de leurs origines. Ils se pratiquaient à la fois avec les mains, les pieds ou toute autre partie du corps, et souvent aussi à l'aide de bâtons. Pourtant, il s'en trouve un parmi les plus anciens qui se jouait uniquement avec les pieds. Peut-être est-ce la forme primitive du football ? En effet, plus de dix siècles avant notre ère, les Japonais s'adonnaient au *kémari*, jeu qui consistait à frapper des pieds un ballon constitué d'une armature de bambou recouverte d'une peau tendue. Les participants, disposés en cercle, devaient se renvoyer la balle. Ils étaient chaussés de lourdes bottes spéciales et avaient les jambes protégées par d'épaisses bandes d'étoffe.

Plus près de nous, la soule est certainement le sport de balle qui se rapproche le plus du football que nous connaissons aujourd'hui. Elle est née vers le XIIIe siècle et fut le jeu traditionnel des paysans picards, normands et bretons.

Les rencontres de soule qui se déroulaient souvent entre villages et hameaux consistaient à s'approprier un lourd ballon de cuir bourré de son et à aller le porter en un point déterminé à l'avance. L'équipe qui parvenait au but remportait la victoire. Une autre version de la soule se jouait sur un terrain rectangulaire avec à une de ses extrémités un but formé de deux poteaux entre lesquels le ballon devait passer.

At the time *Herodotus* attributed its origins to the Lydians, the subjects of *Croesus*, ball games had already been played for centuries in Asia.

While the young men of Athens were practicing the *epyskirios*, a game which consisted of throwing and rolling a ball into the opponents' camp, the Arabs were playing *koura*, which some see as the ancestor of the game of lacrosse.

What is called *tsu-chu* in China is about the same as *harpastum* played by the Romans with the *pila* (from which the word *pelota* is derived), a direct descendant of the Greek *sphaira*.

During the Middle Ages the English and French were playing "soule" and the Florentines *calcio*, while on the as-yet undiscovered continent of South America, the Aztecs were playing *tlatchtli*, the Araucans *pilimatun* and the Patagonians *tchoekah*.

All these ball games were an integral part of the local customs. They held a place in popular esteem like that of dancing, and they were among the best-liked amusements. This helps to explain their appearance in so many different cultures. These games were played with the hands, the feet, or any other part of the body, and sticks were also often used. However, there is one among the most ancient games which was played only with the feet. Perhaps this is the original form of football ? More than ten centuries B.C., the Japanese played *kemari*, a game which consisted of hitting a ball made of skin stretched over a bamboo frame. The participants stood in a circle and tried to send the ball to each other using only their feet. They wore special heavy boots, and their legs were protected by thick layers of cloth.

A little closer to us, a game called *soule* stands in direct ancestry to the football we know today. It made its appearance in the XIIIth century and was the traditional game of the peasants of Picardy, Normandy and Brittany.

The object of the *soule* matches, which were held between whole villages or hamlets, consisted of taking a heavy leather ball filled with bran and trying to carry it to some predetermined place. The team which accomplished this objective won the game. Another version of the game played on a square field with a goal at only one end, made of two posts that the ball had to pass through.

A peu près à la même époque, sous des noms divers, la soule se jouait également en Angleterre. Une de ses formes : le *hurling at goales*, se pratiquait entre deux équipes sur une surface rectangulaire ne comportant également qu'un seul but. Elle devint au XVIe siècle un des jeux favoris des étudiants et donna naissance à deux grands sports de notre temps : le rugby et le football.

Les premières règles du football furent écrites en 1848 par des étudiants de la célèbre Université de Cambridge. Elles définissaient un jeu de ballon où l'usage des mains était interdit. Le premier club, celui de Sheffield, fut créé en 1855 et c'est en 1863 que la première association vit le jour en Angleterre. Le football moderne était né.

Très vite cette nouvelle forme d'activité physique allait conquérir l'Europe. D'abord la France où dès 1872 de nombreux clubs se créèrent, puis l'Allemagne, l'Italie, la Belgique, l'Espagne, la Hongrie, etc. Avant la fin du siècle dernier, la popularité du football atteignit un tel niveau qu'il lui fut impossible d'échapper à la tentation du professionnalisme. C'est en Ecosse que pour la première fois des dirigeants désireux d'améliorer la valeur de leurs équipes engagèrent des joueurs à «plein temps» auxquels ils offrirent des «situations». En 1898, la Football League anglaise était créée et les premiers championnats professionnels organisés avec douze clubs. C'est en 1904 que fut fondée la Fédération Internationale de Football Amateur (F.I.F.A.). Après la première guerre mondiale, le football allait connaître en Amérique Latine un remarquable essor à l'ampleur duquel devait contribuer la création, en 1930, de la Coupe du Monde réservée aux professionnels.

Après plus d'un siècle d'existence, le football porte aujourd'hui un lourd fardeau. Il est par ses millions d'adeptes le premier sport du monde et des progrès sensibles peuvent encore être envisagés car il lui reste à conquérir toute l'Amérique du Nord où, sous le nom de *soccer*, il ne parvient pas encore à attirer le grand public passionné par d'autres disciplines de plein air.

Quatre années avant que soit créée la Fédération Internationale, le football fut inscrit au programme des Jeux. Certes, son entrée fut des plus discrète puisque deux pays seulement participèrent à la rencontre olympique de Paris en 1900. C'est ainsi que l'Angleterre, par une nette victoire sur la France, remporta le premier titre. En

At this same time, *soule* was also being played in England under various names. One of its forms, "hurling at goals", was played between two teams on a rectangular field also having only one goal. This became one of the favorite games of students, and was the source of two great contemporary sports : rugby and football.

The first rules of football were written down in 1848 by the students at celebrated Cambridge University. It was a ball game, in which the use of the hands was forbidden. The first club, Sheffield, was formed in 1855, and in 1863, the first English association was formed. Modern football had come to be.

This new form of physical activity conquered Europe very quickly. As early as 1872 there were many clubs formed in France, and soon after they sprang up in Germany, Italy, Belgium, Spain, Hungary, etc. Before the end of the century, football had become so popular that it was impossible to ignore the temptations of professionalism. In Scotland owners who wanted to upgrade the quality of their teams were the first to hire "full-time" players, to whom they offered jobs. In 1898, the Football League of England was created, and the first professional championships were organized with twelve clubs. In 1904, the International Amateur Football Federation (I.A.F.F.) was founded. After the first World War, football became extremely popular in South America, and this development led to the creation of the World Cup competitions, reserved for professionals, in 1930.

After more than a century of existence, football today bears a heavy burden. With its millions of players and fans, it is the leading sport in most of the world, and significant progress can be anticipated when it succeeds in catching the interest of North Americans, who have not yet shown the same excitement about football they do for other outdoor sports.

Four years before the I.A.F.F. was formed, football was entered on the program of the Olympics. Its start was modest, however, since only two countries participated in the Olympic tournament in Paris in 1900. Thus it was that a simple victory over France made England the first Olympic football champion. In 1904, European football was not sufficiently organized to be able to afford to cross the Atlantic to participate in the St. Louis Games in that year, so participation was limited again to two countries. Thus, Canada became the second Olympic champion in this sport by defeating the U.S.A.

Kazimierz Deyna
marque son deuxième
but lors de la finale
olympique des Jeux
de Munich : POL 2,
HUN 1

Kazimierz Deyna
scoring his second
goal during the Olym-
pic finals at the
Munich Games :
POL 2, HUN 1

1904, le football européen, à peine structuré n'eut pas les moyens de traverser l'Atlantique, et la participation aux Jeux de Saint-Louis fut encore limitée à une rencontre à deux. C'est le Canada qui devint le second champion olympique de ce sport en surclassant les Etats-Unis.

C'est aux Jeux de Londres en 1908, que le football prit son réel départ olympique. Depuis, si on excepte les Jeux de Los Angeles (1932) où il ne fut pas au programme, il a toujours connu un très grand succès. Dix pays figurent au palmarès dont la lecture appelle certaines remarques. De 1900 à 1912, ce fut la Grande Bretagne qui, avec trois titres, domina le football mondial amateur. En 1920 à Anvers, la Belgique remporta le titre devant l'Espagne et la Hollande. Puis vint la grande époque de l'Uruguay qui parvint à conquérir les médailles d'or des Jeux de 1924 et 1928.

En 1936, une très grande équipe italienne gagna le tournoi et devança l'Autriche et la Norvège. Après la seconde guerre mondiale le Danemark remporta le titre des Jeux de Londres. A partir de 1952 commença le règne des pays de l'Est, grâce surtout aux succès des footballeurs hongrois, trois fois champions olympiques en 1952, 1964 et 1968, une fois second en 1972 et une fois troisième en 1960.

En réalité, depuis 1930 le véritable classement international du football est déterminé par la Coupe du Monde à laquelle chaque pays aligne sa meilleure formation, alors qu'aux Jeux Olympiques seules les équipes ama-teurs peuvent participer. C'est une des principales explications à la domina-tion des pays de l'Est où le profession-nalisme, en tant que tel, n'existe pas. C'est ainsi que nous avons vu une même équipe hongroise se classer seconde à la Coupe du Monde et triompher aux Jeux Olympiques où le grand pays du football, le Brésil, n'a jamais brillé. C'est là une anomalie due aux conceptions différentes que les pays ont de l'amateurisme, car per-sonne n'a encore pu définir avec netteté la véritable ligne de démarca-tion qui le sépare du professionna-lisme. De toute manière, le football par sa grande popularité, par les qualités qu'il exige de ses adeptes, par l'esprit d'équipe qui l'anime, est une merveil-leuse école qui a sa place au sein de la famille olympique.

Aux Jeux Olympiques, seize équipes participent aux rencontres de football, dont deux qualifiées d'office : celle du pays vainqueur des Jeux précédents et celle du pays organisa-teur. Les autres équipes sont sélec-

It was as of the London Games in 1908 that football made its first real Olympic impact. Since then, except for the Los Angeles Games in 1932, where it was not included, the competitions have been held with great success. There are ten countries on the list of winners, whose series of successes perhaps deserve a few words of explanation. From 1900 to 1912, Great Britain dominated world amateur football with three titles. In Antwerp in 1920, Belgium won the title, fol-lowed by Spain and Holland. Then it was the turn of Uruguay, which succeeded in winning gold medals in the 1924 and 1928 Games.

In 1936, a great Italian team won the tournament, beating Austria and Norway. After World War II, Denmark won the title at the London Games. From 1952, the eastern European countries have displayed marked superiority. This is due largely to the success of the Hungarians, who were Olympic champions three times, in 1952, 1964 and 1968, second in 1972 and third in 1960.

Actually, since 1930, the real international football ranking is determined by the World Cup, to which each country sends its best team, while only amateur teams may partic-ipate in the Olympic Games. This is one of the main reasons for the dominance of the eastern European countries, where professionalism as such does not exist. Thus we have seen the same Hungarian team place second in the World Cup and win the first place in the Olympic Games, where one of the greatest world soccer powers, Brazil, has never fared well. This anomaly is due to the different national views of amateurism. No one has yet been able to define the thin line which separates amateurism from professionalism for all countries. In any case, with its great popularity and the skills it requires from its players, as well as the team spirit which animates the sport, foot-ball is a wonderful discipline which is rightfully a member of the Olympic family.

At the Olympic Games, participa-tion in the Olympic Football Tourna-ment is set at sixteen teams, two of which automatically qualify, the team of the country which won the previous Olympic title and the team of the organizing country. The other teams are selected according to continental tournaments.

Each country may enter a max-imum of seventeen players.

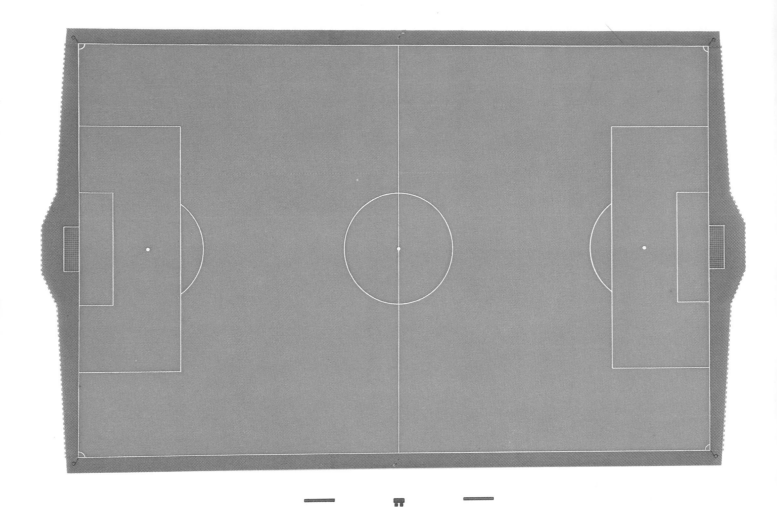

tionnées à la suite de tournois continentaux.

Chaque équipe qualifiée peut engager dix-sept joueurs.

Déroulement des compétitions

Terrain

Pour les compétitions internationales, les dimensions du terrain de football peuvent varier de 100 à 110 m pour la longueur et de 64 à 75 m pour la largeur.

Le terrain est divisé en deux parties égales (ou camps) par une ligne médiane. Dans chaque camp sont tracés : *une surface de but* délimitée par un rectangle allant jusqu'à 5,50 m de chaque côté des montants du but et jusqu'à la même distance à l'intérieur du terrain ; *une surface de réparation* encadrant la surface de but jusqu'à 16,50 m à l'intérieur du terrain, *un arc de cercle* de 9,15 m de rayon ayant pour centre le point de réparation situé à 11 m de la ligne de but, *une surface de coin*, à chaque angle, délimitée par un arc de cercle de 1 m.

The competition

The field

For international competitions, the size of the field may vary from 100 to 110 m in length and 64 to 75 m in width.

The field is divided into two equal parts by the center line. Various areas are marked on each half of the field : *the goal area*, which is a rectangular area that extends 5.50 m from each side of the goal posts and the same distance into the playing field ; a *penalty area*, which includes the goal area and extends 16.50 m into the playing field ; *an arc of a circle*, which has a 9.15 m radius and its center the penalty spot, which is 11 m from the goal line ; and a *quarter circle*, at each corner, drawn with a 1 m radius.

The center circle also has a radius of 9.15 m.

The crossbars of the goals are 7.32 m long and 2.44 m off the ground.

149

Le cercle central a également un rayon de 9,15 m.

Les buts sont des portiques de 7,32 m de largeur et 2,44 m de hauteur.

Équipes

Chaque équipe se compose de onze joueurs dont un gardien de but, le seul qui puisse toucher le ballon avec les mains.

Au cours d'une rencontre, chaque équipe peut remplacer deux joueurs et le gardien.

Durée des rencontres

Les parties comportent deux périodes de quarante-cinq minutes avec un arrêt à la mi-temps. Si nécessaire, l'arbitre peut compenser les arrêts de jeu.

Arbitrage

L'arbitre est assisté de deux juges de touche.

Pénalités

Les principales pénalités sont les suivantes :

■ *coup de pied de réparation* qui sanctionne toute faute commise par un joueur dans sa propre surface de réparation ;

■ *coup franc direct* (par lequel on peut marquer directement) qui sanctionne tout joueur qui a :
☐ donné ou tenté de donner un coup de pied ;
☐ effectué un croc en jambe ;
☐ chargé violemment ;
☐ chargé par derrière ;
☐ frappé un adversaire ;
☐ tenu un adversaire ;
☐ poussé de la main ou du bras ;
☐ touché le ballon volontairement avec la main ou du bras.

■ *coup franc indirect* (par lequel on ne peut marquer directement) qui sanctionne :
☐ le jeu dangereux ;
☐ l'obstruction ;
☐ la charge du gardien de but.

Le coup franc indirect pénalise également le gardien de but qui effectue plus de quatre pas en tenant le ballon sans le faire rebondir sur le sol.

Teams

Each team has 11 players, one of whom is the goalkeeper, who is allowed to touch the ball with his hands.

During a match, each team may replace two players and one goaltender.

Duration

The game is played in two halves of 45 minutes each, with a rest at half-time. The referee may add on time for delays in the game.

Officials

The referee is assisted by two linesmen.

Penalties

The major penalties are as follows :

■ *penalty kick* – awarded for fouls committed by a player in his own penalty area ;

■ *direct free kick* – (the player taking the kick can score directly) is awarded against any player who has :
☐ kicked or tried to kick his opponent ;
☐ tripped his opponent ;
☐ charged in a violent manner ;
☐ charged from behind ;
☐ held or hit an opponent ;
☐ pushed an opponent with the hand or arm ;
☐ intentionally touched the ball with hand or arm ;

■ *indirect free kick* – (the player taking the kick may not score unless the ball has been touched by another player) is awarded on account of :
☐ dangerous play ;
☐ obstructing an opponent ;
☐ charging the goaltender.

An indirect free kick is also awarded if the goaltender takes more than four steps holding the ball without bouncing it on the ground.

Finale du foot-
ball des Jeux de
Munich, POL–HUN

Football finals,
POL–HUN, Munich
1972

Hors-jeu

Un joueur est hors jeu lorsque le
ballon étant joué dans la direction du
but adverse, il se trouve dans le camp
rival avec moins de deux opposants
entre lui et la ligne de but adverse.
Cependant, il n'y a pas faute lorsqu'il
est précédé par le ballon, s'il ne participe pas directement à l'action, s'il
reçoit le ballon sur un coup de pied de
coin ou de but, sur une remise en jeu.

Le hors jeu est sanctionné par un
coup franc indirect.

Touche

Le ballon est remis en jeu à la
main, à l'endroit où il est sorti latérale-
ment du terrain et par un joueur de
l'équipe adverse à celle du joueur qui
l'a touché le dernier.

Coup de pied de coin

Lorsque l'équipe défendante fait
franchir au ballon sa propre ligne de
but, un joueur de l'équipe attaquante
le remet en jeu d'un coup de pied botté
de la surface de coin la plus rapprochée
du point de sortie de la balle.

Tournoi olympique

Les compétitions olympiques de
football se disputeront sur quatre
stades différents :
- *Le stade olympique de Montréal*
- *le Varsity stadium de Toronto*
- *le stade du parc Lansdowne*
à Ottawa
- *le stade de Sherbrooke.*

Par tirage au sort, les seize équipes
qualifiées seront divisées en quatre
groupes de quatre équipes en tenant
compte de la situation géographique
des pays représentés.

Dans chacun des groupes, chaque
équipe rencontrera toutes les autres.
Un match gagné comptera pour deux
points, un match nul pour un point et
un match perdu pour zéro point.

Les deux meilleures équipes de
chaque groupe seront qualifiées pour
le tour suivant qui se déroulera selon le
système de coupe, c'est à dire par
élimination directe.

Offside

A player is offside if, when the
ball is being played toward the opponent's goal, he is in the opponent's
part of the field with fewer than two
opponents between himself and the
opponent's goal line. However, there
is no offense if he is preceded by the
ball, if he is not directly involved in the
action, or if he receives the ball from
a corner kick or goal kick or when the
referee drops the ball.

An indirect free kick is awarded for
an offside.

Throw in

The ball is thrown in by hand at
the point where it went out of play.
A throw in is awarded against the
team which last made contact with
the ball before it went out of play.

Corner kick

When the defending team has
made the ball cross its own goal line,
a player from the attacking team puts
it back into play by kicking it from the
quarter circle nearest the point where
the ball has left the field.

Olympic tournament

The Olympic football matches will
be held in four different stadiums :
- *Montreal Olympic Stadium*
- *Varsity Stadium in Toronto*
- *Lansdowne Park Stadium in*
Ottawa
- *Sherbrooke Stadium.*

The sixteen teams which have
qualified to participate will be divided
by lot into four groups, with considera-
tion of the countries represented.

Each team will play all the others
in its group. The results of the game are
scored as follows : a game won is
worth 2 points, a tie 1 point, and a lost
match no points.

The two best teams from each
group will go to the next stage, which
will be run according to the cup
system, i.e. direct elimination.

Champions olympiques Olympic champions	Jonas, Buckenham, Grosling, Chalk, Burridge, Quash, Turner, Spackman, Nicholas, Zealey, Haslom	GBR	1900	Paris
	Linton, Ducker, Gourley, Lane, Johnston, Fraser, Taylor, Steep, Hall, Henderson, MacDonald	CAN	1904	Saint-Louis/St. Louis
	Bailey, Corbett, Smith, Hunt, Chapman, Hawkes, Berry, Woodward, Stapley, Purnell, Hardman	GBR	1908	Londres/London
	Brebner, Burn, Knight, McWhirter, Littleworth, Dines, Berry, Woodward, Walden, Hoare, Sharpe	GBR	1912	Stockholm
	De Bie, Swartenbroecks, Verbeek, Mush, Hanse, Fierens, Van Hege, Coppee, Bragard, Larnoe, Bastin	BEL	1920	Anvers/Antwerp
	Mazzali, Nasazzi, Arispe, Andrade, Vidal, Chierra, Urdinaran, Scarone, Petrone, Cla, Romano	URU	1924	Paris
	Mazzali, Nasazzi, Arispe, Andrade, Fernandes, Gestrido, Urdinaran, Castro, Petrone, Cla, Campolo	URU	1928	Amsterdam
	Venturini, Foni, Rava, Baldo, Piccini, Locatelli, Frossi, Marchini, Bertoni, Biagi, Gabriotti	ITA	1936	Berlin

Lindberg, Nordahl, K., Nilsson, Rosengren, Nordahl, B., Anderson, Robersen, Gren, Nordahl, G., Carlsson, Liedholm	SWE	1948	Londres/London
Grosics, Buzansky, Lorant, Lantos, Bozsik, Zakarias, Hidegkuti, Kocsis, Palotas, Puskas, Czibor, Geller, Borzsei, Dalnoki, Kovacs, Szojka, Budai, Csordas	HUN	1952	Helsinki
Yachine, Kouznetsov, Bachachkine, Ogonkov, Maslonkine, Netto, Tatouchine, Issaiev, Simonian, Salnikov, Illine	URS	1956	Melbourne
Vidinic, Durkovic, Roganovic, Joussoufi, Janetic, Perouchic, Ankovic, Matouche, Galits, Knez, Kostits, Kozlina, Maravic, Sombolac, Chochkic, Takacs, Bego, Nikolic	YUG	1960	Rome
Szentmihalyi, Novak, Ihasz, Szepesi, Orban, Nogradi, Farkas, Gsernai, Bene, Komora, Katona	HUN	1964	Tokyo
Fater, Novak, Drestyak, Pancsics, Menczel, Szucs, Fazekas, Dunai, Nagy, Nosko, Juhasz	HUN	1968	Mexico
Kostka, Gut, Gorgon, Anczok Cmikiewicz, Maszczyk, Kraska, Deyna, Szoltysik, Lubanski, Gadocha, Szymczak	POL	1972	Munich

Gymnastique   Gymnastics

L'origine de la gymnastique se perd dans la nuit des temps. Bien avant notre ère, elle était déjà pratiquée en Chine et aux Indes selon des règles précises. Dans la Grèce antique, trois formes distinctes de gymnastique étaient enseignées : celle qui préparait aux exercices militaires, celle, dite médicale, qui avait pour but essentiel le maintien en condition physique et celle que pratiquaient les athlètes de compétition. Les Grecs furent aussi les premiers à appliquer la notion du rythme au mouvement.

Plus tard, les Romains s'adonnèrent également à divers types de gymnastique. Puis au Moyen Age, elle fut la base de la préparation physique pour les sports de combat.

La gymnastique pratiquée aujourd'hui sous diverses formes prit son véritable départ au début du XIXe siècle, grâce surtout à deux fils de pasteur, l'un Allemand : L. C. *Jahn* et l'autre Suédois : P. H. *Ling*. Ce dernier préconisa une gymnastique faite de mouvements lents et d'exercices d'ensemble rythmés, à la portée des garçons et des filles, des forts et des faibles. Par contre, *Jahn*, véritable précurseur de l'utilisation des agrès, était favorable à une gymnastique sélective davantage destinée à former une jeunesse forte et athlétique qu'à simplement la maintenir en bonne santé. C'est alors qu'il était professeur à Berlin, en 1810, que *Jahn* entreprit de développer le goût du sport chez les étudiants. Pour parvenir à ses fins, il organisa régulièrement des séances d'entraînement physique comportant une grande variété d'exercices comme le saut avec appui sur un cheval de bois, les rétablissements à la barre fixe, les marches sur poutre d'équilibre et les mouvements sur barres parallèles, engins actuellement utilisés par nos gymnastes.

Trois autres grands sportifs de l'époque devaient également oeuvrer en faveur de la gymnastique : le Danois *Nachtegall*, le Suisse *Clias*, créateur de la gymnastique artistique, et l'Espagnol *Amoros* qui fut en France le rénovateur des exercices physiques.

Aux Etats-Unis, les débuts de la gymnastique eurent pour origine une décision politique allemande. En effet, dès la mise en application du décret de Karlsbad (1819), des citoyens libéraux chassés d'Allemagne se rendirent sur le nouveau continent. Parmi ceux-ci, trois étudiants : *Beck*, *Lieber* et *Follen*, disciples de *Jahn*, créèrent des centres sportifs à Boston, Cambridge et Northampton où ils enseignèrent leur sport favori.

The origins of gymnastics are lost in the beginnings of time. Long before our era, people in China and India were performing gymnastics according to very precise rules. In ancient Greece, there were three distinctly different types of gymnastics : those intended for military training, those which were called medical and were intended to maintain good physical conditioning, and those practiced by athletes in competition. The Greeks were also the first to apply the notion of rhythm to bodily movement.

Later, the Romans also practiced various types of gymnastics, and in the Middle Ages, these exercises were part of the physical preparation for combat.

The gymnastics which are practiced today in various forms got their real start in the early years of the 19th century, thanks to the sons of two ministers. One was L. C. *Jahn*, a German, the other a Swede named P. H. *Ling*. *Ling* preferred gymnastics composed of slow movements and rhythmic groups of exercises which could be done by all boys and girls, no matter how physically talented. *Jahn*, on the other hand, was the forerunner of the use of apparatus. He was interested in a more selective form of gymnastics, intended to develop the strong and healthy in particular, rather than just maintain them in good health. During a teaching assignment in Berlin in 1810, *Jahn* set out to develop a taste for sports among his pupils. For this purpose he organized a series of regular training sessions, involving a great variety of exercises. These included the vault over a wooden horse, exercises on a fixed horizontal bar, movements along a narrow balance beam, and exercises on two parallel bars : all apparatus which are used by gymnasts today.

Three other great sportsmen of the period also contributed to the development of gymnastics : *Nachtegall* from Denmark, *Clias* from Switzerland, the creator of artistic gymnastics, and the Spaniard *Amoros*, who renewed gymnastic exercises in France.

In the United States, gymnastics owes its start to German politics! When the Karlsbad Decree of 1819 was put into effect, many of the liberals who were expelled from Germany went to settle in the United States. Among them were three students of *Jahn's*: *Beck*, *Lieber* and *Follen*, who set up sports centers in Boston, Cambridge, and Northampton where they taught their favorite sport.

Position stati-
que aux anneaux

Static position
on the rings

C'est vers le milieu du XIXe siècle que furent créées les premières sociétés de gymnastique. D'abord en Allemagne où très vite elles connurent un énorme succès—en 1860 la Deutsche Turnerschaft comptait déjà plus de 2 000 associations regroupant plus de 200 000 adhérents—, puis dans les pays nordiques, en Suisse, en France, en Italie, en Grande-Bretagne et bien sûr aux Etats-Unis. La Fédération Internationale de gymnastique (F.I.G.) fut fondée en 1881. Depuis, elle dirige ce sport qui a aujourd'hui conquis le monde entier.

Très longtemps, la gymnastique a été essentiellement une activité collective. Lorsqu'elle fut codifiée, elle comportait non seulement des mouvements aux agrès, mais aussi des exercices d'assouplissement, des épreuves d'athlétisme, de natation, et même des sports d'équipe. C'est sans doute la raison pour laquelle aujourd'hui encore la gymnastique est pour beaucoup synonyme d'activité corporelle. En outre, jusqu'à une époque relativement récente, les concours de gymnastique, principalement sous forme de mouvements d'ensemble, figurèrent invariablement au calendrier des fêtes municipales, paroissiales, scolaires ou autres. Tout ceci ne contribuait manifestement pas à préciser ce qu'était en fait la gymnastique.

The first gymnastic clubs were formed around the middle of the 19th century. This movement had originated in Germany, where it was enormously successful – in 1860 the Deutsche Turnerschaft had more than 2 000 associated clubs, with a total membership of more than 200 000. The Nordic countries, Switzerland, France, Italy, Great Britain and of course the U.S.A. quickly followed. The International Gymnastics Federation (IGF) was founded in 1881, and since then it has coordinated and directed this sport which is popular the world over.

For a long time, gymnastics was essentially a group activity. When it was organized, it included not only the movements on the apparatus but also exercise routines, athletic events, even swimming and team sports. It is no doubt for that reason that for many people even today the word "gymnastics" still means physical activity of any sort. It is also true that until quite recently, gymnastic exhibits – usually in the form of group exercises in unison – were presented during various community and school festivities. Obviously this practice did not help make clear just what gymnastics is.

Mitsuo Tsuka-
hara au saut de
cheval

Mitsuo Tsuka-
hara at the horse
vault

Bien sûr, de nos jours, la gymnastique désigne toujours différentes
formes d'exercices que déterminent
des adjectifs variés : moderne, ryth-
mique, éducative, etc. Mais depuis
1936, il en est une, la gymnastique-
sport, qui est devenue avec ses épreuves précises, une véritable spécialité.
Les débuts de cette discipline olympique furent assez confus. Elle ne parvint d'ailleurs à sa formule actuelle de
compétition qu'après de longues
hésitations.

Figurant parmi les plus anciens
sports, la gymnastique fut évidemment
inscrite au programme des Jeux dès
1896. Elle entrait à cette époque dans
une période de tâtonnements où partisans et adversaires de chaque méthode
tentaient d'imposer ce qu'ils croyaient
être la vérité. C'est ainsi qu'au fil des
Jeux, la liste des épreuves olympiques
de gymnastique connut de nombreuses
et importantes modifications. D'ailleurs,
il faut reconnaître que certains concours du début du siècle feraient aujourd'hui sourire : tels les anneaux
balançants, les massues, les grimpers
et la progression en suspension ma-
nuelle. Jusqu'aux Jeux d'Anvers en
1920 diverses méthodes coexistèrent
au sein du programme olympique de
gymnastique. Ces combinaisons plus
ou moins heureuses et la profusion des
épreuves montrent combien ce sport
était à cette époque à la recherche d'un
style et de règles pouvant convenir
aux adeptes du monde entier. Ce n'est
qu'à partir des Jeux de Berlin que la
gymnastique devint enfin la magnifique discipline que nous connaissons
aujourd'hui.

Si on excepte les Jeux de Saint
Louis (1904) où la participation des
gymnastes du vieux continent fut in-
signifiante, le palmarès olympique nous
dévoile que jusqu'aux Jeux de Rome
(1960), la gymnastique fut surtout une
spécialité européenne. C'est la Suisse,
l'Allemagne, l'Italie, la France, la Finlande, l'U.R.S.S. et la Yougoslavie qui,
à diverses époques, dominèrent les
compétitions. Puis ce fut, notamment
chez les hommes, l'entrée triomphale
du Japon, alors que chez les femmes,
les pays de l'Est s'imposèrent dès le
début de leur participation en 1952.

Depuis quelques olympiades, la
gymnastique attire un public de plus
en plus nombreux et connaisseur. La
renommée des champions — et surtout
des championnes — n'a pas de fron-
tière. Au tableau d'honneur de ce sport
figurent des gymnastes prestigieux
tels :

Today, of course, there are still
many forms of exercise which come
under the name of gymnastics : modern
gymnastics, rhythmic gymnastics,
educational gymnastics, etc. Since
1936, however, there is a particular
specialty called sports gymnastics, with
·precisely defined events. The beginning of this Olympic discipline was
rather confused. It arrived at the competition formula presently used only
after a long period of trial and error.

As one of the oldest sports,
gymnastics were naturally part of the
first Olympic program in 1896. These
were difficult times for the sport :
partisans and opponents of each
method tried to impose what they
believed to be the truth on the others.
As a result, the program of Olympic
gymnastic events changed drastically
and frequently from Olympiad to
Olympiad. And it must be admitted
that certain competitions from the turn
of the century would not be taken
seriously today, for example the
swinging rings, the Indian clubs, and
the rope climbing events. Until the
Antwerp Games in 1920, various
methods co-existed side by side in the
Olympic gymnastics program. The
more or less haphazard combinations
and the profusion of events indicate
how much this sport was seeking
a style and set of rules which would
find general approval. Gymnastics
finally became the magnificent discipline which we know today at the
Berlin Games in 1936.

If we exclude the St. Louis Games
in 1904, where only a few gymnasts
from the Old World participated, the
list of Olympic Champions in this sport
clearly shows that until the Rome
Games in 1960 gymnastics was
mostly a European specialty. It was
Switzerland, Germany, Italy, France,
Finland, the U.S.S.R. and Yugoslavia
who at different periods dominated the
competitions. Then came the triumphant entrance of the Japanese,
particularly the men, while the eastern
European countries have been dominant in the women's events since their
first participation in the Games in 1952.

For a number of Olympiads, gymnastics has attracted an increasingly
larger and better informed audience.
The fame of the champions of both
sexes, but especially the women, has
transcended geographic frontiers.
Some of the more noted champions
include :
■   the American Anton *Heida* (three
gold medals in St. Louis) ;
■   the German Kurad *Frey* (two
golds, one silver and one bronze in
Berlin) ;

Olga Korbut
aux barres asymétri-
ques

Olga Korbut on
the uneven bars

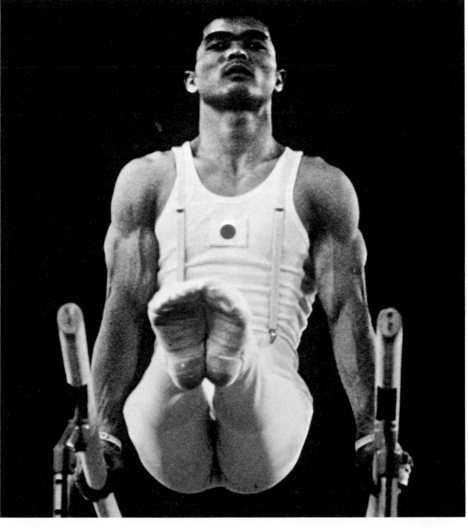

Sawao Kato,
médaille d'or aux
barres parallèles
Munich 1972

Sawao Kato,
gold medallist on the
parallel bars, Munich
1972

■ l'Américain Anton *Heida* (trois médailles d'or à Saint-Louis) ;
■ l'Allemand Kurad *Frey* (deux médailles d'or, une d'argent, une de bronze à Berlin) ;
■ les Soviétiques Viktor *Tchouka-rine* et Boris *Shakhlin* qui remportèrent chacun sept titres olympiques, individuels et par équipes ;
■ les Japonais Yukio *Endo, Takashi Ono*, Akimori *Nakayama* qui gagnèrent chacun cinq médailles d'or, et leur compatriote Sawao *Kato*, six fois champion olympique.

Chez les femmes, citons les grandes championnes qui firent l'admiration du monde entier :
■ les Soviétiques Larisa *Latynina* qui en trois olympiades (1956, 1960 et 1964) remporta neuf titres olympiques, individuels et par équipes, Polina *Astkhova*, cinq fois médaille d'or lors des mêmes Jeux, et Olga *Korbut* qui, à Munich en 1972, gagna la sympathie du public et trois médailles d'or ;
■ la merveilleuse Tchécoslovaque Vera *Caslavska* qui, lors des Jeux de Tokyo en 1964 et de Mexico en 1968, remporta six titres individuels.

■ the Soviets Viktor *Tchoukarine* and Boris *Shakhlin*, who each won a total of seven Olympic titles in the individual and team events ;
■ the Japanese Yukio *Endo*, Takashi *Ono*, Akimori *Nakayama*, who won five gold medals each, and their compatriot Sawao *Kato*, six times Olympic champion.

Among the women gymnasts, let us mention some of those who have been admired all over the world :
■ the Soviets Larisa *Latynina* who in three Olympiads (1956, 1960 and 1964) won nine Olympic titles in individual and team events, Polina *Astkhova*, five time gold medalist in the same Games, and Olga *Korbut*, who won the heart of the crowd and three gold medals in Munich in 1972 ;
■ the marvelous Vera *Caslavska* from Czechoslovakia, who won six individual gold medals at the Tokyo Games in 1964 and the Mexico Games in 1968.

157

Takuji Hayata,
champion olympique
aux anneaux,
Tokyo 1964

Takuji Hayata,
Olympic rings
champion, Tokyo
1964

Sport universel d'une grande popularité, la gymnastique n'est pas une discipline dont les valeurs se mesurent en temps ou en distance. C'est une suite d'exercices artistiques où la pureté du geste et l'élégance du mouvement sont notées selon une codification très stricte. Le facteur humain intervient donc dans le juge-

A universal sport of enormous popularity, gymnastics is not a discipline where achievement is rated by time or distance. It is a series of artistic exercises where the purity of the gesture and the elegance of the movement are evaluated according to a very strict set of rules. Naturally, the human factor is present in the judges'

ment, mais le système utilisé réduit au minimum les risques d'erreurs.

Aux Jeux Olympiques, la participation aux épreuves de gymnastique est soumise à des limites de qualification déterminées par un nombre de points à réaliser, en équipe ou individuellement, au cours de compétitions officiellement reconnues à cet effet par la Fédération Internationale.

Le nombre de gymnastes admis aux Jeux Olympiques en fonction de ces règles est le suivant:

Compétitions par équipes

Sont admis à participer: douze équipes masculines et douze équipes féminines comprenant chacune six gymnastes et un remplaçant, ainsi que quatre groupes de six concurrents individuels, tant chez les hommes que chez les femmes.

Finale du concours multiple individuel

Peuvent participer à la finale du concours multiple individuel les trente-six meilleurs concurrents et les trente-six meilleures concurrentes de la compétition par équipes. Toutefois la participation est limitée à trois concurrents et trois concurrentes par pays.

Finales aux engins

Peuvent participer aux finales aux engins, les six meilleurs concurrents et les six meilleures concurrentes—à chaque engin—des compétitions par équipes. Toutefois la participation est limitée à deux concurrents et deux concurrentes par pays.

Le programme olympique des compétitions de gymnastique est le suivant:

Hommes
Les compétitions comportent un exercice imposé et un exercice libre (à volonté) pour chacune des six épreuves.
- Exercices au sol
- Cheval-arçons
- Anneaux
- Saut de cheval
- Barres parallèles
- Barre fixe

Femmes
Les compétitions comportent un exercice imposé et un exercice libre (à volonté) pour chacune des quatre épreuves.
- Saut de cheval
- Barres asymétriques
- Poutre
- Exercices au sol

decision, but the system used reduces the possibility of error to a minimum.

For the Olympic Games, participation in the gymnastic events is subject to qualifying norms determined by a certain number of points which must be won either by the team or individually during competitions officially sanctioned for this purpose by the International Federation.

The number of gymnasts admitted to the Olympic Games in keeping with this procedure is as follows:

Team events

Twelve teams of six competitors and one substitute are allowed to participate in the men's and women's events, as well as four groups of six individual competitors for men and women.

Finals for the individual

The thirty-six best male and thirty-six best female competitors in the team competitions are allowed to participate in the finals of the individual all-round competition. However, participation in this competition is limited to three male and three female competitors per country.

Finals at the apparatus

The six best male and six best female competitors on each apparatus in the team competition qualify for the Individual All-round Finals. Participation is limited, however, to two male and two female competitors per country.

The program of the Olympic gymnastic competitions is as follows:

Men
The competitions are made up of one compulsory and one optional exercise for each of the six events.
- floor exercises
- side horse
- rings
- horse vault
- parallel bars
- horizontal bar

Women
The competitions are made up of one compulsory and one optional exercise for each of the four events.
- horse vault
- uneven bars
- balance beam
- floor exercises

Hommes / Men

Compétitions par équipes / Team competitions

Compétitions par équipes
Les six membres de chaque équipe doivent effectuer les exercices imposés et libres à chaque engin et au sol. Le total des points acquis par les cinq meilleurs concurrents détermine le classement.

Team competitions
The six members of each team must do the compulsory and optional exercises at each apparatus and on the floor. The total number of points earned by the five best competitors on each team determines the order of finish.

Champions olympiques / Olympic champions					
Huhtanen, Aaltonen, Savolen, Rove, Terasvirta, Saarvala, Laitinen, Salmi	FIN	1 358,3	pts	1948	Londres/London
Tchoukarine, Shaguinian, Mouratov, Kolrolkov, Beliakov, Berdiev, Perelman, Leonkine	URS	574,40	pts	1952	Helsinki
Tchoukarine, Mouratov, Asaryan, Shakhlin, Titov, Stolbov	URS	568,25	pts	1956	Melbourne
Ono, Takemoto, Endo, M., Aihara, Tsurumi, Endo, Y.	JPN	575,20	pts	1960	Rome
Ono, Endo, Tsurumi, Mitsukuri, Yamashita, Hayata	JPN	577,95	pts	1964	Tokyo
Endo, Kato, Y., Nakayama, Kato, S., Tsukahara, Kenmotsu	JPN	575,90	pts	1968	Mexico
Kato, Kenmotsu, Kasamatsu, Nakayama, Tsukahara, Okamura	JPN	571,250	pts	1972	Munich

Finale du concours multiple Individuel / Finals of the individual all-round competition

Finale du concours multiple Individuel
Réservée aux trente-six meilleurs concurrents des compétitions par équipes.

Finals of the individual all-round competition
Reserved for the thirty-six best competitors from the team events.

Champions olympiques / Olympic champions					
Flatow, A.	GER			1896	Athènes/Athens
Sandras, S.	FRA	302,000	pts	1900	Paris
Heida, A.	USA			1904	Saint-Louis/St. Louis
Braglia, A.	ITA	317,000	pts	1908	Londres/London
Braglia, A.	ITA	135,000	pts	1912	Stockholm
Zampori, G.	ITA	88,35	pts	1920	Anvers/Antwerp
Stukelj, L.	YUG	110,34	pts	1924	Paris
Miez, G.	SUI	247,625	pts	1928	Amsterdam
Neri, R.	ITA	140,625	pts	1932	Los Angeles
Schwarzmann, A.	GER	113,100	pts	1936	Berlin
Huhtanen, V.	FIN	229,7	pts	1948	Londres/London
Tchoukarine, V.	URS	115,70	pts	1952	Helsinki
Tchoukarine, V.	URS	114,25	pts	1956	Melbourne
Shakhlin, B.	URS	115,95	pts	1960	Rome
Endo, Y.	JPN	115,95	pts	1964	Tokyo
Kato, S.	JPN	115,90	pts	1968	Mexico
Kato, S.	JPN	114,650	pts	1972	Munich

Exercices au sol

Les exercices au sol se déroulent sur un praticable de 12 m de côté. Les concurrents doivent tirer de façon permanente le meilleur parti possible de toute la surface mise à leur disposition et présenter, avec un maximum de recherche et un enchaînement harmonieux, une grande variété de figures, des séries acrobatiques en avant et en arrière, des positions statiques, équilibres de toute sorte, où les mouvements de force alternent avec les exercices de pure souplesse.

Floor exercices

Floor exercises take place on a mat which is 12 m square. The competitors must use all available mat space in all directions; and present a wide variety of movements with a maximum of finesse and flowing rhythm. Series of frontward and backward acrobatic movements and a variety of balance exercises where strength alternates with agility should make the display as interesting as possible.

Champions olympiques Olympic champions						
	Pelle, I.	HUN	28,8	pts	1932	Los Angeles
	Miez, G.	SUI	18,666	pts	1936	Berlin
	Pataki, F.	HUN	37,7	pts	1948	Londres/London
	Thoresson, K.	SWE	19,25	pts	1952	Helsinki
	Mouratov, V.	URS	19,20	pts	1956	Melbourne
	Aihara, N.	JPN	19,450	pts	1960	Rome
	Menichelli, F.	ITA	19,450	pts	1964	Tokyo
	Kato, S.	JPN	19,475	pts	1968	Mexico
	Andrianov, N.	URS	19,175	pts	1972	Munich

Cheval-arçons

Deux larges poignées fixées au milieu du cheval font de celui-ci un engin d'appui. Il permet des exercices d'élan. Les concurrents, qui peuvent prendre appui sur les trois parties du cheval, doivent effectuer des tours des deux jambes combinés avec des déplacements et des balancers de façon à utiliser toute la surface supérieure de l'appareil, et terminer par une sortie.

Side horse

Two large handles situated in the middle of the horse make it a support apparatus and make swinging exercises possible. The competitor may use all three parts of the horse for support, and must accomplish clean swings with both legs, including circles with one or both legs, as well as balancing exercises. The entire upper surface of the apparatus must be used, and the dismount must be in the prescribed fashion.

Champions olympiques Olympic champions						
	Zutter, L.	SUI			1896	Athènes/Athens
	Heida, A.	USA	42	pts	1904	Saint-Louis/St. Louis
	Seguin, A.	FRA	10	pts	1924	Paris
	Hanggi, H.	SUI	19,75	pts	1928	Amsterdam
	Pelle, I.	HUN	57,2	pts	1932	Los Angeles
	Frey, K.	GER	19,333	pts	1936	Berlin
	Aaltonen, P.	FIN				
	Huhtanen, V.	FIN				
	Savolainen, H.	FIN	38,7	pts	1948	Londres/London
	Tchoukarine, V.	URS	19,50	pts	1952	Helsinki
	Shakhlin, B.	URS	19,25	pts	1956	Melbourne
	Ekman, E.	FIN				
	Shakhlin, B.	URS	19,375	pts	1960	Rome
	Cerar, M.	YUG	19,525	pts	1964	Tokyo
	Cerar, M.	YUG	19,325	pts	1968	Mexico
	Klimenko, V.	URS	19,125	pts	1972	Munich

Anneaux

Les anneaux permettent des exercices de force et d'élan. Les concurrents doivent allier des positions statiques à des évolutions effectuées avec rapidité, souplesse et technique.

Rings

The rings are designed for both strength and swinging exercises, without, however, allowing the rings to swing by themselves. The competitors must combine static positions with rapid and supple movements, done with suitable technique.

Champions olympiques Olympic champions					
Mitroupoulos, M.	GRE			1896	Athènes/Athens
Glass, H.	USA	45	pts	1904	Saint-Louis/St. Louis
Martino, F.	ITA	21,553	pts	1924	Paris
Stukelj, L.	YUG	57,75	pts	1928	Amsterdam
Gulack, M.	USA	56,9	pts	1932	Los Angeles
Hudec, A.	TCH	19,433	pts	1936	Berlin
Frey, K.	SUI	39,6	pts	1948	Londres/London
Shaguinian, G.	URS	19,75	pts	1952	Helsinki
Asaryan, A.	URS	19,35	pts	1956	Melbourne
Asaryan, A.	URS	19,725	pts	1960	Rome
Hayata, T.	JPN	19,475	pts	1964	Tokyo
Nakayama, A.	JPN	19,450	pts	1968	Mexico
Nakayama, A.	JPN	19,350	pts	1972	Munich

Saut de cheval

Le cheval a 1,60 m de longueur et 1,35 m de hauteur. Les concurrents doivent après une course d'élan et en prenant appui avec les mains sur un des deux points autorisés (cou ou croupe) exécuter un saut comportant des difficultés (saut de l'ange, saut périlleux, etc.). La réception doit être la plus stable possible.

Horse vault

The horse is 1.60 m long and 1.35 m high and is approached lengthwise. The competitors must, after running up and placing their hands in one of the two authorized positions (on either extremity) execute a vault of a certain level of difficulty (with somersaults, vaults with turns, etc.). The landing must be as stable as possible.

Champions olympiques Olympic champions						
	Schumann, K.	GER			1896	Athènes/Athens
	Heida, A.					
	Eyser, G.	USA	36	pts	1904	Saint-Louis/St. Louis
	Kriz, F.	USA	9,98	pts	1924	Paris
	Mack, E.	SUI	9,58	pts	1928	Amsterdam
	Guglielmetti, S.	ITA	18,03	pts	1932	Los Angeles
	Schwarzmann, A.	GER	19,200	pts	1936	Berlin
	Aaltonen, P.	FIN	39,1	pts	1948	Londres/London
	Tchoukarine, V.	URS	19,20	pts	1952	Helsinki
	Bantz, H.	GER				
	Mouratov, V.	URS	18,85	pts	1956	Melbourne
	Shakhlin, B.	URS				
	Ono, T.	JPN	19,375	pts	1960	Rome
	Yamashita, H.	JPN	19,600	pts	1964	Tokyo
	Voronin, M.	URS	19,000	pts	1968	Mexico
	Koeste, K.	RDA	18,850	pts	1972	Munich

Barres parallèles

Les concurrents doivent effectuer, sur deux barres parallèles, diverses figures comportant alternativement des lâchers, des mouvements d'appui et de suspension.

Parallel bars

The competitors must execute certain exercises on two parallel bars, alternating swinging and holding movements, as well as a variety of releases above and below the bars.

Champions olympiques Olympic champions						
	Flatow, A.	GER			1896	Athènes/Athens
	Eyser, G.	USA	44	pts	1904	Saint-Louis/St. Louis
	Guttinger, A.	SUI	21,63	pts	1924	Paris
	Vecha, L.	TCH	56,50	pts	1928	Amsterdam
	Neri, R.	ITA	56,9	pts	1932	Los Angeles
	Frey, K.	GER	19,067	pts	1936	Berlin
	Reusch, M.	SUI	39,5	pts	1948	Londres/London
	Eugster, H.	SUI	19,65	pts	1952	Helsinki
	Tchoukarine, V.	URS	19,20	pts	1956	Melbourne
	Shakhlin, B.	URS	19,400	pts	1960	Rome
	Endo, Y.	JPN	19,675	pts	1964	Tokyo
	Nakayama, A.	JPN	19,475	pts	1968	Mexico
	Kato, S.	JPN	19,475	pts	1972	Munich

Barre fixe

Les mouvements doivent être coordonnés et comporter des difficultés mettant en évidence la technique et l'élan. L'exercice doit se terminer par une sortie aussi envolée que possible et une chute d'une stabilité recherchée.

Horizontal bar

The movements must be coordinated and include difficult movements which display both technique and swing. The exercise must finish with a dismount that combines a soaring release and a stable landing.

Champions olympiques Olympic champions						
	Weingartner, H.	GER			1896	Athènes/Athens
	Heida, A.					
	Henning, E.	USA	40	pts	1904	Saint-Louis/St. Louis
	Stukelj, L.	YUG	19,73	pts	1924	Paris
	Miez, G.	SUI	57,50	pts	1928	Amsterdam
	Bixler, D.	USA	55	pts	1932	Los Angeles
	Saarvala, A.	FIN	19,367	pts	1936	Berlin
	Stalder, J.	SUI	39,7	pts	1948	Londres/London
	Gunthard, J.	SUI	19,55	pts	1952	Helsinki
	Ono, T.	JPN	19,60	pts	1956	Melbourne
	Ono, T.	JPN	19,600	pts	1960	Rome
	Shakhlin, B.	URS	19,625	pts	1964	Tokyo
	Voronin, M.	URS	19,550	pts	1968	Mexico
	Tsukahara, M.	JPN	19,725	pts	1972	Munich

Femmes

Compétitions par équipes
Les six membres de chaque équipe doivent effectuer les exercices imposés et libres, à chaque engin et au sol. Le total des points acquis par les cinq meilleures concurrentes détermine le classement.

Women

Team competitions
The six members of each team must do the optional and compulsory exercises at each apparatus and on the floor. The total acquired by the five best competitors from each team determines the order of finish.

Championnes olympiques Olympic champions					
Van Radwijk, Van Derberg, Polak, Nordheim, Van der Bos, Van Rumst, Van der Vegt, Burgerhof, Simons Stelma de Levie, Agsterribe	HOL	316,75	pts	1928	Amsterdam
Barwirth, Burger, Frolian, Pohlsen, Sohnemann, Meyer	GER	506,50	pts	1936	Berlin
Honsoua, Misakova, Ruziskova, Srncova, Mullerova, Vermirovska, Silhanova, Kovarova	TCH	445,45	pts	1948	Londres/London
Gorokhovskaja, Botcharova, Minaitcheva, Urbanovitch, Danilova, Chamrai, Dchougueli, Kalintshouk	URS	527,03	pts	1952	Helsinki
Manina, Latynina, Mouratova, Kalinina, Astakhova, Yegorova	URS	444,80	pts	1956	Melbourne
Latynina, Astakhova, Lioubnina, Mouratova, Nikolaeva	URS	382,320	pts	1960	Rome
Latynina, Astakhova, Manina, Volchetskaya, Zamatailova, Gromova	URS	380,890	pts	1964	Tokyo
Kuchinskaya, Voronina, Petrik, Karaseva, Turischeva, Burda, Kitljarova	URS	382,85	pts	1968	Mexico
Turischeva, Korbut, Lazakovitch, Burda, Saadi, Koshel	URS	380,500	pts	1972	Munich

La spectaculaire
sortie de la sympa-
thique championne
soviétique Olga
Korbut, Munich 1972

Spectacular dis-
mount by charming
Soviet champion
Olga Korbut, Munich
1972

Finale du concours multiple individuel

Réservée aux trente-six meilleures concurrentes des compétitions par équipes.

Individual All-round competition final

Reserved for the thirty-six best competitors from the team events.

Championnes olympiques Olympic champions					
Gorokhovskaja, M.	URS	76,78	pts	1952	Helsinki
Latynina, L.	URS	74,933	pts	1956	Melbourne
Latynina, L.	URS	77,031	pts	1960	Rome
Caslavska, V.	TCH	77,564	pts	1964	Tokyo
Caslavska, V.	TCH	78,25	pts	1968	Mexico
Turischeva, L.	URS	77,025	pts	1972	Munich

Saut de cheval

Le cheval, de 1,60 m de longueur et de 1,10 m de hauteur, est placé en travers (et non en long comme pour les hommes). Les concurrentes doivent également après une course d'élan effectuer un saut comportant des difficultés. La réception doit être la plus stable possible.

Horse vault

The horse is 1.60 m long and 1.10 m off the floor, placed sideways to the competitor (as opposed to the men's, which is approached lengthwise). The contestants must run up and execute a vault which involves a specified degree of difficulty. The dismount must be as stable as possible.

Championnes olympiques Olympic champions					
Kalintshouk, E.	URS	19,20 pts	1952	Helsinki
Latynina, L.	URS	18,833 pts	1956	Melbourne
Nikolaeva, M.	URS	19,316 pts	1960	Rome
Caslavska, V.	TCH	19,483 pts	1964	Tokyo
Caslavska, V.	TCH	19,775 pts	1968	Mexico
Janz, K.	RDA	19,525 pts	1972	Munich

Barres asymétriques

La barre supérieure est située à 2,4 m du sol, la barre inférieure à 1,50 m, et leur écartement peut varier de 0,40 m à 0,50 m selon la taille des gymnastes. Les exercices doivent être effectués sans interruption prolongée et comporter des changements de barre ainsi que des éléments de voltige.

Uneven bars

The upper bar is 2.40 m from the floor, the lower bar 1.50 m, and the distance between them can vary from .40 m to .50 m, according to the height of the competitor. The exercises should be done without interruption and include passage from bar to bar as well as body swings.

Championnes olympiques Olympic champions					
Korondi, M.	HUN	19,40 pts	1952	Helsinki
Keleti, A.	HUN	18,966 pts	1956	Melbourne
Astakhova, P.	URS	19,616 pts	1960	Rome
Astakhova, P.	URS	19,332 pts	1964	Tokyo
Caslavska, V.	TCH	19,650 pts	1968	Mexico
Janz, K.	RDA	19,675 pts	1972	Munich

Poutre

La poutre a 10 cm de large. Les exercices doivent comporter des roulades avant ou arrière, des changements de face (demi-tour et tour complet), des sauts et des déplacements, et se dérouler sans arrêt et aussi harmonieusement que possible.

Balance beam

The beam is 10 cm wide. The exercises must include backward and forward rolls, turns (half and full turns), jumps, and leaps, and must be carried on without interruption as harmoniously as possible.

Championnes olympiques Olympic champions					
Botcharova, N.	URS	19,22 pts	1952	Helsinki
Keleti, A.	HUN	18,800 pts	1956	Melbourne
Bosakova, E.	TCH	19,283 pts	1960	Rome
Caslavska, V.	TCH	19,449 pts	1964	Tokyo
Kuchinskaya, N.	URS	19,650 pts	1968	Mexico
Korbut, O.	URS	19,400 pts	1972	Munich

Exercices au sol

Les exercices au sol se déroulent sur un praticable de 12 m de côté. Les caractéristiques générales sont les mêmes que pour les hommes, cependant les exercices féminins doivent s'effectuer en musique. Les mouvements et les enchaînements doivent épouser le rythme. La souplesse et la grâce donnent à ces exercices un aspect de danse acrobatique et un caractère artistique.

Floor exercises

The floor exercises are performed on a 12 m square mat. General characteristics of the event are the same for the men, except that the women's exercises are performed to music. The movements and sequences must follow the rhythm of the music. The suppleness and grace with which the exercises are performed give them the air of acrobatic dancing and an artistic character.

Championnes olympiques Olympic champions					
Keleti, A.	HUN	19,36 pts	1952	Helsinki
Keleti, A.	HUN			
Latynina, L.	URS	18,732 pts	1956	Melbourne
Latynina, L.	URS	19,583 pts	1960	Rome
Latynina, L.	URS	19,599 pts	1964	Tokyo
Petrik, L.	URS	19,675 pts	1968	Mexico
Caslavska, V.	TCH	19,675 pts		
Korbut, O.	URS	19,575 pts	1972	Munich

Haltérophilie   Weightlifting

Des estampes chinoises représentant des porteurs s'entraînant avec de lourds fardeaux prouvent qu'en Asie, bien avant le bouddhisme, les exercices de force étaient régulièrement pratiqués. En Grèce, pour améliorer leurs performances, les sauteurs de l'antiquité utilisaient les mêmes haltères qui servaient à l'entraînement des éphèbes à la palestre ou au gymnase. Parmi les olympioniques des premiers Jeux Olympiques, un des plus célèbres est sans aucun doute *Milon* de Crotone (VIe siècle avant J. C.), six fois couronné. La légende dit qu'un jour il parcourut la longueur du stade d'Olympie en portant sur ses larges épaules un boeuf de quatre ans qu'il avait auparavant assommé d'un seul coup de poing. Dans le livre de *Leinster* conservé au Trinity College de Dublin, on peut lire les exploits accomplis aux Jeux de Taïlti qui se déroulaient déjà plus de 2 000 ans avant notre ère. Une des épreuves consistait à lever un essieu de char que l'athlète devait ensuite lancer le plus loin possible. Dans le monde entier et de tout temps il y eut des spécialistes du «tour de force». Du Moyen Age jusqu'à une époque relativement récente, nombreux furent les leveurs de poids qui présentaient sur les places publiques une multitude de numéros dont le charlatanisme n'était pas toujours exclu.

Il semblerait que le premier homme qui, vers 1850, eut l'idée d'introduire l'usage des haltères dans les leçons de gymnastique serait un des disciples de l'Espagnol *Amoros*, nommé Antoine *Trilhac*, lui-même professeur dans un centre sportif parisien. A partir de cette époque, l'entraînement sportif à l'aide d'haltères se développa en Europe. En France, Emile *Desbonnet*, précurseur de la culture physique, créa en 1868 son propre institut et rédigea le premier règlement de poids et haltères. En Allemagne, l'usage des haltères à ressort et des extenseurs connut une grande vogue grâce à leur inventeur, l'haltérophile professionnel, Eugen *Sandow* dont une marque d'extenseur porte toujours le nom. En Autriche, un professeur, Wilhem *Turk*, fonda en 1894 la première école vraiment spécialisée en haltérophilie. Enfin, en Belgique, en Hollande et au Danemark ce sport devait connaître un essor comparable.

There have always been athletes specializing in "tours de force" or feats of strength. Chinese prints portray carriers training with heavy weights, indicating that strength exercises were being regularly practiced in Asia long before Buddhism. In ancient Greece jumpers worked with weights to improve their performance, using the same weights that were used by the young men in the *palestra* or gymnasium. One of the most famous of the Olympians of the first Olympic Games was *Milo* of Croton, who was six times Olympic champion. Legend tells that one day he traversed the stadium at Olympia carrying the body of a four-year-old ox on his shoulders which he had just killed with a single blow. In the book of *Leinster*, kept at Trinity College, Dublin, there are stories of the Irish Games of Tailti, held some 4000 years ago. One of the contests consisted of lifting a chariot axle and then throwing it as far as possible. From the Middle Ages until fairly recently, weightlifters exhibited their talents at country fairs and other public places, showing a wide range of tricks and feats, some of which, of course, were rigged.

The first man to decide to incorporate the use of weights in gymnastic lessons seems to have been one of the disciples of the Spanish gymnast *Amoros*. His name was Antoine *Trilhac*, and he taught in a Parisian sports center in the 1850's. From then on, weights were used in sports training throughout Europe. In France, Emile *Desbonnet*, the father of physical culture, set up his own institute in 1868 and developed the first rules for using weights and bar bells. The use of weights on springs and extenders became very popular in Germany because of the reputation of their inventor, Eugen *Sandow*. He was a professional weightlifter, and his name still appears on a popular kind of extenders. In Austria a teacher named Wilhelm *Turk* opened the first school to specialize in weightlifting in 1894. And in Belgium, Holland and Denmark this sport underwent similar development.

Le Soviétique Vassili Alexeiev, catégorie super-lourd en plein mouvement à Munich. Médaille d'or avec un total de 640,0 kg

Soviet Vassili Alexeiev, super heavyweight, in full form in Munich. The gold medal was won with a total of 640,0 kg

Vers la fin du siècle dernier, les «hommes forts» eurent leurs super-champions dont la renommée dépassait largement les frontières de leur pays. Parmi ceux-ci, citons le Français Louis *Uni*, dit *Apollon*, dont la beauté et les performances déplaçaient les foules, et surtout le plus célèbre de tous, le Canadien Louis *Cyr*, né en 1863, qui était presqu'aussi large que haut comme le prouvent ses mensurations : 1,76 m de haut, 1,55 m de tour de poitrine, 0,55 m de tour de bras, et son poids : 135 kg. Durant quinze ans Louis *Cyr* surclassa tous ses adversaires. Il savait intéresser ses innombrables admirateurs, non seulement grâce à sa force herculéenne, mais aussi à ses extraordinaires numéros à grande mise en scène.

Certes, ces formes d'haltérophilie-spectacle étaient différentes du sport que nous connaissons aujourd'hui, mais on ne peut cependant pas nier qu'elles en ont favorisé l'éclosion.

By the end of the last century, the "strong men" had produced their own superchampions, whose fame spread far beyond their own countries. There was, for example, the Frenchman Louis *Uni*, who was nicknamed *Apollo* because of his classic good looks. His performances drew enormous crowds. Most famous of all was the Canadian Louis *Cyr*, who was born in 1863. He was almost as wide as he was tall! His incredible measurements : 1.76 m tall and 1.55 m around the chest, .55 m biceps, and a total body weight of 135 kg. For fifteen years, Louis *Cyr* outclassed all his opponents. He wooed his large following not only with his Herculean strength but also with the showmanship with which he presented his incredible feats.

These forms of weightlifting were quite different from the sport we know today, but it cannot be denied that they were instrumental in its development.

1

Le Polonais Sigmund Smalcerz gagnant de la médaille d'or, catégorie poids mouche, Munich 1972. Le mouvement complet de l'athlète est ici montré en trois séquences importantes. La deuxième fut prise lors des préliminaires, la première et la troisième durant l'essai qui lui valut le titre.

Flyweight gold medallist in Munich 1972, Sigmund Smalcerz, POL, demonstrates a complete movement in its three important stages. The second picture is from the preliminaries, while the first and third were taken on the attempt on which he won the title.

C'est en 1894, à Mouscron, commune de Belgique (Hainaut), que fut organisée la première rencontre internationale d'haltérophilie entre participants belges, français et hollandais. Le premier club d'haltérophilie vraiment structuré fut fondé à Paris en 1900. Deux ans plus tard les Londoniens pouvaient assister à une grande réunion pompeusement baptisée Championnats du Monde. En 1903, des championnats internationaux remportés par le Suisse *Lancoud* et le Français *Bonnes* étaient présentés à Paris...au Moulin Rouge.

Un peu avant la première guerre mondiale, dans plusieurs pays européens l'haltérophilie se structurait, des associations naissaient, précédant de peu la création des fédérations. La guerre devait bien sûr donner un coup d'arrêt au développement de ce sport. Il fallut attendre 1920 pour voir enfin, à l'instigation de M. Jules *Rosset*, président de la Fédération Française, se créer la Fédération Internationale d'Haltérophilie.

L'haltérophilie n'était pas encore structurée à l'échelon international lorsqu'en 1896 elle fut présentée aux Jeux Olympiques d'Athènes, avec deux épreuves : lever d'un bras et développé deux bras (catégorie ouverte), ainsi qu'aux Jeux de Saint-Louis (1904).

In 1894 in Mouscron, a small town in Belgium, the first international weightlifting tournament was held. There were participants from Belgium, France and Holland. The first weightlifting club was organized in Paris in 1900. Two years later, Londoners could attend a large meet that was somewhat pompously advertised as the "World Championships of Weightlifting." In 1903, the International Championships, which were won by the Swiss weightlifter *Lancoud* and the Frenchman *Bonnes*, were held in a club famous for other events . . . the Moulin Rouge!

By World War I, weightlifting had been organized in many countries. Associations were formed, followed shortly thereafter by national federations. The war put a temporary halt to this development, and it was not until 1920 that through the efforts of Jules *Rosset*, president of the French Federation, that the International Weightlifting Federation was born.

Weightlifting was not yet organized on an international level when it appeared on the program of the first modern Olympic Games in Athens in 1896. There were only two events, the one-hand lift and the two-hand press (open class), at that time, as well as at the St. Louis Games in 1904.

2

En réalité, ce ne fut qu'à partir des Jeux d'Anvers, en 1920, que l'haltérophilie fut régulièrement inscrite au programme. Depuis cette date, des modifications majeures ont été apportées aux règlements. Les premières consistèrent à créer de nouvelles catégories de poids, ce qui permit d'accroître le nombre des participants. La dernière fut la suppression d'un des trois mouvements dits "olympiques".

Des Jeux d'Anvers en 1920 jusqu'à ceux de Berlin en 1936, les catégories de poids furent les suivantes :
■ Poids plume
jusqu'à 60 kg
■ Poids léger
jusqu'à 67,950 kg
■ Poids moyen
jusqu'à 75 kg
■ Poids mi-lourd
jusqu'à 82 kg
■ Poids lourd
jusqu'à 90 kg

En 1948, les Jeux de Londres virent l'apparition de la catégorie coq (jusqu'à 56 kg). En 1952, à Helsinki, ce fut la création de la catégorie lourd-léger (jusqu'à 90 kg), la limite des lourds passant à 100 kg. En 1972, à Munich, les catégories mouche (jusqu'à 52 kg) et super-lourd (au-dessus de 110 kg) furent à leur tour intégrées au programme.

It was really only at the Antwerp Games in 1920 that weightlifting was a regularly scheduled event on the Olympic program, and since that date, major modifications have been made in its rules. One of the earliest was to create weight categories, allowing an increase in the number of participants. The most recent was the elimination of one of the so-called Olympic movements.

From the Antwerp Games in 1920 to those in Berlin in 1936 there were five weight categories, as follows :
■ featherweight
up to 60 kg
■ lightweight
up to 67.950 kg
■ middle weight
up to 75 kg
■ light heavyweight
up to 82 kg
■ heavyweight
up to 90 kg

The Games in London in 1948 saw the appearance of a new category, bantam weight (up to 56 kg), and in Helsinki in 1952, the middle heavyweight category (up to 90 kg) was added, with the limit of the heavy weights moving up to 100 kg. Finally, in Munich in 1972 came the fly weight (up to 52 kg) and the superheavyweight (over 110 kg).

Jusqu'aux Jeux de Munich, les compétitions d'haltérophilie comportaient trois mouvements : le développé, l'arraché, l'épaulé et jeté. La Fédération Internationale ayant décidé de supprimer le développé, désormais les épreuves se limiteront à deux mouvements.

Sport individuel, l'haltérophilie est une véritable école de volonté qui permet une mesure précise de la valeur des athlètes. En effet, aucun élément extérieur, atmosphérique ou autre, n'intervient dans le déroulement des compétitions. L'haltérophile, seul avec sa barre et ses disques, sait qu'il ne peut y avoir, comme dans de nombreux autres sports, de demi-succès. Le verdict est toujours sans appel. Malgré son caractère ingrat, l'haltérophilie voit le nombre de ses adeptes augmenter régulièrement et dans quelques pays on la considère même comme une discipline de base.

Connaisseur ou profane, qui n'a jamais été impressionné par les performances des haltérophiles ? Même si les compétitions de ce sport n'attirent pas toujours la grande foule, et c'est dommage, il faut reconnaître que la renommée de certains champions dépasse parfois largement le cercle restreint des adeptes.

La lecture du palmarès olympique révèle que le royaume des forts a changé plusieurs fois d'horizon. A l'origine, l'haltérophilie olympique fut dominée par la France qui, de 1920 à 1936, remporta neuf titres. Durant la même période l'Allemagne et l'Italie s'adjugèrent quatre médailles d'or chacun. Puis, le flambeau transita par les Etats-Unis dont les haltérophiles accédèrent huit fois à la plus haute marche du podium entre 1948 et 1952. Mais, depuis 1960, ce sont les pays de l'Est qui ont pris le relais et ne semblent pas disposés à le céder à une autre partie du monde. En effet, si on excepte quelques incursions de divers pays tels le Japon (deux titres), l'Iran, les Etats-Unis, la Norvège et la Finlande, (chacun un titre), toutes les autres médailles d'or ont été remportées par l'U.R.S.S. (quinze victoires), la Bulgarie et la Pologne (trois victoires chacune), la Hongrie et la Tchécoslovaquie (une victoire chacune).

A tous ces titres correspondent bien sûr des noms qui figurent au tableau d'honneur des olympioniques des Jeux modernes. Parmi ceux-ci, citons ceux des haltérophiles qui ont marqué de leur passage l'histoire de leur sport :

Until the Munich Games, weightlifting competitions included three different methods : the press, the snatch and the jerk. The International Federation has decided to eliminate the press from the Olympic program, and from now on, there will only be two methods.

A thoroughly individual sport, weightlifting is essentially a test of will power and strength. The worth of the athlete can be precisely measured. No outside element like the weather can affect the outcome of the competition. The weightlifter, standing alone on the platform with his barbells and discs, knows that for him there is no such thing as a partial success : the lift is either successful, or there is no lift. In spite of this unrelenting situation, weightlifting is being practiced by more and more athletes, and in some countries it is considered a basic and essential discipline.

Who has not been impressed by the weightlifter's achievement, whether connoisseur of this sport or not. Even though the competitions in this sport do not generally draw the largest crowds, from time to time the fame and reputation of certain champions transcend the restricted circle of dedicated fans.

A look at the list of Olympic champions shows that supremacy in the world of strength has changed hands many times. Olympic weightlifting was first dominated by France, which won nine gold medals from 1920 to 1936. During that period Germany and Italy claimed four titles each. The torch then passed to the United States, whose weightlifters climbed to the highest step of the winners' podium eight times between 1948 and 1952. Since 1960, however, the eastern European countries have held an impressive lead in weightlifting, which they seem reluctant to relinquish. Indeed, except for a few successful efforts by countries such as Japan (with two golds), Iran, the United States, Norway and Finland (one gold each), all the other weightlifting titles have gone to the U.S.S.R. (fifteen gold medals), Bulgaria and Poland (three victories each), and Hungary and Czechoslovakia (one each).

All of these victories, of course, were the achievement of athletes whose names occupy a high place on the lists of modern Olympians. Some of the weightlifters whose contributions have marked the history of this sport are :

3

■ Les Français de la catégorie mi-lourd : Charles *Rigoulot*, qui après sa médaille d'or remportée à vingt et un ans à Anvers en 1920 améliora tous les records du monde de la catégorie supérieure, et Louis *Hostin*, champion olympique en 1932 et 1936 ;

■ the Frenchmen Charles *Rigoulot*, who, after winning his gold medal in Antwerp in 1920 in the light heavy-weight category at the age of 21, proceeded to better all the world records in the next higher class, and his compatriot Louis *Hostin*, Olympic light heavyweight champion in 1932 and 1936 ;

■ les Américains : Thomas *Kono*, vainqueur des catégories léger en 1952 et mi-lourd en 1956 et Charles *Vinci*, médaille d'or de la catégorie coq en 1960 et 1964 ;
■ le lourd-léger Soviétique Arkadi *Vorobyev*, vainqueur en 1956 et 1960 ;
■ le léger Polonais Wladimir *Baszanowski*, champion olympique en 1964 et 1968 ;
■ le plume Japonais Yoshinobu *Miyake*, vainqueur en 1964 et 1968 ;
■ le super-champion de toute une époque, le lourd Soviétique Leonid *Zhabotinsky* qui accéda à la plus haute marche du podium à Tokyo et à Mexico en totalisant chaque fois 572,500 kg aux trois mouvements olympiques ; et enfin, on ne saurait passer sous silence, l'extraordinaire Vassili *Alexeiev*, vainqueur des super-lourds à Munich avec un total de 640 kg.

Aux Jeux Olympiques, chaque pays peut engager un maximum de neuf athlètes répartis dans les différentes catégories de poids, avec un maximum de deux athlètes par catégorie, à condition qu'ils aient satisfait aux minimums imposés par la Fédération Internationale. En outre, chaque pays a droit à deux remplaçants.

Si un pays n'engage que deux athlètes, il n'est pas nécessaire qu'ils aient satisfait aux minimums imposés.

Les différentes catégories de poids sont les suivantes :
■ Mouche
jusqu'à 52 kg
■ Coq
jusqu'à 56 kg
■ Plume
jusqu'à 60 kg
■ Léger
jusqu'à 67,5 kg
■ Moyen
jusqu'à 75 kg
■ Mi-lourd
jusqu'à 82,5 kg
■ Lourd-Léger
jusqu'à 90 kg
■ Lourd
jusqu'à 110 kg
■ Super-Lourd
plus de 110 kg

Déroulement des compétitions
Afin d'équilibrer le programme des compétitions olympiques, les haltérophiles sont divisés en deux groupes :

Groupe A :
Athlètes aux performances les plus élevées

■ the Americans Thomas *Kono*, winner in the lightweight category in 1952 and light heavyweight in 1956, and Charles *Vinci*, gold medalist in bantamweight in 1960 and 1964 ;
■ the Soviet light heavyweight Arkadi *Vorobyev*, winner in 1956 and 1960 ;
■ the Polish lightweight Wladimir *Baszanowski*, Olympic champion in 1964 and 1968 ;
■ the Japanese featherweight Yoshinobu *Miyake*, winner in 1964 and 1968 ;
■ the superchampion of the period, the Soviet heavyweight Leonid *Zhabotinsky*, who was awarded the gold medal in Tokyo and again in Mexico for lifting a total of 575.5 kg in the three Olympic methods ; and finally the extraordinary Vassili *Alexeiev*, winner in the super heavyweight category in Munich with his lift of a total of 640 kg.

For the Olympic Games, each country may enter a maximum of nine competitors divided among the nine weight classes, with a maximum of two athletes per category, on the condition that they have met the minimum requirements imposed by the International Federation. Two substitutes are allowed per country.

If a country enters only two competitors, they do not have to meet the minimum performance requirements.

The different weight categories in weightlifting are as follows :
■ flyweight
up to 52 kg
■ bantamweight
up to 56 kg
■ featherweight
up to 60 kg
■ lightweight
up to 67.5 kg
■ middleweight
up to 75 kg
■ light heavyweight
up to 82.5 kg
■ middle heavyweight
up to 90 kg
■ heavyweight
up to 110 kg
■ super heavyweight
over 110 kg

The competitions
In order to present a balanced Olympic program, the weightlifters are divided into two groups :

Group A :
the athletes with the best performances

Concentration,
avant l'effort . . .

Concentration
before the effort . . .

Groupe B :
Athlètes aux performances les plus faibles

Avant chaque compétition les haltérophiles doivent se soumettre à une pesée.

Mouvements olympiques
Lors des épreuves olympiques, chaque haltérophile peut effectuer trois essais dans chacun des mouvements, le meilleur étant retenu. En cas d'égalité, c'est le concurrent le plus léger qui est déclaré vainqueur.

Group B :
the athletes with the weakest performances.

All weightlifters must weigh in one and a quarter hours before any competition.

Olympic Methods
During the Olympic competitions, the weightlifters are allowed three tries in each of the methods, and the best performance is counted. In case of a tie, the competitor who weighs the least is the winner.

Les frères Yoshiyuki et Yoshinobu Mikaye gagnants respectifs de la médaille de bronze et de la médaille d'or, catégorie plume, Mexico 1968

Brothers Yoshiyuki and Yoshinobu Mikaye, winners of the bronze and gold medals respectively in the feather weight category, Mexico 1968

■ **Arraché**

La barre saisie en pronation doit être levée du plateau en un seul temps au bout des bras tendus verticalement au-dessus de la tête.

L'athlète peut se fendre ou fléchir les jambes, mais le mouvement doit être continu. Une fois la posture finale atteinte, l'immobilité doit être maintenue. Le retournement des poignets ne peut se faire que lorsque la barre a dépassé le sommet de la tête.

■ **Épaulé et jeté**

L'épaulé et jeté s'exécute en deux mouvements :

1er mouvement : Épaulé

La barre est saisie en pronation et doit être levée en un seul temps, l'athlète peut se fendre ou fléchir les jambes. Les pieds doivent être placés sur une même ligne, la barre reposant sur les clavicules.

2e mouvement : Jeté

Fléchissant sur ses deux jambes qu'il détend ainsi que les bras, l'athlète lève la barre au bout des bras tendus verticalement ; ensuite il ramène les pieds sur la même ligne. Il ne peut déposer la barre qu'au signal du chef de plateau.

Le classement est déterminé par le total des poids levés aux deux mouvements.

Trois arbitres dont un chef de plateau contrôlent le déroulement des compétitions.

Les compétitions se déroulent sur un plateau de 4 m de côté. Les barres sont exclusivement à disques dont les plus grands ne peuvent excéder 0,45 m.

■ **Snatch**

The lifter grips the bar which is in front of him on the floor and must pull it in a single movement to the full extent of both arms over his head.

He may split or bend his legs, but the motion must be continuous. Once the weight is in position, he must remain motionless with his feet on the same line. He may not turn his wrists over until the bar has passed the top of his head.

■ **Jerk**

The jerk is executed in two movements, the clean and the jerk.

1st movement : clean

The lifter grips the bar and brings it in a single movement to the shoulders while splitting or bending the legs. His feet should be on the same line with the bar resting on his chest.

2nd movement : jerk

With bent legs, the lifter straightens and extends his legs and arms, lifting the bar to the full extent of both arms vertically over his head. Then he places his feet on the same line. He must wait for the signal of the referee to put the bar down.

Order of finish is determined by the total lifted in both methods.

There are three referees, one of whom is the chief referee, who see that the competitions proceed in an orderly fashion.

The competition is held on a platform which is 4 m square. Only disc bar bells are used, and the largest disc may not be more than .45 m in diameter.

	Poids Mouche				**Flyweight**
Champion olympique Olympic champion	Smalcerz, Z.	POL	337,5 kg	1972	Munich

	Poids Coq				**Bantamweight**
Champions olympiques Olympic champions	De Pietro, J.	USA	307,5 kg	1948	Londres/London
	Oudodov, I.	URS	315,0 kg	1952	Helsinki
	Vinci, C.	USA	342,5 kg	1956	Melbourne
	Vinci, C.	USA	345,0 kg	1960	Rome
	Vakhonin, A.	URS	357,5 kg	1964	Tokyo
	Nasiri, M.	IRN	367,5 kg	1968	Mexico
	Foeldi, I.	HUN	377,5 kg	1972	Munich

	Poids Plume				**Featherweight**
Champions olympiques Olympic champions	De Haes, F.	BEL	220,0 kg	1920	Anvers/Antwerp
	Gabetti, P.	ITA	402,5 kg	1924	Paris
	Andrysek, F.	AUT	287,5 kg	1928	Amsterdam
	Suvigny, R.	FRA	287,5 kg	1932	Los Angeles
	Terlazzo, A.	USA	312,5 kg	1936	Berlin
	Fayad, M.	EGY	332,5 kg	1948	Londres/London
	Tchimishkian, R.	URS	337,5 kg	1952	Helsinki
	Berger, I.	USA	352,5 kg	1956	Melbourne
	Minaev, E.	URS	372,5 kg	1960	Rome
	Miyake, Y.	JPN	397,5 kg	1964	Tokyo
	Miyake, Y.	JPN	392,5 kg	1968	Mexico
	Nourikian, N.	BUL	402,5 kg	1972	Munich

	Poids Léger				**Lightweight**
Champions olympiques Olympic champions	Nyland, A.	EST	257,5 kg	1920	Anvers/Antwerp
	Decottignies, E.	FRA	440,0 kg	1924	Paris
	Haas, H.	AUT	322,5 kg	1928	Amsterdam
	Helbig, K.	GER			
	Duverger, R.	FRA	325,0 kg	1932	Los Angeles
	Mesbah, M.	EGY	342,5 kg	1936	Berlin
	Fein, R.	AUT			
	Shams, I.	EGY	360,0 kg	1948	Londres/London
	Kono, T.	USA	362,5 kg	1952	Helsinki
	Rybak, I.	URS	380,0 kg	1956	Melbourne
	Bushuev, V.	URS	397,5 kg	1960	Rome
	Baszanowski, W.	POL	432,5 kg	1964	Tokyo
	Baszanowski, W.	POL	437,5 kg	1968	Mexico
	Kirzhinov, M.	URS	460,0 kg	1972	Munich

1 | REDING
2 | OLIVER
3 | DUBE
4 | FOULETIER
5 | JOHANSSON
6 | RIEGER
7 | LAHDENRANTA
8 | PICKETT
9 | SHABOTINSKY

	Poids Moyen				**Middleweight**
Champions olympiques Olympic champions	Gance, B.	FRA	245,0 kg	1920	Anvers/Antwerp
	Galimberti, C.	ITA	492,5 kg	1924	Paris
	Roger, F.	FRA	335,0 kg	1928	Amsterdam
	Ismayr, R.	GER	345,0 kg	1932	Los Angeles
	El Thouni, K.	EGY	387,5 kg	1936	Berlin
	Spellman, F.	USA	390,0 kg	1948	Londres/London
	George, P.	USA	400,0 kg	1952	Helsinki
	Bogdanovski, F.	URS	420,0 kg	1956	Melbourne
	Kurinov, A.	URS	437,5 kg	1960	Rome
	Zdrazila, H.	TCH	445,0 kg	1964	Tokyo
	Kurentsov, V.	URS	475,0 kg	1968	Mexico
	Bikov, Y.	BUL	485,0 kg	1972	Munich

	Poids Mi-lourd				**Light heavyweight**
Champions olympiques Olympic champions	Cadine, E.	FRA	290,0 kg	1920	Anvers/Antwerp
	Rigoulot, C.	FRA	502,5 kg	1924	Paris
	Nosseir, S.	EGY	355,0 kg	1928	Amsterdam
	Hostin, L.	FRA	365,0 kg	1932	Los Angeles
	Hostin, L.	FRA	372,5 kg	1936	Berlin
	Stanczyk, S.	USA	417,5 kg	1948	Londres/London
	Lomakin, T.	URS	417,5 kg	1952	Helsinki
	Kono, T.	USA	447,5 kg	1956	Melbourne
	Palinski, I.	POL	442,5 kg	1960	Rome
	Plyukfeider, R.	URS	475,0 kg	1964	Tokyo
	Selitsky, B.	URS	485,0 kg	1968	Mexico
	Jenssen, L.	NOR	507,5 kg	1972	Munich

	Poids Lourd-léger				**Middle heavyweight**
Champions olympiques Olympic champions	Schemansky, N.	USA	455,0 kg	1952	Helsinki
	Vorobyev, A.	URS	462,5 kg	1956	Melbourne
	Vorobyev, A.	URS	472,5 kg	1960	Rome
	Golovanov, V.	URS	487,5 kg	1964	Tokyo
	Kangasniemi, K.	FIN	518,0 kg	1968	Mexico
	Nikolov, A.	BUL	525,0 kg	1972	Munich

	Poids Lourd				**Heavyweight**
Champions olympiques Olympic champions	Jensen, V.	DEN	115,5 kg*	1896	Athènes/Athens
	Osthoff, O.	USA	86,7 kg*	1904	Saint-Louis/St. Louis
	Bottino, F.	ITA	270,0 kg	1920	Anvers/Antwerp
	Tonani, G.	ITA	517,5 kg	1924	Paris
	Strassberger, J.	GER	372,5 kg	1928	Amsterdam
	Skobla, J.	TCH	380,0 kg	1932	Los Angeles
	Manger, J.	GER	410,0 kg	1936	Berlin
	Davis, J.	USA	452,5 kg	1948	Londres/London
	Davis, J.	USA	445,0 kg	1952	Helsinki
	Anderson, P.	USA	500,0 kg	1956	Melbourne
	Vlasov, Y.	URS	537,5 kg	1960	Rome
	Zhabotinsky, L.	URS	572,5 kg	1964	Tokyo
	Zhabotinsky, L.	URS	572,5 kg	1968	Mexico
	Talts, Y.	URS	580,0 kg	1972	Munich

*un seul mouvement   *one method only

	Poids Super-lourd				**Super heavyweight**
Champion olympique Olympic champion	Alexeiev, V.	URS	640,0 kg	1972	Munich

Handball

Handball

Tout ce qui a déjà été écrit sur l'histoire des sports de balles peut évidemment s'appliquer à celle du handball. Contrairement à ce que beaucoup pensent, l'origine de ce sport n'est pas anglo-saxonne. En réalité, deux pays en revendiquent la paternité : le Danemark et l'Allemagne. On pourrait peut-être mettre tout le monde d'accord en rappelant que le handball d'aujourd'hui ressemble étrangement à l'*hazena* que pratiquaient les Tchèques au XIXe siècle. Mais soyons justes et reconnaissons le rôle que les Danois et les Allemands jouèrent dans le développement de ce sport d'équipe.

C'est durant la première guerre mondiale, plus précisément en 1915, qu'un professeur d'éducation physique de Berlin, *M. Schellenz*, eut l'idée d'adapter les règles du football à un jeu de balle à la main qu'il baptisa le plus simplement du monde : handball. Il se pratiquait en plein air, sur grand terrain, avec des équipes de onze joueurs. A la même époque, au Danemark existait un sport comparable dont les rencontres se disputaient en salle entre équipes de sept joueurs.

Le handball à onze se développa d'abord dans les pays voisins de l'Allemagne, Autriche, Hongrie, Suisse, Roumanie, France, surtout dans l'Est, et aussi, grâce à des immigrants, aux Etats-Unis, tandis que le handball à sept se jouait surtout dans les pays nordiques. La première rencontre internationale de handball se déroula en 1925 et vit la victoire des élèves autrichiens sur les maîtres allemands.

En 1927, à l'instigation de l'Allemagne qui n'avait pourtant pas encore sa propre fédération nationale, fut créée la Fédération Amateur Internationale de Handball, avec pour rôle principal la codification et l'unification des règles par trop confuses.

En 1936, le handball fut inscrit au programme des Jeux de Berlin. Six nations disputèrent les compétitions.

L'organisation administrative du dernier né des sports d'équipe fut des plus laborieuses. L'existence de deux courants, l'un favorable au jeu à onze, et l'autre au jeu à sept, ne devait bien sûr pas faciliter la tâche des dirigeants du moment.

En 1946, un congrès international réuni à Copenhague à la demande de la Suède et de la France prononçait la dissolution de la Fédération Amateur Internationale et créait la Fédération Internationale de Handball.

All that has been written about the history of sports which use balls applies to handball as well, but the game has an interesting history of its own. Contrary to popular opinion, it is not Anglo-Saxon in origin. In fact, there are two countries which claim to have invented this sport : Denmark and Germany. Both might agree that the game as it is played today bears many striking resemblances to a game called *hazena* which was played by the Czechs in the 19th century. In all fairness, however, the role of both Danes and Germans in the development of this sport was of great significance.

During World War I, in 1915 to be precise, a teacher of physical education in Berlin named *Schellenz* thought of adapting the rules of football to have a game played with hands instead of feet. He called it simply enough : handball. It was played outdoors on a large field with teams of eleven players. A similar sport was being played indoors in Denmark at the same time, with seven men to a team.

Eleven man handball developed first in the countries neighbouring Germany : Austria, Hungary, Switzerland, Rumania, France, and because of immigrants from these countries, the United States, while seven man handball was played mostly in the Scandinavian countries. The first international handball competition was held in 1925. It saw the Austrian pupils defeat their German instructors.

In 1927, at the request of Germany – at that time without a national federation of its own for the sport – the International Amateur Handball Federation was founded. The principal purpose of this organization was to codify and unify the differing and confusing sets of rules being used.

Handball was included on the program of the Berlin Games in 1936. Six countries took part in the tournament.

Organizing this youngest of the team sports turned out to be a very trying task. The existence of two divergent currents, one for the eleven-man team and the other for the seven-man team, did nothing to make things easier for the people making organizational decisions.

In 1946, an international congress was held in Copenhagen at the request of Sweden and France to dissolve the International Amateur Handball Federation and form the International Federation in its place.

L'action dramatique d'un match de handball, Munich 1972

Dramatic action in a handball match, Munich 1972

Peu à peu, le handball à sept se généralisait. En 1954, son premier championnat du monde était organisé en Suède. Depuis, ce sport connaît un succès grandissant, surtout dans le milieu scolaire. Il est maintenant pratiqué dans les cinq continents.

C'est donc en 1936 à Berlin, l'un de ses berceaux, que le handball fut présenté pour la première fois dans le cadre des Jeux Olympiques. C'est l'Allemagne, noblesse oblige, qui remporta le premier tournoi devant l'Autriche, la Suisse, la Hongrie, la Roumanie et les Etats-Unis.

Gradually, the seven-man team became predominant. The first world championships were held in Sweden in 1954. Since then, the sport has known increasing success especially among students. It is now played with the seven-man teams all over the world.

Handball was first presented within the framework of the Olympic Games in Berlin in 1936, at one of its original homes. Germany won this tournament, beating Austria, Switzerland, Hungary, Rumania, and the United States.

181

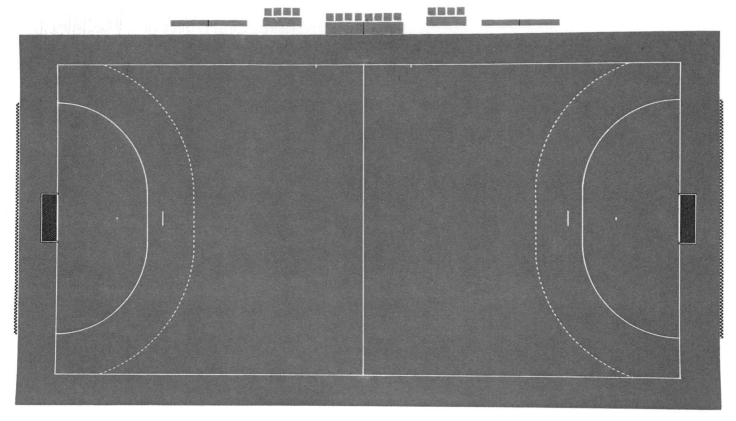

Admis avec certaines difficultés au sein de la famille olympique, le handball n'y fit qu'une brève apparition. En effet, durant six Jeux consécutifs, ce sport pourtant devenu populaire fut régulièrement écarté de la plus grande des fêtes de la jeunesse. Mais en 1972, pour la seconde fois les Jeux revenaient en Allemagne, profitant de l'occasion le handball faisait sa rentrée dans l'olympisme. Quel progrès depuis 1936! Cette fois la sélection des seize équipes admises aux Jeux Olympiques nécessita des tournois continentaux de qualification.

Les rencontres de Munich connurent un grand succès malgré le relatif échec de l'équipe de la République Fédérale Allemande. Face à son public, celle-ci, ne put en effet que terminer à la sixième place alors que le titre était remporté par la Yougoslavie.

A Montréal, pour la première fois, des compétitions féminines de handball seront présentées.

La participation aux tournois olympiques est limitée à douze équipes pour les hommes et six équipes pour les femmes – équipes sélectionnées d'après des règles imposées par la Fédération Internationale.

Chaque pays concerné peut engager un maximum de quatorze joueurs par équipe.

Admitted only after difficulty to the Olympic program, handball made only a brief appearance on it. Even though its popularity was steadily increasing, this sport was not staged during any of the six following Games. But in 1972, when the Games were held in Germany for the second time, the handball federation took advantage of the situation, and the sport became part of the Olympic program once more. Great progress had been made since 1936 : continental qualifying tournaments were necessary to select the sixteen teams to participate in the Olympic tournament.

The Munich competitions were extremely successful, in spite of the poor showing of the "home team" from the German Federal Republic, which finished only sixth in a tournament won by Yugoslavia.

Women's handball teams will be competing at the Olympics for the first time in Montreal.

Participation in the Olympic tournament is limited to twelve teams for men and six for women. These teams are selected according to rules devised by the International Federation.

Each participating country may enter a maximum of fourteen players per team.

Déroulement des compétitions

Hommes

Deux poules de six équipes seront constituées, à l'intérieur de chacune d'elles toutes les équipes se rencontreront.

Au tour suivant, les premières équipes de chaque poule disputeront les première et seconde places ; les secondes, les troisième et quatrième places, et ainsi de suite.

Femmes

Le tournoi olympique se déroulera en une poule unique.

Les points seront attribués de la manière suivante :
- rencontre gagnée : 2 points
- rencontre nulle : 1 point
- rencontre perdue : 0 point

Les équipes de handball sont de sept joueurs chacune. Les remplacements sont autorisés en cours de rencontre.

Les rencontres de handball se déroulent en deux périodes de trente minutes (vingt-cinq minutes pour les femmes) coupées par une pause de dix minutes. Les éventuelles prolongations durent deux fois cinq minutes, avec un repos de cinq minutes avant la première.

Terrain

Le terrain de handball est un rectangle de 40 m de longueur et de 20 m de largeur. Les buts ont 3 m de largeur pour une hauteur de 2 m.

La surface de but est limitée, à 6 m des buts, par une ligne droite de 3 m, prolongée de chaque côté par un quart de cercle de 6 m de rayon ayant pour centre les coins du but.

La ligne de jet franc est tracée à 3 m de la surface de but et parallèlement à celle-ci.

La marque du jet de 7 m est tracée face au but.

Arbitrage

Deux arbitres assurent le contrôle du déroulement de chaque rencontre.

Règles

Les principales règles du handball sont les suivantes :

Il est permis de :

- lancer le ballon, le frapper de la main ou du poing, le pousser, l'attraper, l'arrêter de n'importe quelle manière sauf avec les jambes au-dessous du genou, le faire passer d'une main à une autre sauf en le lançant au-dessus de la tête ;
- dribbler avec rebond.

The competition

Men

The men's teams are divided into two pools of six teams each. In the first round, each team plays all the others in its pool.

In the second round, the winning teams from each group compete for first and second places ; the second teams in each group play for third and fourth places, etc.

Women

The Olympic tournament is held with one pool.

Points are awarded as follows :
- Win : 2 points
- Tie : 1 point
- Loss : 0 points

There are seven players on a handball team. Substitutes are allowed during a game.

Handball games have two thirty-minute periods (twenty-five-minute periods for women), with a ten-minute break in between periods. Overtime periods, if needed, are ten minutes long. They contain two five-minute playing periods and begin after a five minute rest.

Playing court

The handball court is 40 m long and 20 m wide. The goals are 3 m wide and 2 m high.

The goal area is marked with a straight line 6 m from the goal and parallel to it that is extended on each side by a quarter circle which has a 6 m radius and its center at the corner of the goal.

3 m from the goal area line and parallel to it is the free throw line.

The penalty line faces the goal.

Officials

Each game is supervised by two referees who are in control of the game.

Rules

The principal rules of handball are the following :

The players may :

- throw the ball, hit it with their hands or fists, push it, catch it, stop it in any way except with the legs below the knees, pass it from one hand to the other except by throwing it over their heads ;
- dribble the ball.

En plein vol   In full flight

Il est interdit de :
■ charger l'adversaire, de le tenir, de le pousser ou de le tirer ;
■ conserver le ballon plus de trois secondes ;
■ prendre de force le ballon des mains de l'adversaire ;
■ faire plus de trois pas sans rebond.
La surface de but est le domaine exclusif du gardien. Un attaquant qui y pénètre est pénalisé d'un coup franc, et un défenseur dans le même cas est sanctionné d'un jet de 7 m, sauf s'il ne conserve pas le ballon ou ne tire aucun avantage de son incursion dans cette zone.

Pénalités
Les principales pénalités sont :
■ *les jets francs* (par lesquels on peut marquer directement). Ils sont tirés de l'endroit où chaque faute a été commise ;
■ *les jets de 7 m*. Ils sont accordés lorsqu'un défenseur commet une faute grave envers un adversaire. Pendant ce tir tous les joueurs doivent se tenir en arrière de la ligne de jet franc ;
■ *les jets de coin*. Ils sont accordés à l'équipe attaquante lorsqu'un défenseur a sorti le ballon derrière sa propre ligne de but.

The players may not :
■ charge, hold, push or pull an opponent ;
■ hold the ball for more than three seconds ;
■ take the ball from an opponent's hands by force ;
■ take more than three steps without dribbling.
The goal area is exclusively for use of the goal keeper. An opponent who enters it is penalized by a penalty throw, and a member of the defending team who enters it is penalized by a free throw, unless he did not enter it for defensive purposes or retain possession of the ball.

Penalties
The principal penalties are :
■ *free throws* (which permit direct scoring). This throw is executed at the spot where the infraction took place.
■ *goal throws*. These are awarded if a defending player commits a serious foul against an attacker. During this throw all players must stand behind the free throw line.
■ *corner throws* (*throw in*). These are awarded to the attacking team when a defender has put the ball behind his own goal line.

184

	Hommes			**Men**
Champions olympiques Olympic champions	Bandholz, Baumann, Berthold, Braselmann, Brinkmann, Dossin, Fromm, Herrmann, Keiter, Klingler, Kreuzberg, Muller, Ortmann, Reinhardt, Spengler, Stahl, Theilig	GER	1936	Berlin
	Zivkovic, Arslanagic, Pribanic, Fajtric, Karalic, Lavrnic, Miskovic, Horvat, Pokrajac, Miljak, Lazarevic, Popovic	YUG	1972	Munich

	Femmes	**Women**
	Première participation aux jeux olympiques de Montréal	First appearance on the Olympic program at the Montreal Games

Hockey sur gazon   Hockey

Certains historiens affirment que le véritable berceau de ce jeu est la Perse. Plus de 2 000 ans avant notre ère, il était déjà pratiqué en même temps qu'un sport qui allait des siècles plus tard, sous une autre forme, passionner les Anglais de l'Armée des Indes : le polo.

Dans l'antiquité les Egyptiens s'adonnèrent eux aussi à un jeu ressemblant étrangement au hockey sur gazon, comme le prouvent les fresques qui décorent les murs d'une tombe découverte à Beni-Hassan, dans la vallée du Nil.

Enfin, les bas-reliefs du Temple de Thémistocle révèlent que plus de 500 ans avant J.C., les Grecs pratiquaient aussi un sport comparable, que les Romains devaient d'ailleurs adopter plus tard et baptiser la *pila paganica*. Ce jeu qui se déroulait sur un vaste terrain et consistait également à pousser à l'aide d'une crosse une balle de cuir bourrée de duvet fut longtemps populaire, surtout dans les campagnes.

Plus tard, dans la majorité des pays d'Europe, différentes formes de hockey sur gazon connurent une certaine vogue sous des noms différents selon les contrées (hoquet, gouret, kolbe, etc.). C'est ainsi qu'au XIIIe siècle alors que les Anglais se livraient au commock, les Français «choulaient à la crosse». Ces deux jeux se ressemblaient non seulement par leur manque de règles précises, mais aussi par leur extrême violence. Les rencontres étaient souvent marquées de brutalités, et les accidents, parfois mortels, étaient fréquents.

Le premier club de hockey sur gazon fut créé à Blackheath (Londres) en 1861. D'autres suivirent et, en 1883, les dirigeants du Wimbledon Hockey Club, désireux de voir évoluer leur sport favori, s'employèrent à le codifier et à lui donner un véritable règlement.

C'est surtout grâce à des étudiants anglais que le hockey sur gazon traversa la Manche. En Europe, il parvint à attirer rapidement un certain nombre d'adeptes, plus particulièrement en Allemagne, en France, aux Pays-Bas, au Danemark et en Belgique. Les Anglais devaient aussi l'exporter aux Etats-Unis, en Nouvelle-Zélande, en Australie et surtout aux Indes.

C'est vers la fin du siècle dernier que les militaires anglais initièrent les Indiens au hockey sur gazon. Très vite il devint un sport national aussi populaire que le base-ball aux Etats-Unis, le hockey sur glace au Canada ou le football au Brésil.

Some historians believe that this game originated in Persia. Something like it was being played there more than 4000 years ago, along with another sport which many centuries later in a somewhat different form became the passion of the British colonials in India, polo.

Frescoes on the walls of a tomb discovered at Beni Hassan in the valley of the Nile show that in ancient times Egyptians also played a game which bears a striking resemblance to field hockey.

Bas-reliefs in the temple of Themistocles show the Greeks playing a similar sport before 500 B.C., one which the Romans later adopted and named *pila paganica*. This game was played on a large field and consisted of using a stick to push a leather ball stuffed with down. It was very popular, especially in the countryside.

Centuries later, different forms of field hockey became fashionable in most European countries. The names varied from country to country. There were *hoquet, gouret, kolbe*. In the 13th century the English were playing "commock" while the French tried *"chouler à la crosse."* These two games were similar not merely in their lack of precise rules but also in their extreme violence. The matches were frequently brutal, and fatal accidents were common.

The first hockey club was founded in Blackheath, London, in 1861. Soon there were others, and in 1883 the directors of the Wimbledon Hockey Club, anxious to promote their favorite sport, set out to organize the game and give it a precise set of rules.

British students were largely responsible for bringing hockey across the Channel to the rest of Europe. It succeeded in attracting a fairly large following on the continent, especially in Germany, France, the Netherlands, Denmark and Belgium. The English also exported the game to the United States, New Zealand, Australia and, with very great success to India.

It was the English Army in India which introduced the natives to hockey near the end of the last century. It became the national sport very quickly, as popular as baseball in the United States, ice hockey in Canada and football in Brazil.

Ce que les Anglais avaient réalisé en Europe pour la propagation du hockey sur gazon, les Indiens ne tardèrent pas à le faire en Asie. En effet, entre la première et la deuxième guerre mondiale, ce sport devait, grâce à eux, connaître un remarquable essor dans de nombreux pays de cette région du monde, notamment : en Afghanistan, à Singapour, en Malaisie, mais surtout au Pakistan. A partir de 1950, les équipes de ce pays devaient d'ailleurs se montrer redoutables et, un peu plus tard, remporter d'éclatantes victoires internationales.

Ce sont certainement les Jeux Olympiques qui contribuèrent le plus à faire du hockey sur gazon un sport universel et cela avant même que fût créée la fédération internationale en 1924. En effet, en 1908, le hockey sur gazon fut inscrit au programme des Jeux de Londres et, même s'il fut écarté des manifestations olympiques d'Anvers en 1920 et de Paris en 1924, il connut par la suite un succès grandissant et une participation de plus en plus importante.

Le palmarès olympique montre que la suprématie internationale de ce sport d'équipe a suivi une évolution parallèle à celle de son développement dans les différentes régions du monde. En effet, si les Britanniques, ses inventeurs, remportèrent les deux premières médailles d'or en surclassant chaque fois des équipes essentiellement européennes, de 1928 à 1968, les hockeyeurs de l'Inde et, à une moindre échelle, ceux du Pakistan, ont largement dominé le hockey sur gazon international. Durant ces quarante ans, les premiers ont accédé sept fois à la plus haute marche du podium et les seconds deux fois. Derrière ces deux grands, on trouve aux places d'honneur : l'Allemagne, la Hollande, la Grande-Bretagne, l'Australie et l'Espagne.

A Munich en 1972, la République Fédérale Allemande a mis fin à la suprématie asiatique en battant en finale l'équipe du Pakistan sur le score de 1 à 0, à la suite d'une rencontre qui fut suivie d'incidents fâcheux provoqués par des joueurs que l'habitude de gagner avait transformés en mauvais perdants. Peut-être d'ailleurs, cette victoire européenne ne sera-t-elle en réalité qu'un bref intermède. Les événements ayant montré qu'elle fut mal accueillie, il est probable que la revanche ne se fera pas attendre. L'avenir nous le dira et de toute manière le grand vainqueur des futures confrontations sera sans aucun doute le hockey sur gazon, et c'est là l'essentiel.

What the English had done for field hockey in Europe, the Indians did in Asia. Between the First and Second World Wars, this sport became very popular in many countries in Asia, particularly Afghanistan, Singapore and Malaysia, and most especially in Pakistan. From 1950 on, the teams from this country showed themselves to be highly proficient in the sport and won brilliant victories in international competition.

Certainly the Olympic Games have made the major contribution to the world-wide interest in field hockey, even before the sport had its own international federation. Field hockey was included in the London Games in 1908, and although it was not on the program in Antwerp in 1920 or Paris in 1924, the year the International Federation was finally formed, it has become increasingly popular, and a growing number of teams have participated in Olympic tournaments.

The list of Olympic champions shows that international supremacy in this team sport parallels its development in various parts of the world. While the British inventors of the game won the first two gold medals, beating European teams, from 1928 to 1968 the hockey players of India and to a lesser extent Pakistan have dominated international hockey. During these forty years, the Indians were on the highest step of the winners' platform seven times and the Pakistanis twice. Behind these greats come outstanding teams from Germany, Holland, Great Britain, Australia, and Spain.

In the 1972 tournament in Munich, the Federal Republic of Germany halted the Asian dominance by beating the Pakistanis in the finals with a score of 1 to 0 in a match which was followed by some unfortunate incidents, caused by players whose habit of winning had made them poor losers. This European victory may well be a short interlude because the upset generated very strong feelings, and we can certainly look forward to an exciting re-match. But the true winner of these confrontations will be hockey, and that is as it should be.

Le hockey sur gazon est un sport de plein air très dur et très rapide

Field hockey is a fast-moving and difficult outdoor sport

Aux Jeux Olympiques douze équipes participent au tournoi de hockey sur gazon. Elles sont sélectionnées d'après des critères imposés par la Fédération Internationale.

Chaque pays concerné peut engager un maximum de seize joueurs.

Déroulement des compétitions

A Montréal, deux poules de six équipes seront constituées. A l'intérieur de chacune d'elles toutes les équipes se rencontreront.

Au stade suivant, celui des demi-finales, toutes les équipes participeront, la première du groupe A rencontrant la seconde du groupe B, et la première du groupe B rencontrant la seconde du groupe A, et ainsi de suite.

Lors des finales, les vainqueurs des demi-finales disputeront les deux premières places, les seconds, les troisième et quatrième places, et ainsi de suite.

Chaque équipe comprend onze joueurs dont un gardien de but. Les remplacements sont autorisés pendant toute la durée de la rencontre.

Les rencontres se déroulent en deux périodes de trente-cinq minutes chacune, coupées par une pause de cinq à dix minutes. Lors des demi-finales et finales, en cas de rencontre nulle, des prolongations peuvent être disputées.

Le classement est déterminé selon le nombre de points acquis à raison de deux points par rencontre gagnée, d'un point par rencontre nulle et zéro point par rencontre perdue.

Twelve teams may participate in the Olympic hockey tournament. They are selected according to criteria imposed by the International Federation.

Each country may enter a maximum of sixteen players.

The competition

In Montreal, there will be two groups of six teams each. In the first round, each team plays all the others in its group. All teams take part in the next round, the semi-finals, with the first team in one group playing the second in the other, the first in the second playing the second in the first, and so forth.

In the finals, the winners of the semi-finals play for the first two places, the seconds for third and fourth places, etc.

Each team has eleven players including one goal keeper. Players may be substituted throughout the game.

The game has two thirty-five minute periods and an interval of five to ten minutes in between them. In the case of a tie during the semi-finals and finals, additional periods of playing time can be added.

Rank in the tournament depends on the results of the games, with point awarded as follows : 2 points per win, 1 point for a tie, 0 points for a loss.

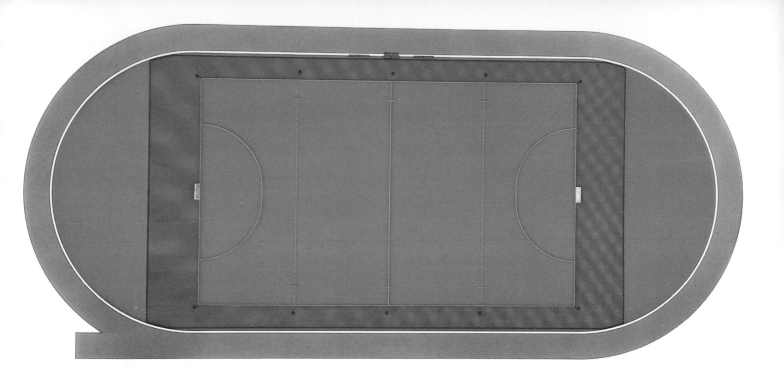

Terrain

Le terrain de hockey sur gazon a une longueur de 91,40 m et une largeur pouvant varier de 50,30 m à 54,84 m. Les buts ont une longueur de 3,66 m et une hauteur de 2,14 m.

Sur le terrain sont tracés :
- une ligne centrale ;
- deux lignes des 22,90 m (à partir de chaque ligne de but) ;
- deux demi-cercles d'envoi de 14,63 m de rayon (autour de chacun des buts) ;
- quatre marques de coin.

Les balles de cuir pèsent de 156 à 163 grammes. Les crosses, de 340 à 794 grammes, doivent pouvoir passer à l'intérieur d'un anneau de 5,08 cm de diamètre.

Les principales règles sont les suivantes :

Il est interdit de :
- lever la crosse plus haut que les épaules ;
- procéder à des actions dangereuses ;
- frapper la balle en l'air, la porter ou la faire sauter sur la crosse ;
- frapper la balle du pied ou l'arrêter avec le pied ;
- frapper la crosse de l'adversaire, l'accrocher ou la tenir ;
- gêner l'adversaire par obstruction avec le corps ou avec la crosse, le charger, le tenir, lui porter un croc-en-jambe.

Il est permis :
- d'arrêter la balle avec la main à condition de la lâcher immédiatement.

The pitch

The hockey field, called the pitch, is 91.40 m long and has a width which can vary from 50.30 to 54.84 m. The goals are 3.66 m long and the crossbar is 2.14 m off the ground.

The lines drawn on the field include :
- a center line ;
- two lines 22.90 m from the goals (twenty-five yard lines) ;
- two striking circles, with a 14.63 m radius around each goal ;
- four corner spots.

The leather ball weighs from 156 to 163 grams. The sticks, weighing from 340 to 794 grams, must be able to fit inside a ring with an interior diameter of 5.08 cm.

The principle rules of the games are as follows :

A player is forbidden to :
- raise his stick above the shoulder level ;
- play dangerously ;
- hit the ball in the air, carry it or make it bounce on the stick. ;
- kick the ball or stop it with the foot ;
- hit, hook, or hold his opponent's stick ;
- obstruct an opponent with body or stick, charge, hold or trip him.

Players may :
- stop the ball with the hand as long as it is dropped immediately.

Inside the striking circle only the goal keeper is allowed to play the ball with his foot and to stop it with any part of his body but he may not lay down on or in front of the ball.

189

A l'intérieur du cercle d'envoi seulement le gardien de but peut jouer la balle au pied et l'arrêter avec toutes les parties du corps, mais ne peut se coucher ni dessus, ni devant.

Pour toutes ces fautes les sanctions suivantes sont prévues :

Coup franc

Le coup franc est tiré à partir de l'endroit de la faute. Tous les joueurs doivent se tenir à 4,55 m au moins du tireur.

Coin de pénalité

Le coup de coin de pénalité est tiré de la ligne de but de l'équipe pénalisée à une distance d'au moins 9,14 m du poteau du but le plus proche. Il est sifflé lorsqu'un joueur pousse volontairement la balle derrière sa propre ligne de but, ou pour certaines fautes commises dans le cercle d'envoi.

Coup de pénalité

Le coup de pénalité sanctionne les fautes commises à l'intérieur du cercle d'envoi ou celles par lesquelles un joueur a intentionnellement empêché un but. Il est poussé à 7,31 m devant le milieu de la ligne de but. Tous les joueurs doivent se retirer derrière la ligne des 22,90 m. Si le gardien arrête la balle, l'équipe défendante bénéficie d'un coup frappé tiré à partir des 14,63 m.

Coup de coin ou corner

Le coup de coin est accordé lorsqu'un défenseur pousse involontairement et de moins de 22,90 m, la balle derrière sa propre ligne de but. Il est tiré à partir du coin concerné à moins de 2,75 m du drapeau de coin. A ce moment tous les défenseurs doivent se retirer derrière leur ligne de but et tous les attaquants doivent se tenir à l'extérieur du cercle d'envoi. La balle ne peut être reprise à la volée.

Hors-jeu

Le hors-jeu pénalise tout joueur qui, étant placé dans la moitié du terrain où se trouve le but adverse, a devant lui moins de deux opposants, sauf si le dernier joueur qui a touché la balle était plus rapproché que lui du but adverse.

The following penalties may be given :

Free hit

The free hit is usually taken where the offense occurred. All players must be at least 4.55 m away from the hitter.

Penalty corner

The penalty corner is taken anywhere on the goal line of the penalized team at least 9.14 m from the nearest goal post. It is awarded when a player deliberately plays the ball behind his own goal line or for certain offenses within the striking circle.

Penalty stroke

The penalty stroke is awarded for fouls committed inside the striking circle if a defender deliberately prevents a goal from being scored by fouling. The stroke is taken 7.31 m in front of the goal line. The other players must withdraw behind the twenty-five yard line. If the goalkeeper stops the ball, the defending team is awarded a free hit from a point 14.63 m from the goal.

Corner hit

The corner hit is awarded when a player unintentionally plays the ball behind his own goal line from within the twenty-five yard line. The corner is hit within 2.75 m of the place where the offense was committed. For the hit the defenders must be behind their own goal line and all the attackers must remain outside the striking circle. No attacker may shoot at the goal from a corner hit unless the ball first touches a defender or a defender's stick.

Offside

An offside is called whenever a player has fewer than two opponents in front of him when in the opponent's side of the pitch, unless the last player to touch the ball was closer to the opponent's goal than he is.

Rencontre des plus disputées, le Pakistan perd son titre face à la République Fédérale Allemande (0–1)

In a closely-fought match, Pakistan loses its title to the German Federal Republic (0–1)

Remise en jeu

Après chaque sortie de la balle sur les côtés, celle-ci est relancée sur le terrain par un adversaire du joueur qui l'a touchée en dernier lieu. A ce moment tous les autres joueurs doivent se tenir à 4,55 m au moins du tireur. Lorsque la balle sort derrière la ligne de but du fait de l'action d'un attaquant (ou d'un défenseur situé à plus de 22,90 m et si l'action n'est pas intentionnelle), la remise en jeu se fait par un coup franc à 14,63 m face au point de sortie.

Push-in

If a player hits the ball over the sidelines, a push-in is played along the ground by an opponent of the last player to touch the ball. Other players and their sticks must be at least 4.55 m from the hitter. When the ball crosses the goal line because of an attacker (or a defender more than 22.90 m away if the action is not intentional) the push-in is done with a free hit 14.63 m from the point where the ball went out.

Champions olympiques	GBR	1908	Londres/London
Olympic champions	GBR	1920	Anvers/Antwerp
	IND	1928	Amsterdam
	IND	1932	Los Angeles
	IND	1936	Berlin
Pinto, Singh, T., Gentle, Datt, Kumar, Vaz, Lall, Singh, G., Jansen, Fernandes, Singh, K.	IND	1948	Londres/London
Francis, Singh, D., Gentle, Claudius, Datt, Perumal, Lall, Singh, K., Dosanjh, Singh, U., Rajagopal	IND	1952	Helsinki
Laxman, Sandhu, Gentle, Claudius, Kumar, Perumal, Lall, Singh, G., Singh, B., Singh, U., Bhala	IND	1956	Melbourne
Hamid, Rasul, Gardener, Rashid, Dar Munir, Atif, Aslam, Ahmad, B., Khan Anwar, Kidi Habib, Hayat, Alam, Wameed, Ahmad, M., Ullah, Din Zaka, Khan Zafar, Ahmad, M.	PAK	1960	Rome
Laxman, Singh, P., Singh, D.M., Mohinder, Singh, C., Singh, G., Singh, J., Peter, Harbinder, Kaushik, Singh, D.	IND	1964	Tokyo
Hussain, Dar, Aziz, Anwar, Ahmed, Akhtat, Hussain, K., Ashfaq, Rashid, Malik, Butt	PAK	1968	Mexico
Kraus, Peter, Freise, Krause, Thelen, Droese, Keller, Klaes, Baumgart, Vos, Trump	GER	1972	Munich

Judo

Judo

La célèbre fable de La Fontaine «Le chêne et le roseau» aurait pu inspirer l'inventeur du ju-jutsu (ou jiu-jitsu).

Au cours d'un séjour en Chine qu'il effectua vers l'année 700, un docteur de Nagasaki, l'Honorable Shirobei *Akiyama*, avait appris les principes de la philosophie Tao qui préconise l'adaptation permanente aux circonstances de l'existence. Cette philosophie enseigne que dans notre univers tout est en équilibre entre deux forces contraires.

Un jour où il neigeait en abondance, *Akiyama* se promenait le long de la rivière qui traversait le jardin du temple de Tenji où il s'était retiré pour une période de cent jours. Durant sa longue méditation, la question qui torturait le sage médecin était de découvrir comment il pouvait être possible de maîtriser et de vaincre une force supérieure. C'est alors que parvenu près d'un saule, il s'aperçut que les grosses branches pliaient sous le poids de la neige tandis que les fines se débarrassaient constamment de leur fardeau et reprenaient chaque fois leur position initiale. Il venait de comprendre qu'à la force il fallait opposer la souplesse.

Sans tarder, Shirobei *Akiyama* se mit au travail et inventa de nombreuses prises, d'attaque et d'esquive, inspirées de sa découverte sur la supériorité de la souplesse sur la force. Il créa sa propre école : *Yoshin-Ryu* ou école du «cœur du saule». Le *ju-jutsu* venait de naître.

Durant des siècles cette nouvelle forme de combat, constamment améliorée, fut la base même de l'entraînement des guerriers japonais. Les samouraïs, particulièrement adroits à l'arme blanche, voulaient être aussi invincibles à mains nues. Pendant la période Edo (1615-1868), le *ju-jutsu* devenu un véritable art autant militaire que culturel fut enseigné dans de nombreuses écoles qui avaient chacune ses propres méthodes.

Avec l'Empereur *Meiji*, le shogounat et le régime féodal disparurent, les luttes internes qui divisaient le Japon de l'époque cessèrent. Pendant un temps encore, même si son but essentiel avait changé, le *ju-jutsu* du guerrier continua à figurer parmi les moyens de cultiver le corps autant que l'esprit. Mais, l'entrée du Japon dans l'ère moderne devait provoquer la disparition d'institutions anciennes. Le *ju-jutsu*, victime de ce phénomène, connut un rapide déclin qui aboutit à sa disparition presque totale.

The tale of the invention of *ju-jitsu* sounds like La Fontaine's famous fable "The Oak and the Willow." During a stay in China around 700 A.D., a physician from Nagasaki, the Honorable Shirobei *Akiyama*, became acquainted with the principles of Taoism, which advocates continual adaptation to the circumstances of existence. This philosophy also taught that there is a constant balance in our universe between two opposing forces.

One day after his return to Japan, *Akiyama* was walking along the bank of a river which ran through the gardens of the Tenji temple, where he had gone for a hundred-day retreat. During his long meditation, the wise doctor was troubled by the question of how to master and defeat a superior force. There had been a great deal of snow, and when he reached a willow tree, he noticed that its larger branches were bending under the weight of the snow, while the smaller ones were constantly shedding their load and regaining their original position. He realized that it was necessary to oppose force with suppleness.

Shirobei *Akiyama* set to work without delay, inventing holds and techniques for evading and attacking, using the inspiration of his discovery. He founded a school : *Yoshin-Ryu*, or the school of "the heart of the willow" and *ju-jitsu* was born.

As the centuries passed, this new form of combat was constantly improved. The samourais, who were particularly skilled with arms of steel, wanted to be just as invincible in hand-to-hand combat. During the Edo period (1615-1868), *ju-jitsu*, now considered both a military and a cultural art, was taught by many schools, each with its own methods.

With the Emperor *Meiji*, the shogunate and the feudal regime disappeared, and the internal struggles which had been dividing Japan came to an end. For a while, *ju-jitsu* continued to be one of the ways to cultivate both body and mind, even if its essential purpose had changed. But the entrance of Japan into the modern era caused the disappearance of many ancient institutions. *Ju-jitsu* was a victim of this evolution ; it declined rapidly and nearly disappeared altogether.

Le poids lourd hollandais Wim Ruska, gagnant de deux médailles d'or, Munich 1972

Dutch heavyweight Wim Ruska, winner of two gold medals in Munich 1972

Là se serait arrêtée la merveilleuse histoire du sport inventé par l'Honorable *Akiyama* si, en 1882, un jeune japonais, Jigoro *Kano*, ancien élève de l'école de *ju-jutsu* de Tenshin Shinyo, n'avait décidé de redonner vie à cet art martial, aux vertus duquel il croyait fermement. C'est alors qu'il élabora une technique personnelle qui devait s'avérer supérieure à toutes les autres. Ainsi naquit le Judo ou voie de la souplesse (ju = souplesse, do = voie). La même année, Jigoro *Kano* créa le Kodokan ou «maison qui enseigne la route à suivre» (ko = enseignement, science, do = voie, route, kan = maison) qui ouvrit ses portes avec . . . neuf élèves et douze tatamis. (Un tatami est un rectangle de paille de riz tressée, de 1,80 m de longueur et de 0,90 m de largeur).

Aujourd'hui le Kodokan est un véritable institut international du judo où s'entraînent chaque jour des milliers d'adeptes.

That would have been the end of this marvelous sport invented by *Akiyama* had it not been for a young Japanese practitioner named Jigoro *Kano*, a former pupil in the *ju-jitsu* school of Tenshin Shinyo. In 1882 he decided to bring this martial art back to life, because he firmly believed in its virtues. He devised his personal technique, which was to prove to be superior to all the others. It was called Judo, or the path of suppleness (*ju* = suppleness and *do* = path). That same year Jigoro *Kano* founded the Kodokan or "house which teaches the road to follow" (from *ko* = teaching, *do* = path, and *kan* = house). It opened its doors with nine pupils and twelve tatamis (a tatami is a rectangular mat made of rice straw, 1.80 m long and .90 m wide).

Today, the Kodokan is the home of judo; where thousands of people train in this sport every day.

Jigoro Kano (1860–1938), fondateur de l'école moderne du Judo et créateur du kodokan

Jigoro Kano (1860–1938), founder of the modern school of judo and creator of the kodokan

Par leur ténacité, leur foi, leur idéal, ces premiers héritiers du *ju-jutsu* allaient donner au judo un rapide et extraordinaire essor. Bientôt, grâce à l'action de Jigoro *Kano*, il se répandait hors de l'Empire du Soleil-Levant. Les disciples du Maître, envoyés à travers le monde comme de véritables missionnaires, devaient consolider l'implantation avec les résultats qu'on connaît. A cet égard il y a lieu de rappeler la tâche énorme accomplie par Jigoro *Kano*. Élu membre du Comité International Olympique en 1909, l'inventeur du judo s'efforça durant près de trente ans de faire admettre son sport dans la famille olympique. En 1938, lors de la trente-septième session du C.I.O., au Caire, il connaissait enfin le succès car le judo était officiellement admis au programme des Jeux qui devaient se tenir à Tokyo, en 1940. Malheureusement le Maître ne connut pas l'apothéose de son œuvre. Quelques jours seulement après sa victoire du Caire, il mourait sur le bateau qui le ramenait à Tokyo. De plus la Seconde Guerre mondiale devait provoquer l'annulation des Jeux de la XIIe olympiade.

Judo had remarkable and rapid successes because of the tenacity, faith, and idealism of these heirs of ju-jitsu. Thanks to the efforts of Jigoro *Kano*, it soon spread beyond the Empire of the Rising Sun. The master sent disciples all over the world like missionaries, and they consolidated their efforts with successes which are well-known today. The enormity of the task accomplished by Jigoro *Kano* himself is well worth recalling. Elected a member of the International Olympic Committee in 1909, the inventor of judo worked for nearly thirty years to have his sport become part of the Olympic family. He was finally successful at the thirty-seventh session of the I.O.C. held in Cairo in 1938, which officially added judo to the program of the Games that were to be held in Tokyo in 1940. Unfortunately, the Master did not live to see his dream realized, he died on the ship which was taking him back to Japan a few days after his victory in Cairo. And of course the Second World War cancelled the Games of the XIIth Olympiad.

Malgré son énorme popularité, la seconde entrée du judo dans l'olympisme fut des plus difficiles. Le manque d'unité qui a caractérisé les débuts de son organisation internationale n'a certainement pas facilité cette admission. Ce n'est qu'en 1964, probablement en hommage au pays du Soleil-Levant, qu'il fut enfin présenté dans le cadre des Jeux de Tokyo. Quelques années auparavant, en dépit de l'opposition d'un certain nombre d'éléments conservateurs, les règles de participation avaient été modifiées par la création de catégories de poids. Malgré le succès remporté en 1964 à Tokyo, le judo disparaissait du programme des Jeux de Mexico en 1968, mais y revenait en 1972, à Munich.

Si à Tokyo, pour les premières compétitions olympiques de judo, les Japonais connurent de grandes satisfactions en remportant trois des quatre titres (léger, moyen et lourd), ils eurent cependant à surmonter la plus amère des déceptions quand un géant hollandais, Anton *Geesink*, conquit en 9'22" la plus belle des médailles : celle de la catégorie ouverte, face à un excellent Akio *Kaminaga*. De toute manière, ce succès européen fut également une victoire posthume de Jigoro *Kano* qui voulait tant que son judo devienne un sport international.

A Munich, deux nouvelles catégories de poids furent ajoutées aux quatre précédentes. Si les Japonais dominèrent encore en gagnant trois médailles d'or grâce au poids léger Takao *Kawaguchi*, au poids welter Tokokazu *Nomura* et au poids moyen Shinobu *Sekine*, ils essuyèrent un échec dans les catégories de poids supérieures où ils ne remportèrent qu'une médaille de bronze chez les lourds. Les autres titres olympiques allèrent au poids mi-lourd soviétique Shota *Chochoshvili* et à un remarquable athlète, disciple de *Geesink*, le poids lourd hollandais Wim *Ruska* qui accéda deux fois à la plus haute marche du podium, dans sa catégorie et dans la catégorie ouverte.

Les Jeux de Munich furent donc une confirmation des progrès réalisés par le judo international, notamment celui des Pays-Bas (deux médailles d'or), de l'U.R.S.S. (une médaille d'or, une d'argent, deux de bronze), de Grande-Bretagne (une médaille d'argent, deux de bronze), de République Fédérale Allemande (une médaille d'argent, une de bronze) et de France (trois médailles de bronze).

Despite its enormous popularity, judo had just as much difficulty arranging for its Olympic entry for the second time. The lack of unity which characterized its international organization did nothing to simplify this process. It was finally presented as part of the program of the 1964 Games in Tokyo, probably out of respect to the organizing country. A few years earlier, in spite of the opposition of certain more conservative elements, the rules for participation had been modified by the creation of weight categories. Although it was a great success in Tokyo in 1964, there was no Olympic judo tournament in Mexico in 1968. However, it did return in Munich in 1972.

While the Japanese were understandably proud to have won three of the four possible titles (light, medium and heavy) at the first Olympic competition, they had to face bitter disappointment when a giant athlete from Holland named Anton *Geesink* won the most coveted of the gold medals, the one for the open class, in 9'22", defeating the excellent Akio *Kaminaga*. In a sense, this European success was a belated victory for Jigoro *Kano*, who had so much wanted Judo to become an international sport.

In Munich, two new weight categories were added to the four already in use. While the Japanese dominated once again by winning three gold medals from the victories of Takao *Kawaguchi* in the lightweight category, Tokokazu *Nomura* in the welter weight, and Shinobu *Sekine* in the middleweight, they were outclassed in the heavier categories, where they only won a bronze medal in the heavy weight category. The other Olympic titles went to the Soviet light heavyweight Shota *Chuchoshvili* and to a remarkable athlete, a student of *Geesink*, the Dutch heavyweight Wim *Ruska*, who climbed to the highest step twice : in his own weight category and in the open category.

The Munich Games were once again a confirmation of the international character of Olympic judo. The medals were divided among the athletes of many countries, notably the Netherlands (two golds), U.S.S.R. (one gold, one silver, two bronze), Great Britain (one silver, two bronze), the German Federal Republic (one silver and one bronze) and France (three bronze medals).

Aucun doute sur celui qui a l'avantage...

No doubt about who has the advantage...

Aux Jeux Olympiques chaque pays peut engager un concurrent dans chacune des catégories suivantes :
■ Léger
jusqu'à 63 kg inclus
■ Mi-moyen
de 63 kg à 70 kg inclus
■ Moyen
de 70 kg à 80 kg inclus
■ Mi-lourd
de 80 kg à 93 kg Inclus
■ Lourd
plus de 93 kg
■ Catégorie ouverte
aucune limite de poids

Déroulement des compétitions
Les compétitions olympiques de judo comportent des rencontres éliminatoires, des repêchages, des demi-finales et des finales.
Les concurrents doivent se soumettre à des pesées sous le contrôle de la Fédération Internationale.
Chaque concurrent doit revêtir un judogi de couleur blanche portant son numéro de compétition.

In the Olympic Games, each country may enter a maximum of six competitors : one in each weight class and one in the open category.
The weight classes are as follows :
■ lightweight
up to 63 kg, inclusively
■ welterweight
63 to 70 kg inclusively
■ middleweight
70 to 80 kg inclusively
■ light heavyweight
80 to 93 kg inclusively
■ heavyweight
over 93 kg
■ open category
no weight limit

The competitions
The Olympic judo competitions consist of qualifying rounds, repechages, semi-finals and finals.
The competitors must be officially weighed in by the International Federation.
Each competitor must wear a white judogi with his competition number.

Le poids moyen japonais Shinobu Sekine (78) lors de la finale qui lui valut la médaille d'or à Munich

Japanese middleweight Shinobu Sekine (78) in the match which won him the gold medal in Munich

La durée des rencontres qui se déroulent sur un tapis spécial de 10 m de côté sont de :
■ 6 minutes pour les éliminatoires et les repêchages ;
■ 8 minutes pour les demi-finales ;
■ 10 minutes pour les finales.

Est déclaré vainqueur, le judoka qui par suite d'une projection très nette de l'adversaire, d'une immobilisation de trente secondes, d'un étranglement ou d'une clé de bras, obtient un point (*Ippon*). Des fractions de point (*Waza-Ari, Yuko, Koka*) peuvent également être attribuées. L'arbitre est assisté de deux juges.

Comme pour la boxe, les demi-finalistes reçoivent chacun une médaille de bronze.

The matches take place on a special mat 10 m square and last :
■ 6 minutes in qualifying rounds and repechages
■ 8 minutes for semi-finals
■ 10 minutes for finals

The *judoka* or competitor declared the winner is the one who first obtains one point (*Ippon*), which is awarded for a throw of considerable force, lifting the opponent from the mat to shoulder height, or making an effective stranglehold or lock, or maintaining a hold for thirty seconds. Fractions of points (*Waza-Ari, Yuko, Koka*) may also be awarded. The referee is assisted by two judges. As in boxing, the two losers in the semi-finals are each awarded bronze medals.

198

	Poids Léger			**Lightweight**	
Champions olympiques Olympic champions	Nakatani, T. Kawaguchi, T.	JPN JPN	1964 1972	Tokyo Munich	

	Poids Mi-moyen			**Welterweight**	
Champion olympique Olympic champion	Nomura, T.	JPN	1972	Munich	

	Poids Moyen			**Middleweight**	
Champions olympiques Olympic champions	Okano, I. Sekine, S.	JPN JPN	1964 1972	Tokyo Munich	

	Poids Mi-lourd			**Light Heavyweight**	
Champion olympique Olympic champion	Chochoshvili, S.	URS	1972	Munich	

	Poids Lourd			**Heavyweight**	
Champions olympiques Olympic champions	Inokuma, I. Ruska, W.	JPN HOL	1964 1972	Tokyo Munich	

	Catégorie ouverte			**Open category**	
Champions olympiques Olympic champions	Geesink, A. Ruska, W.	HOL HOL	1964 1972	Tokyo Munich	

Lutte

Wrestling

Les origines de la lutte sportive sont extrêmement lointaines comme le prouvent des fresques dessinées il y a plus de 3500 ans sur les murs d'une tombe découverte à Beni Hassan dans la vallée du Nil.

En 708 avant J.-C., la lutte ou *palè* figurait déjà au programme des XVIIIe Jeux Olympiques comme sport à part entière, mais aussi comme une des épreuves du pentathle. Les Grecs en attribuaient la paternité à *Thésée*, leur héros, vainqueur du Minotaure, ce monstre qui se nourrissait de chair humaine. Les lutteurs, qui combattaient entièrement nus, s'enduisaient le corps d'huile d'olive. Les rencontres commençaient debout, le vainqueur était celui qui faisait toucher au sol les épaules ou les hanches de son adversaire.

Le premier olympionique de la lutte fut un citoyen de Sparte nommé *Eurybate*.

L'histoire nous apprend que depuis toujours et sous tous les cieux, la lutte a été souvent pour les hommes un des moyens de mesurer leur force, leur résistance, leur souplesse et leur habileté. C'est sans doute pourquoi ce sport fait partie des folklores locaux, ce qui explique la grande diversité de ses formes.

En Turquie, les sultans entretenaient des groupes de lutteurs appelés *gouressis* qui, comme les Grecs des Jeux Antiques, s'enduisaient le corps d'huile avant les combats. Aujourd'hui encore dans ce pays la lutte figure régulièrement au programme des fêtes populaires.

Au Japon, le sumo était il y a 2000 ans aussi couru qu'aujourd'hui.

En Chine, le *wu-shu*, sport de combat à disciplines multiples – dont la lutte – était déjà pratiqué il y a des siècles. On pourrait, bien sûr, encore citer de nombreuses formes de lutte tels le *sambo* des Russes, la «lutte au caleçon» des Suisses, les luttes mongoles, la lutte bretonne dont le connétable Bertrand du *Guesclin* sut user en son temps, et la «free style» des Etats-Unis sur laquelle nous reviendrons.

La lutte amateur, c'est-à-dire celle qui est présentée dans le cadre des Jeux Olympiques, comporte deux styles de création relativement récente : la lutte gréco-romaine et la lutte libre.

Wrestling is an extremely ancient sport. Frescoes on the walls of a tomb in Beni Hassan in the valley of the Nile depict wrestling competitions that date back more than 3500 years.

Wrestling or *palè* was on the program of the XVIII Olympic Games of ancient times, both as a sport in its own right and also as one of the events of the pentathlon. The Greeks believed *Theseus*, the hero who vanquished the man-eating Minotaur, to be the inventor of wrestling. The fighters wrestled completely nude and covered their bodies with olive oil. Both fighters were standing at the start of the bout, and the winner was the one who made his opponent's shoulders or hips touch the ground. The first Olympian in wrestling was a Spartan named *Eurybates*.

History tells us that wrestling has always been a way for men to measure their strength, agility and skill. This helps explain the universality of the sport, which figures frequently in regional folklore.

The Turkish sultans kept groups of wrestlers called *gouressis* who also covered their bodies in oil before bouts, just the way the ancient Greeks did. Wrestling is still the chief attraction at popular festivals in that country.

In Japan, sumo wrestling was as popular 2000 years ago as it is today.

In China, *wu-shu* is a martial art which includes wrestling. It has been practiced there for many centuries. There are numerous other forms of wrestling, such as the "sambo" wrestling of the Russians, the "wrestling in shorts" of the Swiss, Mongolian wrestling, Breton wrestling, which was used to good effect in the 14th century by the High Constable of France, Bertrand du *Guesclin*, and the free-style wrestling of the United States, which will be discussed at greater length further on.

Amateur wrestling, which is the type of wrestling found on the program of the Olympic Games, consists of two relatively recent innovations in style : Greco-Roman and free style wrestling.

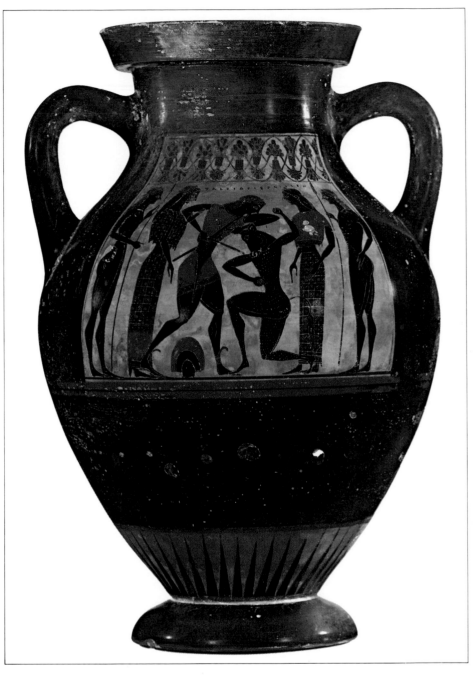

Victoire de Thésée contre le Minotaure. Amphore peinte, 550–530 avant J.-C.

Victory of Theseus over the Minotaur. Painted amphora, 550–530 B.C.

Lutte gréco-romaine

Il faut d'abord préciser que la lutte gréco-romaine n'a de grec et de romain que le nom, puisque ses premières règles furent écrites en 1848, en treize articles, par un directeur d'arène du Sud de la France nommé Innocent *Turguetil*.

Baptisée gréco-romaine en souvenir sans doute des athlètes des Jeux de l'antiquité, cette forme de lutte connut à l'époque, une très grande popularité grâce surtout aux forains qui la présentaient souvent comme numéro principal de leur programme.

Greco-Roman wrestling

The only relationship this form of wrestling has with the Greeks and Romans is its name. The rules for this style were drawn up in 1848 by the director of an arena in the south of France named Innocent *Turgeutil*.

Called Greco-Roman to recall the athletes of the ancient Games, this style of wrestling was popularized by the travelling performers at country fairs, who frequently presented wrestling matches as one of their chief attractions.

Peinture murale
du tombeau du
Prince Cheti, à Beni
Hassan, Egypte, vers
2050 avant J.-C.

Wall painting
from the tomb of
Prince Cheti, in Beni,
Hassan, Egypt
Around 2050 B.C.

Un peu plus tard, le règlement initial fut modifié : les prises au-dessous de la ceinture et les brutalités furent interdites. La lutte gréco-romaine, contrastant avec les autres formes de combat en vogue, devint une joute courtoise d'où les partici-pants sortaient indemnes.

C'est à un forain nommé *Exbrayat*, ancien grognard de l'Empire, que la lutte gréco-romaine doit sa conquête de Paris. De la baraque au cabaret il n'y avait qu'un pas. Il fut bientôt franchi, et à la fin du XIXe siècle, le tout Paris s'enthousiasmait pour les rencontres de lutte des ... Folies Bergères. Très rapidement les autres capitales européennes suivaient l'exemple. Au début du XXe siècle, après les clubs, les premières associa-tions régionales de lutte virent le jour. Mais il fallut attendre une dizaine d'années pour voir se fonder les pre-mières fédérations nationales de ce sport et c'est en 1912 que la Fédéra-tion Internationale fut créée.

A little later, the original rules were modified to eliminate holds below the belt and excessive brutality. Greco-Roman wrestling, in contrast to the other forms of combat in vogue at the time, was courteous, and the partici-pants emerged from the bouts un-harmed.

A travelling player named *Exbrayat*, an ex-soldier of the Empire, first brought Greco-Roman wrestling to Paris. It was just a short step from the tent to the cabaret, and he took it quickly. By the end of the 19th century, Paris was enthralled by the wrestling bouts held at the ... Folies Bergères! Soon, the other European capitals followed suit. By 1900, the clubs which had been formed began to join together into regional associations. Another ten years past before the first national federations were established, and the International Federation for Amateur Wrestling was founded in 1912.

Le Suédois Ivar
Johansson, trois
médailles d'or, ren-
contre le Finlandais
Väinö Kajander, Los
Angeles 1932

Swede Ivar
Johansson, three
time gold medallist,
in a match against
Finn Väinö Kajander,
Los Angeles 1932

Lutte libre
Inspiré des règles de la lutte
«free style», très populaire aux Etats-
Unis vers 1880, le premier règlement
de la lutte libre que nous connaissons
aujourd'hui fut rédigé plus d'un demi-
siècle après celui de la lutte gréco-
romaine. En 1920, il devait d'ailleurs
subir des modifications ayant pour but
principal de régler quelques points
litigieux concernant certaines prises
autorisées par les uns et interdites par
les autres. Depuis, la lutte libre a conquis des milliers d'adeptes et figure
dans de nombreux pays parmi les
sports de base au même titre que sa
soeur, la lutte gréco-romaine.

Free style wrestling
Inspired by the free style wrestling which was very popular in the
United States in the 1880's, a first set
of rules for free style wrestling as we
now know it was put together more
than fifty years after Greco-Roman
wrestling was organized. In 1920,
these rules underwent certain changes
to settle disputes about the use of
certain holds that were authorized by
some groups and forbidden by others.
Since then free style wrestling has had
thousands of practitioners, and in
some countries, it is considered a
national sport, on the same level with
its twin, Greco-Roman wrestling.

Dès 1896, la lutte fut inscrite au programme des Jeux. Certes, son entrée dans l'olympisme fut des plus timides car à Athènes, il n'y eut qu'une seule épreuve en style gréco-romain et en catégorie ouverte. En 1900, à Paris, malgré sa popularité du moment, ce sport fut exclu des manifestations olympiques. C'est à partir de 1904, à Saint-Louis, que le programme commença à s'étoffer avec des rencontres en lutte libre dans sept catégories. Quatre ans plus tard, à Londres, les deux styles étaient présentés. En 1912, à Stockholm, la Suède ne reconnaissant pas la lutte libre, cette dernière ne fut pas inscrite au programme des Jeux.

Depuis 1920, les deux styles de lutte ont constamment figuré sur la liste des épreuves olympiques. Seules des modifications dans les catégories de poids ont influé sur la participation.

La lecture du palmarès olympique montre que jusqu'en 1936, en lutte gréco-romaine, la supériorité des pays nordiques fut écrasante : d'Athènes à Berlin, les Finlandais gagnèrent quatorze médailles d'or et les Suédois, treize. En lutte libre, pendant la même période, quatre pays ont dominé la scène internationale : les Etats-Unis qui remportèrent dix-neuf titres, devançant deux pays nordiques, la Finlande (huit titres) et la Suède (six titres), ainsi que la Suisse (quatre titres).

En 1948, trois nouveaux pays se hissèrent parmi les grands de la lutte olympique. D'abord, la Turquie qui jusqu'en 1968 remporta quinze titres en lutte libre et sept en lutte gréco-romaine ; puis le Japon, notamment dans les catégories de poids inférieures, qui s'adjugea onze titres en lutte libre et trois en lutte gréco-romaine, et surtout, aux Jeux des dernières olympiades, l'U.R.S.S. dont les représentants enlevèrent seize médailles d'or en lutte libre et dix-huit en lutte gréco-romaine. De leur côté, les Etats-Unis continuèrent à bien se comporter dans le style libre en gagnant onze titres, tandis que les autres lauriers se répartirent entre la Finlande, la Suède, l'Iran, la Yougoslavie, la Bulgarie et quelques autres pays de l'Est.

Parmi les athlètes qui se distinguèrent plus particulièrement au cours des rencontres olympiques, trois lutteurs remportèrent chacun trois titres :

Wrestling was on the program of the 1896 Games in Athens. As it happens, the initial appearance of this sport on the Olympic program was not exactly spectacular ; only one event was held, Greco-Roman style wrestling in the open weight class. Although the sport was quite popular at the time, it was not included in the Paris Games in 1900. In 1904 at the St. Louis Games, the program began to expand ; it included free style bouts in seven categories. Four years later in London, both styles were presented. In Stockholm in 1912, only Greco-Roman wrestling events were held because Sweden did not recognize free style wrestling.

Since 1920, the two styles have appeared side by side at successive Olympic Games. There have been slight modifications in the weight classes during the years, but participation has been only positively affected by them.

The list of Olympic winners in wrestling shows that until 1936 Greco-Roman wrestling was the preserve of the Scandinavian countries. From Athens to Berlin, the Finns won fourteen gold medals and the Swedes thirteen. During the same period, free style wrestling was dominated by four countries : the United States, which won nineteen titles, Finland (eight titles), Sweden (six titles), and Switzerland with four titles.

In 1948, three new countries became prominent in Olympic wrestling. First Turkey, which up to 1968 won fifteen titles in free style and seven in Greco-Roman ; then Japan, particularly in the lighter weight classes, winning eleven titles in free style and three in Greco-Roman ; and in the last few Olympic Games, the U.S.S.R., whose representatives took sixteen golds in free style and eighteen in Greco-Roman, has made spectacular gains. The U.S.A. continues to do well in free style, winning eleven titles, while other honors have gone to Finland, Sweden, Iran, Yugoslavia, Bulgaria, and a few other eastern countries.

Among the wrestlers whose achievements merit recognition are three who have each won three Olympic titles : the Finn Vaino *Kokkinen*,

Le japonais Kyomi Kato qui remportera la médaille d'or, en lutte libre, 52 kg., immobilise Mohamad Ghorbani d'Iran. Munich 1972.

Kyomi Kato from Japan, winner of the 52 kg., free-style wrestling, is seen here with Mohamad Ghorbani of Iran. Munich 1972.

le Finlandais Vaino *Kokkinen*, poids moyen de l'époque, vainqueur en lutte gréco-romaine en 1928 et 1932 – lors de ces derniers Jeux Olympiques il remporta également la médaille d'or de la catégorie supérieure (super-moyen) –, le Suédois Ivar *Johansson*, vainqueur dans les deux styles à Los Angeles en 1932 et en lutte gréco-romaine à Berlin en 1936, et le Soviétique Alexandr *Medved* qui, en 1964 à Tokyo, remporta la palme des 90 kg en lutte libre, à Mexico en 1968, celle des 100 kg et à Munich en 1972, celle des plus de 100 kg.

Derrière ces super-champions, nous trouvons une dizaine de lutteurs qui accédèrent deux fois à la plus haute marche du podium, parmi lesquels : le poids moyen turc Mihat *Bayrak*, vainqueur en lutte gréco-romaine à Melbourne en 1956 et à Rome en 1960, le Japonais Yugiro *Uetaka* qui remporta en lutte libre la médaille d'or des 57 kg à Tokyo en 1964 et à Mexico en 1968, et le Bulgare Peter *Kirov*, champion olympique de lutte gréco-romaine des 52 kg à Mexico en 1968 et à Munich en 1972.

Aux Jeux Olympiques, chaque pays peut engager un concurrent par catégorie de poids dans chacun des deux styles. Les catégories de poids sont les suivantes :

Greco-Roman middle weight champion in 1928 and 1932 – and in that year he also won the gold medal in the light heavyweight class; the Swede Ivar *Johansson*, winner in both styles in Los Angeles in 1932 and in Greco-Roman in Berlin in 1936, and the Soviet Alexandr *Medved*, who won the 90 kg free style in Tokyo in 1964, the 100 kg title in 1968, and the over 100 kg title in 1972.

In addition to these super champions, there are several wrestlers who have won two gold medals in Olympic competitions. Among them are the Turkish middle weight Mihat *Bayrak*, who won the Greco-Roman title in Melbourne in 1956 and in Rome in 1960; the Japanese Yugiro *Uetaka*, who won the free style title in the 57 kg class in Tokyo in 1964 and in Mexico in 1968, and the Bulgarian Peter *Kirov*, Greco-Roman champion in Mexico and Munich in the 52 kg class.

Each country may enter one competitor per weight class in each style in the Olympic wrestling competition. The weight classes are as follows:

Chris Taylor, USA, «écrase» Wilfried Dietrich, GER, au quatrième tour des plus 100 kg, lutte libre. Taylor terminera 3e du tournoi olympique

Chris Taylor, USA, "destroys" Wilfried Dietrich, GER, in the fourth round of the free style, more than 100 kg category. Taylor finished 3rd in this tournament

Lutte gréco-romaine et lutte libre

jusqu'à   48 kg
jusqu'à   52 kg
jusqu'à   57 kg
jusqu'à   62 kg
jusqu'à   68 kg
jusqu'à   74 kg
jusqu'à   82 kg
jusqu'à   90 kg
jusqu'à 100 kg
plus de 100 kg

Déroulement des compétitions

Le tableau des rencontres est établi après tirage au sort. L'admission à la finale dans chacune des catégories de poids des deux styles est déterminée par le nombre de points de pénalisation attribué. Tout lutteur totalisant six mauvais points est éliminé. Le tournoi se poursuit jusqu'au moment où il ne reste plus que trois concurrents en lice pour la finale.

Points techniques

En dehors des points de pénalisation, il existe des points techniques qui déterminent les résultats acquis aux points. Ils sont accordés au cours des combats en fonction des actions de l'un ou l'autre des concurrents : prises correctes, immobilisations, mises de l'adversaire en danger, etc. Le lutteur qui, à l'issue d'une rencontre à la limite du temps totalise le plus de points techniques, est déclaré vainqueur aux points.

Greco-Roman and free style wrestling

up to   48 kg
up to   52 kg
up to   57 kg
up to   62 kg
up to   68 kg
up to   74 kg
up to   82 kg
up to   90 kg
up to 100 kg
more than 100 kg

The competition

The schedule of the tournament is determined by lot. Access to the finals in each weight class for both styles is determined by the number of penalty points given to each wrestler. Any wrestler with a total of six penalty points is eliminated. The elimination rounds go on until there are only three competitors left in each class for the finals.

Technical points

In addition to the penalty points, technical points are given for the moves performed. They are given during the bouts on the basis of actions performed by the competitors, e.g.: applying a correct hold, holding an opponent under control, placing an opponent in danger for a certain period of time, etc. The wrestler who has the most technical points at the end of the bout is declared the winner by points.

Wayne Wells,
USA, médaille d'or
à Munich, domine
son adversaire

Wayne Wells,
USA, gold medallist
in Munich, dominat-
ing his opponent

Points de pénalisation
- défaite par tomber : 4 points ;
- défaite aux points avec désa-
vantage de plus de 10 points techniques : 3 points ½ ;
- défaite aux points avec désa-
vantage de moins de 10 points techniques : 3 points ;
- rencontre nulle avec aucune
action valable durant le combat :
2 points ½ ;
- rencontre nulle : 2 points ;
- victoire aux points avec avantage
de moins de 10 points techniques :
1 point ;
- victoire aux points avec avantage
de plus de 10 points techniques :
½ point ;
- victoire par tomber : 0 point.

Tomber
Un tomber est déclaré valable
lorsque les deux épaules (omoplates)
d'un des lutteurs touchent le sol en
même temps pendant un bref moment
(environ une seconde).

Les lutteurs doivent se soumettre
à une pesée chaque jour de rencontre.

La durée des combats est de trois
périodes de trois minutes, avec une
pause d'une minute entre chaque
période.

Les rencontres se déroulent sur
des tapis circulaires de 8 à 12 mètres
de diamètre.

L'arbitrage est assuré par un président de tapis, un arbitre et un juge.

Penalty points
- loss by a fall : 4 points
- loss by more than 10 technical
points : 3½ points
- loss by fewer than 10 technical
points : 3 points
- tie match with no valid moves
during the bout : 2½ points
- tie match : 2 points
- win by less than 10 technical
points : 1 point
- win by more than 10 technical
points : ½ point
- win by fall : 0 points

Fall
A fall is valid if a wrestler's shoulders touch the mat for a count of
three (about one second).

The wrestlers must be officially
weighed in on each day of competition.

Each bout has three three-minute
rounds with a one minute rest between
each round.

The bouts are held on a mat
which is 12 m square, having a circular
contest area 9 m in diameter.

Officials include a mat chairman,
a referee and a judge.

Lutte gréco-romaine
Seules les prises portées à la partie supérieure du corps, de la tête à la ceinture, sont valables. L'utilisation des jambes est interdite.

Greco-Roman wrestling
Only holds to the upper part of the body, from the head to the belt, are valid. Use of the legs is forbidden.

Jusqu'à 48 kg / Up to 48 kg

Champions olympiques / Olympic champions				
Berceanu, G.	ROM	1972	Munich

Jusqu'à 52 kg / Up to 52 kg

Champions olympiques / Olympic champions			
Lombardi, P.	ITA	1948	Londres/London
Gourevitch, B.	URS	1952	Helsinki
Soloviev, N.	URS	1956	Melbourne
Pirvulescu, D.	ROM	1960	Rome
Hanahara, T.	JPN	1964	Tokyo
Kirov, P.	BUL	1968	Mexico
Kirov, P.	BUL	1972	Munich

Jusqu'à 57 kg / Up to 57 kg

Champions olympiques / Olympic champions			
Putsep, E.	EST	1924	Paris
Leucht, K.	GER	1928	Amsterdam
Brendel, J.	GER	1932	Los Angeles
Lorincz, M.	HUN	1936	Berlin
Pettersen, K.	SWE	1948	Londres/London
Hodos, I.	HUN	1952	Helsinki
Vyroupajev, K.	URS	1956	Melbourne
Karavaev, N.	URS	1960	Rome
Ichiguchi, M.	JPN	1964	Tokyo
Varga, J.	HUN	1968	Mexico
Kazakov, R.	URS	1972	Munich

Jusqu'à 62 kg / Up to 62 kg

Champions olympiques / Olympic champions			
Koskelo, K.	FIN	1912	Stockholm
Friman, O.	FIN	1920	Anvers/Antwerp
Anttila, K.	FIN	1924	Paris
Vali, V.	EST	1928	Amsterdam
Gozzi, G.	ITA	1932	Los Angeles
Erkan, Y.	TUR	1936	Berlin
Oktav, M.	TUR	1948	Londres/London
Pounkine, Y.	URS	1952	Helsinki
Makinen, R.	FIN	1956	Melbourne
Sille, M.	TUR	1960	Rome
Polyak, I.	HUN	1964	Tokyo
Rurua, R.	URS	1968	Mexico
Markov, G.	BUL	1972	Munich

Vue générale
du gymnase de lutte,
Munich 1972

Overview of the
wrestling hall,
Munich 1972

	Jusqu'à 68 kg			**Up to 68 kg**
Champions olympiques Olympic champions	Porro, E.	ITA	1908	Londres/London
	Vare, E.	FIN	1912	Stockholm
	Vare, E.	FIN	1920	Anvers/Antwerp
	Friman, O.	FIN	1924	Paris
	Keresztes, L.	HUN	1928	Amsterdam
	Malmberg, E.	SWE	1932	Los Angeles
	Koskela, L.	FIN	1936	Berlin
	Freij, K.	SWE	1948	Londres/London
	Safine, K.	URS	1952	Helsinki
	Lehtonen, K.	FIN	1956	Melbourne
	Koridze, A.	URS	1960	Rome
	Ayvaz, K.	TUR	1964	Tokyo
	Mumemura, M.	JPN	1968	Mexico
	Khisamutdinov, S.	URS	1972	Munich

	Jusqu'à 74 kg			**Up to 74 kg**
Champions olympiques Olympic champions	Johansson, I.	SWE	1932	Los Angeles
	Svedberg, R.	SWE	1936	Berlin
	Andersson, E.	SWE	1948	Londres/London
	Szilvasi, M.	HUN	1952	Helsinki
	Bayrak, M.	TUR	1956	Melbourne
	Bayrak, M.	TUR	1960	Rome
	Kolesov, A.	URS	1964	Tokyo
	Vesper, R.	RDA	1968	Mexico
	Macha, V.	TCH	1972	Munich

	Jusqu'à 82 kg			**Up to 82 kg**
Champions olympiques Olympic champions	Martensson, F.	SWE	1908	Londres/London
	Johansson, C.	SWE	1912	Stockholm
	Westergren, C.	SWE	1920	Anvers/Antwerp
	Vesterlund, E.	FIN	1924	Paris
	Kokkinen, V.	FIN	1928	Amsterdam
	Kokkinen, V.	FIN	1932	Los Angeles
	Johansson, I.	SWE	1936	Berlin
	Gronberg, A.	SWE	1948	Londres/London
	Gronberg, A.	SWE	1952	Helsinki
	Kartozjia, G.	URS	1956	Melbourne
	Dobrev, D.	BUL	1960	Rome
	Simic, B.	YUG	1964	Tokyo
	Metz, L.	RDA	1968	Mexico
	Hegedus, C.	HUN	1972	Munich

	Jusqu'à 90 kg			**Up to 90 kg**
Champions olympiques Olympic champions	Weckman, V.	FIN	1908	Londres/London
	Johansson, C.	SWE	1920	Anvers/Antwerp
	Westergren, C.	SWE	1924	Paris
	Moustafa, I.	EGY	1928	Amsterdam
	Svensson, R.	SWE	1932	Los Angeles
	Cadier, A.	SWE	1936	Berlin
	Nilsson, K.	SWE	1948	Londres/London
	Grondahl, K.	FIN	1952	Helsinki
	Nikolajev, V.	URS	1956	Melbourne
	Kis, T.	TUR	1960	Rome
	Alexandrov, B.	BUL	1964	Tokyo
	Radev, B.	BUL	1968	Mexico
	Rezantsev, V.	URS	1972	Munich

Lutte libre,
80 kg. Phase du
combat entre le
sénégalais Diop et le
turc Polat, Munich
1972

Free style
wrestling 80 kg. A
bout between Diop
from Senegal and
Polat from Turkey,
Munich 1972

	Jusqu'à 100 kg			Up to 100 kg
Champions olympiques	Schumann, K.	GER	1896	Athènes/Athens
Olympic champions	Weisz, R.	HUN	1908	Londres/London
	Saarela, Y.	FIN	1912	Stockholm
	Lindfors, A.	FIN	1920	Anvers/Antwerp
	Deglane, H.	FRA	1924	Paris
	Svensson, R.	SWE	1928	Amsterdam
	Westergren, C.	SWE	1932	Los Angeles
	Palusalu, K.	EST	1936	Berlin
	Kirecci, A.	TUR	1948	Londres/London
	Kotkas, J.	URS	1952	Helsinki
	Parfenov, A.	URS	1956	Melbourne
	Bogdan, I.	URS	1960	Rome
	Kozma, I.	HUN	1964	Tokyo
	Kosma, I.	HUN	1968	Mexico
	Martinescu, N.	ROM	1972	Munich

	Plus de 100 kg			Over 100 kg
Champions olympiques	Roshin, A.	URS	1972	Munich
Olympic champions				

211

Lutte libre
Le lutteur peut utiliser ses jambes pour porter des prises. Il peut saisir l'adversaire par toutes les parties du corps, y compris les jambes.

Free style
The wrestler may use his legs for holds. He may grab his opponent on all parts of the body including the legs.

Jusqu'à 48 kg

Up to 48 kg

Champions olympiques Olympic champions	Dmitriev, R.	URS	1972	Munich

	Jusqu'à 52 kg			**Up to 52 kg**
Champions olympiques	Curry, R.	USA	1904	Saint-Louis/St. Louis
Olympic champions	Viitala, L.	FIN	1948	Londres/London
	Gemici, H.	TUR	1952	Helsinki
	Tchalkalamanidze, M.	URS	1956	Melbourne
	Bilek, A.	TUR	1960	Rome
	Yoshida, Y.	JPN	1964	Tokyo
	Nakata, S.	JPN	1968	Mexico
	Kato, K.	JPN	1972	Munich

	Jusqu'à 57 kg		Up to 57 kg	
Champions olympiques	Mehnert, G.	USA	1904	Saint-Louis/St. Louis
Olympic champions	Mehnert, G.	USA	1908	Londres/London
	Pihlajamaki, K.	FIN	1924	Paris
	Makinen, K.	FIN	1928	Amsterdam
	Pearce, R.	USA	1932	Los Angeles
	Zombori, O.	HUN	1936	Berlin
	Akar, H.	TUR	1948	Londres/London
	Ishii, S.	JPN	1952	Helsinki
	Dagistanli, M.	TUR	1956	Melbourne
	McCann, T.	USA	1960	Rome
	Uetake, Y.	JPN	1964	Tokyo
	Uetake, Y.	JPN	1968	Mexico
	Yanagida, H.	JPN	1972	Munich

	Jusqu'à 62 kg		Up to 62 kg	
Champions olympiques	Niflot, I.	USA	1904	Saint-Louis/St. Louis
Olympic champions	Dole, G.	USA	1908	Londres/London
	Ackerly, C.	USA	1920	Anvers/Antwerp
	Reed, R.	USA	1924	Paris
	Morrison, A.	USA	1928	Amsterdam
	Pihlajamaki, H.	FIN	1932	Los Angeles
	Pihlajamaki, K.	FIN	1936	Berlin
	Bilge, G.	TUR	1948	Londres/London
	Sit, B.	TUR	1952	Helsinki
	Sasahara, S.	JPN	1956	Melbourne
	Dagistanli, M.	TUR	1960	Rome
	Watanabe, O.	JPN	1964	Tokyo
	Kaneko, M.	JPN	1968	Mexico
	Abdulbekov, Z.	URS	1972	Munich

	Jusqu'à 68 kg		Up to 68 kg	
Champions olympiques	Bradshaw, B.	USA	1904	Saint-Louis/St. Louis
Olympic champions	Relwyskow, G.	GBR	1908	Londres/London
	Anttila, K.	FIN	1920	Anvers/Antwerp
	Vis, R.	USA	1924	Paris
	Kapp, O.	EST	1928	Amsterdam
	Pacome, C.	FRA	1932	Los Angeles
	Karpati, K.	HUN	1936	Berlin
	Atik, C.	TUR	1948	Londres/London
	Anderberg, O.	SWE	1952	Helsinki
	Habibi, E.	IRN	1956	Melbourne
	Wilson, S.	USA	1960	Rome
	Dimov, E.	BUL	1964	Tokyo
	Movahed, A.	IRN	1968	Mexico
	Gable, D.	USA	1972	Munich

	Jusqu'à 74 kg		Up to 74 kg	
Champions olympiques	Roem, O.	USA	1904	Saint-Louis/St. Louis
Olympic champions	Gehri, H.	SUI	1924	Paris
	Haavisto, A.	FIN	1928	Amsterdam
	Van Bebber, F.	USA	1932	Los Angeles
	Lewis, F.	USA	1936	Berlin
	Dogu, Y.	TUR	1948	Londres/London
	Smith, W.	USA	1952	Helsinki
	Ikeda, M.	JPN	1956	Melbourne
	Blubaugh, D.	USA	1960	Rome
	Ogan, I.	TUR	1964	Tokyo
	Atalay, M.	TUR	1968	Mexico
	Wells, W.	USA	1972	Munich

	Jusqu'à 82 kg				**Up to 82 kg**
Champions olympiques	Erikson, C.	USA		1904	Saint-Louis/St. Louis
Olympic champions	Bacon, S.	GBR		1908	Londres/London
	Leino, E.	FIN		1920	Anvers/Antwerp
	Haggmann, F.	SUI		1924	Paris
	Kyburz, E.	SUI		1928	Amsterdam
	Johansson, I.	SWE		1932	Los Angeles
	Poilve, E.	FRA		1936	Berlin
	Brand, G.	USA		1948	Londres/London
	Tchimakouridze, D.	URS		1952	Helsinki
	Nikolov, N.	BUL		1956	Melbourne
	Gungor, H.	TUR		1960	Rome
	Gardjev, P.	BUL		1964	Tokyo
	Gurevitch, B.	URS		1968	Mexico
	Tediashvili, L.	URS		1972	Munich

	Jusqu'à 90 kg				**Up to 90 kg**
Champions olympiques	Larsson, A.	SWE		1920	Anvers/Antwerp
Olympic champions	Spellman, J.	USA		1924	Paris
	Sjostedt, T.	SWE		1928	Amsterdam
	Mehringer, P.	USA		1932	Los Angeles
	Fridell, K.	SWE		1936	Berlin
	Wittenberg, H.	USA		1948	Londres/London
	Palm, B.	SWE		1952	Helsinki
	Takhti, G.	IRN		1956	Melbourne
	Atli, I.	TUR		1960	Rome
	Medved, A.	URS		1964	Tokyo
	Ayik, A.	TUR		1968	Mexico
	Peterson, B.	USA		1972	Munich

	Jusqu'à 100 kg				**Up to 100 kg**
Champions olympiques	Hansen, B.	USA		1904	Saint-Louis/St. Louis
Olympic champions	O'Kelly, G.	GBR		1908	Londres/London
	Roth, R.	SUI		1920	Anvers/Antwerp
	Steele, H.	USA		1924	Paris
	Richthoff, J.	SWE		1928	Amsterdam
	Richthoff, J.	SWE		1932	Los Angeles
	Palusalu, K.	EST		1936	Berlin
	Bobis, G.	HUN		1948	Londres/London
	Mekokishvili, A.	URS		1952	Helsinki
	Kaplan, H.	TUR		1956	Melbourne
	Dietrich, W.	GER		1960	Rome
	Ivanitsky, A.	URS		1964	Tokyo
	Medved, A.	URS		1968	Mexico
	Yarygin, I.	URS		1972	Munich

	Plus de 100 kg				**Over 100 kg**
Champion olympique	Medved, A.		URS	1972	Munich
Olympic champion					

Natation
Plongeons
Water-Polo

Swimming
Diving
Water Polo

Natation

De tout temps, l'instinct de conservation et les nécessités de l'existence ont incité les hommes à pratiquer la nage. Poètes et historiens ont d'ailleurs conté les exploits des nageurs de l'antiquité. Les motifs de certaines pièces de musée prouvent qu'il y a 3000 ans, les Egyptiens nageaient dans le Nil. Pour les Grecs, marcher et nager allaient de pair. Dans ses récits, l'historien et géographe *Pausanias* réserve un chapitre à la présentation d'un concours de natation. Les Déliens devaient être d'excellents nageurs ce que *Socrate* nous rappelle quand il écrit : «Pour se reconnaître au milieu de tant d'écueils, il faudrait être nageur de Délos.» Les soldats des légions romaines devaient pouvoir traverser les rivières à la nage, avec armes et bagages. Pourtant la natation ne figura jamais au programme des Jeux de l'antiquité.

Le poète gallo-romain Sidoine *Apollinaire*, évêque de Clermont-Ferrand, né à Lyon vers 430, consacre un de ses textes aux Jeux des barbares. Il y précise que si les Huns brillaient au lancement du javelot, les Francs étaient imbattables à la nage.

La première nation qui organisa la natation à l'échelle nationale et l'utilisa comme moyen de formation fut le Japon. En effet, un décret impérial signé en 1603 par le shogoun *Iyeyasu*, nouvellement installé à Edo (Tokyo d'aujourd'hui), décidait que la natation serait immédiatement inscrite au programme de l'enseignement scolaire. C'est ainsi que, depuis plus de quatre siècles, des compétitions inter-écoles se déroulent au pays du Soleil-Levant. Cependant, fermé au monde jusqu'à l'avènement de l'Empereur *Meiji* (1867), le Japon ne devait jouer aucun rôle dans la propagation mondiale de la natation. Ce sont encore les anglo-saxons qui, le 8 février 1858, organisèrent la première compétition internationale de ce sport à Saint-Kilda, près de Melbourne, en Australie. Quarante-huit ans plus tôt, le 3 mai 1810 plus précisément, le célèbre poète anglais Lord *Byron* alors âgé de vingt-deux ans, avait accompli ce qu'à l'époque on appelait un exploit extraordinaire en traversant en compagnie d'un ami, le détroit des Dardanelles entre Abydos et Sestos (1 960 mètres). Huit ans plus tard, l'auteur de Manfred et Don Juan, devait à la suite d'un pari, nager durant 4h20' de l'île du Lido jusqu'à un îlot situé à proximité de Venise.

Swimming

Man's instinct for self-preservation and the necessities of life have been among the inducements to learn how to swim. Poets and historians have recounted the exploits of famous swimmers of antiquity. The motifs on pieces in our museums show the Egyptians swimming in the Nile 3 000 years ago. The Greeks considered walking and swimming to be equally necessary. The historian and geographer *Pausanias* devoted a whole chapter to a description of a swimming contest. The inhabitants of Delos were such excellent swimmers that *Socrates* once said, "To navigate among such rocks one would have to be a swimmer from Delos." The soldiers of the Roman legions were expected to swim across rivers while carrying their weapons and gear. And yet, swimming was never on the program of the ancient Games.

The Gallo-Roman poet Sidonius *Apollinarius*, a bishop of Clermont-Ferrand who was born in Lyons in 430, devotes one of his texts to the sports of the barbarians. He said that while the Huns were excellent at throwing the javelin, the Franks were unbeatable in swimming.

Surprisingly enough, the first country to organize swimming on a national scale and use it for educational purposes was Japan. An imperial decree signed in 1603 by the Shogun *Iyeyasu*, shortly after he took up residence in Edo (the ancient name of Tokyo), ordered that swimming be immediately incorporated in the educational program. For more than three hundred years, swimming meets were held in the Land of the Rising Sun. However, since the country was closed to the outside world until the rule of the Emperor *Meiji* in 1867, Japan played no role in the spread of this sport to other countries. In fact, the first international competition in this sport was organized by the Anglo-Saxon colonisers of Australia. It was held on February 8, 1858 in Saint Kilda, near Melbourne.

The famous English poet Lord Byron, at the age of twenty-two, had performed the incredible feat of swimming the Dardanelles with a friend forty-eight years earlier, on May 3, 1810. He crossed from Abydos to Sestos, a distance of 1 960 meters. Eight years after that, the author of *Manfred* and *Don Juan* swam on a bet from the Lido to another island near Venice, a trip which lasted four hours and twenty minutes.

La Hollandaise Ria Mastenbroeck, grande championne des Jeux de 1936 à Berlin

Dutch Ria Mastenbroek, grand champion of the 1936 Games in Berlin

A ses débuts, la natation sportive fut surtout de longue distance, domaine où en 1875, le capitaine Mathew *Webb* s'illustra lors de la première traversée de la Manche en 21h39'. Puis, avec la création des premiers clubs, diverses méthodes devaient s'imposer et donner naissance à la natation moderne. Après la brasse, la plus ancienne des nages, apparurent dans l'ordre : l'«over-arm-stroke» ou nage sur le côté, puis le «double over-arm-stroke» appelé aussi, «trudgeon» du nom de son inventeur James *Trudgen* et le crawl, emprunté aux indigènes du Pacifique et amélioré par les Australiens.

Issue d'une association sportive londonienne créée cinq ans plus tôt, la première fédération nationale de natation fut fondée en Grande-Bretagne en 1874. Bientôt, dans d'autres pays la natation devait également s'organiser, d'abord en clubs et en groupements régionaux, puis en fédérations. Grâce à cette rapide structuration, les premiers championnats d'Europe pouvaient se dérouler en 1889, à Vienne.

Oubliée des Jeux de l'antiquité, la natation fut admise au programme olympique des Jeux modernes dès 1896. Depuis, elle y figure régulièrement avec un succès grandissant.

En 1908, les fédérations nationales s'unirent pour créer la Fédération Internationale de Natation Amateur (F.I.N.A.). Depuis, elle dirige avec beaucoup d'efficacité ce sport qui compte aujourd'hui ses adeptes par millions.

Rappelons que c'est en 1912, aux Jeux de Stockholm, que les femmes participèrent pour la première fois aux compétitions olympiques de natation.

Competitive swimming in its early stages was usually long distance swimming. In 1875 Captain Mathew *Webb* was the first to swim across the English Channel, a swim which took him 21h39'. With the founding of the first swimming clubs, different approaches were tried and eventually the strokes we use today were developed. After the breaststroke, the oldest form of swimming, other strokes appeared. There was the over-arm or side stroke, then the double over-arm stroke called the trudgeon after its inventor James *Trudgen*, and the crawl, borrowed from the natives of the Pacific and improved upon by the Australians.

The first national swimming federation was founded in Great Britain in 1874, an outgrowth of the London sporting association formed five years earlier. Swimming was also organized in other countries, first in clubs, then in regional groups, and finally in federations. Thanks to rapid organization, the first European championships were held in Vienna in 1889.

Ignored during the ancient Games, swimming was to be part of the modern Games from the very beginning in 1896. Since then it has appeared with ever-increasing popularity and success.

In 1908, the national federations united to form the Fédération Internationale de Natation Amateur, the very effective governing body of this sport today practiced by millions all over the world.

Women participated in the Olympic swimming competitions for the first time at the Stockholm Games in 1912.

L'Australien Murray Rose et le Japonais Tsuyoshi Yamanaka aux Jeux de 1956 à Melbourne

Australian Murray Rose and Japanese Tsuyoshi Yamanaka at the 1956 Games in Melbourne

La lecture du palmarès olympique de natation est éloquente. D'Athènes (1896) jusqu'à Munich (1972), les Etats-Unis ont remporté cent treize titres, dont soixante-six pour les hommes et quarante sept pour les femmes, l'Australie trente deux, dont dix neuf pour les hommes et treize pour les femmes, le Japon treize, dont onze pour les hommes et deux pour les femmes. Les autres succès se répartissent entre une douzaine de pays parmi lesquels il faut citer en particulier : la Hongrie, la Grande-Bretagne et les Pays-Bas.

Si dans l'ensemble la suprématie américaine est incontestable, il faut cependant préciser qu'elle fut battue en brèche à plusieurs reprises par les nageurs japonais et australiens. Ainsi en 1932 à Los Angeles, les représentants du pays du Soleil-Levant remportèrent tous les titres masculins-à l'exception de celui du 400 m nage libre-, et, en 1956 à Melbourne, les nageuses et nageurs locaux enlevèrent toutes les finales de nage libre. Depuis les Jeux de Tokyo (1964), grâce à leur inépuisable réservoir de champions, les Etats-Unis ont repris leur domination, surtout chez les hommes. A Montréal ils auront probablement à affronter de nouveaux venus parmi les grands de ce sport : les nageuses et nageurs de la République Démocratique Allemande.

La liste des olympioniques de la natation est si longue, qu'il est impossible de consacrer ici à chacun d'eux le chapitre qu'il mérite. Citons cependant les noms de ceux dont les exploits ont marqué l'histoire olympique de ce magnifique sport :
■   l'Hawaien Duke *Kahanamoku*, nageur au style coulé, venu aux Etats-Unis sans avoir pris d'autres leçons que celles des naturels de son pays, qui parvint à conquérir le titre olympique du 100 m nage libre à Stockholm (1912), et à le conserver à Anvers ... huit ans plus tard.
■   Le futur Tarzan de l'écran, Johnny *Weissmuller*, grand styliste qui remporta trois titres olympiques dont deux à Paris en 1924 (100 m et 400 m nage libre) et un à Amsterdam en 1928 (100 m nage libre).
■   Le brasseur japonais Yoshikiuki *Tsuruta*, médaille d'or du 200 m en 1928 et en 1932.
■   La Hollandaise Ria *Mastenbroek*, qui, à Berlin en 1936, accéda trois fois à la plus haute marche du podium après avoir gagné les finales individuelles des 100 et 400 m nage libre et, avec son équipe, celle du relais 4 x 100 m.

The list of Olympic swimming champions speaks for itself. From Athens to Munich, the United States has won one hundred and thirteen titles, sixty-six by men and forty-seven by women. Australia has won thirty-two, nineteen by men and thirteen by women. Japan has won thirteen, eleven by men and two by women. The rest are divided among a dozen other countries, including Hungary, Great Britain and the Netherlands.

If the American supremacy is undeniable, it has still been threatened on occasion by Japanese and Australian swimmers. Thus in Los Angeles in 1932 the representatives of Japan took all the men's titles except for the 400 m free style, and in 1956 in Melbourne, the local swimmers won all the free style finals. Since the Tokyo Games in 1964, the U.S.A. has once more been dominant, thanks to their seemingly inexhaustible reservoir of champions, especially men. In Montreal, they will have to face some relative newcomers to the world swimming scene, particularly the outstanding swimmers from the German Democratic Republic.

The list of swimming Olympians is so long that it is impossible to devote to each of them the space they deserve. We should, however, mention the names of some of the swimmers whose feats are part of the Olympic history of this magnificent sport :
■   The Hawaiian Duke *Kahanamoku*, a swimmer with a flowing style, who arrived in the United States without any special training except the lessons given to all children on his native islands and managed to win the 100 m free style title in 1912 in Stockholm and keep it in Antwerp eight years later.
■   The future Tarzan of the screen, Johnny *Weissmuller*. A great stylist, he won three Olympic titles, two in Paris in 1924 (100 m and 400 m free style) and one in Amsterdam in 1928 (100 m free style).
■   The Japanese breaststroker Yoshikiuki *Tsuruta*, gold medalist in the 200 m in 1928 and again in 1932.
■   Ria *Mastenbroek* from Holland, who climbed to the highest step of the winner's platform in Berlin in 1936 three times, for her individual victories in the 100 m and 400 m free style and with her team in the 4 x 100 m relay.

L'équipe aus- tralienne vainqueur du 4 x 100 m: Sandra Morgan, Faith Leech, Dawn Fraser et Lorraine Crapp, Melbourne 1956

The winning Australian team in the 4 x 100 m relay: Sandra Morgan, Faith Leech, Dawn Fraser and Lorraine Crapp, Melbourne 1956

■ La championne australienne Dawn *Fraser* qui, durant trois olympiades (1956–1964) conserva le titre du 100 m nage libre, améliora deux fois le record du monde et fut la première à nager le 100 m en moins d'une minute. Ses compatriotes : Murray *Rose*, vainqueur des 400 et 1 500 m des Jeux de Melbourne en 1956 et du 400 m des Jeux suivants, et David *Thielle* qui à Rome, en 1960, conserva le titre du 100 m dos gagné la première fois quatre ans plus tôt devant son public.

■ L'Américain Don *Schollander* qui, à Tokyo en 1964, conquit les titres des 100 et 400 m nage libre et contribua aux victoires de son pays dans les relais 4 x 100 et 4 x 200 m. Il devait, quatre ans plus tard, encore participer au succès de son équipe dans le relais 4 x 200 m des Jeux de Mexico et ajouter une médaille d'argent, celle du 200 m nage libre, à sa collection de trophées.

■ La grande nageuse américaine Debbie *Meyer* qui, à Mexico en 1968, devint triple championne olympique grâce à ses victoires aux 200, 400 et 800 m nage libre.

■ The Australian champion Dawn *Fraser*, who held the 100 m free style title for three Olympiads, from 1956 to 1964, twice bettering the world record. She was the first woman to swim the 100 m in less than one minute. Her compatriots Murray *Rose*, who won the 400 m and 1 500 m at the Melbourne Games in 1956 and the 400 m at the next Games, and David *Thielle*, who in Rome in 1960 held onto the title for the 100 m backstroke he had won four years earlier in Melbourne, in front of his countrymen.

■ The American Don *Schollander*, who won the 100 m and 400 m free style titles in Tokyo in 1964 and contributed to the victories of his team in the 4 x 100 m and 4 x 200 m relays. Four years later he was part of his team's win in the 4 x 200 m relay and added a silver medal for the 200 m free style to his collection of trophies.

■ The great American swimmer Debbie *Meyer*, who became a triple champion in Mexico in 1968 thanks to her victories in the 200 m, 400 m and 800 m free style.

L'incomparable Mark Spitz dans le 100 m libre. Gagnant de la médaille d'or, il établissait à la fois un nouveau record olympique et un nouveau record du monde

The incomparable Mark Spitz in the 100 m free style. When he won this medal, he set both a new Olympic and a new world record

Enfin, clôturons ce tableau d'honneur, bien incomplet il est vrai, avec les deux super-grands de la natation des Jeux de Munich (1972) :

■ L'ondine australienne Shane *Gould* qui en améliorant chaque fois le record du monde, remporta trois médailles d'or : celles des 200 et 400 m nage libre et du 200 m quatre nages. Elle gagna en outre en nage libre une médaille d'argent au 800 m et une médaille de bronze au 100 m.

■ L'Américain Mark *Spitz* déjà titulaire depuis les Jeux de Mexico de deux médailles d'or, d'une médaille d'argent et d'une médaille de bronze, qui cette fois devint le plus grand nageur de tous les temps en remportant sept titres olympiques dont quatre individuels : 100, 200 m nage libre, 100, 200 m papillon et trois aux relais : 4 x 100, 4 x 200 m nage libre, 4 x 100 m quatre nages, en améliorant chaque fois le record du monde. Mark *Spitz* totalise donc neuf médailles d'or, une médaille d'argent et une médaille de bronze.

Issu du code de natation de la Fédération anglaise, le programme olympique de la Fédération internationale a subi, au fil des olympiades, de sérieuses modifications pour aboutir à sa forme actuelle :

Let us close this honors list, incomplete though it is, with the two superchampions of swimming from the Munich Games in 1972.

■ The Australian water nymph Shane *Gould*, who won three gold medals, each time setting new world records, in the 200 m and 400 m free style and the 200 m medley. She also won the silver medal in the 800 m free style and the bronze in the 100 m.

■ The American Mark *Spitz*, who had won two gold medals, a silver and a bronze at the Mexico Games in 1964, this time became the most decorated Olympic swimmer of all time by winning seven gold medals. Four of them were in individual competitions : the 100 m and 200 m free style and 100 m and 200 m butterfly, and three in relays : 4 x 100 m, 4 x 200 m free style, and the 4 x 100 m medley, each time beating the world record. Mark *Spitz* won a total of nine gold medals, one silver and one bronze.

The Olympic program of the International Federation was the child of the swimming code of the English Federation, but it has undergone significant modification to bring it to its present state :

L'Australienne
Shane Gould, trois
médailles d'or, une
médaille d'argent
et une médaille de
bronze, Munich 1972

Australian
Shane Gould : three
gold medals, one
silver, one bronze,
Munich 1972

Hommes
13 épreuves

■ 100 m nage libre
■ 200 m nage libre
■ 400 m nage libre
■ 1 500 m nage libre
■ 100 m dos
■ 200 m dos
■ 100 m brasse
■ 200 m brasse

■ 100 m papillon
■ 200 m papillon
■ 400 m quatre nages
■ 4 x 200 m nage libre
■ 4 x 100 m quatre nages

Men
13 events

■ 100 m free style
■ 200 m free style
■ 400 m free style
■ 1 500 m free style
■ 100 m backstroke
■ 200 m backstroke
■ 100 m breaststroke
■ 200 m breaststroke

■ 100 m butterfly
■ 200 m butterfly
■ 400 m individual medley
■ 4 x 200 m free style relay
■ 4 x 100 m medley relay

Femmes
13 épreuves

■ 100 m nage libre
■ 200 m nage libre
■ 400 m nage libre
■ 800 m nage libre
■ 100 m dos
■ 200 m dos
■ 100 m brasse
■ 200 m brasse

■ 100 m papillon
■ 200 m papillon
■ 400 m quatre nages
■ 4 x 100 m nage libre
■ 4 x 100 quatre nages

Women
13 events

■ 100 m free style
■ 200 m free style
■ 400 m free style
■ 800 m free style
■ 100 m backstroke
■ 200 m backstroke
■ 100 m breaststroke
■ 200 m breaststroke

■ 100 m butterfly
■ 200 m butterfly
■ 400 m individual medley
■ 4 x 100 m free style relay
■ 4 x 100 m medley relay

Départ renversant... le 100 m dos!

Reverse take-off: 100 m backstroke

Aux Jeux Olympiques, chaque nation peut engager un concurrent par épreuve sans tenir compte des minimums de performances imposés. Chaque nation peut engager en plus deux autres concurrents par épreuve dans la limite de trente trois hommes et trente femmes (y compris les plongeurs et les plongeuses), à condition que les trois nageurs aient accompli des performances minimales imposées par la Fédération Internationale.

Déroulement des épreuves

La natation comporte quatre styles : la brasse, la nage libre ou crawl, la nage sur le dos ou dos crawlé, et la nage papillon ou papillon dauphin.

Les compétitions se déroulent dans un bassin rectangulaire de 50 m de longueur divisé en huit couloirs. Le chronométrage est assuré par un système électronique dont les plaques de touche, à chaque extrémité du bassin, sont actionnées par simple contact. Lors des virages, pour la brasse et la nage papillon, les nageurs doivent toucher la plaque des deux mains à la même hauteur ; pour le dos, ils doivent la toucher avec un bras, et pour la nage libre, le contact avec n'importe quelle partie du corps est autorisé.

Donné par le starter aux concurrents immobiles, le départ est plongé pour toutes les nages, à l'exception de celle sur le dos où les participants attendent le signal, dans l'eau, face au départ, accrochés par les mains à des poignées spéciales.

Pour chacune des catégories de courses, l'accès à la finale est réservé aux huits nageurs ayant effectués les meilleurs temps au cours des épreuves préliminaires (éliminatoires et demi-finales).

For the Olympic Games, each country may enter one competitor for each event without having to meet the required minimum standard. In addition, each country may enter two more competitors for each event, up to a limit of thirty-three men and thirty women (including divers), on the condition that all three competitors have met the minimum performance requirements imposed by the Fédération Internationale.

The competition

The swimming events include four styles : breaststroke, free style (usually crawl), backstroke or back crawl, and butterfly.

The events take place in a rectangular pool, which is 50 m long and divided into eight lanes. Timekeeping is electronic, with plates at each end of the pool activated by a simple touch. For turns in the breaststroke and butterfly, the swimmers must touch the plate with both hands at the same height ; for the backstroke, they may touch it with one arm, and for free style, contact with any part of the body is permitted.

At the start of the race, the competitors are motionless until the starter gives the signal. They then dive into the pool except in the backstroke races, where they await the signal in the water facing the starter, holding onto special handles.

For each of the events, access to the finals is reserved for the eight swimmers who have made the best times during the qualifying rounds (heats and semi-finals).

Le Suédois Gunnar Larsson vainqueur du 200 m quatre nages, Munich 1972

Swede Gunnar Larsson, winner of the 200 m individual medley, Munich 1972

Debbie Meyer, USA, remporte le 800 m nage libre qu'elle gagna avec plus de 10 secondes d'avance sur sa compatriote Pamela Kruse, Mexico 1968

Debby Meyer, USA, winning the 800 m free style more than 10 seconds ahead of her compatriot, Pamela Kruse, Mexico 1968

Hommes				**Men**
Épreuves individuelles				**Individual events**
Nage libre				**Free style**
100 m				**100 m**

Champions olympiques Olympic champions	Hajos, A.	HUN	1'22"2	1896	Athènes/Athens
	Halmay, Z.	HUN	1'02"8*	1904	Saint-Louis/St. Louis
	Daniels, C.	USA	1'05"6	1908	Londres/London
	Kahanamoku, D.	USA	1'03"4	1912	Stockholm
	Kahanamoku, D.	USA	1'00"4	1920	Anvers/Antwerp
	Weissmuller, J.	USA	59"0	1924	Paris
	Weissmuller, J.	USA	58"6	1928	Amsterdam
	Miyazaki, K.	JPN	58"2	1932	Los Angeles
	Csik, F.	HUN	57"6	1936	Berlin
	Ris, W.	USA	57"3	1948	Londres/London
	Scholes, C.	USA	57"4	1952	Helsinki
	Henricks, J.	AUS	55"4	1956	Melbourne
	Devitt, J.	AUS	55"2	1960	Rome
	Schollander, D.	USA	53"4	1964	Tokyo
	Wenden, M.	AUS	52"2	1968	Mexico
	Spitz, M.	USA	51"22	1972	Munich
Record olympique/Olympic record	Spitz, M.	USA	51"22	1972	Munich
Record du monde/World record**	Montgomery, J.	USA	50"59	1975	

* 100 verges/yards
** au 1er septembre 1975

** as of September 1975

223

	200 m				200 m
Champions olympiques Olympic champions	Wenden, M.	AUS	1'55"2	1968	Mexico
	Spitz, M.	USA	1'52"78	1972	Munich
Record olympique/Olympic record	Spitz, M.	USA	1'52"78	1972	
Record du monde/World record	Furniss, B.	USA	1'50"32	1975	

	400 m				400 m
Champions olympiques Olympic champions	Daniels,C.	USA	6'16"2*	1904	Saint-Louis/St. Louis
	Taylor, H.	GBR	5'36"8	1908	Londres/London
	Hodgson, G.	CAN	5'24"4	1912	Stockholm
	Ross, N.	USA	5'26"8	1920	Anvers/Antwerp
	Weissmuller, J.	USA	5'04"2	1924	Paris
	Zorilla, A.	ARG	5'01"6	1928	Amsterdam
	Crabbe, C.	USA	4'48"4	1932	Los Angeles
	Medica, J.	USA	4'44"5	1936	Berlin
	Smith, W.	USA	4'41"0	1948	Londres/London
	Boiteux, J.	FRA	4'30"7	1952	Helsinki
	Rose, M.	AUS	4'27"3	1956	Melbourne
	Rose, M.	AUS	4'18"3	1960	Rome
	Schollander, D.	USA	4'12"2	1964	Tokyo
	Burton, M.	USA	4'09"0	1968	Mexico
	Cooper, B.	USA	4'00"27	1972	Munich
Record olympique/Olympic record	Cooper, B.	USA	4'00"27	1972	Munich
Record du monde/World record	Shaw, T.	USA	3'53"31	1975	

*440 verges/yards

	1 500 m				1 500 m
Champions olympiques Olympic champions	Rausch, E.	GER	27'18"2*	1904	Saint-Louis/St. Louis
	Taylor, H.	GBR	22'48"4	1908	Londres/London
	Hodgson, G.	CAN	22'00"0	1912	Stockholm
	Ross, N.	USA	22'23"2	1920	Anvers/Antwerp
	Charlton, A.	AUS	20'06"6	1924	Paris
	Borg, A.	SWE	19'51"8	1928	Amsterdam
	Kitamura, K.	JPN	19'12"4	1932	Los Angeles
	Terada, N.	JPN	19'13"7	1936	Berlin
	McLane, J.	USA	19'18"5	1948	Londres/London
	Konno, F.	USA	18'30"0	1952	Helsinki
	Rose, M.	AUS	17'58"9	1956	Melbourne
	Konrads, J.	AUS	17'19"6	1960	Rome
	Windle, R.	AUS	17'01"7	1964	Tokyo
	Burton, M.	USA	16'38"9	1968	Mexico
	Burton, M.	USA	15'52"58	1972	Munich
Record olympique/Olympic record	Burton, M.	USA	15'52"58	1972	Munich
Record du monde/World record	Shaw, T.	USA	15'20"91	1975	

*1609 verges/yards

Roland
Matthes, RDA,
imbattable aux
100 m et 200 m
dos. Munich 1972

Roland Matthes,
RDA, unbeatable in
the 100 and 200 m
backstroke, Munich
1972

	Dos				**Backstroke**
	100 m				**100 m**
Champions olympiques	Brack, W.	GER	1'16"8*	1904	Saint-Louis/St. Louis
Olympic champions	Bieberstein, A.	USA	1'24"6	1908	Londres/London
	Hebner, H.	USA	1'21"2	1912	Stockholm
	Kealoha, W.	USA	1'15"2	1920	Anvers/Antwerp
	Kealoha, W.	USA	1'13"2	1924	Paris
	Kojac, G.	USA	1'08"2	1928	Amsterdam
	Kiyokawa, S.	JPN	1'08"6	1932	Los Angeles
	Kiefer, A.	USA	1'05"9	1936	Berlin
	Stack, A.	USA	1'06"4	1948	Londres/London
	Oyakawa, Y.	USA	1'05"4	1952	Helsinki
	Theile, D.	AUS	1'02"2	1956	Melbourne
	Theile, D.	AUS	1'01"9	1960	Rome
	Matthes, R.	RDA	58"7	1964	Mexico
	Matthes, R.	RDA	56"58	1972	Munich
Record olympique/Olympic record	Matthes, R.	RDA	56"58	1972	Munich
Record du monde/World record	Matthes, R.	RDA	56"30	1972	

*100 verges/yards

			200 m		200 m
Champions olympiques Olympic champions	Graef, J.	USA	2'10"3	1964	Tokyo
	Matthes, R.	RDA	2'09"6	1968	Mexico
	Matthes, R.	RDA	2'02"82	1972	Munich
Record olympique/Olympic record	Matthes, R.	RDA	2'02"82	1972	Munich
Record du monde/World record	Matthes, R.	RDA	2'01"87	1973	

Brasse / Breaststroke

			100 m		100 m
Champions olympiques Olympic champions	McKenzie, D.	USA	1'07"7	1968	Mexico
	Taguchi, N.	JPN	1'04"94	1972	Munich
Record olympique/Olympic record	Taguchi, N.	JPN	1'04"94	1972	Munich
Record du monde/World record	Hencken, J.	USA	1'03"88	1974	

			200 m		200 m
Champions olympiques Olympic champions	Holman, P.	GBR	3'09"2	1908	Londres/London
	Bahse, W.	GER	3'01"8	1912	Stockholm
	Malmroth, H.	SWE	3'04"4	1920	Anvers/Antwerp
	Skelton, R.	USA	2'56"6	1924	Paris
	Tsuruta, Y.	JPN	2'48"8	1928	Amsterdam
	Tsuruta, Y.	JPN	2'45"4	1932	Los Angeles
	Hamuro, T.	JPN	2'42"5	1936	Berlin
	Verdeur, J.	USA	2'39"3	1948	Londres/London
	Davies, J.	AUS	2'34"4	1952	Helsinki
	Furukawa, M.	JPN	2'34"7	1956	Melbourne
	Mulliken, W.	USA	2'37"4	1960	Rome
	O'Brien, I.	AUS	2'27"8	1964	Tokyo
	Munoz, F.	MEX	2'28"7	1968	Mexico
	Hencken, J.	USA	2'21"55	1972	Munich
Record olympique/Olympic record	Hencken, J.	USA	2'21"55	1972	Munich
Record du monde/World record	Hencken, J.	USA	2'18"21	1974	

Papillon / Butterfly

			100 m		100 m
Champions olympiques Olympic champions	Russell, D.	USA	55"9	1968	Mexico
	Spitz, M.	USA	54"27	1972	Munich
Record olympique/Olympic record	Spitz, M.	USA	54"27	1972	Munich
Record du monde/World record	Spitz, M.	USA	54"27	1972	

			200 m		200 m
Champions olympiques Olympic champions	Yorzyk, W.	USA	2'19"3	1956	Melbourne
	Troy, M.	USA	2'12"8	1960	Rome
	Berry, K.	AUS	2'06"6	1964	Tokyo
	Robie, C.	USA	2'08"7	1968	Mexico
	Spitz, M.	USA	2'00"70	1972	Munich
Record olympique/Olympic record	Spitz, M.	USA	2'00"70	1972	Munich
Record du monde/World record	Spitz, M.	USA	2'00"70	1972	

Don Schol-
lander, USA, au
départ, 4 x 100 m,
Tokyo 1964

Don Schol-
lander, USA, ready
for his turn in the
4 x 100 m relay,
Tokyo 1964

	400 m quatre nages				**400 m medley**	
Champions olympiques Olympic champions	Roth, R.	USA	4'45"4	1964	Tokyo	
	Hickcox, C.	USA	4'48"4	1968	Mexico	
	Larsson, G.	SWE	4'31"98	1972	Munich	
Record olympique/Olympic record	Larsson, G.	SWE	4'31"48	1972	Munich	
Record du monde/World record	Hargitay, A.	HUN	4'28"89	1974		

Épreuves par équipes

Team events

4 x 100 m quatre nages
Chaque concurrent doit parcourir 100 mètres dans un style différent et dans l'ordre suivant : dos, brasse, papillon, nage libre. Les deuxième, troisième et quatrième équipiers doivent plonger au moment où le nageur précédent touche la plaque.

4 x 100 m medley relay
Each competitor must swim 100 m in a different style and in the following order : backstroke, breaststroke, butterfly, free style. The second, third and fourth swimmers dive at the moment the preceding swimmer touches the touch plate.

Champions olympiques Olympic champions	McKinney, Halt, Larson, Farrell	USA	4'05"4	1960	Rome
	Mann, Schmidt, Craig, Clark	USA	3'58"4	1964	Tokyo
	Hickcox, Russell, McKenzie, Walsh	USA	3'54"9	1968	Mexico
	Stamm, Bruce, Spitz, Heidenreich	USA	3'48"16	1972	Munich
Record olympique/Olympic record		USA	3'48"16	1972	Munich
Record du monde/World record		USA	3'48"16	1975	

		4 x 200 m nage libre				**4 x 200 m free style relay**
Champions olympiques		GBR	10'55"6	1908	Londres/London
Olympic champions		AUS	10'11"2	1912	Stockholm
		USA	10'04"4	1920	Anvers/Antwerp
		USA	9'53"4	1924	Paris
		USA	9'36"2	1928	Amsterdam
		JPN	8'58"4	1932	Los Angeles
		JPN	8'51"5	1936	Berlin
	Riss, Wolf, McLane, Smith	USA	8'46"0	1948	Londres/London
	Moore, Woolsey, Konno, McLane	USA	8'31"1	1952	Helsinki
	O'Halloran, Devitt, Rose, Henricks	AUS	8'23"6	1956	Melbourne
	Harrison, Blick, Troy, Farell	USA	8'10"2	1960	Rome
	Clark, Ilman, Saari, Schollander	USA	7'52"1	1964	Tokyo
	Nelson, Spitz, Rerych, Schollander	USA	7'52"3	1968	Mexico
	Kinsella, Tyler, Genter, Spitz	USA	7'35"78	1972	Munich
Record olympique/Olympic record		USA	7'35"78	1972	Munich
Record du monde/World record		USA	7'30"54	1975	

		Femmes				**Women**
		Épreuves individuelles				**Individual events**
		Nage libre				**Free style**
		100 m				**100 m**
Championnes olympiques	Durack, F.	AUS	1'22"2	1912	Stockholm
Olympic champions	Bleibtrey, E.	USA	1'13"6	1920	Anvers/Antwerp
	Lackie, E.	USA	1'12"4	1924	Paris
	Osipowitch, A.	USA	1'11"0	1928	Amsterdam
	Madison, H.	USA	1'06"8	1932	Los Angeles
	Mastenbroek, R.	HOL	1'05"9	1936	Berlin
	Andersen, G.	DEN	1'06"3	1948	Londres/London
	Szoke, K.	HUN	1'06"8	1952	Helsinki
	Fraser, D.	AUS	1'02"0	1956	Melbourne
	Fraser, D.	AUS	1'01"2	1960	Rome
	Fraser, D.	AUS	59"5	1964	Tokyo
	Henne, J.	USA	1'00"0	1968	Mexico
	Neilson, S.	USA	58"59	1972	Munich
Record olympique/Olympic record	Neilson, S.	USA	58"59	1972	Munich
Record du monde/World record	Ender, K.	RDA	56"22	1975	

		200 m				**200 m**
Championnes olympiques	Meyer, D.	USA	2'10"5	1968	Mexico
Olympic champions	Gould, S.	AUS	2'03"56	1972	Munich
Record olympique/Olympic record	Gould, S.	USA	2'03"56	1972	Munich
Record du monde/World record	Ender, K.	RDA	2'02"27	1975	

Catherine Carr,
Galina Stepanova et
Beverley Whitfield,
respectivement pre-
mière, seconde et
troisième du 100m
en brasse des Jeux
de Munich

Catherine Carr,
Galina Stepanova and
Beverley Whitfield,
first, second and
third, respectively in
the 100m breast-
stroke at the Munich
Games

			400 m		**400 m**
Championnes olympiques Olympic champions	Bleibtrey, E.	USA	4'34''0*	1920	Anvers/Antwerp
	Norelius, M.	USA	6'02''2	1924	Paris
	Norelius, M.	USA	5'42''8	1928	Amsterdam
	Madison, H.	USA	5'28''5	1932	Los Angeles
	Mastenbroek, R.	HOL	5'26''4	1936	Berlin
	Curtis, A.	USA	5'17''8	1948	Londres/London
	Gyenge, V.	HUN	5'12''1	1952	Helsinki
	Crapp, L.	AUS	4'54''6	1956	Melbourne
	Von Saltza, C.	USA	4'50''6	1960	Rome
	Duenkel, V.	USA	4'43''3	1964	Tokyo
	Meyer, D.	USA	4'31''8	1968	Mexico
	Gould, S.	AUS	4'19''04	1972	Munich
Record olympique/Olympic record	Gould, S.	AUS	4'19''04	1972	Munich
Record du monde/World record	Babashoff, S.	USA	4'14''76	1975	

*300 m

			800 m		**800 m**
Championnes olympiques Olympic champions	Meyer, D.	USA	9'24''0	1968	Mexico
	Rothhammer, K.	USA	8'53''68	1972	Munich
Record olympique/Olympic record	Rothhammer, K.	USA	8'53''68	1972	Munich
Record du monde/World record	Turral, J.	AUS	8'43''48	1975	

	Dos				**Backstroke**
	100 m				**100 m**
Championnes olympiques Olympic champions	Bauer, S.	USA	1'23"2	1924	Paris
	Braun, M.	HOL	1'22"0	1928	Amsterdam
	Holm, E.	USA	1'19"4	1932	Los Angeles
	Senff, N.	HOL	1'18"9	1936	Berlin
	Harup, K.	DEN	1'14"4	1948	Londres/London
	Harrison, J.	SAF	1'14"3	1952	Helsinki
	Grinham, J.	GBR	1'12"9	1956	Melbourne
	Burke, L.	USA	1'09"3	1960	Rome
	Ferguson, C.	USA	1'07"7	1964	Tokyo
	Hall, K.	USA	1'06"2	1968	Mexico
	Belote, M.	USA	1'05"78	1972	Munich
Record olympique/Olympic record	Belote, M.	USA	1'05"78	1972	Munich
Record du monde/World record	Richter, U.	RDA	1'02"98	1974	

	200 m				**200 m**
Championnes olympiques Olympic champions	Watson, P.	USA	2'24"8	1968	Mexico
	Belote, M.	USA	2'19"19	1972	Munich
Record olympique/Olympic record	Belote, M.	USA	2'19"19	1972	Munich
Record du monde/World record	Treiber, B.	RDA	2'15"46	1975	

	Brasse				**Breaststroke**
	100 m				**100 m**
Championnes olympiques Olympic champions	Bjedov, D.	YUG	1'15"8	1968	Mexico
	Carr, C.	USA	1'13"58	1972	Munich
Record olympique/Olympic record	Carr, C.	USA	1'13"58	1972	Munich
Record du monde/World record	Vogel, R.	RDA	1'12"28	1974	

	200 m				**200 m**
Championnes olympiques Olympic champions	Morton, L.	GBR	3'33"2	1924	Paris
	Schrader, H.	GER	3'12"6	1928	Amsterdam
	Dennis, C.	AUS	3'06"3	1932	Los Angeles
	Maehata, H.	JPN	3'03"6	1936	Berlin
	Van Vliet, N.	HOL	2'57"2	1948	Londres/London
	Szekely, E.	HUN	2'51"7	1952	Helsinki
	Happe, U.	GER	2'53"1	1956	Melbourne
	Lonsbrough, A.	GBR	2'49"5	1960	Rome
	Prozumenshikova,G.	URS	2'46"4	1964	Tokyo
	Wighman, S.	USA	2'44"4	1968	Mexico
	Withfield, B.	AUS	2'41"71	1972	Munich
Record olympique/Olympic record	Whithfield, B.	AUS	2'41"71	1972	Munich
Record du monde/World Record	Linke, C.	RDA	2'34"99	1974	

	Papillon				**Butterfly**
	100 m				**100 m**
Championnes olympiques Olympic champions	Mann, S.	USA	1'11"0	1956	Melbourne
	Schuler, C.	USA	1'09"5	1960	Rome
	Stouder, S.	USA	1'04"7	1964	Tokyo
	McClements, L.	AUS	1'05"5	1968	Mexico
	Aoki, M.	JPN	1'03"34	1972	Munich
Record olympique/Olympic record	Aoki, M.	JPN	1'03"34	1972	Munich
Record du monde/World record	Ender, K.	RDA	1'01"24	1975	

		200 m				200 m
Championnes olympiques Olympic champions	Kok, A. Moe, K.	HOL USA	2'24"7 2'15"57	1968 1972	Mexico Munich
Record olympique/Olympic record	Moe, K.	USA	2'15"57	1972	Munich
Record du monde/World record	Kother, R.	RDA	2'13"76	1972	

		400 m quatre nages				400 m individual medley
Championnes olympiques Olympic champions	De Varona, D. Kolb, C. Neall, C.	USA USA AUS	5'18"7 5'08"5 5'02"97	1964 1968 1972	Tokyo Mexico Munich
Record olympique/Olympique record	Neall, G.	AUS	5'02"97	1972	Munich
Record du monde/World record	Tauber, U.	RDA	4'52"20	1975	

Épreuves par équipes   **Team events**

		4 x 100 m nage libre				4 x 100 m free style
Championnes olympiques Olympic champions	Moore, Steer, Speirs, Fletcher	GBR	5'52"8	1912	Stockholm
	Bleibtrey, Schroth, Guest, Woodbridge	USA	5'11"6	1920	Anvers/Antwerp
	Ederle, Wehselau, Lackie, Donelly	USA	4'58"8	1924	Paris
	Lambert, Osipowitch, Garatti, Norelius	USA	4'47"6	1928	Amsterdam
	McKim, Garatti, John, Madison	USA	4'38"0	1932	Los Angeles
	Selbach, Wagner, Den Quden, Mastenbroek	HOL	4'36"0	1936	Berlin
	Corridon, Kalama, Helser, Curtis	USA	4'29"2	1948	Londres/London
	Novak, Temes, Novak, E., Szoke	HUN	4'24"4	1952	Helsinki
	Fraser, Crapp, Leech, Morgan	AUS	4'17"1	1956	Melbourne
	Spillane, Stobs, Wood, Von Saltza	USA	4'08"9	1960	Rome
	Stouder, Watson, De Varona, Ellis	USA	4'03"8	1964	Tokyo
	Barkman, Pedersen, Gustavson, Henne	USA	4'02"5	1968	Mexico
	Neilson, Kemp, Barkman, Babashoff	USA	3'55"19	1972	Munich
Record olympique/Olympique record		USA	3'55"19	1972	Munich
Record du monde/World record		RDA	3'49"37	1975	

		4 x 100 m quatre nages				4 x 100 m medley relay
Championnes olympiques Olympic champions	Burke, Kempber, Schuler, Von Saltza	USA	4'41"1	1960	Rome
	Ferguson, Stouder, Goyette, Ellis	USA	4'33"9	1964	Tokyo
	Hall, Daniel, Ball, Pedersen	USA	4'28"3	1968	Mexico
	Belote, Carr, Deardurff, Neilson	USA	4'20"75	1972	Munich
Record olympique/Olympique record		USA	4'20"75	1972	Munich
Record du monde/World record		RDA	4'13"78	1974	

Plongeons

Les premiers nageurs furent probablement aussi les premiers plongeurs. On peut donc difficilement dissocier le passé de l'un de ces sports de celui de l'autre. Rappelons cependant que les pêcheurs de perles et d'éponges existent depuis les temps les plus reculés. . .

Les plongeons sportifs sont nés avec la natation moderne. Ils furent d'ailleurs inscrits sur la liste des compétitions olympiques dès 1904. Discipline beaucoup plus populaire aux Etats-Unis que partout ailleurs, c'est dans ce pays que l'on trouve évidemment ses plus grands champions. Il n'existe aucune autre spécialité où la domination d'une nation soit aussi flagrante. En effet, depuis les Jeux de Saint-Louis en 1904, les plongeurs des Etats-Unis ont conquis vingt et un titres sur vingt-neuf, et les plongeuses, dix-huit titres sur vingt-cinq. Cependant, depuis 1968, cette suprématie a pris fin puisque ce sont les Européens, plus précisément les Italiens, Suédois, Tchécoslovaques et Russes, qui ont remporté le plus grand nombre de victoires.

Parmi les olympioniques du plongeon, certains ont réussi à s'adjuger plusieurs titres. Le record de victoires est détenu par l'Américaine Patricia *MacCormick* qui gagna les médailles d'or des deux spécialités, tremplin et haut vol, des Jeux d'Helsinki (1952) et de Melbourne (1956). Elle est suivie par une autre femme, l'Allemande Ingrid *Engelkramer*, vainqueur elle aussi dans les deux spécialités en 1960 et au tremplin en 1964. Puis on trouve avec deux victoires chacun quelques Américains dont Robert *Webster* qui gagna la médaille d'or du plongeon de haut vol des Jeux de 1960 et de 1964 et un Italien, Klaus *Dibiasi* qui à Mexico (1968) et à Munich (1972), remporta les titres dans cette même spécialité.

Aux Jeux Olympiques, chaque nation peut engager un concurrent dans chaque épreuve sans tenir compte des minimums de performance imposés. Chaque nation peut engager en outre deux autres concurrents par épreuve, à condition que les trois plongeurs aient accompli les performances minimales imposées par la Fédération Internationale et que la participation totale n'excède pas trente-trois hommes et trente femmes — nageurs et nageuses compris.

Diving

The first swimmers were probably also the first divers. The earliest history of these two sports can hardly be separated. Of course, for centuries people have earned their living as pearl and sponge divers, but competitive diving was born with modern swimming. It was included on the list of Olympic events in 1904 in St. Louis.

Diving is a discipline which is far more popular in the U.S.A. than in any other country, so it is not surprising that this country is the home of some of its greatest champions. In fact, there is no other single event where the predominance of one country is so evident. Since the St. Louis Games in 1904, American men divers have won twenty-one of the twenty-nine titles, and the women divers have won eighteen out of twenty-five. Europeans have begun to assert themselves, and since 1968 the Italians, the Swedes, the Czechs and the Russians have won a greater number of victories.

Among the champion divers are some athletes who have won several titles. The record for victories is held by the American Patricia *MacCormick*, who won gold medals in each specialty (springboard and platform) in 1952 in Helsinki and again in 1956 in Melbourne, for a total of four golds. Another woman, Ingrid *Engelkramer* from Germany, won both events in 1960 and the springboard in 1964. There are several Americans with two golds, including Robert *Webster* who won the platform medal in 1960 and again in 1964, and the Italian Klaus *Dibiasi* won two titles in this same event, first in Mexico in 1968 and again in Munich in 1972.

L'Italien Klaus Dibiasi, vainqueur du plongeon de haut vol, avec 504,12 points, devant l'Américain Richard Rydze

Italian Klaus Dibiasi, winner in tower diving with 504.12 points followed by American Richard Rydze

Déroulement des compétitions

La qualité des plongeons sportifs ne se mesure pas en mètres. Il s'agit d'un véritable art qui exige une parfaite condition physique et nécessite un patient travail dont le but est d'amener l'athlète à se dominer et à acquérir un véritable automatisme dans l'exécution de mouvements qui se succèdent avec une très grande rapidité.

Les figures sont variées et nombreuses. Il en existe plus de soixante-dix, classées selon leur difficulté en catégories distinctes. Les plongeons peuvent être :
■ Avant
chute avant, départ normal.
■ Arrière
chute arrière, départ face à la plate-forme.
■ Renversés
départ avant normal avec retournement.
■ Retournés
chute avant avec départ face à la plate-forme.
■ Tire-bouchon
avant, arrière, renversés ou retournés, avec pivotement latéral, sur soi-même au cours du vol.
■ Equilibre
plongeons précédés d'un équilibre sur les mains.

Les plongeons sont notés par un jury en fonction de coefficients de difficulté et compte tenu de la beauté de l'exécution.

Le *tremplin* est constitué d'une planche souple de 5 m de longueur et de 0,50 m de largeur située à 3 m de la surface de l'eau.

La *plate-forme de haut vol* est rigide. Elle mesure 6 m de longueur et 2 m de largeur. Elle est située à 10 m au-dessus de la surface de l'eau.

Each country may enter one competitor in each event without having to meet any minimum performance requirements. In addition, each country may enter two more competitors for each event, but in that case all three competitors must have attained the required standard, and the total number of entrants for both swimming and diving may not exceed thirty-three men and thirty women.

The events

The quality of a diver's performance cannot be measured in meters. Diving is a real art, which demands perfect physical condition and rigorous training to give the athlete complete control of his body and automatic follow-through of movements which are performed with extreme rapidity.

There are more than 70 combinations of possible movements in the dives, and they are divided into categories according to their difficulty. There are six official groups of dives :
■ Forward
take-off with body facing the water
■ Backward
take-off with body facing the platform
■ Reverse
take-off facing water, land facing platform
■ Inward
take-off facing platform, land facing water
■ Twist
any take-off with lateral turn during fall
■ Handstand
handstand begins dive.

The dives are judged by a jury using the difficulty of the dive and the beauty of its execution as factors.

The *springboard* is a flexible board 5 m long and .50 m wide, located 3 m above the surface of the water.

The *high-diving platform* is rigid. It is 6 m long and 2 m wide. It is located 10 m above the surface of the water.

Hommes

Men

Tremplin

Les concurrents doivent effectuer onze plongeons de qualification. Les huit meilleurs plongeurs participent à la finale.

Springboard

The competitors must perform eleven qualifying dives. The eight best divers compete in the finals.

Champions olympiques Olympic champions					
	Sheldon, R.	USA	12,66 pts	1904	Saint-Louis/St. Louis
	Zurner, A.	GER	85,50 pts	1908	Londres/London
	Gunther, P.	GER	79,23 pts	1912	Stockholm
	Kuehn, L.	USA	675,00 pts	1920	Anvers/Antwerp
	White, A.	USA	696,40 pts	1924	Paris
	Desjardins, P.	USA	185,40 pts	1928	Amsterdam
	Galitzen, M.	USA	161,38 pts	1932	Los Angeles
	Degener, R.	USA	163,57 pts	1936	Berlin
	Harlan, B.	USA	163,64 pts	1948	Londres/London
	Browning, D.	USA	205,29 pts	1952	Helsinki
	Clotworthy, B.	USA	159,56 pts	1956	Melbourne
	Tobian, G.	USA	170,00 pts	1960	Rome
	Sitzberger, K.	USA	159,90 pts	1964	Tokyo
	Wrightson, B.	USA	170,15 pts	1968	Mexico
	Vasin, V.	URS	594,09 pts	1972	Munich

Haut vol

Les concurrents doivent effectuer dix plongeons de qualification. Les huit meilleurs plongeurs participent à la finale.

Platform

The competitors must make ten qualifying dives. The eight best divers compete in the finals.

Champions olympiques Olympic champions					
	Johansson, H.	SWE	83,76 pts	1908	Londres/London
	Adlerz, E.	SWE	73,94 pts	1912	Stockholm
	Pinkston, C.	USA	100,67 pts	1920	Anvers/Antwerp
	White, A.	USA	487,30 pts	1924	Paris
	Desjardins, P.	USA	98,74 pts	1928	Amsterdam
	Smith, H.	USA	124,80 pts	1932	Los Angeles
	Wayne, M.	USA	113,58 pts	1936	Berlin
	Lee, S.	USA	130,05 pts	1948	Londres/London
	Lee, S.	USA	156,28 pts	1952	Helsinki
	Capilla, P.	MEX	152,44 pts	1956	Melbourne
	Webster, R.	USA	165,56 pts	1960	Rome
	Webster, R.	USA	148,58 pts	1964	Tokyo
	Dibiasi, K.	ITA	164,18 pts	1968	Mexico
	Dibiasi, K.	ITA	504,12 pts	1972	Munich

Femmes

Women

Tremplin

Les concurrentes doivent effectuer dix plongeons de qualification. Les huit meilleures plongeuses participent à la finale.

Springboard

The competitors must perform ten qualifying dives. The eight best divers compete in the finals.

Championnes olympiques Olympic champions					
	Riggin, A.	USA	539,00 pts	1920	Anvers/Antwerp
	Becker, E.	USA	474,50 pts	1924	Paris
	Meany, H.	USA	78,62 pts	1928	Amsterdam
	Coleman, G.	USA	87,52 pts	1932	Los Angeles
	Gestring, M.	USA	89,27 pts	1936	Berlin
	Draves, V.	USA	108,74 pts	1948	Londres/London
	McCormick, P.	USA	147,30 pts	1952	Helsinki
	McCormick, P.	USA	142,36 pts	1956	Melbourne
	Engel-Kramer, I.	GER	155,81 pts	1960	Rome
	Engel-Kramer, I.	GER	145,00 pts	1964	Tokyo
	Gossick, S.	USA	150,77 pts	1968	Mexico
	King, M.	USA	450,03 pts	1972	Munich

Haut vol

Les concurrentes doivent effectuer huit plongeons de qualification. Les huit meilleures plongeuses participent à la finale.

Platform

The competitors must perform eight qualifying dives. The eight best divers compete in the finals.

Championnes olympiques Olympic champions					
	Johansson, G.	SWE	181,00 pts	1912	Stockholm
	Fryland-Clausen, S.	DEN	34,60 pts	1920	Anvers/Antwerp
	Smith, C.	USA	166,00 pts	1924	Paris
	Pinkston, B.	USA	31,60 pts	1928	Amsterdam
	Poynton-Hill, D.	USA	40,26 pts	1932	Los Angeles
	Poynton-Hill, D.	USA	33,93 pts	1936	Berlin
	Draves, V.	USA	68,87 pts	1948	Londres/London
	McCormick, P.	USA	79,37 pts	1952	Helsinki
	McCormick, P.	USA	84,85 pts	1956	Melbourne
	Engel-Kramer, I.	GER	91,28 pts	1960	Rome
	Bush, L.	USA	99,80 pts	1964	Tokyo
	Duchkova, M.	TCH	109,59 pts	1968	Mexico
	Knape, U.	SWE	390,00 pts	1972	Munich

Water-Polo

Bien peu de choses ont été écrites sur l'histoire de ce sport que l'on dit inspiré du foot-ball, mais qui se joue avec les mains et dans l'eau. Il paraîtrait que la première rencontre internationale de water-polo s'est déroulée entre la Belgique et la France en 1866. Il est par contre certain que la première ligue de ce sport est anglaise. Elle fut fondée en 1880 à Londres, soit six ans après la création de la première fédération nationale de natation.

Dès 1900, ce sport fut inscrit au programme des Jeux dans le cadre des compétitions de natation, tout comme les plongeons d'ailleurs. Jusqu'en 1924, quatre nations dominèrent le water-polo mondial : la Grande-Bretagne, la Belgique, la Suède et la France. Aux Jeux d'Amsterdam, ce fut l'Allemagne qui triompha devant un pays qui, depuis, a toujours figuré parmi les meilleurs : la Hongrie. En effet, de 1928 à 1972, les Magyars ont remporté cinq titres olympiques, se sont classés trois fois seconds et deux fois troisièmes. Les autres vainqueurs des Jeux furent l'Italie (1948 et 1960), la Yougoslavie (1968) et l'U.R.S.S. (1972).

Aux Jeux Olympiques, douze équipes peuvent participer, sélectionnées selon des critères imposés par la Fédération Internationale. Chaque pays concerné peut engager onze joueurs.

Déroulement des compétitions

Trois groupes de quatre équipes sont constitués et à l'intérieur de chacun d'eux toutes les équipes se rencontrent.

Au stade suivant, toutes les équipes participent. Elles sont réparties en deux poules établies en fonction des résultats du premier tour.

La première poule groupe les six meilleures équipes qui disputent les places de premier à sixième. La seconde poule groupe toutes les autres équipes qui disputent les places de septième à douzième.

Le classement est établi selon le nombre de points acquis de la manière suivante :
- rencontre gagnée : 2 points
- rencontre nulle : 1 point
- rencontre perdue : 0 points

Les rencontres de water-polo se déroulent en quatre périodes de cinq minutes de jeu effectif, coupées chacune d'une pose de deux minutes. Chaque équipe se compose de sept joueurs dont un gardien de but. Des remplacements sont permis après un but ou à l'occasion des périodes de repos.

Water Polo

Surprisingly little has been written about the history of this sport which is supposed to have been inspired by football, except that it is played in the water and using the hands. The first international water polo meet appears to have been held between Belgium and France in 1866. It is certain, however, that the first league for this sport was English. It was founded in London in 1880, six years after the creation of the first national swimming federation.

Since 1900, this sport has been included on the program of the Olympic Games as part of the swimming competitions, like diving. Until 1924, four countries dominated the international water polo scene : Great Britain, Belgium, Sweden, and France. During the Amsterdam Games, Germany defeated the Hungarians, who since then have been among the world's best in this sport. From 1928 to 1972, the Magyar teams have won five Olympic titles, come in second three times and third twice. Other winners in the Olympic tournaments have been Italy (1948 and 1960), Yugoslavia (1968) and the U.S.S.R. (1972).

Participation in the Olympic Water Polo Tournament is limited to twelve teams selected according to the criteria of the International Federation. Each country may enter no more than eleven players.

The events

In the first round, teams are divided into three groups of four teams. Each team plays all the others in its group.

In the next round, all the teams take part, but they are divided into two pools according to the results of the first round.

The first pool contains the six best teams, which compete against each other for the first six places. The second pool has the remaining six teams, who compete for seventh to twelfth places.

Ranking is determined by points awarded as follows :
- game won : 2 points
- game tied : 1 point
- game lost : 0 points

Water polo games have four five-minute periods of playing time, separated by two minute rests. Each team has seven players, including one goal keeper. Substitutions may be made after a goal or during the two minute rest periods.

The playing area is 30 m long and 20 m wide, and must be at least 1.80 m deep.

The goals are 3 m wide and .90 m above the surface of the water.

Le plan d'eau a une longueur de 30 m et une largeur de 20 m, sa profondeur ne doit pas être inférieure à 1,80 m.

Les buts ont une largeur de 3 m et une hauteur de 0,90 m au-dessus du niveau de l'eau.

Le plan d'eau comporte les lignes suivantes :

■ la ligne de but, à 0,30 m de la limite du champ de jeu ;

■ la ligne des 2 m, d'où sont tirés les coups de coin ou corners ;

■ la ligne des 4 m, d'où sont tirées les penalties ;

■ la ligne médiane qui partage le plan d'eau en deux parties, d'où sont joués les coups d'envoi.

Les principales fautes sont les suivantes :

■ partir avant le signal de l'arbitre ;

■ tenir la balle à deux mains (sauf pour le gardien de but) ;

■ tenir la balle sous l'eau lorsqu'on est attaqué par un adversaire ;

■ maintenir l'adversaire sous l'eau, le tirer, le frapper ou lui jeter de l'eau ;

■ prendre appui sur un adversaire non en possession du ballon, le gêner, nager sur son dos ou sur ses jambes ;

■ *pour le gardien de but :* tenir ou déplacer le but.

Toutes ces fautes sont sanctionnées soit par des coups francs, soit par des penalties.

The playing area has the following demarcations :

■ the goal line, .30 m from the edge of the playing area ;

■ the 2 m line, from where corner throws are taken ;

■ the 4 m line, from where penalty throws are taken ;

■ the half-distance line, which divides the playing area into two parts and from where play is started.

The main fouls are :

■ starting before the referee's signal ;

■ holding the ball with two hands (except for the goal keeper) ;

■ holding the ball under water when under attack ;

■ holding an opponent under water, pulling him, hitting him or throwing water at him ;

■ deliberately impeding an opponent not in possession of the ball, swimming on his back or on his legs ;

■ *for the goal keeper :* holding or moving the goal.

All these fouls are penalized by either a free throw or a penalty throw.

Un but bien
marqué . . . mais de
quelle manière ?

A well-scored
goal but what
manners !

Champions olympiques
Olympic champions

	GBR	1900	Paris
	USA	1904	Saint-Louis/St. Louis
	GBR	1908	Londres/London
	GBR	1912	Stockholm
	GBR	1920	Anvers/Antwerp
	FRA	1924	Paris
	GER	1928	Amsterdam
	HUN	1932	Los Angeles
	HUN	1936	Berlin
Buonocore, Bulgarelli, Rubini, Ognio, Arena, Ghira, Pandolfini, Maioni	ITA	1948	Londres/London
Jeney, Vizvari, Gyarmati, Markovics, Bolvari, Szivos, Karpati, Antal, Fabian, Szittya, Lemhenyi, Hasznos, Martin	HUN	1952	Helsinki
Boros, Gyarmati, Mayer, Markovics, Bolvari, Zador, Karpati, Jeney, Hevesi, Kanizsa, Szivos	HUN	1956	Melbourne
Rossi, D'Altrui, Pizzo, Lonzi, Lavoratori, Parmegiani, Bardi, Gionta, Manelli, Ambron, Spinelli, Guerrini	ITA	1960	Rome
Ambrus, Felkai, Konrad II, Domotor, Pocsik, Mayer, Bodnar	HUN	1964	Tokyo
Stipanic, Trumbic, Bonacic, Marovic, Lapanty, Jankovic, Poljak, Dabovic, Perisic, Sandic, Hebel	YUG	1968	Mexico
Gulyaev, Akimov, Dreval, Dolgushin, Shmudski, Kabanov, Barkalov, Shidlovski, Melnikov, Ossipov, Sobchenko	URS	1972	Munich

Pentathlon moderne

Modern Pentathlon

Le pentathlon moderne ne ressemble en rien au pentathle des Jeux antiques qui comportait outre une épreuve de lutte, des compétitions de lancer du disque, de lancer du javelot, de saut en longueur, et une course sur piste. C'est le baron Pierre de *Coubertin*, le rénovateur des Jeux Olympiques lui-même, qui a voulu le pentathlon moderne et l'a fait admettre au programme des Jeux de 1912 après avoir demandé à l'Académie Militaire suédoise de bien vouloir en définir avec précision les cinq épreuves et d'en rédiger le premier règlement.

Avec le pentathlon *Coubertin* voulait lutter contre la spécialisation en lui opposant l'éclectisme. En créant ce nouveau sport les Suédois ont fait renaître une aventure qu'aurait vécu un courrier-aide de camp des troupes napoléoniennes. L'officier, porteur d'un message dont dépendait le sort d'une bataille, et destiné à l'Empereur, aurait eu pour parvenir à son but, à galoper à travers la campagne pleine d'embûches, à vaincre au sabre et au pistolet des ennemis placés sur sa route, à traverser à la nage une rivière et à courir sur un terrain accidenté durant quatre kilomètres.

Dans ses «Mémoires Olympiques», Pierre de *Coubertin* nous dit toute la valeur de ce nouveau sport quand il écrit: «Le pentathlon moderne remplacera l'ancien pentathle car il est beaucoup plus intéressant et beaucoup plus probant, il est un véritable sacrement de l'athlète complet. L'homme capable de s'y présenter, si même il n'en sort pas vainqueur, est un athlète véritable, un athlète complet».

C'est donc depuis 1912 que le pentathlon moderne figure au programme des Jeux Olympiques. Jusqu'aux Jeux de Londres en 1948, il ne comporta qu'un classement individuel puis, à partir des Jeux d'Helsinki en 1952, il y eut un classement par équipes.

Le palmarès olympique du pentathlon moderne montre combien la supériorité d'un petit pays fut imposante en ce sport si difficile. Durant près de cinquante ans, la Suède lui a donné son plus grand nombre de champions. De 1912 à 1956, les pentathlètes suédois ont en effet remporté tous les titres olympiques individuels, à l'exception de celui des Jeux de Berlin gagné par un Allemand. Bien mieux, durant trois Jeux Olympiques successifs (1912–1924), les Suédois ont enlevé les trois premières places et en 1928 et 1932, les deux premières.

Modern pentathlon has nothing in common with the pentathlon of the ancient Games, except the number of events it contains. That competition was made up of five different events: wrestling, discus throw, javelin throw, long jump and a running race on a track.

The renovator of the Olympic Games, Baron Pierre *de Coubertin*, wanted to have this sport included and saw to it that it became part of the Olympic program from the 1912 Games in Stockholm, when the Swedish Military Academy drew up precise definitions of the five events and a set of rules for the competition at his request.

De Coubertin's purpose in developing the modern pentathlon was to oppose over-specialization by offering at least one competition that required real eclecticism. In this new sport, the Swedes sought to re-create an adventure which might have been experienced by an aide-de-camp in the Napoleonic Army. An officer with a message of vital significance that must be brought to the Emperor himself has to ride a horse across a field full of obstacles, fight with a sword and a pistol against enemies along his route, swim across a river, and run over rough and hilly terrain for four kilometers, to reach his goal.

In his "Olympic Memoirs", *de Coubertin* described the values he envisaged for this new sport: "The pentathlon is a worthy replacement for the pentathlon of ancient times because it is much more interesting and much more demanding: it is the real test of the all-round athlete. Any man capable of competing in it, whether he wins or not, is a real athlete, a complete athlete."

The modern pentathlon has been an Olympic sport since 1912. Until the London Games in 1948, the winners were only classified individually, but since Helsinki in 1952, there have also been medals for team achievement.

The list of winners in the modern pentathlon shows how impressive the superiority of a small country can be in this very difficult sport. For almost fifty years, Sweden produced the largest number of champions. In fact, from 1912 to 1956 the Swedes won all the individual pentathlon titles, with the exception of 1936 in Berlin, where the competition was won by a German. Moreover, for three successive Olympic Games (1912 to 1924), the Swedes won the first three places, and in 1928 and 1932, the first two.

C'est à partir des Jeux d'Helsinki que les Hongrois commencèrent à s'imposer dans les compétitions en remportant notamment le premier titre par équipes devant . . . la Suède. Puis en 1956, à Melbourne, ce fut au tour des Soviétiques de prendre place parmi les grands. Depuis cette date d'ailleurs, les pentathlètes hongrois et russes ont alternativement remporté les titres par équipes, tandis que les compétitions individuelles ont été gagnées quatre fois par les Magyars et deux fois par les Suédois.

La diversité des spécialités du pentathlon moderne rend difficile une domination individuelle sur une période de huit ans. C'est pourquoi jusqu'à ce jour, un seul concurrent est parvenu à conquérir deux fois le titre olympique. Il s'agit du Suédois Lars *Hall*, vainqueur à Helsinki en 1952 et à Melbourne en 1956. Cependant, il faut rappeler l'exploit réalisé par l'actuel président de la Fédération Internationale, le brigadier général Sven *Thofelt*, qui remporta la médaille d'or en 1928 à Amsterdam et vingt ans plus tard, aux Jeux de Londres en 1948, gagna une médaille de bronze à l'escrime (épée) aux compétitions par équipes. Enfin, signalons la cinquième place du premier participant des Etats-Unis à ce sport en 1912, le lieutenant de cavalerie Georges Smith *Patton*, qui plus tard fera beaucoup parler de lui à la tête de la troisième Armée U.S.

Aux Jeux Olympiques, chaque pays peut engager trois concurrents plus un remplaçant.

En réalité le pentathlon, dont la Fédération Internationale a été fondée en 1948, est plus qu'un sport puisqu'il comporte, bien sûr, cinq épreuves dans les disciplines les plus variées. Les compétitions se déroulent, à raison d'une par jour, dans l'ordre suivant :

At the Helsinki Games, the Hungarians began to assert themselves in this sport by winning the team title — defeating the Swedes. In Melbourne in 1956, it was the turn of the Russians to win the team competition.

Since then, the Hungarian and Russian teams have taken turns winning the gold medal, while in the individual competition, the Hungarians have won four times and the Swedes twice.

The diversity of the skills required by modern pentathlon make it practically impossible for one individual to maintain dominance for eight years. Only one competitor so far has managed to win this Olympic title twice, the Swede Lars *Hall*, who won the gold medal in Helsinki in 1952 and again in Melbourne in 1956. There is also the astounding feat of the president of the International Federation, Brigadier General Sven *Thofelt*, who won the pentathlon gold medal at the Amsterdam Games in 1928 and then twenty years later in London was awarded the bronze medal for the team épée competition. Also interesting is the fifth place won in 1912 by the first American entrant in the modern pentathlon, Cavalry Lieutenant George Smith *Patton*, later the famous commander of the US Third Army.

Each country can enter three competitors plus one substitute in this competition at the Olympic Games.

Of course, the modern pentathlon, whose International Federation was founded in 1948, is more than one sport. It is composed of five events from the most varied disciplines. The competitions are held in the following order, with one event per day.

Premier jour : Équitation

Les chevaux n'appartiennent pas aux concurrents. Ils sont fournis par le Comité organisateur des Jeux et répartis par tirage au sort.

Chaque cavalier doit effectuer un parcours de 800 m comportant quinze obstacles, dont un double et un triple, dans un temps maximum de quatre minutes. A chaque faute correspond un nombre de points de pénalité. Pour chaque seconde au-delà de deux minutes, des points de pénalité sont enlevés du total maximum de 1 100 points.

Deuxième jour : Escrime

L'épreuve d'escrime consiste en un tournoi d'épée en une poule unique à l'intérieur de laquelle chaque concurrent rencontre tous les autres.

Chaque assaut dure le temps d'une touche valable (les doubles touches ne comptent pas) ou trois minutes. Si à l'issue de ce délai aucun des deux concurrents n'a été touché, les deux hommes sont déclarés perdants.

70 p. 100 des victoires correspondent à 1 000 points. Ce total est évidemment augmenté ou diminué selon les résultats de chaque concurrent.

Troisième jour : Tir

Le calibre de l'arme doit être de 5,6 mm (22) et son poids maximum de 1 260 grammes.

Chaque concurrent doit tirer 20 coups en quatre séries de 5 coups, sur une silhouette mobile, visible trois secondes toutes les sept secondes, de 1,60 m de hauteur et 0,45 m de largeur, située à 25 mètres et comportant 10 ovales numérotés de 1 à 10.

Un total de 194 points de score correspond à 1 000 points de compétition. Chaque point de score supérieur ou inférieur à 194 donne 22 points de compétition en plus ou en moins.

Quatrième jour : Natation

Les concurrents doivent nager 300 m en style libre, en bassin de 50 m. Un temps de 3'54'' correspond à 1 000 points. Chaque demi-seconde de différence équivaut à 4 points en plus ou en moins.

Cinquième jour : Course à pied

Les concurrents doivent effectuer un parcours de 4 000 m dans un couloir tracé sur un terrain accidenté (cross-country). Les départs sont individuels et donnés à raison d'un concurrent par minute. Un temps de 14'15'' correspond à 1 000 points. Chaque seconde de différence équivaut à 3 points en plus ou en moins.

First day : Riding

The horses do not belong to the competitors. They are provided by the Organizing Committee for the Games and are assigned to the competitors by lot.

Each rider must cover an 800 m course that has fifteen obstacles, including one double and one triple combination, in a maximum of four minutes. Penalty points are deducted for each fault on the course. They are also deducted for each second over two minutes needed to complete the course from a maximum point total for this event of 1 100 competition points.

Second day : Fencing

The fencing event consists of an épée tournament in which each competitor fences with all the others.

Each bout lasts for one hit (double hits do not count) or three minutes. If there is no decisive hit by this time, the bout counts as a loss for both competitors.

A result of 70% victories is worth 1 000 competition points. Points are added to or deducted from this index value according to each competitor's results.

Third day : Shooting

The pistol used must be 5.6 mm calibre (22 gauge) and have a maximum weight of 1 260 grams.

Each competitor shoots a total of twenty shots in four series of five shots at a target 25 m away which is 1.60 m high and .45 m wide with 10 circles numbered from one to ten.

A score of 194 points is equal to 1 000 competition points. Every point above or below this average is worth 22 competition points, which are added to or subtracted from the competitor's total according to his results.

Fourth day : Swimming

The competitors must swim free style for 300 m in a 50 m pool. A time of 3'54'' equals 1 000 competition points. Each half-second deviation counts 4 competition points which are added to or subtracted from the competitor's total.

Fifth day : Cross country run

The competitors must run a cross country course which is 4 000 m long and marked with tapes and flags. Starts are individual at one minute intervals. A time of 14'15'' gives a competitor a total of 1 000 competition points. Each second deviation from this value counts 3 points, to be added to or subtracted from the competitor's score.

Le hongrois Andreas Balczo, champion olympique du pentathlon moderne avec 5,412 points, Munich 1972

The hungarian Andreas Balczo, gold medal winner in the modern Pentathlon with a total of 5,412 points, Munich 1972

Individuel

Le classement est effectué selon le nombre de points total acquis par chaque athlète.

Individual

The order of finish is determined by the total number of competition points acquired by each athlete.

Champions olympiques Olympic champions					
Lillienbook, G.	SWE	27,0 pts	1912	Stockholm
Dyrssen, G.	SWE	18,0 pts	1920	Anvers/Antwerp
Lindman, B.	SWE	18,0 pts	1924	Paris
Thofelt, S.	SWE	47,0 pts	1928	Amsterdam
Oxenstierna, J.	SWE	32,0 pts	1932	Los Angeles
Handrick, G.	GER	31,5 pts	1936	Berlin
Grut, W.	SWE	16,0 pts	1948	Londres/London
Hall, L.	SWE	32,0 pts	1952	Helsinki
Hall, L.	SWE	4 833,0 pts	1956	Melbourne
Nemeth, F.	HUN	5 024,0 pts	1960	Rome
Torok, F.	HUN	5 116,0 pts	1964	Tokyo
Ferm, B.	SWE	4 964,0 pts	1968	Mexico
Balczo, A.	HUN	5 412,0 pts	1972	Munich

Par équipes

Le classement est effectué selon le total des points acquis par les trois pentathletes engagés.

Team medal

The order of finish is determined by the total number of competition points acquired by the three pent-athletes who participate for each country.

Champions olympiques Olympic champions					
Benedek, Szondi, Kovacsi	HUN	166,0 pts	1952	Helsinki
Deriougine, Novikov, Tarassov	URS	13 645,5 pts	1956	Melbourne
Balczo, Nagy, Nemeth	HUN	14 863,0 pts	1960	Rome
Mineev, Novikov, Mokeev	URS	14 961,0 pts	1964	Tokyo
Balczo, Mona, Torok	HUN	14 325,0 pts	1968	Mexico
Onischenko, Lednev, Shmelev	URS	15 968,0 pts	1972	Munich

Sports équestres   Equestrian Sports

Depuis les temps les plus reculés, l'homme et le cheval ont été associés. Ensemble, ils ont participé aux grands mouvements des peuples à travers les continents, aux conquêtes guerrières ou pacifiques d'Asie et d'Europe, à la ruée vers l'Ouest des pionniers du Nouveau Monde. Compagnon de voyage, compagnon de chasse, compagnon de guerre, compagnon de travail, le cheval devait aussi de l'homme devenir un compagnon de sport.

L'utilisation des chevaux pour des compétitions sportives aurait commencé en Asie. Une des épopées romanesques du célèbre poète persan *Nizami* (1140-1203), relate une rencontre de polo dont l'enjeu n'était rien de moins que les «amours du roi», et rappelle que ce sport était pratiqué déjà depuis plus de mille ans.

C'est lors des XXVe Jeux Olympiques de l'antiquité, en 680 avant J.C., que pour la première fois des courses de chars furent présentées à Olympie. Elles comportaient deux épreuves : quadriges ou quatre chevaux de front, et biges ou deux chevaux de front. Les cochers étaient généralement des esclaves. Ils participaient pour le compte de riches personnages qui n'osaient jouer leur prestige dans ces compétitions et se contentaient d'engager des attelages. La récompense du vainqueur était toujours décernée au propriétaire, tandis que le véritable concurrent ne recevait qu'un modeste ruban.

En 648 avant J.C., lors des XXXIIIe Jeux Olympiques, apparurent les courses de chevaux. Ce n'est qu'en 396 avant J.C., XCVIe Jeux Olympiques, que les spectaculaires courses des cavaliers debout sur deux montures vinrent s'ajouter au programme.

Au Moyen Age, ce fut l'époque des tournois – d'abord duels à mort pour la gloire –, puis joutes sportives pour le cœur d'une belle ou pour l'honneur d'un comté.

C'est vers la fin du XVIe siècle que furent créées en Italie les premières académies d'équitation. Un peu plus tard, la France devait imiter sa voisine. Dans ces écoles, on enseignait surtout l'art du dressage et on travaillait essentiellement aux manèges.

Au début du XVIIIe siècle, ce qu'on appelle encore aujourd'hui la bible du cavalier, était publiée sous la signature de M. de la *Guérinière* et sous le titre de l'Ecole de Cavalerie. Ce traité devait servir à la formation des élèves du célèbre Cadre Noir de Saumur et de la fameuse Ecole Espagnole de Vienne.

The association of man and horse is as old as history. Together they made possible the great human migrations across continents, the peaceful and the war-like conquests of Asia and Europe and the western movement of the pioneers in the New World. Once the travelling, hunting, fighting and working companion of man, the horse also became his sporting partner.

The use of horses in sports competitions seems to have originated in Asia. One of the romantic epics of the famous Persian poet *Nizami* (1140–1203) tells of a polo match whose stakes were no less than the "favors of the king", and notes that this sport had already been played for more than a thousand years.

At the XXV Olympic Games of ancient times, in 680 B.C., chariot races were first presented at Olympia. There were two events : the *quadriga*, in which the chariots were pulled by four horses abreast, and the *biga*, where two horses pulled the two-wheeled chariots. The drivers were generally slaves. They appeared on behalf of rich men who did not wish to take the chance of doing the actual driving in the races and were satisfied with hiring teams of horses. The winner's purse always went to the owner, anyway, while the actual contestant received only a modest ribbon.

In 648 B.C., horse races appeared as part of the XXXIII Olympic Games, and it was not until 396 B.C. at the Games of the XCVI Olympiad that the spectacular races in which the riders rode standing on the backs of two horses together were added to the program.

The Middle Ages were the epoch of the tournaments. Initially duels to the death for glory, they became sporting jousts, whose prizes were the heart of a beautiful woman or the honor of a country.

The first riding academies were founded in Italy near the end of the 16th century. France followed its neighbor a little later. These schools concentrated on teaching the art of dressage and academic horsemanship.

By the 18th century the book which is still called the horseman's bible had appeared. "The School of Cavalry" by Monsieur *de la Guérinière* was to serve as the basis for training students at the celebrated *Cadre Noir* at Saumur and also at the Spanish Riding Academy in Vienna.

Riding to the hounds, very popular in Great Britain, led to outdoor competitive riding. It did not take long for this sport to take the place of the more academic forms of horsemanship.

La danoise Charlotte Ingemann dans l'épreuve du Grand Prix de dressage par équipes, Munich 1972

Charlotte Ingemann of Denmark taking part in the Team Grand Prix Dressage event, Munich 1972

La chasse à courre, très développée en Grande-Bretagne, devait, vers 1870, conduire à l'équitation sportive de plein air. Celle-ci ne tardait d'ailleurs pas à supplanter le dressage pur et la haute école.

Dans le courant du XIXe siècle, les sports équestres commençaient à s'organiser : des clubs, des associations se créaient, mais ne conservaient malheureusement qu'un caractère régional.

C'est vers les années 1890 que les premières compétitions de jumping se déroulèrent. Issue de la chasse à courre, comme le rappelle encore aujourd'hui la tenue réglementaire des cavaliers, cette discipline était peu à peu codifiée.

Parallèlement, bien sûr, l'équitation de dressage académique continuait à être pratiquée. Des règles précises ne tardèrent pas à en faire également un sport.

Au début du XXe siècle, une nouvelle formule de compétition donnait naissance à une des plus belles disciplines de sports équestres : le concours complet. Conçue à l'origine uniquement pour les officiers de cavalerie, elle devait demeurer leur apanage jusqu'en 1920. En effet, le concours complet avait surtout pour but de permettre aux cavaliers de prouver leur aptitude à se tirer de toutes les situations et de mettre en valeur les qualités du cheval de guerre : sûreté en tout terrain, soumission, endurance.

Après la Première Guerre mondiale, la structuration des sports équestres prenait une nouvelle dimension avec la création des premières fédérations nationales. Le 25 novembre 1921, huit d'entre elles : celles de Belgique, du Danemark, d'Italie, des Etats-Unis, du Japon, de France, de Suède et de Norvège, fondaient la Fédération Equestre Internationale (F.E.I.).

Les premières compétitions olympiques de sports équestres se déroulèrent en 1900 à Paris avec une épreuve individuelle de dressage, une épreuve de saut en longueur et une épreuve de saut en hauteur. Puis, ce sport disparut des Jeux jusqu'en 1912. Depuis, il a toujours été présenté avec beaucoup de succès.

Au fil des olympiades, la liste des compétitions de sports équestres a subi diverses modifications. C'est ainsi qu'en 1912 il y eut des épreuves militaires, individuelles et par équipes. En 1920, le programme comporta des courses de fond de 20 kilomètres et de 50 kilomètres et des épreuves au manège, individuelles et par équipes. En 1928, des épreuves militaires eurent lieu à nouveau. Ce n'est que depuis les Jeux de Los Angeles (1932) que le

During the 19th century, equestrian sports were becoming more organized ; clubs and associations were formed, but unfortunately they held onto their regional character.

In the 1890's, the first jumping competitions were held. A development from riding to the hounds, as the required rider's uniform still reminds us, this discipline was slowly organized and regulated.

Academic dressage was still being practiced at this time as well. Precise rules quickly made it a sport too.

About 1900, a new form of competition was developed, one of the most beautiful disciplines in equestrian competition : the three day event. Originally designed just for cavalry officers, it remained their province until 1920. The three day event was intended to allow the cavalrymen to demonstrate their ability to deal with any possible situation and to highlight the merits of the war horses : their reliability on any kind of ground, obedience, and endurance.

After the First World War, the organization of equestrian sports took on a new dimension with the creation of the first national federations. Then, on November 25, 1921, eight of these federations, Belgium, Denmark, Italy, the U.S.A., Japan, France, Sweden and Norway, founded the Fédération Equestre Internationale.

The first Olympic competitions in equestrian events were during the Paris Games in 1900. There was an individual dressage event, a long jump and a high jump. This sport then disappeared from the Games until 1912, but since then it has always been presented with much success.

Through the years the list of equestrian events for the Olympics has undergone much modification. Thus in 1912 there were military events for both individuals and team, while in 1920 the program included long distance races over 20 and 50 kilometers and horsemanship competitions for teams and individuals, and then in 1928 the military events were held again. The present program was adopted for the Los Angeles Games in 1932.

Le britannique Mark A. Phillips sur Great Ovation dans l'épreuve de cross-country du concours complet, Munich 1972

Mark A. Phillips of Great Britain on Great Ovation, in the cross country part of the Three Day Event, Munich 1972

programme actuel a été définitivement adopté.

Abstraction faite des épreuves supprimées, la liste des olympioniques des sports équestres nous révèle que c'est la Suède qui totalise, avec dix-sept titres, le plus grand nombre de victoires olympiques. Elle est suivie dans l'ordre : de l'Allemagne (quatorze titres avant la séparation en deux équipes distinctes et deux titres pour la République Fédérale lors des derniers Jeux), de la France (huit titres), de l'Italie, de la Grande-Bretagne et des Pays-Bas (chacun cinq titres), de la Suisse, des Etats-Unis et de l'U.R.S.S. (chacun trois titres), puis on trouve le Mexique (deux victoires), et enfin la Belgique, le Canada, l'Espagne, le Japon et la Tchécoslovaquie (chacun une victoire).

Par suite des différences importantes qui caractérisent chacune des spécialités, il est essentiel d'étudier le palmarès par discipline :

■ *En dressage*, c'est l'Allemagne et la Suède (sept titres chacun) qui dominent devant la France et l'U.R.S.S. (trois titres chacun).

■ *En concours complet*, on retrouve encore la Suède en tête du classement international (sept titres), suivie des Pays-Bas (cinq titres), de la Grande-Bretagne (quatre titres), des Etats-Unis, de la France et de l'Allemagne (chacun deux titres).

■ *Aux sauts d'obstacles*, la suprématie allemande est manifeste. Ce pays totalise en effet sept titres, il est suivi de l'Italie et de la France avec trois titres chacun et du Mexique avec deux titres.

Comme tous les autres sports, l'équitation a ses grands champions. L'acquisition des qualités requises : adresse, souplesse, maîtrise, douceur et fermeté dans la conduite de la monture, contraint les cavaliers à un très long apprentissage. L'implacable sélection qui en résulte explique pourquoi certains champions se maintiennent longtemps au plus haut niveau.

Parmi les olympioniques des sports équestres, citons :

Dressage

Le Suédois Henri *Saint-Cyr* qui remporta quatre médailles d'or dont deux dans les épreuves individuelles et deux dans les épreuves par équipes en 1952 à Helsinki et 1956 à Stockholm (par suite des règles sanitaires et de quarantaine, les compétitions de sports équestres des Jeux de Melbourne se sont déroulées à Stockholm), les cavaliers de la République Fédérale Allemande Josef *Neckermann*, Liselott *Linsenhoff* et Reiner *Klimke* qui s'adjugèrent chacun deux titres olympiques entre 1964 à Tokyo et 1972 à Munich.

If we leave out the events no longer held, the list of Olympic champions in equestrian sports shows Sweden with the greatest number of victories, seventeen titles. It is followed by Germany, with fourteen titles before the division into two distinct teams and two titles for the Federal Republic of Germany during the 1972 Games. Then comes France (eight titles), Italy, Great Britain and the Netherlands (five titles each), Switzerland, the U.S.A. and the U.S.S.R. (three titles each), Mexico (two titles), and finally Belgium, Canada, Spain, Japan and Czechoslovakia (one victory each).

Due to the differences in the specialties, the individual champions will be considered by event.

■ *Dressage* has been dominated by Germany and Sweden, with seven titles each, and then France and the U.S.S.R., which have won three golds each.

■ In the *Three Day Event* Sweden is again in the lead (seven titles), followed by the Netherlands (five golds), Great Britain (four), and the U.S.A., France and Germany (two titles each).

■ In *Grand Prix jumping* German supremacy is evident. This country has won seven titles, followed by Italy and France with three titles each and Mexico with two.

As in every sport, riding has its great champions. It takes long and arduous training for the riders to acquire the skills necessary for this sport, such as dexterity, flexibility, control, and the right combination of gentleness and firmness in handling a mount. The superb form which the Olympic equestrian finally achieves is not easily lost, and some champions have been capable of repeated performances at an extremely high level.

Worthy of mention among the equestrian Olympians are :

Dressage

The Swede Henri *Saint-Cyr*, who won a total of four gold medals in Helsinki in 1952 and Stockholm in 1956, two in the individual event and two in the team event. (Because of quarantine and public health regulations, the equestrian events of the Melbourne Games were held in Stockholm.) Riders from the Federal Republic of Germany, Josef *Neckermann*, Liselott *Linsenhoff* and Reiner *Klimke*, each won two titles between 1964 in Tokyo and 1972 in Munich.

Avant l'épreuve...   Before the competition...

Concours complet

Les Hollandais Ferdinand *Pahud de Mortanges* qui entre 1924 à Paris et 1932 à Los Angeles, accéda quatre fois à la plus haute marche du podium et Adolph *Van Der Voort Van Zyjp*, trois fois vainqueur.

Sauts d'obstacles

Le Français Pierre *Jonquères d'Oriola* qui remporta le titre olympique des Jeux d'Helsinki en 1952 et celui des Jeux de Tokyo, douze ans plus tard, et l'Allemand de l'Ouest Hans-Günther *Winkler* qui, de 1956 à 1972, a conquis cinq médailles d'or. C'est sans doute le plus grand cavalier de l'histoire olympique des sports équestres.

Le programme actuel des compétitions olympiques des sports équestres comporte les épreuves suivantes :

■ Concours complet avec classement individuel et par équipes.

■ Grand Prix de dressage avec classement individuel et par équipes.

■ Grand Prix individuel de sauts d'obstacles.

■ Grand Prix de sauts d'obstacles par équipes appelé aussi Prix des Nations.

Aux Jeux Olympiques chaque pays peut engager :

■ **Pour le dressage :** quatre cavaliers et six chevaux, dont trois cavaliers et trois chevaux seulement peuvent participer aux compétitions.

■ **Pour le concours complet :** cinq cavaliers et huit chevaux, dont quatre cavaliers et quatre chevaux seulement peuvent participer, les trois meilleurs comptant pour le classement.

■ **Pour les Grands Prix de sauts d'obstacles (individuel et par équipes) :** cinq cavaliers et huit chevaux, dont trois cavaliers et trois chevaux peuvent participer aux compétitions individuelles et quatre cavaliers et quatre chevaux aux compétitions par équipes, les trois meilleurs comptant pour le classement.

Soit, pour une équipe complète, un total de quatorze cavaliers et de vingt-deux chevaux.

Les sports équestres sont la seule discipline, avec le tir et le yachting, à avoir des compétitions mixtes.

Three Day Event

The two men from Holland, Ferdinand *Pahud de Mortanges*, who won four gold medals between Paris in 1924 and Los Angeles in 1932, and Adolph *Van der Voort van Zyip*, who won three golds.

Jumping

The Frenchman Pierre *Jonquères d'Oriola*, who won the Olympic title at the Helsinki Games in 1952 and then again in Tokyo twelve years later, and the West German Hans-Günther *Winkler*, who won five gold medals from 1956 to 1972. He is unquestionably the greatest of the equestrian Olympians.

The present program of the Olympic equestrian sports competition includes the following events :

■ Three day event, individual and team classification

■ Individual and team competition for Grand Prix Jumping

■ Individual and team competition for Grand Prix Dressage

For the Olympic Games each country may enter :

■ **For dressage :** four riders and six horses, of which only three riders and three horses will actually take part in the competition.

■ **For the three day event :** five riders and eight horses, of which only four riders and four horses may participate in the competition, the three best qualifying for official placing.

■ **For the team and individual Grand Prix jumping :** five riders and eight horses, of which three riders and three horses take part in the Individual Grand Prix jumping, and four riders and four horses take part in the team Grand Prix jumping, the three best of these counting for official placing.

The maximum number of competitors and horses per country : fourteen riders and twenty-two horses.

Equestrian sports are alone with shooting and yachting as sports in which men and women may compete against each other.

L'équipe de la République Fédérale Allemande, médaille d'or du Grand Prix des Nations: Fritz Ligger sur Robin, Gerhard Wiltfang sur Askan, Hartwig Steenken sur Simona et Hans Günther Winkler sur Trophy, Munich 1972

Gold-medal winning team from the German Federal Republic in the Grand Prix des Nations: Fritz Ligger on Robin, Gerhard Wiltfang on Askan, Hartwig Steenken on Simona and Hans Günther Winkler on Trophy, Munich 1972

Déroulement des compétitions

Grand Prix de dressage

Le Grand Prix de dressage se déroule sur un terrain rectangulaire de 60 m de longueur et de 20 m de largeur séparé du public par une distance de 20 m. Il comporte l'exécution de reprises imposées se déroulant dans un ordre précis. Le classement par équipes est établi à l'issue d'un premier tour. Le classement individuel nécessite un second tour auquel participent les douze meilleurs cavaliers du premier tour. Selon la qualité de la présentation, des notes de 0 à 10 sont attribuées par un jury composé de cinq membres.

The events:

Grand Prix Dressage

The Grand Prix dressage event is held on a rectangular field 60 m long and 20 m wide, separated by a distance of 20 m from the spectators. It includes the execution of movements to be performed from memory in a pre-established and precise order. The team classification is determined according to a first round. Individual placing requires a second round in which the twelve best riders from the first round participate. Points ranging from 0 to 10 are given by a jury consisting of five members, according to the quality of the performance.

Josef Necker-
mann, GER, sur
Venetia, 3e au
Grand Prix de
dressage individuel
et 2e par équipes,
Munich 1972

Josef Necker-
mann, GER, on
Venetia, third in the
individual Grand Prix
dressage and second
in the team classifi-
cation, Munich 1972

Concours complet

Le concours complet comporte trois épreuves distinctes se déroulant dans l'ordre suivant :

Dressage :

L'épreuve de dressage comporte l'exécution de reprises imposées par la Fédération Internationale. Les cavaliers reçoivent des notes de 1 à 6 que multiplie un coefficient fixé par le délégué technique de la F.E.I.

Fond :

L'épreuve de fond dont la longueur totale ne doit pas dépasser 32 km comporte quatre phases :
- *Phase A :*
un parcours sur routes et sentiers.
- *Phase B :*
un parcours de steeple comportant de 12 à 14 obstacles.
- *Phase C :*
un autre parcours sur routes et sentiers.
- *Phase D :*
un parcours de cross-country comportant au moins 30 obstacles divers.

Chacune de ces phases doit être effectuée en un temps limite. Des points de pénalisation ou de bonification sont attribués aux cavaliers selon leurs performances.

Three Day event

The three day event includes three distinct events held in the following order :

Dressage

The dressage event includes the execution of movements imposed by the International Federation. The riders receive scores from 1 to 6 which are multiplied by a factor determined by the technical representative of the F.E.I.

Endurance :

The endurance event, whose total length may not exceed 32 km, includes four phases :
- Phase A :
roads and tracks
- Phase B :
steeplechase (with twelve to fourteen obstacles)
- Phase C :
roads and tracks
- Phase D :
cross country (with at least thirty obstacles).

Sauts d'obstacles :

L'épreuve de sauts d'obstacles se déroule sur un parcours de 750 à 900 m de longueur comportant de dix à douze obstacles, qui doit être effectué à la vitesse de 400 m à la minute. Des points de pénalisation sanctionnent les fautes.

Le classement individuel est établi selon le total des points obtenus par chaque cavalier, et celui par équipes selon le total des points acquis par les trois meilleurs cavaliers.

Le poids minimum des cavaliers est libre pour l'épreuve de dressage et de 75 kg pour les épreuves de fond et de sauts. Le jury de terrain est composé de trois membres.

Grand Prix individuel de sauts d'obstacles

Cette épreuve se déroule en deux manches. Le premier parcours ne peut dépasser 1 000 m et doit comporter de douze à quinze obstacles. Le second parcours auquel participent les vingt meilleurs concurrents de la première manche ne peut avoir plus de dix obstacles ni plus de trois doubles ou un double et un triple.

Le classement est effectué en fonction des points de pénalisation obtenus lors des deux manches.

Le poids minimum des cavaliers est de 75 kg.

Le jury de terrain comprend trois membres.

Grand Prix de sauts d'obstacles par équipes ou Prix des Nations

Dernière épreuve des Jeux, le Grand Prix de sauts d'obstacles par équipes se déroule dans le stade olympique. Chaque équipe est composée de quatre concurrents ne pouvant monter chacun qu'un seul cheval. L'ordre de départ de chaque pays est déterminé par tirage au sort. Le classement est établi en fonction du nombre de points de pénalisation attribués lors des deux manches de l'épreuve aux trois meilleurs cavaliers de chaque équipe. Les règlements sont sensiblement les mêmes que ceux du concours individuel. Seules les huit meilleures équipes participent à la seconde manche.

Le poids minimum des cavaliers est de 75 kg.

Le jury de terrain comprend trois membres.

Each of these phases must be accomplished within a time limit. Bonus and penalty points are given to the riders according to their performance.

Jumping

The jumping event takes place on a course 750 to 900 m long, containing ten to twelve obstacles which must be crossed at a speed of 400 m per minute. Penalty points are given for faults.

Individual classification is determined according to the total of the points obtained by each rider, and team classification according to the total obtained by the three best riders on a team.

The minimum weight for riders is unrestricted for the dressage event and 75 kg for the endurance and jumping events. The field jury has three members.

Individual Grand Prix Jumping

This event takes place in two rounds. The first course may not be more than 1 000 m long and must include twelve to fifteen obstacles. The second round, in which the twenty best riders from the first round compete, cannot have more than ten obstacles nor more than three doubles or one double and one triple obstacle.

The classification is made according to the penalty points awarded during the two rounds.

The minimum weight of the riders is 75 kg.

The field jury has three members.

Team Grand Prix Jumping or Prix des Nations

The very last event of the Olympic Games, the Grand Prix Team Jumping is held in the Olympic Stadium. Each team has four competitors who use only one horse. The order in which the countries start is determined by lot. Classification is according to the number of penalty points given to the three best riders on each team during the two rounds of the event. The rules are about the same as in individual jumping with the eight best teams participating in the final round.

Riders' minimum weight is 75 kg.

The field jury has three members.

L'Italien Graziano Mancinelli sur Ambassador, remporte le titre du Grand Prix de sauts d'obstacles individuel, Munich 1972

Italian Graziano Mancinelli on Ambassador won the individual Grand Prix Jumping title, Munich 1972

	Grand Prix de dressage, individuel				**Individual Grand Prix Dressage**	
Champions olympiques Olympic champions	Haegeman, C.	BEL			1900	Paris
	Bonde, C.	SWE	15,0	pts	1912	Stockholm
	Lundblad, J.	SWE	27,937	pts	1920	Anvers/Antwerp
	Von Linder, E.	SWE	276,4	pts	1924	Paris
	Von Langen, C.	GER	237,42	pts	1928	Amsterdam
	Lesage, F.	FRA	1 031,25	pts	1932	Los Angeles
	Pollay, H.	GER	1 760,0	pts	1936	Berlin
	Moser, H.	SUI	492,5	pts	1948	Londres/London
	Saint Cyr, H.	SWE	561,0	pts	1952	Helsinki
	Saint Cyr, H.	SWE	860,0	pts	1956	Melbourne (Stockholm)
	Filatov, S.	URS	2 144,0	pts	1960	Rome
	Chammartain, H.	SUI	1 504,0	pts	1964	Tokyo
	Kizimov, I.	URS	1 572,0	pts	1968	Mexico
	Linsenhoff, L.	GER	1 229,0	pts	1972	Munich

	Grand Prix de dressage, par équipes				**Team Grand Prix Dressage**	
Champions olympiques Olympic champions	Von Langen, Linkenbach, Von Lotzbeck	GER	669,72	pts	1928	Amsterdam
	Lesage, Marion, Jousseaume	FRA	2 818,75	pts	1932	Los Angeles
	Pollay, Gerhard, Bronikowski	GER	5 074,00	pts	1936	Berlin
	Jousseaume, Buret, Saint Fort Paillard	FRA	1 269,00	pts	1948	Londres/London
	Boltenstern, Saint Cyr, Persson	SWE	1 597,50	pts	1952	Helsinki
	Persson, Saint Cyr, Boltenstern	SWE	2 475,00	pts	1956	Melbourne (Stockholm)
	Boldt, Klimke, Neckermann	GER	2 558,00	pts	1964	Tokyo
	Neckermann, Linsenhoff, Klimke	GER	2 699,00	pts	1968	Mexico
	Petushkova, Kizimov, Kalita	URS	5 095,00	pts	1972	Munich

	Concours complet, individuel				Individual Three Day Event	
Champions olympiques	Nordlander, A.	SWE			1912	Stockholm
Olympic champions	Morner, H.	SWE	1 775,00	pts	1920	Anvers/Antwerp
	Van Der Voort Van Zijpt, A.	HOL	1 976,00	pts	1924	Paris
	Pahud de Mortanges, F.	HOL	1 969,82	pts	1928	Amsterdam
	Pahud de Mortanges, F.	HOL	1 813,83	pts	1932	Los Angeles
	Stubbendorf, L.	GER	– 37,70	pts	1936	Berlin
	Chevalier, B.	FRA	4,00	pts	1948	Londres/London
	Von Blixen Finecke, H.	SWE	– 28,33	pts	1952	Helsinki
	Kastenmann, P.	SWE	– 66,53	pts	1956	Melbourne (Stockholm)
	Morgan, L.	AUS	7,15	pts	1960	Rome
	Checcoli, M.	ITA	64,40	pts	1964	Tokyo
	Guyon, J.	FRA	– 38,86	pts	1968	Mexico
	Meade, R.	GBR	57,73	pts	1972	Munich

	Concours complet, par équipes				Team Three Day Event	
Champions olympiques		SWE			1912	Stockholm
Olympic champions		SWE	5 057,50	pts	1920	Anvers/Antwerp
	Van Der Voort Van Zijp, Pahud De Mortanges, De Kruyff	HOL	5 294,5	pts	1924	Paris
	Van Der Voort Van Zikp, Pahud De Mortanges, De Kruyff	HOL	5 865,68	pts	1928	Amsterdam
	Thompson, Chamberlin, Argo	USA	5 038,083	pts	1932	Angeles
	Stubbendorff, Lippert, Von Wangenheim	GER	– 676,65	pts	1936	Berlin
	Henry, Anderson, Thompson	USA	– 161,50	pts	1948	Londres/London
	Von Blixen-Finecke, Frolen, Stahre	SWE	– 221,94	pts	1952	Helsinki
	Weldon, Rook, Hill	GBR	– 355,48	pts	1956	Melbourne (Stockholm)
	Morgan, Lavis, Roycroft	AUS	– 128,18	pts	1960	Rome
	Checcoli, Angioni, Ravano	ITA	85,80	pts	1964	Tokyo
	Allhusen, Meade, Jones	GBR	– 175,93	pts	1968	Mexico
	Gordon-Watson, Parker, Meade, Phillips; (4ème cavalier)	GBR	95,53	pts	1972	Munich

	Grand Prix de sauts d'obstacles, individuel				Individual Grand Prix Jumping	
Champions olympiques	Cariou, J.	FRA	186,00	pts	1912	Stockholm
Olympic champions	Lequio, T.	ITA			1920	Anvers/Antwerp
	Gemuseus, A.	SUI	6 pén.		1924	Paris
	Ventura, F.	TCH	0 pén.		1928	Amsterdam
	Nishi, T.	JPN	8,00	pts	1932	Los Angeles
	Hasse, K.	GER			1936	Berlin
	Mariles Cortes, H.	MEX	6,25	pts	1948	Londres/London
	Jonquères D'Oriola, P.	FRA	0,00	pts	1952	Helsinki
	Winkler, H.	GER	4,00	pts	1956	Melbourne (Stockholm)
	D'Inzeo, R.	ITA	12,00	pts	1960	Rome
	Jonquères D'Oriola, P.	FRA	9,00	pts	1964	Tokyo
	Steinkraus, W.	USA	4,00	pts	1968	Mexico
	Mancinelli, G.	ITA	8,00	pts	1972	Munich

Hartwig
Steenken, GER, sur
Simona. Médaille
d'or du Grand
Prix des Nations,
Munich 1972

Hartwig Steen-
ken, GER, on Simona.
Gold medallist in the
Prix des Nations,
Munich 1972

Grand Prix de sauts d'obstacles, par équipes, Prix des Nations
Team Grand Prix Jumping, Prix des Nations

Champions olympiques Olympic champions				
		SWE	545,00 pts	1912	Stockholm
		SWE	14,00 pts	1920	Anvers/Antwerp
	Thelning, Stahle, Lundstrom	SWE	42,50 pts	1924	Paris
	De Los Trujillos, Morenes Navarro, Garcia	ESP	4,00 pts	1928	Amsterdam
	Hasse, Von Barnekow, Brandt	GER	44,00 pts	1936	Berlin
	Valdes, Uriza, Mariles Cortes	MEX	34,25 pts	1948	Londres/London
	Stewart, White, Llewellyn	GBR	40,75 pts	1952	Helsinki
	Winkler, Thiedemann, Lutke-Westhues	GER	40,00 pts	1956	Melbourne (Stockholm)
	Winkler, Thiedemann, Schockemuhle	GER	46,50 pts	1960	Rome
	Schridde, Jarasinski, Winkler	GER	68,50 pts	1964	Tokyo
	Gayford, Day, Elder	CAN	102,75 pts	1968	Mexico
	Ligges, Wiltfang, Steenken, Winkler: (4ème cavalier)	GER	32,00 pts	1972	Munich

Tir

Shooting

Depuis l'invention de l'hakenbüchse – première arme à feu portative dont l'utilisation s'est généralisée à partir de la fin du XVe siècle sous le nom d'arquebuse –, jusqu'au milieu du XIXe siècle, en Europe, le tir fut essentiellement réservé à l'entraînement des troupes ou à la préparation militaire. En Amérique, dès l'arrivée des pionniers, par suite de la relative liberté de l'usage des armes, instruments de chasse et quelquefois de survie, le tir devint vite un «sport» très populaire.

Les plus anciennes sociétés civiles de tir ont vu le jour vers 1860, d'abord en Suisse, puis un peu partout en Europe et plus particulièrement en France où depuis 1838, année de l'invention de la carabine rayée par le capitaine *Delvigne*, existait à Vincennes une école de tir. C'est également en France le 3 juin 1886, que M. Daniel *Merillon*, député de Bordeaux, créa la première fédération nationale de ce sport. Un an plus tard, il devait fonder l'Union Internationale de Tir (U.I.T.) et en devenir le premier président.

C'est en 1897 que furent organisés à Lyon (France), les premiers championnats du monde de ce sport.

Bien qu'onéreux, le tir intéresse un nombre croissant d'adeptes. Il est devenu un sport universel. A Munich, les représentants de soixante-six pays ont participé aux différentes compétitions.

Le tir est un des sports qui figura au programme des Jeux d'Athènes. Au fil des olympiades, la liste des épreuves fut modifiée en fonction de l'évolution des armes et aussi des mœurs. Il y eut en effet lors des premiers Jeux Olympiques des épreuves de tir aux pigeons vivants, au pistolet de duel, au fusil de guerre, – individuelles et par équipes –. Notons aussi qu'aux Jeux de Saint-Louis en 1904, et d'Amsterdam en 1928, le tir ne fut pas inscrit au programme.

Jusqu'en 1936 les compétitions olympiques de tir ont été dominées par sept pays : les Etats-Unis (vingt-neuf titres), la Suède (douze titres), la France (onze titres), la Norvège (dix titres), la Grande-Bretagne (neuf titres), la Suisse et la Grèce (quatre titres chacun). Depuis les Jeux de 1948, comme dans de nombreux autres sports, on a assisté à la poussée des pays de l'Est, surtout de l'U.R.S.S. qui, entre 1952 et 1972, a remporté neuf titres olympiques soit deux de plus que les Etats-Unis. On trouve ensuite la Hongrie et la Roumanie (trois titres chacun), puis un pays nordique, la Finlande (trois titres également).

Since the invention of the arquebus – the first portable firearm – whose use became widespread near the end of the 15th century, until the middle of the 19th century, shooting in Europe was an activity essentially reserved for military training or actual warfare. In America, on the other hand, where there were no laws governing the use of firearms, since they were used for hunting and often enough for survival, shooting became a very popular "sport" among the settlers.

The oldest non-military shooting clubs were founded in Switzerland around 1860, then spread all over Europe, especially to France. There had been a shooting school in Vincennes since 1838, the year the bored rifle was invented by Captain *Delvigne*. Appropriately enough, the first national federation for this sport was founded on June 3, 1886 by Daniel *Merillon*, a deputy from Bordeaux. He also participated in the founding of the Union Internationale de Tir a year later, and became its first president.

The first world championships in this sport were held in Lyons in 1897.

Although quite an expensive activity, shooting appeals to a growing number of people. It has become a universal sport, as the participation of sixty-six countries in the different shooting events in Munich clearly shows.

Shooting was one of the sports on the program of the very first modern Olympic Games in Athens in 1896. Through the years, the list of events has changed, reflecting the weapons available and changes in people's attitudes. As a matter of fact, at the Athens Games there were team and individual shooting contests using live pigeons, as well as events with duel pistols and war rifles. In St. Louis in 1904 and in Amsterdam in 1928, on the other hand, there were no shooting events at all.

Until 1936, the Olympic shooting competitions were dominated by seven countries : the U.S.A. (twenty-nine titles), Sweden (twelve), France (eleven), Norway (ten), Great Britain (nine), and Switzerland and Greece (four titles each). As in many other sports, the eastern European countries have given excellent performances in shooting since 1948, especially the Soviet Union, which has won nine Olympic titles since 1952, two more than the United States in that period, and Rumania and Hungary which have won three titles each. Finland has also won three gold medals.

L'Italien Angelo Scalzone, avec 199 points, remporte la médaille d'or au trap, Munich 1972

Italian Angelo Scalzone, trap gold medallist with 199 points, Munich 1972

Pour le tir, contrairement à beaucoup d'autres sports, la lecture du palmarès olympique ne permet pas une juste comparaison des valeurs. En effet, cette discipline exige de ses adeptes de grandes qualités physiques, mais aussi un énorme pouvoir de concentration et une exceptionnelle maîtrise de soi. C'est ainsi que les scores des tireurs connaissent assez fréquemment des variations qui étonnent les profanes. Ceci explique pourquoi peu de champions parviennent à remporter deux titres consécutifs. Aussi, les quelques doubles vainqueurs olympiques méritent-ils une mention très spéciale. Citons à cette occasion le Hongrois Karoly *Takacs*, champion olympique au pistolet de tir rapide à Londres (1948) et à Helsinki (1952), les Américains Morris *Fisher* et Gary *Anderson*, deux fois vainqueurs à l'arme libre, le premier, en 1920 et 1924 et le second, en 1964 et 1968, et plus récemment le brillant Polonais Josef *Zapedzki* qui remporta les titres au pistolet de tir rapide des Jeux de Mexico et de Munich.

Le programme olympique comporte les épreuves suivantes :
■ Pistolet libre.
■ Carabine de petit calibre, position couchée.
■ Carabine de petit calibre, trois positions : couchée, sur un genou, debout.
■ Pistolet de tir rapide.
■ Fosse olympique.
■ Skeet.
■ Cible courante.

Aux Jeux Olympiques, chaque pays peut engager deux concurrents par épreuve, soit un maximum de quatorze concurrents.
Pour chacune des épreuves, le classement est déterminé selon le total des points acquis par chaque concurrent.
Pour les épreuves de tir au pistolet libre, à la carabine de petit calibre, au pistolet de tir rapide et sur cible courante, le contrôle des compétitions est assuré par cinq juges, et pour la fosse olympique et le skeet, par six juges.
Les cibles sont également contrôlées par cinq juges.
Le tir est la seule discipline, avec les sports équestres et le yachting, à avoir des compétitions mixtes.

Unlike other sports, a list of the Olympic champions in shooting does not always give a fair evaluation of the competitors. Since this sport demands not only great physical conditioning but also enormous powers of concentration and exceptional self-control, the scores of even the very best shooters may vary considerably, a fact which often surprises the layman. This is also why very few champions have been able to win two consecutive gold medals, and the few double champions deserve special mention : The Hungarian Karoly *Takacs*, Olympic rapid fire pistol champion in London in 1948 and in Helsinki in 1952 ; the Americans Morris *Fisher* and Gary *Anderson*, both double winners in the free pistol event, the former in 1920 and 1924, the latter in 1964 and 1968. More recent was the brilliant performance of the Pole Josef *Zapedzki*, who won the rapid fire pistol titles at both the Mexico and Munich Games.

The program for the Olympic Games includes the following shooting events :
■ free pistol
■ smallbore rifle, prone position
■ smallbore rifle, three positions : prone, standing, kneeling
■ rapid fire pistol
■ Olympic trap shooting
■ skeet shooting
■ moving target.

For the Olympic Games, each country may enter two competitors per event, for a maximum of fourteen competitors per country.
For each event, classification is based on the total number of points accumulated by each competitor.
For the free pistol, smallbore rifle, rapid fire and moving target events, there is a jury of five judges ; for Olympic trap and skeet shooting, the jury has six judges.
The targets are supervised by five judges.
Shooting is alone with equestrian sports and yachting among the Olympic sports in permitting women and men to compete against each other.

Pistolet libre

Si le nombre de concurrents est supérieur au nombre de cibles, des éliminatoires peuvent être organisées.

Le calibre du pistolet est de 5,6 mm (22). La cible située à 50 m de distance a un diamètre de 0,50 m et comporte dix zones circulaires numérotées de 1 à 10.

Chaque concurrent doit tirer, en position debout, 60 coups en six séries de 10 coups.

Chaque concurrent bénéficie de 15 coups d'essai.

Le temps alloué est de 2h30', coups d'essai inclus.

Free pistol

If there are more competitors than targets, qualifying rounds may be held.

A 5.6 mm caliber (22 gauge) pistol is used. The targets are 50 m from the shooters and have a .50 m diameter containing ten concentric zones, numbered 1 to 10.

Each competitor must fire 60 shots in 6 series of 10 shots from a standing position.

Each competitor is allowed 15 sighting shots.

The time allotted for the competition is 2h30', including sighting shots.

Champions olympiques Olympic champions					
Paine, S.	USA	442 pts	1896	Athènes/Athens
Roderer, C.	SUI	503 pts	1900	Paris
Lane, A.	USA	499 pts	1912	Stockholm
Frederick, C.	USA	496 pts	1920	Anvers/Antwerp
Ullmann, T.	SWE	559 pts	1936	Berlin
Vasquez, C.	PER	545 pts	1948	Londres/London
Benner, H.	USA	553 pts	1952	Helsinki
Linnosvuop, P.	FIN	556 pts	1956	Melbourne
Gustchin, A.	URS	560 pts	1960	Rome
Markkanen, V.	FIN	560 pts	1964	Tokyo
Kosykh, G.	URS	562 pts	1968	Mexico
Skanaker, R.	SWE	567 pts	1972	Munich

Carabine de petit calibre, position couchée

Si le nombre de concurrents est supérieur au nombre de cibles, des éliminatoires peuvent être organisées.

Le calibre de la carabine est de 5,6 mm (22), son poids ne doit pas dépasser 8 kg.

La cible carrée de 16,24 cm, située à 50 m de distance, comporte dix zones circulaires numérotées de 1 à 10.

Chaque concurrent doit tirer, en position couchée, 60 coups en six séries de 10 coups.

Chaque concurrent bénéficie de 15 coups d'essai.

Le temps alloué est de 2h00', coups d'essai inclus.

Smallbore rifle, prone position

If there are more competitors than targets, qualifying rounds may be held.

A 5.6 mm caliber (22 gauge) rifle is used, which may weigh no more than 8 kg.

A square target 16.24 cm on each side is 50 m from the shooter and contains ten numbered concentric zones.

Each competitor must fire 60 shots in 6 series of 10 shots.

Each competitor is allowed 15 sighting shots.

The time allotted for the competition is 2h00', including sighting shots.

Champions olympiques Olympic champions					
Carnell, A.	GBR	387 pts	1908	Londres/London
Hird, F.	USA	194 pts	1912	Stockholm
Nuesslein, L.	USA	391 pts	1920	Anvers/Antwerp
Coquelin de Lisle, C.	FRA	398 pts	1924	Paris
Ronnmark, B.	SWE	294 pts	1932	Los Angeles
Rogerberg, W.	NOR	300 pts	1936	Berlin
Cook, A.	USA	599 pts	1948	Londres/London
Sarbu, J.	ROM	400 pts	1952	Helsinki
Ouellette, G.	CAN	600 pts	1956	Melbourne
Kohnke, P.	GER	597 pts	1960	Rome
Hammerl, L.	HUN	597 pts	1964	Tokyo
Kurka, J.	TCH	598 pts	1968	Mexico
Li-Ho Jun	RPC	599 pts	1972	Munich

Le tir exige une exceptionnelle maîtrise de soi...

Shooting demands an exceptional self-control...

Carabine de petit calibre, trois positions

Si le nombre de concurrents est supérieur au nombre de cibles, des éliminatoires peuvent être organisées.

Même arme et même cible que pour l'épreuve précédente.

Chaque concurrent doit tirer 120 coups dont 40 dans chaque position, en quatre séries de 10 coups. Pour la position couchée, le temps alloué est de 1h30', pour la position debout, de 2h00' et pour la position à genou, de 1h45'.

Chaque concurrent bénéficie de 10 coups d'essai dans chaque position.

Smallbore rifle, three positions

If there are more competitors than targets, qualifying rounds may be held.

The target and weapon are the same as in the previous event.

Each competitor must fire 120 shots, 40 in each position, in four series of 10 shots. For the prone position the competition lasts 1h30'; for standing position, 2h00'; for kneeling, 1h45'.

Each competitor is allowed 10 sighting shots in each position.

Champions olympiques Olympic champions					
Kongshaug, E.	NOR	1 164 pts	1952	Helsinki
Bogdanov, A.	URS	1 172 pts	1956	Melbourne
Shamburkin, F.	URS	1 149 pts	1960	Rome
Wigger, L.	USA	1 164 pts	1964	Tokyo
Klingner, B.	GER	1 157 pts	1968	Mexico
Writer, J.	USA	1 166 pts	1972	Munich

Pistolet de tir rapide

Le calibre du pistolet est de 5,6 mm (22). Les cibles, situées à 25 m, représentent cinq silhouettes séparées de 75 cm et comportent chacune dix zones numérotées de 1 à 10.

Chaque concurrent doit tirer, en position debout, 60 coups en deux passes de 30 coups, chaque passe étant de six séries de 5 coups, dont deux séries de huit secondes chacune, deux séries de six secondes et deux séries de quatre secondes.

Avant chaque passe le concurrent bénéficie de 5 coups d'essai.

Rapid Fire Pistol

A 5.6 mm caliber (22 gauge) pistol is used. The targets are 25 m from the shooter and are groups of silhouettes, five to a group, arranged .75 m apart, each one containing ten zones numbered 1 to 10.

Each competitor must fire 60 shots, divided into two courses of 30 shots each, from a standing position. Each course consists of six series of 5 shots : 2 series of eight seconds, 2 series of six seconds, and 2 series of four seconds.

Before each course the competitor is allowed 5 sighting shots.

Champions olympiques Olympic champions					
Phrangudis, J.	GRE			1896	Athènes/Athens
Larrouy, M.	FRA			1900	Paris
Van Asbrock, P.	BEL			1908	Londres/London
Lane, A.	USA			1912	Stockholm
Paraense, G.	BRA			1920	Anvers/Antwerp
Bailey, H.	USA			1924	Paris
Morigi, R.	ITA			1932	Los Angeles
Van Oyen, C.	GER	36	pts	1936	Berlin
Takacs, K.	HUN	580	pts	1948	Londres/London
Takacs, K.	HUN	579	pts	1952	Helsinki
Petrescu, S.	ROM	587	pts	1956	Melbourne
McMillan, W.	USA	587	pts	1960	Rome
Linnosvuop, P.	FIN	592	pts	1964	Tokyo
Zapedzki, J.	POL	593	pts	1968	Mexico
Zapedzki, J.	POL	595	pts	1972	Munich

Fosse olympique

L'arme est un fusil de chasse de calibre 12. Chaque concurrent doit tirer à partir de cinq points différents sur des plateaux en mouvement ou pigeons d'argile, lancés par un appareil situé à 15 m du tireur. La trajectoire ne peut dévier de plus de quarante-cinq degrés. Le nombre total de plateaux est de 200 tirés par séries de 25. Le concurrent peut, s'il manque la cible au premier tir, tirer une seconde cartouche. Les plateaux ont un diamètre de 11 cm et pèsent de 100 à 110 grammes.

Olympic trap shooting

The weapon used is a 12 caliber shotgun. Each competitor must shoot from five different points at a clay "pigeon" or target which moves from a trap located 15 m from the shooter. The trajectory may not vary more than forty-five degrees. There is a total of 200 targets released in series of 25. If the competitor misses the target on his first shot he may shoot a second cartridge. The targets are 11 cm in diameter and weigh from 100 to 110 grams.

Champions olympiques Olympic champions					
De Barbarin, R.	FRA			1900	Paris
Ewing, W.	CAN	72	pts	1908	Londres/London
Graham, J.	USA	96	pts	1912	Stockholm
McArie, P.	USA	95	pts	1920	Anvers/Antwerp
Halasy, J.	HUN	98	pts	1924	Paris
Genereux, G.	CAN	192	pts	1952	Helsinki
Rossini G.	ITA	195	pts	1956	Melbourne
Dumitrescu, I.	ROM	192	pts	1960	Rome
Mattarelli, E.	ITA	198	pts	1964	Tokyo
Braithwaite, J.	GBR	198	pts	1968	Mexico
Scalzone, A.	ITA	199	pts	1972	Munich

Konrad
Wirnhier, GER,
médaille d'or au
skeet, Munich 1972

Konrad
Wirnhier, GER,
skeet gold medallist,
Munich 1972

Skeet

Même règlement que pour la fosse olympique, mais les concurrents ne peuvent utiliser qu'une seule cartouche par plateau et doivent tirer à partir de huit emplacements différents. Deux appareils de lancement placés à des hauteurs différentes sont utilisés. Les plateaux sont lancés dans toutes les directions et à toutes les hauteurs, d'abord un par un, puis deux par deux. Le nombre de plateaux lancés est également de 200.

Skeet

The rules are the same for Olympic trap shooting, except that the competitors may use only one cartridge per target and must shoot from eight different positions. Two traps are used, placed at different heights. The targets are thrown in any direction and at any height, first one by one and then two by two. The number of targets thrown is also 200.

Champions olympiques Olympic champions					
	Petrov, E.	URS	198 pts	1968	Mexico
	Wirnhier, K.	GER	195 pts	1972	Munich

Cible courante

La cible, représentant un sanglier grandeur nature, est située à 50 m de distance et comporte dix zones circulaires. Elle se déplace sur une longueur de 10 m en 5 secondes à l'allure normale et en 2,5 secondes à l'allure rapide.

Chaque concurrent doit tirer trois séries de 10 coups à chacune des allures.

Chaque concurrent bénéficie de 2 coups d'essai.

Moving Target

The target represents a life-size wild boar and moves on a track 10 meters long 50 m from the shooter. It contains ten numbered concentric circles. The target moves across the track in 5 seconds at the normal pace and 2.5 seconds at the accelerated pace.

Each competitor must shoot three series of 10 shots at each pace.

Each competitor is allowed two sighting shots.

Champion olympique Olympic champion					
	Zhelezniak, L.	URS	569 pts	1972	Munich

Tir à l'Arc   Archery

Si la découverte à Rothenhausen (Suisse) sur le site d'une cité lacustre d'un arc vieux de 5 000 ans prouve que cette arme a des origines très lointaines, la mise à jour, un peu partout dans le monde, de pointes de flèches en matières les plus variées, atteste qu'elle fut aussi très répandue. Il n'existe en effet pas de peuple de l'antiquité qui n'ait utilisé l'arc pour survivre.

Les manuels scolaires et les livres d'aventures consacrent un grand nombre de pages aux exploits des archers des armées des plus diverses. Aux VIIIe et IXe siècles, l'habileté des tireurs vikings ne fut pas étrangère à leur succès. Ce n'est pas sans raison que durant son règne Charlemagne obligea tous ses soldats à posséder un arc. Plus tard, au début de la guerre qui devait durer cent ans, les troupes d'Edouard III, particulièrement entraînées au tir à l'arc, remportèrent les batailles historiques de Crecy et de Calais.

Une des plus anciennes associations de tir à l'arc fut fondée à Bruxelles en 1381. En Grande-Bretagne, la «Royal Company of Archers» a vu le jour en 1676. En France, l'organisation des archers en chevalerie date du Moyen Age. C'est en 1725 que l'évêque de Soissons, dépositaire des reliques de Saint-Sébastien, patron des archers — officier romain originaire de Narbonne, martyrisé à Rome au IIIe siècle —, créa les premières compagnies d'arc qui devaient être dissoutes durant la révolution et reconstituées sous l'Empire, cette fois à des fins pacifiques. De nombreuses sociétés font d'ailleurs remonter leur origine à cette époque, tant en France qu'en Suisse, en Allemagne, aux Pays-Bas et dans les pays nordiques. Aux Etats-Unis où ce sport devint rapidement très populaire, la première importante association : l'«United Bowmen of Philadelphia» fut créée en 1828.

En Europe, jusqu'au début du XXe siècle, le tir à l'arc donna lieu à de spectaculaires manifestations aux noms pittoresques : «Tir à l'oiseau», «Bouquets Provinciaux», «Fleurs cantonales». Des milliers d'archers participaient à ces rencontres où les vieilles coutumes étaient respectées : défilés grandioses, uniformes, insignes, bannières, drapeaux, fifres et tambours.

C'est vers la fin du XIXe siècle que le tir à l'arc se structura sérieusement, d'abord en associations régionales regroupant des compagnies, des clubs, des sociétés, puis en fédérations nationales.

While the discovery of a 5 000 year old bow at Rothenhausen, Switzerland, on the site of a lake dwellers' settlement, is proof that this weapon has very ancient origins, the discovery of arrow heads made of the most varied materials all over the world indicates how widespread its use was. It seems as if no people in ancient times did not use the bow as a means of survival.

School books and adventure stories devote many pages to the exploits of archers. The skill of the Viking archers in the 8th and 9th centuries was a major factor in their success. And it was for good reason that Charlemagne insisted that his soldiers all had to have bows. Centuries later, at the start of the Hundred Year's War, Edward III's troops of archers won the historic battles of Crecy and Calais.

One of the oldest archery associations was founded in Brussels in 1381. In Great Britain, the "Royal Company of Archers" dates back to 1676. In France, the organization of knight-archers dates from the Middle Ages. In 1725, the Bishop of Soissons, keeper of the relics of Saint Sebastian, the patron saint of archers who was martyred by the arrows of Roman soldiers in the 3rd century, founded the first companies of archers. They were dissolved during the revolution but restored under the Empire, this time for exclusively peaceful purposes. Many archery societies can trace their origins back to this period, in France as well as in Switzerland, Germany, the Netherlands, and the Scandinavian countries. In the United States, where this sport rapidly became very popular, the first important association — the "United Bowmen of Philadelphia" — was founded in 1828.

Archery events in Europe in the early years of the twentieth century appeared as part of spectacular programs. They had colorful names like "Shooting the Bird," "Provincial Bouquets," "Cantonal Flowers". Thousands of archers took part in these meets, at which ancient customs were continued : splendid parades, uniforms with insignia, banners, flags, fifes and drums.

Archery became seriously organized near the end of the 19th century. At first there were regional associations which united companies, clubs and societies. Then they grouped into national federations.

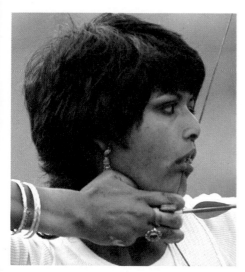

La Jolie Mexicaine Silvia de Tapia prête à décocher sa flèche...

Pretty Silvia de Tapia from Mexico, ready to shoot her arrow

C'est en 1931, à Lvov (Ukraine), à l'instigation de la Pologne et de la France, que la Fédération Internationale de Tir à l'Arc (F.I.T.A.) fut fondée par huit pays. C'est à ces signataires de la charte de la F.I.T.A. que le tir à l'arc doit son organisation actuelle. Depuis, ce sport qui maintient une vieille tradition s'est considérablement développé surtout dans les pays de l'Est et aux Etats-Unis où l'on compte plus de dix millions d'adeptes.

Avant même que le tir à l'arc ait sa fédération internationale, il fut inscrit au programme olympique. En effet, à Paris en 1900, des épreuves pour hommes sur 50 et 33 m furent présentées dans le cadre des Jeux. En 1904, à Saint-Louis, seuls les tireurs à l'arc américains participèrent aux compétitions olympiques. En 1908, à Londres, la fédération anglaise organisa un tournoi ouvert aux hommes et aux femmes. En 1912, aux Jeux de Stockholm, le tir à l'arc fut exclu du programme, mais il revint à Anvers en 1920, avec des épreuves pour hommes, individuelles et par équipes : «Petit oiseau», «Grand oiseau», «Oiseau mobile», 33 et 50 m, et pour femmes, 60 et 50 verges.

Puis, durant cinquante-deux ans, le tir à l'arc fut tenu à l'écart des Jeux mais, à Munich en 1972, il faisait une rentrée définitive.

La lecture du palmarès olympique du tir à l'arc ne peut évidemment pas nous apprendre grand chose. Par contre, les résultats des autres grandes compétitions internationales qui se sont toujours tenues régulièrement révèlent l'incontestable suprématie des tireurs des Etats-Unis et le bon comportement de ceux des pays nordiques, de la Belgique et de quelques nations de l'Est, sans oublier les archers suisses.

Le tir à l'arc est un sport qui nécessite des qualités athlétiques, de l'adresse et une maîtrise de soi exceptionnelle. Le lâcher d'une flèche exige pour les hommes une traction voisine de 20 kg et pour les femmes de 15 kg.

Le programme des Jeux comporte des épreuves sur les distances suivantes :
- *hommes :* 90, 70, 50 et 30 mètres ;
- *femmes :* 70, 60, 50 et 30 mètres.

Aux Jeux Olympiques, chaque pays peut engager un concurrent et une concurrente sans tenir compte des minimums imposés par la Fédération Internationale. Chaque nation peut en outre engager un concurrent et une concurrente en plus à condition que tous les engagés aient réalisé les minimums imposés.

As the result of the efforts of Poland and France, the International Archery Federation was founded in Lvov (Ukraine) in 1931. The eight signatories to its charter became responsible for the present organization of the sport. Since then, ancient traditions have been kept, while the sport has undergone considerable development and increased popularity, especially in the eastern European countries and in the United States where more than ten million devotees of the sport can be found.

Even before the International Federation (known by its French initials as the F.I.T.A.), had come into existence, archery was on the Olympic program. In Paris in 1900, events for men at 50 and 33 m were held. There were only American archers in the St. Louis Games in 1904. In London in 1908, the English federation organized a meet open to both men and women. Archery was left off the program in Stockholm in 1912, but returned in Antwerp in 1920 with individual and team events called "Little Bird", "Big Bird", "Moving Bird" at distances of 33 and 50 m for men and 50 and 60 yards for women.

Archery was not part of the Olympic program for the next 52 years, until Munich in 1972, when it made its definitive return.

Due to its infrequent appearances at the Games, archery's list of champions is very short and does not tell us much. But the results of the other major international competitions, which have been held regularly, even when archery was not on the Olympic program, indicate the uncontestable supremacy of the American archers and the high standing of competitors from the Scandinavian countries, Belgium, Switzerland, and some of the eastern European countries.

Archery is a demanding sport requiring athletic skills, good technique and exceptional self-control. The draw weight of the bows used by men is close to 20 kg and around 15 kg for women.

The Olympic program includes targets at the following distances :
- *men :* 90, 70, 50 and 30 meters
- *women :* 70, 60, 50 and 30 meters

Each country may enter in the Olympic archery tournament one man and one woman competitor, regardless of qualifying standards. Each country may also enter one more man and one more woman competitor, but in this case, all four competitors must have attained the required minimum standards.

L'Américaine Doreen Wilber, championne olympique des Jeux de Munich

American Doreen Wilber, Olympic champion of the Munich Games

Déroulement des compétitions

Les cibles doivent être placées à 1,32 m du sol sur un chevalet, avec une inclinaison de quinze degrés. Pour les distances de 60, 70 et 90 mètres, les cibles ont un diamètre de 122 cm et présentent dix cercles disposés de 6,1 cm en 6,1 cm. Pour les distances de 30 et 50 m, elles ont un diamètre de 80 cm et présentent dix cercles disposés de 4 cm en 4 cm.

Le tournoi olympique se dispute en double série F.I.T.A. Chaque série F.I.T.A. comporte 36 flèches par distance.

Le contrôle du déroulement des compétitions est assuré par un directeur de tir, des arbitres et des juges internationaux.

Le matériel utilisé doit répondre aux exigences de la Fédération Internationale.

Le total des points obtenus sur l'ensemble des tirs détermine le classement.

The events

The targets must be placed 1.32 m from the ground on a support at a fifteen degree angle. For the 60, 70, and 90 meter distances, the targets are 122 cm in diameter and have ten concentric rings, 6.1 cm wide. For the 30 and 50 meter distances, the targets are 80 cm wide and the circles 4 cm apart.

The Olympic tournament has two F.I.T.A. rounds. In each F.I.T.A. round there are 36 arrows at each distance.

The competition is supervised by director of shooting, referees, and international judges.

The materials used must meet the requirements of the International Federation.

The total number of points scored at all distances by each archer is used to determine order of finish.

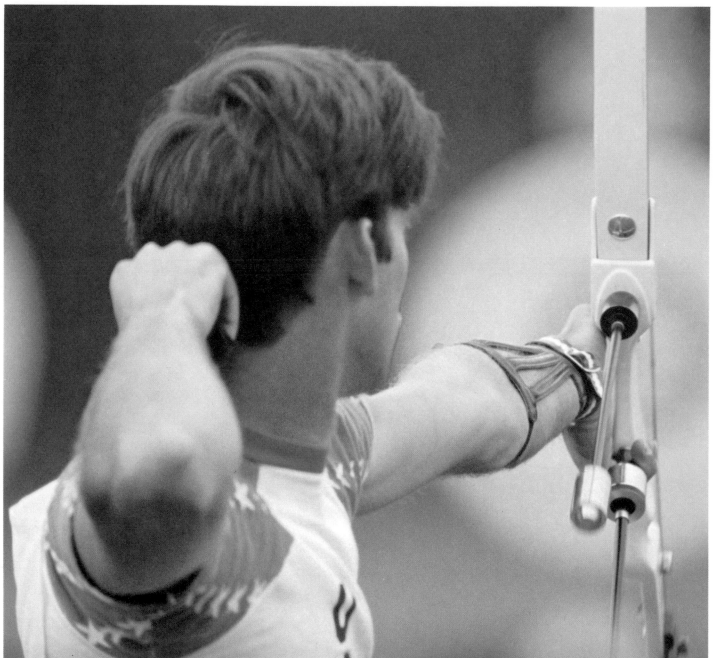

	Hommes				**Men**
Champion olympique Olympic champion	Williams, J.	USA	2 528 pts	1972	Munich

	Femmes				**Women**
Championne olympique Olympic champion	Wilber, D.	USA	2 424 pts	1972	Munich

Volley-ball   Volleyball

En 1892, un an après l'invention du basket-ball, le professeur James *Naismith* du collège de l'Y.M.C.A. de Springfield (Massachusetts) imagina de séparer par un filet deux équipes qui devaient se renvoyer une balle suffisamment lourde pour permettre une frappe sèche : le volley-ball venait de naître. Tout d'abord, privé de règles précises il ne fut qu'un exercice d'entraînement et de conditionnement physique. En 1895, William G. *Morgan*, également professeur dans la même institution, le codifiait et en faisait ainsi un nouveau sport d'équipe qu'il baptisait d'abord «mintonette», puis volley-ball pour la simple raison qu'il se jouait à la volée.

Même si le volley-ball ne connut pas à ses débuts aux Etats-Unis une vogue aussi grande que celle de son aîné, le basket-ball, il intéressa quand même rapidement un nombre croissant d'adeptes. D'ailleurs l'Y.M.C.A. devait beaucoup contribuer au développement de ce sport, d'abord dans son pays d'origine puis à l'extérieur et plus particulièrement en Asie et en Europe centrale où il fut exporté au début du siècle.

Durant la première guerre mondiale, grâce aux militaires américains du corps expéditionnaire, l'Europe occidentale fit connaissance avec cette nouvelle discipline d'équipe. Longtemps, ce sport fut considéré comme un simple divertissement, un jeu de plage.

L'admission du volley-ball dans la famille olympique fut des plus laborieuses. Bien que présenté en démonstration lors des Jeux de Paris en 1924, il ne parvint pas à convaincre les membres du Comité International Olympique. Il est vrai qu'à cette époque, le volley-ball manquait surtout d'une organisation suffisamment bien structurée pour s'imposer. En effet, ce n'est que vers 1930 que les clubs et associations de divers pays commencèrent à se grouper en fédérations nationales. En 1936, les premières règles officielles du volley-ball étaient rédigées et reconnues par tous. Les premières rencontres internationales se déroulaient en Europe.

En 1947, à l'instigation des fédérations polonaise, tchécoslovaque et française, la Fédération Internationale de Volley-Ball (F.I.V.B.) était fondée. Un an plus tard, le premier championnat d'Europe se déroulait à Rome, suivi en 1949, du premier championnat du monde masculin à Prague. En 1952, le second championnat du monde masculin et le premier championnat du monde féminin avaient lieu à Moscou.

In 1892, a year after he had invented basketball, Professor James *Naismith*, still teaching at the YMCA College in Springfield, Massachusetts, thought of using a net to divide two teams who had to send a ball heavy enough to hit hard back and forth over the net. At first, with no precise rules, this game was merely a training and conditioning exercise. In 1895, William G. *Morgan*, another YMCA teacher in nearby Holyoke, took the idea and invented rules for the game. He devised a team sport which he first called "mintonette" and then volleyball, because it was played in volleys over the net.

Although volleyball did not have the same early success in the United States that its elder brother basketball had achieved, there was soon an increasing number of players. The YMCA itself did much to contribute to the development of this sport, at first in its own country and then abroad, especially in Asia and in Central Europe, where it was introduced around the turn of the century.

During the First World War, the American Expeditionary Force acquainted western Europe with this new team sport. For a long time it was considered the kind of game to be played on the beach.

Getting volleyball to be admitted to the Olympic family was an arduous task. Although exhibition games were presented in Paris in 1924, they did not succeed in convincing the members of the International Olympic Committee. It is true that at that time volleyball lacked a well-enough developed structure to promote its official recognition. The clubs and associations were not ready to get together into national federations until the 1930's. The first official rules for volleyball were written up and agreed upon in 1936. The first international tournaments were held in Europe.

In 1947, at the urging of the Polish, Czech and French federations; the Fédération Internationale de Volley-Ball (FIVB) was founded. The next year the first European championships were held in Rome, followed in 1950 by the first world championships for men in Prague. The second world championships for men and the first world championships for women were held in Moscow in 1952.

Malgré sa grande popularité, le volley-ball devait encore attendre cinq ans avant d'être reconnu comme sport olympique et douze ans avant de figurer au programme. En effet, c'est à Tokyo en 1964, qu'il fut présenté pour la première fois dans le cadre des Jeux. Depuis il y connaît un énorme succès.

Aujourd'hui le volley-ball est avec le basket-ball le sport le plus populaire du monde. Il compte plus de soixante-dix millions d'adeptes. Sa carrière olympique est évidemment encore trop brève pour nous permettre l'établissement d'une hiérarchie des valeurs. Cependant, les résultats des Jeux complétés par ceux des autres grandes compétitions internationales, révèlent que jusqu'à ce jour, trois pays ont dominé le volley-ball mondial : l'U.R.S.S., le Japon et la République Démocratique Allemande. Ils sont suivis par la République Populaire de Corée et, à une moindre échelle, par la Corée du Sud ainsi que par quelques pays de l'Est : Bulgarie, Roumanie, Tchécoslovaquie et Hongrie.

La participation aux tournois olympiques de volley-ball est limitée à dix équipes pour les hommes et à huit équipes pour les femmes, sélection-nées selon des critères imposés par la Fédération Internationale.

Chaque pays concerné peut engager douze joueurs.

Déroulement des compétitions

Pour les hommes, le tournoi olympique de volley-ball comporte des rencontres de classement, des demi-finales et des finales.

Pour les rencontres de classement, deux groupes de cinq équipes sont constitués à l'intérieur desquels chaque équipe rencontre toutes les autres. Le classement est déterminé selon les points attribués de la manière suivante :

- rencontre gagnée : 2 points
- rencontre perdue : 1 point
- forfait : 0 point

Pour les demi-finales, les quatre premières équipes de chaque groupe se rencontrent selon le système croisé :

A1 contre B2,
A3 contre B4,
B1 contre A2,
B3 contre A4.

In spite of its great popularity, volleyball had to wait another five years before being recognized as an Olympic sport and twelve years before being added to the Olympic program. It was presented as part of the Games in Tokyo in 1964 for the first time. Since then it has been a very success-ful addition to the Olympic family of team sports.

Today, along with basketball, volleyball is the world's most popular sport. It is played by more than seventy million players. Its Olympic career is obviously still too short to allow any valid comparisons among the partic-ipants. However, the results of other international competitions show that up to now three countries have domi-nated world volleyball : the Soviet Union, Japan and the German Demo-cratic Republic. They are followed by North Korea, and to a lesser extent by South Korea and several Eastern European countries like Bulgaria, Rumania, Czechoslovakia and Hun-gary.

Participation in the Olympic Volleyball Tournaments is limited to ten men's teams and eight women's teams. They are selected according to the standards of the International Federation.

Each country participating in the tournament can enter twelve players.

The events

The men's Olympic Volleyball Tournament has qualifying rounds, semi-finals and finals.

In the qualifying rounds the ten teams are divided into two groups of five teams. Each team plays all the other teams in its group. Points are then awarded according to the follow-ing system :

- match won : 2 points
- match lost : 1 point
- default : 0 points

In the semi-finals the four best teams in each group play against each other in the following way :

A1 against B2
A3 against B4
B1 against A2
B3 against A4

Les Japonaises
s'inclinent devant
les Soviétiques qui
enlèvent la médaille
d'or : URS 3, JPN 2,
Munich 1972

The Japanese
team falls to the
Russians, who won
the gold medal :
URS 3, JPN 2,
Munich 1972

Les finales se déroulent de la
manière suivante :

Les équipes classées cinquièmes
dans chaque groupe lors des rencontres de classement disputent les
neuvième et dixième places. Les
perdants des rencontres A3 – B4 et
B3 – A4 disputent les septième et
huitième places. Les vainqueurs des
mêmes rencontres disputent les
cinquième et sixième places. Les
perdants des rencontres A1 – B2 et
B1 – A2 disputent les troisième et
quatrième places. Les vainqueurs de
ces mêmes rencontres disputent les
deux premières places.

Pour les femmes, le système est
identique, mais les groupes ne
comportent que quatre équipes.

The finals are played as follows :
The teams which placed fifth in
each group play each other for ninth
and tenth places. The losers of the
A3–B4 and B3–A4 games play each
other for seventh and eighth places ; the
winners of these games play for fifth
and sixth places. The losers of A1–B2
and B1–A2 play for third and fourth
places, and the winners play for first
and second.

The system used in the women's
tournament is the same, except that the
original groups have only four teams
each.

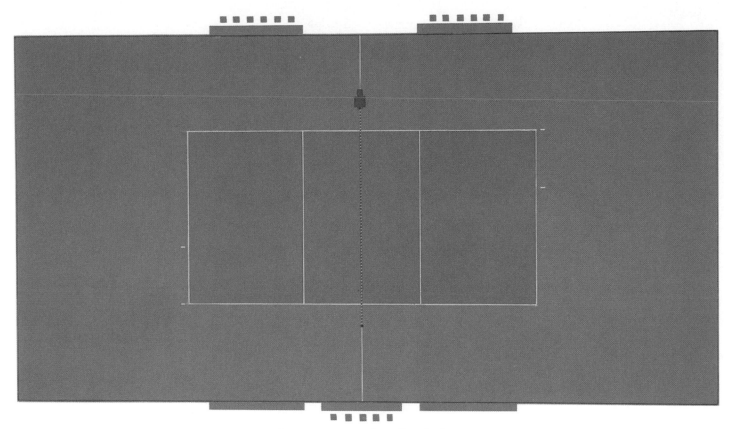

Les rencontres de volley-ball se déroulent sur un terrain rectangulaire de 18 m de longueur et de 9 m de largeur, divisé en deux parties par un filet de 9,50 m de longueur et de 1 m de largeur, tendu à 2,43 m du sol pour les hommes et 2,24 m pour les femmes.

Chaque équipe est composée de six joueurs et six remplaçants.

Le jeu consiste à se renvoyer un ballon de 270 à 300 grammes et de 65 cm de diamètre de part et d'autre du filet. Les joueurs de chaque équipe sont disposés en deux rangées de trois, face au filet. Les rencontres se disputent en cinq sets de 15 points. Un set est gagné quand une équipe mène par 2 points avec un total de 15 points au minimum. Une partie est gagnée dès qu'une des deux équipes ne peut plus l'emporter (exemple : 3 − 0, 3 − 1, 3 − 2) : il n'y a donc jamais d'ex-aequo.

La partie commence par un engagement : le joueur au service doit lancer le ballon dans le camp adverse à l'aide de la main, du poing ou de n'importe quelle autre partie du bras. Les joueurs adverses doivent renvoyer la balle par-dessus le filet sans se l'être passée plus de trois fois, et ainsi de suite.

L'équipe qui a le service marque un point lorsqu'un des adversaires commet une faute. Dans le cas contraire, aucun point n'est marqué, mais le service change de camp.

Volleyball matches are played on a rectangular court 18 m long and 9 m wide, divided into two parts by a net 9.50 m long and 1 m wide. The net is 2.43 m from the ground for men and 2.24 m for women.

Each team is made up of six players and six substitutes.

The object of the game is to send the ball, which weighs 270 to 300 grams and has a diameter of 65 cm, from one side of the net to the other and back. Matches are played in five sets of 15 points each. A set must be won by at least 2 points, and 15 is the minimum winning score. A match is won as soon as one team has won three games. There can be no draw matches.

The game begins with a serve. The server throws the ball into the other side of the court with his hand, wrist or any other part of his arm. The opposing side must return the ball over the net without more than three touches of the ball, and so on.

The serving team scores when the other side commits a fault in returning the ball. If the serving team commits the fault, the service is changed and no score is made.

Each time the service returns to a side the players must rotate in a clockwise direction on its side of the court.

Les imbattables Japonais en pleine action contre les Bulgares ; JPN 3, BUL 2, Munich 1972

The invincible Japanese in action against the Bulgarians. Final score : JPN 3, BUL 2, Munich 1972

Chaque fois que le service revient dans leur camp, les joueurs doivent effectuer une rotation dans le sens des aiguilles d'une montre.

Règles
Les principales règles du volley-ball sont les suivantes :

il est permis de :
■ frapper la balle avec n'importe quelle partie du corps située au-dessus de la ceinture ;

il est interdit de :
■ tenir la balle ou la frapper deux fois ;
■ laisser la balle toucher le sol ou l'envoyer hors des limites ;
■ jouer la balle plus de trois fois (toutefois, les avants formant bloc pour contrer un smash sont considérés comme un seul joueur) ;
■ toucher le filet ;
■ prendre appui sur un partenaire ;
Les arrières ne peuvent smasher qu'à partir de leur zone, à 3 mètres du filet.

Toutes ces fautes sont sanctionnées soit par 1 point soit par la perte du service.

Un arbitre domine le filet. Il est assisté par un adjoint placé du côté opposé. Les points sont comptabilisés par un marqueur qui contrôle également les entrées et sorties des remplaçants ainsi que les rotations des joueurs.

Rules
The principal rules of volleyball :

It is permissible
■ To hit the ball with any part of the body above the belt ;

It is forbidden
■ To hold the ball or have the same player hit it twice in succession ;
■ To allow the ball to touch the ground or go out of bounds ;
■ To play the ball more than three times per side (however, two forwards forming a block to counter a smash are considered a single player) ;
■ To touch the net ;
■ To lean on a teammate.
Backcourt players can only smash from within their zone, which is 3 m from the net.

All faults are penalized either by loss of service or scoring 1 point.

There is one referee, who sits on a high chair above the net. He is assisted by an umpire on the other side of the court. Points are recorded by an official marker who also controls substitutions as well as the rotation of players at the change of service.

Finale de volley-ball, les Russes gagnent la médaille d'or contre une excellente équipe Japonaise. Belle rencontre, très disputée, Munich 1972

Volleyball finals : the Soviets won the gold medal by defeating an excellent Japanese team. A beautiful, well-played match, Munich 1972

Hommes Men			
Champions olympiques Olympic champions	Chesnokov, Vengerovsky, Sibiriakov, Voskoboinikov, Kacharava, Ljugailo, Kovalenko, Poyarkov, Bugaekov, Burobin, Kalachikhin, Mondozolevsky	URS	1964 Tokyo
	Sibiriakov, Kravchenko, Belyaev, Lapinsky, Antropov, Matushevas Mikhalchuk, Poyarkov, Tereshuk, Ivanov, Bugaenkov, Mondozolevsky	URS	1968 Mexico
	Nekoda, Kimura, Fukao, Morita, Yokota, Oko, Shimaoka, Nakamura, Minami, Sato, Noguchi	JPN	1972 Munich

Femmes Women			
Championnes olympiques Olympic champions	Kasai, Miyomoto, Tanida, Handa, Matsumura, Isobe, Matsumura, K, Shinozaki, Sasaki, Fujimoto, Kondo, Shibuki	JPN	1964 Tokyo
	Buldakova, Mikhailovskaya, Veinberg, Lantratova, Galushka, Sarycheva, Ponyaeva, Smoleeva, Ryskal, Leontieva, Salikhova, Vinogradova	URS	1968 Mexico
	Ryskal, Douiounova, Tretiakova, Smoleeva, Salikhova, Buldakova, Gonobobeleva, Turina, Leontieva, Sarytcheva	URS	1972 Munich

Yachting

Yachting

Depuis des millénaires la voile sert à la propulsion des navires. Elle fut étroitement liée à l'expansion et la prospérité des peuples de l'antiquité : Crétois, Phéniciens, Egyptiens, Grecs, Romains et Vénitiens eurent des flottes de commerce et de guerre où la voile complétait harmonieusement la rame, comme par exemple sur les trières qui sillonnaient la Méditerranée.

L'étude étymologique du nom des navires d'hier et d'aujourd'hui nous montre aussi que la voile est depuis toujours universelle. Brick, cotre, nous viennent d'Angleterre ; caravelle du portugais (*caravela*) ; drakkar, navire des Vikings, est scandinave ; felouque voilier méditerranéen, vient de l'espagnol *feluka* lui-même tiré de l'arabe *foulk*. Les frégates des XVIe et XVIIe siècles sont italiennes (*fregata*). La galère fut à l'origine catalane (*galera*), tandis que le nom des navires qui transportaient l'or des prises espagnoles, les galions, vient du vieux français galie, tout comme la galiote hollandaise d'ailleurs. Le sloop, bateau anglais, a un nom emprunté au néerlandais ; l'appellation goélette vient du nom du palmipède marin goéland ayant lui-même pour origine le breton *gwelan*. Enfin, n'oublions pas un des plus anciens voiliers du monde au nom malais : la jonque.

Abstraction des buts poursuivis, la voile, de ses origines à nos jours a toujours été un sport. En effet, les compétiteurs d'aujourd'hui doivent faire appel aux mêmes qualités physiques, aux mêmes connaissances et à la même habileté que les navigateurs d'hier. La mer et les vents sont restés identiques, seul l'enjeu des courses a changé.

En Angleterre, pays de marins, nombreux sont ceux qui ont lu les récits des traditionnelles courses du thé qui opposaient les navires de commerce sur la longue route de Chine à la Tamise. Celles-ci donnaient lieu à d'importants paris. Les armateurs des bateaux vainqueurs en tiraient une grande publicité tandis que leurs capitaines et leurs équipages recevaient chacun leur part de gloire. Une des plus célèbres de ces courses se déroula en 1866 entre les clippers *Ariel* et *Taeping* qui arrivèrent dans l'estuaire de la Tamise à quelques minutes d'intervalle.

Ce fut également en 1866 que se déroula la première course transatlantique. Trois yachts américains se disputèrent une prime de 90 000 dollars. C'est l'*Henrietta* qui l'emporta en 13 jours 21 heures 55 minutes.

Sails have been used to move boats for thousands of years. Their use was closely linked to the expansion and prosperity of many nations of ancient times. The Cretans, Phoenicians, Greeks, Romans and Venetians all had merchant fleets as well as war ships, and the sail was an important complement to the reliable oar, as on the triremes which criss-crossed the Mediterranean Sea.

An etymological glance at the names given to kinds of boats gives us an idea of how universal the use of the sail has been. The brig and cutter are from England, the caravelle from the Portuguese *caravela* ; the drakkar, the ship of the Vikings, is of course Scandinavian. The *felucca* comes from the Arab *falukah* by way of the Italian *feluca*. The galley seems to be of Catalonian origin (*galera*), while the name of the ships used by the Spanish to transport gold, the galleon, comes from the Old French *galie*, which in turn seems to have been borrowed from the old Dutch cargo boat, the *galliot*. The sloop, an English boat, has a name borrowed from the Dutch. And the French word for the schooner, the *goelette*, comes from the name of a seagull called *goeland* in French, a name which itself is derived from the Breton *gwelan*. Nor should we forget one of the most ancient of sailing vessels, the junk, whose name is either Malay or Javanese in origin and was introduced to Europe by Dutch traders.

Beyond its practical purposes in transport, there has always been a sporting quality about sailing. Today's competitors must have the same physical skills, the same knowledge and ability as the navigators of the past. The sea and the winds are the same : only the stakes for which they sail have changed.

There are many tales told in England about the races between the tea clippers on their long route to bring tea from China to the Thames. These voyages were frequently the object of extravagant wagers, and the races brought publicity to the ship's owners and a kind of glory to the captain and crew. One of the most famous of these races took place in 1866, between the China Clippers *Ariel* and *Taeping*. After a voyage of thousands of miles, they arrived in the Thames estuary only a few minutes apart.

1866 was also the year of the first transatlantic race. Three American yachts competed for a purse of $90,000. The race was won by the *Henrietta* in a time of 13 days, 21 hours, and 55 minutes.

Quinze ans plus tôt, les Anglais avaient subi la plus grande des humiliations quand une goélette construite aux Etats-Unis : l'*America*, gagna la coupe de la reine Victoria devant dix-sept concurrents britanniques et avec 8 minutes d'avance sur le second. C'est avec les 500 guinées que cette course disputée autour de l'île de Wight lui rapporta que le Yacht-Club de New York créa la fameuse coupe America.

C'est à Cork (Irlande), en 1720, qu'aurait été fondé le premier club de l'histoire du yachting. Celle-ci ne dit pas s'il y en eut d'autres jusque vers les années 1800 à partir desquelles, en effet, ce sport commença à intéresser les milieux aisés de Grande-Bretagne. En France, la première «société de régates» fut créée en 1840 au Havre et, aux Etats-Unis, quatre ans plus tard le premier Yacht-Club voyait le jour. Peu à peu, dans de nombreux autres pays des associations se formèrent. A cette époque, le yachting, surtout hauturier, était bien sûr réservé aux membres d'une classe plus que privilégiée qui avaient les moyens financiers d'entretenir bateaux et équipages.

C'est en 1908, que fut créée l'«International Yacht Racing Union» (I.Y.R.U.) qui depuis dirige ce sport avec beaucoup d'efficacité.

Après la première guerre mondiale, la majorité des grands yachts devait disparaître pour faire place à une nouvelle formule. On en venait rapidement à des bateaux plus petits, manœuvrés par un seul homme ou avec un équipage très réduit. Une véritable navigation de plaisance naissait et devait se développer, surtout après la Seconde Guerre mondiale.

La carrière olympique du yachting commença très tôt puisque dès 1900, il fut inscrit au programme avec les catégories 6 m, 8 m, et plus de 10 m, aujourd'hui disparues. Quatre ans plus tard, à Saint-Louis, le yachting était rayé de la liste des compétitions, mais revenait en 1908, à Londres. Depuis, il a toujours été régulièrement présenté.

Fifteen years before, the English had suffered a humiliating defeat when an American-built schooner called the *America* won the Queen Victoria Cup, beating seventeen British competitors and arriving 8 minutes ahead of her nearest rival. The race was held around the Isle of Wight and had a 500 guinea purse. This purse was used by the New York Yacht Club to institute the famous America's Cup.

The first yachting club is believed to have been founded in Cork, Ireland, in 1720. No others are known until the early 1800's, when the English upper classes began to be interested in this sport. In France, the first "société de regates" was founded in Le Havre in 1840. Four years later the first Yacht Club opened in the United States. Gradually other associations were formed in other countries. The International Yacht Racing Union (I.Y.R.U.) was formed in 1908. It has governed this sport very effectively ever since.

At that time, yachting, especially on the high seas, was reserved for those wealthy enough to build and maintain expensive boats and crews. After the First World War, the larger yachts gave way to new designs. The newer boats were smaller and could be sailed by one man alone or with a very much smaller crew than before. Pleasure yachting became increasingly popular, especially after the Second World War.

Yachting's Olympic career started very early. It has been on the Olympic program since 1900, when there were races in 6 m, 8 m and more than 10 m classes, categories which are no longer used. There was no yachting at the St. Louis Games in 1904, but it returned in London in 1908 and has been regularly presented since then.

Certes, l'évolution du sport a suivi celle des techniques et surtout celle de la popularité des types d'embarcations à travers le monde. C'est ainsi, que depuis 1908, les catégories de bateaux suivantes ont figuré au programme olympique :
- 1908, 1912 : 6 m, 8 m
- 1920 : 6 m, 6,50 m, 8 m
- 1924, 1928 : 6 m, 8 m, Finn
- 1932, 1936 : 6 m, 8 m, Finn, Star
- 1948 : Swallow, 6 m, Finn, Star, Dragon
  1952 : 5,50 m, 6 m, Finn, Star, Dragon
- 1956 : Sharpie, 5,50 m, Finn, Star, Dragon
- 1960 : 5,50 m, 10 m, Finn, Star, Flying Dutchman, Dragon
- 1964, 1968 : 5,50 m, Finn, Star, Flying Dutchman, Dragon
- 1972 : Finn, Star, Tempest, Flying Dutchman, Dragon, Soling.

Depuis 1900, parmi les pays qui ont donné le plus grand nombre de champions olympiques au yachting, on trouve : les Etats-Unis (onze titres), la Norvège (neuf titres), la Grande-Bretagne (sept titres), la Suède, le Danemark, et la France (cinq titres chacun), l'U.R.S.S., l'Allemagne, l'Australie (trois titres chacun), enfin la Nouvelle-Zélande, l'Italie et les Pays-Bas (deux titres chacun).

Of course the evolution of this sport has been closely linked to technological innovations in constructing and designing boats, and the popularity of certain types of boats has also undergone change. The following are the classes of boats which have been part of the Olympic program since 1908 :
- 1908, 1912 : 6 m, 8 m
- 1920 : 6 m, 6.50 m, 8 m
- 1924, 1928 : 6 m, 8 m, Finn
- 1932, 1936 : 6 m, 8 m, Finn, Star
- 1948 : Swallow, 6 m, Finn, Star, Dragon
- 1952 : 5.50 m, 6 m, Finn, Star, Dragon
- 1956 : Sharpie, 5.50 m, Finn, Star, Dragon
- 1960 : 5.50 m, 10 m, Finn, Star, Flying Dutchman, Dragon
- 1964, 1968 : 5.50 m, Finn, Star, Flying Dutchman, Dragon
- 1972 : Finn, Star, Tempest, Flying Dutchman, Dragon, Soling.

Among the countries which have produced the greatest number of Olympic champions in yachting since 1900 are found the United States (eleven titles), Norway (nine), Great Britain (seven), Sweden, Denmark and France (five each), the U.S.S.R., Germany and Australia (three each), and finally New Zealand, Italy and the Netherlands (two each).

Vue aérienne du port olympique de Kingston en construction, été 1975

Aerial view of the Olympic installations under construction in Kingston, summer 1975

Le plus grand champion de l'histoire du yachting est sans aucun doute le Danois Paul *Elvström*, quadruple vainqueur olympique. En effet, il remporta les médailles d'or de la catégorie Finn aux Jeux de Londres (1948), d'Helsinki (1952), de Melbourne (1956) et de Rome (1960). Derrière ce super-grand de la voile, on trouve l'équipage d'un Dragon norvégien : Thor *Thorwaldsen*, Lie *Sigve* et Aakon *Barfod*, deux fois vainqueur, à Londres (1948) et à Helsinki (1952). Enfin pour la petite histoire rappelons que le Prince *Olav* de Norvège fut champion olympique en 6 m aux Jeux d'Amsterdam (1928) et qu'en 1960 le Prince *Constantin* de Grèce accéda à la première marche du podium dans la catégorie Dragon avec ses équipiers : Georges *Zalmis* et Odysseos *Eskidjoglou*.

Les compétitions de yachting des Jeux de la XXIe olympiade se dérouleront à *Kingston*, en Ontario.

Ce n'est pas le hasard qui a décidé du choix de cette ville. En effet, chaque année son plan d'eau exceptionnel est le lieu des plus grandes régates d'Amérique du Nord qui se déroulent dans le cadre du programme CORK (Canadian Olympic-training Regatta Kingston) et qui rassemblent plus de mille participants.

Kingston, située sur les bords du lac Ontario, le plus oriental des Grands Lacs, dont la superficie atteint 18 750 kilomètres carrés, fut fondée le 13 juillet 1673 par le Comte de Frontenac, Gouverneur de la Nouvelle-France.

C'est avec une unité d'une centaine de militaires français assistée d'un groupe de Hurons et d'Iroquois que Louis de Frontenac débarqua dans cette magnifique région. Conquis par les lieux, il décida la création de la ville.

En 1840, *Kingston* devint la capitale de la province du Haut Canada. Elle fut aussi la cité d'adoption de Sir John Alexander *MacDonald*, un des fondateurs de la Confédération du Canada de 1867.

A mi-chemin entre les deux grandes villes canadiennes de Montréal et de Toronto, *Kingston* se trouve à moins d'une heure d'avion de la ville olympique. On peut aussi s'y rendre par train (en deux heures et demie) ou par la route.

Cette ville historique est bâtie à proximité des pittoresques Mille Iles — qui sont en réalité 1 800 —, où les eaux du lac Ontario se déversent dans le fleuve Saint-Laurent.

The greatest champion in the history of yachting is unquestionably the Dane Paul *Elvstrom*, a four-time Olympic winner. He received the gold medal in the Finn category in London in 1948, Helsinki in 1952, Melbourne in 1956 and Rome in 1960. After this superstar of yachting comes the crew of a Dragon from Norway : Thor *Thorwaldsen*, Lie *Sigve*, and Aakon *Barfod*, who twice won gold medals, in London and in Helsinki. Finally, as part of this short history of Olympic yachting, let us mention Prince *Olav* of Norway, who was Olympic champion in the 6 m class at the Amsterdam Games in 1928, and Prince *Constantin* of Greece, who in 1960, stood on the highest step of the winner's platform with his crewmen *Zalmis* and Odysseos *Eskidjoglou* for their performance in the Dragon class.

The Olympic yachting competitions for the Games of the XXI Olympiad will take place in *Kingston*, Ontario.

It was not chance which dictated this choice for the site of the competition. Every year the city's exceptional yachting facilities are the site of one of North America's greatest regattas, held as part of CORK (Canadian Olympic training Regatta Kingston) with more than a thousand participants.

Kingston is located on the shores of Lake Ontario, the farthest east of the Great Lakes, which has a surface of 18 750 square kilometers. The city was founded on July 13, 1673 by the Count de *Frontenac*, Governor of Nouvelle France.

With a group of a hundred French soldiers assisted by some Hurons and Iroquois, Louis de *Frontenac* first landed in this splendid area. He was immediately taken with the possibilities of the region and decided to build a settlement there.

In 1840, *Kingston* became the capital of the Province of Upper Canada. It was also the adopted home of Sir John A. *MacDonald*, one of the fathers of Canadian Confederation in 1867.

Half-way between the two great Canadian cities of Montréal and Toronto, *Kingston* is less than an hour by plane from the Olympic city. The train trip from Montreal takes about 2½ hours and, of course, the city is easily accessible by highway.

Voile, sport athlétique. 470, nouveau venu au programme olympique en remplacement du Star en 1976

Yachting, an athletic sport. The 470, a newcomer to the Olympic program, replaces the Star in 1976

Kingston offre aux touristes de nombreux points d'intérêts tels les forts Henry, Frontenac et Frederick, la redoute Murney, l'Université Queen's, etc.

Pour mener à bien sa mission olympique, *Kingston* dispose d'un Comité d'organisation des compétitions de yachting subordonné au COJO de Montréal.

Les installations comprendront un port d'une capacité de 300 bateaux, avec tous les services annexes indispensables, tandis que les résidences de l'Université Queen's accueilleront athlètes et officiels en chambres individuelles.

This historic city is near the picturesque Thousand Islands — there are really 1 800 of them — where the waters of Lake Ontario flow into the St. Lawrence River.

Kingston offers tourists many sites of interest, such as Forts Henry, Frontenac and Frederick, the Murney armory and Queen's University.

To fulfill its Olympic mission, *Kingston* has an organizing committee for the yachting competitions, which works under the supervision of COJO in Montreal.

The Olympic facilities will include a port for 300 boats, providing all necessary services, as well as the Queen's University residences, which will house the athletes and officials in single rooms.

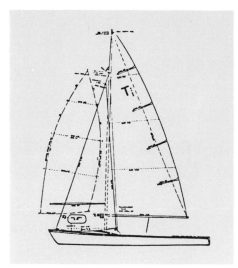

Tempest

Flying Dutchman

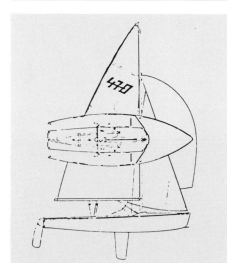

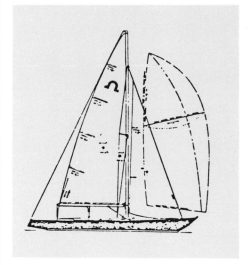

Soling

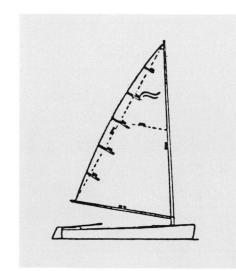

Finn

470

Aux Jeux Olympiques chaque pays peut engager un bateau par catégorie avec un total de douze participants, plus quatre remplaçants pour l'ensemble des épreuves.

Catégories de bateaux :
- Soling, équipage de 3 membres
- Tempest, équipage de 2 membres
- Flying Dutchman, équipage de 2 membres
- 470, équipage de 2 membres
- Finn, équipage d'un membre
- Tornado, équipage de 2 membres

Déroulement des compétitions
Tous les bateaux participant doivent être soumis au jaugeage sous le contrôle de la Fédération Internationale.

Trois zones de régates sont délimitées chacune par un cercle.

Cercle A : Flying Dutchman, Tempest et Soling

Cercle B : 470, Finn

Cercle C : Tornado

Les parcours sont constitués par des triangles isocèles balisés par des bouées.

Les courses se déroulent selon les règles olympiques, c'est-à-dire départ – 1 – 2 – 3 – 1 – 3 – arrivée, chaque chiffre correspondant à un sommet du triangle.

Each country may enter one yacht in each class, for a total of twelve competitors and four substitutes for all yachting events in the Olympic Games.

Boat classes
- Soling – three-man crew
- Tempest – two-man crew
- Flying Dutchman – two-man crew
- 470 – two-man crew
- Finn – one-man crew
- Tornado – two-man crew.

The events
All participating yachts must be measured under the supervision of the International Federation.

There are three racing zones, each marked by a circle.

Circle A : Flying Dutchman, Tempest and Soling

Circle B : 470, Finn

Circle C : Tornado

The races are held on equal-legged triangles marked by buoys. The races are held according to Olympic rules, i.e. start–1–2–3–1–3–finish, each number corresponding to one buoy.

A bord des
Tornados, nouvelle
classe olympique,
Soviétiques et Américains participent
aux compétitions
«CORK»

On board
Tornados, a new
Olympic class, Soviet
and American
sailors taking part at
the ''CORK'' competition

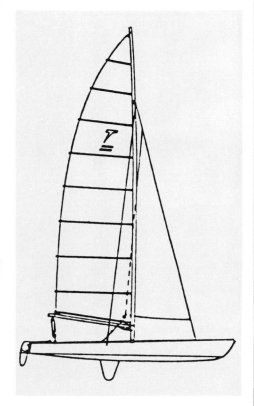

Tornado

Les compétitions se déroulent en sept manches dont les six meilleures sont retenues pour le classement effectué selon un nombre de points déterminé par le barème de la Fédération Internationale.

Un jury international contrôle le déroulement des compétitions.

Each class has seven races, the six best counting for classification, which is made according to points determined by the International Federation's scale.

An international jury supervises the competition.

Toutes voiles dehors . . . Soling aux compétitions CORK	Under full sail . . . Solings at the CORK competition	**Soling** Architecte : Ian *Linge* (NOR) 1966 longueur : 8,15 m largeur : 1,90 m poids : 1,000 kg voilure : 21,70 m² équipage : 3	**Soling** Architect : Ian *Linge* (NOR) 1966 length : 8.15 m beam : 1.90 m weight : 1 000 kg sail area : 21.70 sq. m. crew : 3

Champions olympiques Olympic champions	Melges, Bentsen, Allen	USA	8,7 pts	1972	Munich

Tempest

French:
Architecte : Ian *Proctor* (HOL) 1963
longueur : 6,80 m
largeur : 1,90 m
poids : 460 kg
voilure : 23 m²
équipage : 2

English:
Architect : Ian *Proctor* (HOL) 1963
length : 6.80 m
beam : 1.90 m
weight : 460 kg
sail area : 23 sq. m.
crew : 2

Champions olympiques / Olympic champions					
Mankin, Dyrdyra	URS	28,1 pts	1972	Munich

Flying Dutchman

French:
Architecte : Uffa *Van Essen* (HOL) 1955
longueur : 6,05 m
largeur : 1,80 m
poids : 160 kg
voilure : 15 m²
équipage : 2

English:
Architect : Uffa *Van Essen* (HOL) 1955
length : 6.05 m
beam : 1.80 m
weight : 160 kg
sail area : 15 sq. m.
crew : 2

Champions olympiques / Olympic champions				
Lunde, Bergvall	NOR	6 774 pts	1960	Rome
Wells, Pedersen	NZL	6 255 pts	1964	Tokyo
Pattison, McDonald	GBR	3 pts	1968	Mexico
Pattison, Davies	GBR	22,7 pts	1972	Munich

470

French:
Architecte : André *Cornu* (FRA) 1964
longueur : 4,75 m
largeur : 1,73 m
poids : 118 kg
voilure : 12 m²
équipage : 2

Première participation aux Jeux Olympiques de Montréal.

English:
Architect : André *Cornu* (FRA) 1964
length : 4.75 m
beam : 1.73 m
weight : 118 kg
sail area : 12 sq. m.
crew : 2

First appearance on the Olympic program at the Montreal Games.

Finn

French:
Architecte : Richard *Sarby* (NOR) 1952
longueur : 4,50 m
largeur : 1,51 m
poids : 145 kg
voilure : 10 m²
équipage : 1

English:
Architect : Richard *Sarby* (NOR) 1952
length : 4.50 m
beam : 1.51 m
weight : 145 kg
sail area : 10 sq. m.
crew : 1

Champions olympiques / Olympic champions				
Huybrechts, L.	BEL	2 pts	1924	Paris
Thorell, S.	SWE		1928	Amsterdam
Lebrun, J.	FRA	87 pts	1932	Los Angeles
Kagchelland, D.	HOL	163 pts	1936	Berlin
Elvström, P.	DEN	5 543 pts	1948	Londres/London
Elvström, P.	DEN	8 209 pts	1952	Helsinki
Elvström, P.	DEN	7 509 pts	1956	Melbourne
Elvström, P.	DEN	8 171 pts	1960	Rome
Kuhweide, W.	GER	7 638 pts	1964	Tokyo
Mankin, V.	URS	11,7 pts	1968	Mexico
Maury, S.	FRA	58 pts	1972	Munich

Tornado

French:
Architecte : Rodney *Marsh* (GBR) 1967

longueur : 6,05 m
largeur : 1,80 m
poids : 127 kg
voilure : 21 m²
équipage : 2

Première participation aux Jeux Olympiques de Montréal.

English:
Architect : Rodney *Marsh* (GBR) 1967

length : 6.05 m
beam : 1.80 m
weight : 127 kg
sail area : 21 sq. m.
crew : 2

First appearance on the Olympic program at the Montreal Games.

Cérémonie de clôture

Closing Ceremony

Parmi les événements qui constituent l'ensemble du programme des Jeux Olympiques, la cérémonie de clôture correspond sans aucun doute aux moments les plus émouvants de la grande manifestation.

En effet, durant toute la période olympique, la ville entière vit dans la fièvre. La foule, sans cesse renouvelée, envahit non seulement les stades et gymnases, mais aussi les rues, les musées, les sites touristiques. Les plus importantes nouvelles du moment qui ne concernent pas les Jeux, tombent dans l'indifférence du grand public qui ne pense qu'à son programme du jour.

Soudain ce monde en effervescence apprend que tout est terminé. Sans savoir ce que réserve l'avenir, on lui donne rendez-vous dans quatre longues années.

La cérémonie de clôture se déroule toujours dans le stade olympique à l'issue de la dernière épreuve sportive, c'est-à-dire le Grand Prix olympique de sauts d'obstacles par équipes, ou Prix des Nations, qui attire toujours de nombreux spectateurs.

Ce sont les porte-drapeaux des délégations qui entrent en file dans le même ordre que lors de la cérémonie d'ouverture et qui prennent d'ailleurs la même place sur le terrain. Le protocole prévoit que : «. . . six athlètes de chaque délégation doivent suivre par huit ou dix de front sans distinction de nationalité, unis par les seuls liens fraternels du sport olympique». A Montréal, quelques innovations qui respectent les règles tout en ajoutant à la dignité de la cérémonie : des jeunes filles vêtues aux couleurs olympiques forment les cinq anneaux symboliques à l'intérieur desquels viennent se placer cinq groupes de 150 athlètes.

Alors que les porte-drapeaux se sont placés en demi-cercles derrière le rostre au pied duquel se rend le Président du Comité International Olympique, à la cime du mât de droite, au son de l'hymne national grec joué au bouzouki, monte le drapeau hellène. Puis, immédiatement après, au mât central s'élève celui du Canada, tandis que retentit son hymne avec un accompagnement de tambours indiens. Enfin, le drapeau de l'Union Soviétique est hissé au mât de gauche, alors que l'hymne de ce dernier pays résonne à son tour, joué par un orchestre de balalaïkas et pendant que, transmises en direct de Moscou, des séquences apparaissent sur les deux tableaux électroniques du stade.

Of all the events which make up the program of the Olympic Games, the closing ceremony is one of the most touching.

Throughout the whole Olympic period, the city has been throbbing with activity. A perpetually changing crowd has invaded not only the stadiums and sports halls but also the streets, museums and tourist spots. News not concerned with the Games has passed by unnoticed. The general public has thought only of the Olympic program for the day.

Suddenly into this state of excitement comes the awareness that it is all over. A rendezvous is made for the next such celebration four long years away, but who knows what the future will hold.

The closing ceremony is always held in the Olympic stadium right after the end of the last sporting event, the Grand Prix Team Jumping or Prix des Nations, which always attracts many spectators.

The flag-bearers from the delegations enter in the same order as for the opening ceremony and take the same places on the field. The protocol states that "behind them march six athletes from each delegation which has participated in the Games, eight or ten abreast, without distinction of nationality, united in the friendly bonds of Olympic sport".

Montreal will introduce some innovations which both respect the rules and add to the dignity of the ceremony. Girls dressed in the Olympic colors will form the five symbolic rings, inside which five groups of 150 athletes will stand.

When the flag-bearers are arranged in semi-circles behind the rostrum, at whose foot stands the President of the International Olympic Committee, the flag of Greece is raised to the top of the right hand flag pole to the sound of the Greek national anthem played on the bouzouki. The flag of Canada is raised on the middle pole immediately afterwards, to the sound of its national anthem to the accompaniment of Indian tom-toms, and finally the flag of the U.S.S.R. is raised on the left pole, while the Soviet national anthem is heard, played by a balalaika orchestra. While this is being transmitted directly from Moscow, sequences will appear on the two electronic scoreboards in the stadium.

Le Président du Comité International Olympique monte ensuite au rostre et prononce la clôture des Jeux:

«Au nom du Comité International Olympique après avoir offert au Chef de l'Etat et au peuple canadien, aux autorités de la ville de Montréal et au Comité organisateur des Jeux l'hommage de notre profonde gratitude, nous proclamons la clôture des Jeux de la XXIe olympiade, et, selon la tradition, nous convions la jeunesse et tous les pays à s'assembler dans quatre ans à Moscou pour y célébrer avec nous les Jeux de la XXIIe olympiade. Puissent-ils être une source d'allégresse et de concorde. Puisse aussi le flambeau olympique se transmettre, à travers les âges, pour le bien de l'humanité avec toujours plus d'enthousiasme, de loyauté et de ferveur».

C'est alors qu'une fanfare retentit tandis que la flamme olympique peu à peu s'éteint et, pendant qu'une dernière fois on entend l'hymne olympique, lentement le drapeau aux cinq cercles descend du mât pour être ensuite porté horizontalement, par huit hommes en uniforme, hors de l'enceinte. Cinq salves de canon saluent l'emblème. Les chœurs entonnent le chant des adieux. L'étendard, les porte-drapeaux et les athlètes quittent le stade au son de la musique.

Une certaine tristesse s'empare alors de la foule ... car la fête est finie.

The President of the International Olympic Committee then climbs to the rostrum and pronounces the closing of the Games in the following words:

"In the name of the International Olympic Committee I offer to the Chief of State and the Canadian people, to the authorities of the City of Montreal, and to the Organizing Committee of the Games our deepest gratitude. I declare the Games of the XXI Olympiad closed and, in accordance with tradition, I call upon the youth of all countries to assemble four years from now at Moscow, there to celebrate with us the Games of the XXII Olympiad. May they display cheerfulness and concord so that the Olympic torch will be carried on with ever greater eagerness, courage and honor for the good of humanity through the ages".

As the band strikes up, the Olympic flame is slowly extinguished. The Olympic anthem is heard for one last time, while the five-ringed flag is slowly lowered and taken from the pole, to be carried horizontally from the Olympic arena by eight men in uniform. A five gun salute is sounded for the flag. The chorus breaks into the closing hymn. The banner, flag-bearers and athletes leave the stadium to music.

A certain sadness seizes the crowd ... The celebration is over.

The United States Olympic Committee

The Olympic movement in the United States plays a very important role in motivating our finest young amateur athletes in the successful attainment of the highest levels of achievement. The United States is justifiably proud of its record of participation in the Olympic Games and we are cognizant that such participation has contributed to the development of amateur sports in this country.

American contributions to the Olympic movement in the past have been significant and supportive. We are proud of having hosted the Summer Olympics in 1904 and 1932, of the service to the International Olympic Committee rendered by many, especially by Avery Brundage, who was President of the IOC from 1952 to 1972. Most of all, we are proud of the thousands of American athletes who aspire to the Olympic ideals and compete in the Olympic spirit.

The United States Olympic Committee looks forward to visiting our neighbors to the North and to joining with the youth of the world at the Games of the XXI Olympiad, Montreal 1976.

Philip O. Krumm
President
United States Olympic Committee

The sportsmen of the United States showed great interest in the international Olympic movement right from the restoration of the Olympic Games in 1896. At the urging of the great champion James E. *Sullivan*, an Olympic committee was organized. Its first members were chosen from among leading personalities in many fields. *Sullivan* chose a president, vice-president and treasurer, and he himself took charge of the secretariat, a position which he held until his death in 1914.

Until 1921, the American Olympic Committee continued its activities without any formal regulations. After the Antwerp Games, a reorganization committee was formed to write the rules and give the organization a more democratic structure. This process was completed on November 28, 1921, and on that day the American Olympic Association came into existence. Its first president, Colonel Robert *Thompson*, remained in office until 1926. He was succeeded by:

William C. *Prout*, 1926-1928
Douglas *MacArthur*, 1928-1932
Avery *Brundage*, 1932-1952
Kenneth L. *Wilson*, 1953-1965
Douglas F. *Roby*, 1965-1969
Franklin L. *Orth*, 1969-1970
Clifford H. *Buck*, 1970-1973

Since 1973 Philip O. *Krumm* has presided over the United States Olympic Committee – a new title which was approved on December 5, 1961.

As for all national Olympic committees, the principal goals of the U.S.O.C. are defined by article 25 of the Olympic Rules. These may be summarized as follows:

■ assure the participation of the United States in the Olympic Games and in regional Games officially recognized by the I.O.C.;
■ promote the Olympic movement and its ideals;
■ develop amateur sports.

William M. *Sloane* was the first member of the I.O.C. for the United States. He was a member of the Assembly from 1894 to 1925. His successors were:

Theodore *Stanton*, 1900-1904
Gaspar *Whitney*, 1900-1905
James *Hyde*, 1903-1908
Allison *Armour*, 1908-1919
Evert Jansen *Wendell*, 1911-1921
Bartow *Weeks*, 1920-1921
William May *Garland*, 1922-1948
Ch. H. *Sherrill*, 1922-1936
David *Kinley*, 1925-1927
Ernest Lee *Jahncke*, 1927-1936
Avery *Brundage*, 1936-1972
Frederic René *Coudert*, 1937-1948

John Jewett *Garland*, 1948-1969
James Brooks B. *Parker*, 1950-1951
Douglas F. *Roby*, 1952-
Julien K. *Roosevelt*, 1974-

The United States gave to the international Olympic movement one of its greatest leaders, Avery *Brundage*, whose exemplary career is well worth recalling.

Born in Detroit in 1887, Avery *Brundage* had a brilliant academic career at the University of Illinois that was crowned with a cum laude degree in Civil Engineering in 1909. He was a marvelous athlete, the university's discus champion, member of the basketball team, and winner of a special medal for athletic achievement. He was American champion three times in the amateur "all-around", a one day decathlon event, in 1914, 1915 and 1918, and he was chosen to participate in the 1912 Games, held in Stockholm.

Brundage was able to carry on his professional activities at the same time as his sports career. In 1915, he founded the Avery Brundage Co., which constructed many buildings in the Chicago area. Once his competitive career was over, he devoted himself to administrative jobs in sports, holding the office of President of the U.S. Amateur Athletic Union for seven terms. He was also President of his country's Olympic committee for twenty years, and President of the Pan-American Games for twelve years.

A member of the I.O.C. for the United States from 1936, he became its Vice-President in 1945 and President in 1952.

From 1952 to 1972, President *Brundage* was a great defender of amateurism and the Olympic movement. He was constantly guided by four major objectives:

■ expand the philosophy of amateurism in the most suitable way;
■ accent the education, social, esthetic, ethical and spiritual values of amateur sports;
■ increase appreciation for the fundamental principles of the Olympic movement and avoid its being used for personal ends or national prestige;
■ stimulate the program of arts and culture at the Olympic Games.

Avery Brundage, president of the International Olympic Committee, making an opening address at the Munich Games

It would be untrue to say that he achieved all these goals, especially in regard to the problems of amateurism and the use of the Games for political purposes. President *Brundage* was often criticized for his rigidity in the application of the rules, which some people thought to be from another era. But by his activities, his firm opinions and his loyalty to the basic principles of the Olympic movement, he was for twenty years the prime hindrance to an invasion of amateur sports by professionalism.

His career as President of the I.O.C. ended on the day of the Closing Ceremony of the Munich Games, Games which he would surely have wished to have been otherwise. His term ended with a moving testimonial from the world of sports to the work he had done.

From September 10, 1972, to May 8, 1975, the date of his death, Avery *Brundage* was Honorary President of the I.O.C.

The United States and the Summer Olympics

From the very beginning in 1896, athletes from the United States have always held a very important place within the world-wide Olympic movement. The main purpose of this chapter is to recall the names and exploits of some of this country's Olympic champions.

Athens 1896

"The Greeks conquered Europe; I have conquered the whole world!" That was the message which James *Connolly*, the winner of the triple jump in Athens and the very first Olympic champion of the modern era, sent to his parents on April 6, 1896. *Connolly's* victory was also the first of a long series of success made by university champions, who formed the heart of the American delegation at the 1896 Games. These students from Harvard and Yale won ten of the thirteen finals in athletics.

Three athletes won two gold medals each: Thomas E. *Burke* in the 100 m and 400 m, Ellery *Clark* in the high jump and long jump, and Robert *Garrett* in the shot put and discus. In this last event, the Greeks had been certain of victory. They had actually trained their athletes according to the ancient methods described by the historian *Philostratus*. But *Garrett*, who had come to take part in these first Olympic Games at his own expense, stole first place from them ... even though he had never seen a discus before arriving in Greece! Thomas *Curtis* won the 110 m hurdles finals in 17"6, and in the pole vault, William *Hoyt* was the winner with a vault of 3,30 m. The standing triple jump was won by Ray *Ewry*.

Another Olympic title was also won by the United States in automatic pistol shooting by Sommer *Paine*, who had a total of 442 points.

Paris 1900

Pierre *de Coubertin* had to face some serious disappointments during the Games of Paris. Their date coincided with the Paris Universal Exhibition, and, in spite of his efforts, the athletic events were lost among the many activities which took place at the same time but had nothing at all to do with sports.

Opened on May 14, the Games of the II Olympiad of modern times ended on October 24, without ever having aroused any great enthusiasm except for a few rare moments.

Among the twenty nations which took part in the Olympic competitions, the United States again achieved considerable success in the athletic events, where they collected the titles in seventeen out of the twenty-two events.

The magnificent Alvin *Kraenzlein*, accomplished the greatest feat of these Games by winning four gold medals. *Kraenzlein* came in first in the 60 m dash in 7", 110 m hurdles in 15"4, the 200 m hurdles in 25"4 and the long jump with a leap of 7.185 m. Ray *Ewry*, who was an Olympic medalist from 1896, won three titles this time, the triple jump, long jump and standing high jump. Another jumper, Irving *Baster*, also performed well, winning the high jump final (1.90 m) and the pole vault (3.30 m).

In the sprints, Francis *Jarvis* won first place in the 100 m in 10"8, a new world record. John *Tewkesbury* won the 200 m in 22"2 and Maxey *Long* the 400 m in 49"4. *Tewkesbury* then went on to win the 400 m hurdles two days later. In the running triple jump, the powerful Myer *Prinstein* came in first with 14.45 m, and the shot put gold medal went to Richard *Sheldon*. In the hammer throw, John J. *Flanagan* won a title which he kept for three successive Olympic Games. Finally, there was the victory in the 2 500 m steeplechase won by the Canadian George *Orton*, who was running under American colors.

On the rowing course, a team from Philadelphia won first place in the eights, defeating a Belgian boat.

In shooting, the United States won three Olympic titles, while in cycling, the national team won the gold medal in the 1 500 m pursuit and a Mr. *Sand* and a Mrs. *Abbot* won gold medals on the Olympic golf course.

St. Louis 1904

Some have written that the "Olympic flame" in St. Louis hardly shined any more brightly than it had in Paris; others have spoken of an enormous success. These two contradictory points of view both have elements of truth. The first is a description of the sports events, while the second is best applied to the folklore of the events.

In 1904, the international situation was far from favorable, and America seemed inaccessible to many of the athletes of the Old World. England sent only one athlete, and only two other European countries were represented: Germany and Hungary.

One of the greatest athletes of the early Olympic Games, American Ray Ewry was Olympic champion eight times in the long jump, standing high jump and triple jump in the Games of 1896, 1900, 1904 and 1908. This picture was taken in 1900.

Foreign participation totaled no more than sixty-four, while the United States contingent was up to 432. So it was just a bit fewer than 500 people from 11 countries who competed in the Olympic arenas from July 11 to October 29.

Except for the combined championship, the ancestor of the decathlon, which was won by the only participant from Great Britain, Thomas *Kiely*, all the athletics finals were won by Americans.

The most wonderful feat of the St. Louis Games was performed by a small but strong student named Archie *Hahn*, who won the titles of the 60 m, 100 m and 200 m. In that last event he set a new world record of 21"6 that lasted until 1932. Other athletes winning more than one gold medal included James *Lightbody*, who won the 800 m, 1 500 m and 2 500 m steeplechase; Harry *Hillmann*, who won the titles of the 400 m, 200 m hurdles and 400 m hurdles; and the jumpers Myer *Prinstein*, Olympic champion in long jump and triple jump, and again Ray *Ewry*, who this time won the high jump and standing long jump.

Not to be forgotten was the monumental bluff by a runner in the marathon named *Lorz*. Way in back from the start, this young athlete was of no more interest to the spectators. Alone with his troubles on the course and still far from the stadium, he decided that the "joke" had gone on long enough, so when an automobile appeared, he climbed on. From where he sat he could see how his opponents fared, as the car passed the exhausted runners one after the other. A few kilometers from the finish line, a rested *Lorz* started to run again. Soon this remarkably fresh runner was entering the track in the stadium to the cheers of the crowd, to finish the race with a stunning sprint. Nevertheless the hoax was discovered. *Lorz* was expelled from the American Federation but was allowed back in competition the next year, and, to prove his ability, he entered and won the championship in the United States Marathon, this time using only his legs.

In rowing, boxing, free style wrestling, cycling, tennis and archery, the United States, without opposition, won all the Olympic medals.

In the swimming events, which took place in the artificial lake built for the World's Fair, the most popular of the swimmers was Charles *Daniels*. Trained by the famous trainer Sydney *Cavill* in the Australian crawl, *Daniels* won two events (220 and 440 yards), came in second in the 100 yards, and third in the 50 yards.

In spite of serious German competition in gymnastics, the American competitors were quite successful, mostly due to the efforts of Anton *Heida*, who won titles in the horse vault, horizontal bar and multiple competition (7 apparatus).

The events at St. Louis should not be left without recalling the heavy "circus" aspect that colored the events of 1904. If Baron *de Coubertin* can be believed, these Games took place in an atmosphere very different from the traditions of ancient Greece. He said that the "real giveaway was what the Americans called Anthropological Day, a day which typically lasted forty-eight hours. On that day there appeared in the stadium American Indians, Sioux, Patagonians, Cocopas from Mexico, Moros from the Philippines, Ainou from Japan, African pygmies, Syrians and Turks. All these natives engaged in the usual contests: running races, tugs of war, shot put and javelin, jumps, archery. Nowhere but in America would they have dared to put on such acts! But Americans can get away with anything. Their childish good spirits would probably dispose the shades of their great Hellenic ancestors to be indulgent, if they should happen to wander at that moment among the amused crowd."

London 1908

First Berlin and then Rome applied as candidates for the 1908 Games, but London was the city which was finally selected.

With 2 040 participants, representing 22 countries, the Games this time attained a genuinely international level, but in spite of this progress, the great sports festival was still far from reaching the goal which *de Coubertin* had envisioned for it. It was hard to see evidence of friendship among peoples when a series of regrettable events took place, due in great measure to a lack of sportsmanship on the part of the subjects of King Edward VII and facilitated by the fact that the jury was exclusively English. Thus, several scandalous decisions upset the foreign spectators. Still, there were some great moments, especially in athletics, and they were due to the Americans, who won the majority of the events. There was the great champion *Ewry*, whose final two victories gave him a total of eight gold medals in three Olympiads.

Melvin *Sheppard* won the 800 m title in 1'52"8, a new world record, and the 1 500 m in 4'3"4. In the 110 m hurdles it was Forrest *Smithson* who stood on the highest step of the winner's platform: he had set a world record with his time of 15". In the pole vault, Edward *Cook* and Albert *Gilbert* had an unbreakable tie, so they each received gold medals for their vaults of 3.71m. John *Flanagan* won his third consecutive title in the hammer throw with a throw of 51.92 m, while Ralph *Orse* won his second gold medal in the shot put.

The most memorable event of the 1908 Games once more occurred in the marathon, won this time by the American John *Hayes* after an Italian cook named Pietri *Dorando* was disqualified. The moustachio'd Italian was the first to reach the track in the Olympic stadium, but he collapsed from exhaustion. He stood up, fell down again, drew himself up with a confused expression on his face, and a crowd of judges and trainers ran toward him. Although he had asked for nothing, he was being held up by an official announcer when he finally succeeded in crossing the finish line.

The next day, after the closing ceremony, Queen Alexandria sent for him. *Dorando*, clearly touched, stood with his hat in his hands at the Royal Box. "I have no diploma, no medal, no laurels to give you," said the Queen, "but here is a gold cup, and I hope you will go home with happy memories of our country."

The Games of the IV Olympiad came to an end with a triumphal honor lap by *Dorando*, run to enormous popular applause.

Stockholm 1912

The Games were now definitively launched. The special atmosphere in Sweden, dominated by the feeling for sports which had animated the people of this country for more than a century, contributed to the exceptional success that had been sought since the Games were restored.

The Fifth Olympic Games were opened on July 6, under the patronage of King Gustav V. More than 2 500 athletes from 28 countries were entered in the many competitions on a program which had undergone serious modifications. While the modern pentathlon appeared on the Olympic program for the first time in Stockholm, many other sports were eliminated at this time.

Although the usual exploits by the American competitors still enlivened the athletic events, this time there was also serious international competition, especially from the Finns and Swedes, who won four titles each.

During the semi-finals in the 100 m, Donald *Lippincott* put in a terrific performance, lowering the world record to 10"6, but it was Ralph *Craig* who won the gold medal in this event, as well as first place in the 200 m. The American athletes also bettered three other world records: the 400 m was run by Charles *Reidpath* in 48"2, the 800 m by James *Meredith* in 1'51"9, and the 4 x 400 m relay was won in 3'16"6.

One particular incident was to have a profound influence on future athletic competitions. Jim *Thorpe*, the extraordinary Indian champion, won both the decathlon and pentathlon, but was disqualified. In some unknown way, the officials had learned that this superb athlete had been a professional baseball player. *Thorpe* had to return his medals. He never got over this disgrace, and when he died at the age of sixty-four, he had never accepted that his work as a baseball player and his pleasure as an athlete could be mistaken for one another.

In the Olympic swimming pool, where women were participating for the first time, the extraordinary Hawaiian swimmer Duke *Kahanamoku* made his first appearance, winning the gold medal in the 100 m free style and beating the record set by the famous *Daniels*.

The United States was particularly outstanding in the shooting competitions, winning six titles.

John Kelly and Paul Costello of the United States, gold medallists in the double sculls, Antwerp 1920

Harold Osborn, a great American athlete, who won the decathlon and high jump in the Paris Games, 1924

Finally, let us note that among the members of the American delegation at these Stockholm Games were: Avery *Brundage*, who competed in the pentathlon, and George *Patton*, an excellent runner in the 3 000 m.

Antwerp 1920
After leaving Stockholm, the Olympic world had made an appointment for Berlin in 1916. Unfortunately, the reality was to be quite different. There was no Olympic truce during the First World War, as there had been during the ancient Games.

Antwerp was given the honor of organizing the Games of the VII Olympiad, and courageous King Albert I had the honor of declaring them open on August 14, 1920.

Here, for the first time, the five-ringed Olympic flag was raised in the stadium. The Olympic oath and the release of the pigeons were two other very popular innovations.

In spite of the absence of the Soviet Union, which did not participate, and of Germany, which was excluded, participation was somewhat increased, with more than 2 500 athletes, about 60 of them women, participating.

The success of the American competitors in athletics was relatively less than in preceding Games. In fact, the United States did not win any middle distance or long distance events. On the other hand, only the 4 x 400 m relay was lost in the sprints, and that was due to a disqualification. Sprinter Charles *Paddock* achieved the most exciting performances on the track, coming in first in the 100 m in 10"8 and second in the 200 m, in the same time as the winner, his compatriot Allen *Woodring*, 22". He was also a member of the winning team in the 4 x 100 m relay. In the field events, Richmond *Landon* made a high jump of 1.935 m, while Frank *Ross* won the gold medal for the pole vault (3.80 m) and Patrick *Ryan* won the hammer throw.

The swimming events took place in a pool that was part of the city fortifications. The water was an opaque blue-green and very cold, but the great Duke *Kahanamoku* swam an extraordinary 100 m free style, beating the world record by more than one second (1'00"4). His compatriot Pua *Kealoha*, was second by more than 2" (1'02"2). Another American swimmer, Norman *Ross*, stunned the sports world by winning the titles in the 400 m and 1 500 m free style.

In the women's events, Ethelda *Bleibtrey* came in first in the finals of the 100 m and 300 m free style, but the real star of the pool was a fragile girl only 13 years of age, the youngest competitor in the Olympic Games. Aileen *Riggin* won the gold medal on the 3 m springboard with her remarkable artistry and the support of the public with her charm.

The boxers from the United States won three titles in the Olympic boxing ring, and the shooters were awarded nine gold medals. Finally, as part of this short history of American Olympism, it is worth noting the participation in the rowing events of a certain John *Kelly*, who was first in single sculls and, with *Costello*, in double sculls. These two gold medals are undoubtedly carefully preserved by Princess Grace of *Monaco*, his daughter.

Paris 1924
It took all Baron *de Coubertin's* powers of persuasion to persuade the International Olympic Committee to award the Games of the VII Olympiad to the City of Paris for a second time, instead of to Amsterdam, which had also applied. For the first time, the athletes were housed in an Olympic Village. It was made of small barracks that would make us smile nowadays, but even with only minimal comforts, they allowed all the competitors to be grouped at one site which was near the Colombes Olympic Stadium. The stadium had been built after many difficulties, particularly financial ones.

On July 5, the President of the French Republic, Gaston *Doumergue*, opened the 1924 Games, in which 44 countries participated, represented by more than 3 000 athletes. There were nearly 300 women competitors.

Finland, the small country with fewer than 4 million inhabitants, stunned the world by winning ten gold medals in athletics, three of them by one of the greatest champions in the history of sports, Paavo *Nurmi*, "The Flying Finn." The American athletes had some success. Jackson *Scholz* from the University of St. Louis won the 200 m in 21"6 and came in second in the 100 m. Harold *Osborn* was the winner of the decathlon and the high jump, and Clarence *Houser* became the new Olympic champion in the discus throw and hammer throw. Moreover, the 4 x 400 m relay team, made up of *Cochran*, *Helffrich*, *McDonald* and *Stevenson*, won the gold medal in world record time, 3'16".

In 1924 in Paris, Johnny Weismuller the future Tarzan, won the 400m free style, taking 20 seconds off the Olympic record!

The American representatives in free style wrestling received four medals, won by Robin *Reid* (featherweight), Russel *Vis* (light), John *Spellman* (light heavy weight), and Harry *Steele* (heavy weight).

Kelly and *Costello* repeated their 1920 feat at the Olympic rowing basin, winning their second gold medal in double sculls.

Impeccable in their white uniforms, the swimmers from the United States were impressive not only because of their looks but also because of their performances. A new star appeared among the men: Johnny *Weissmuller*, the future Tarzan of the screen, won both the 100 m and 400 m free style races, where he set a new world record in 5'4"2. Duke *Kahanamoku*, the muscular Hawaiian who had won the 100 m free style in 1920, this time came in second behind his brother Samuel, while his compatriot Warren *Kealoha* won the 100 m backstroke.

In the women s events, the new team offered a magnificent introduction of American women swimmers, winning all the races except the 200 m breaststroke. Just recall the successes of Ethel *Lackie* in the 100 m free style, Martha *Norelius* in the 400 m free style, Sybil *Bauer* in the 100 m backstroke, and the two bronze medals won by Gertrude *Ederle*, who was to become famous two years later for her swim across the English Channel.

At the other Olympic sites, the United States also registered numerous victories: five in tennis, five in shooting, two in boxing and one in rugby.

Amsterdam 1928
It was on July 28, 1928 that the Dutch Prince Consort *Hendrik* opened the Amsterdam Games, to which more than 3 000 participants, nearly 300 of them women, had come from 46 countries. Many delegations were housed in military barracks and schools specially furnished for the occasion, but the athletes from the United States, led by a certain Douglas *MacArthur*, who later made quite a name for himself, preferred to stay on board the ships which had brought them to Amsterdam, the SS "President Roosevelt" and the SS "Solunto".

The American athletes won eight titles. For the first time, no American was among the first three finishers in the 100 m and 200 m finals. Raymond *Barbutti* won the 400 m with a time of 47"8. In the relays, there were two amazing performances. The team of *Wykoff*, *Wuinn*, *Borah* and *Russel* won the gold medal in the 4 x 100 m in world record time (41"), and *Baird*, *Alderman*, *Spencer* and *Barbutti* won the 4 x 400 m, also setting a world record (3'14"2). In the field events the U.S. athletes won the titles in the high jump, long jump and pole vault, the shot put and discus throw. The women, who were participating in athletics for the first time, set a new world record, when Elizabeth *Robinson* won the title of the 100 m in 12"2. in 12"2.

At the rowing basin, the team of *Costello – MacIlvaine* came in first in double sculls, while the eights were won by an American team, with an English boat in second place.

For the very first time, American contenders won no titles in boxing. In free style wrestling, only featherweight Allie *Morrison* succeeded in winning a gold medal.

The Olympic pool was the cause of much concern for the organizers of the Games. The foundations of this temporary facility had not been cemented, so it was very difficult to maintain the water level. Once again, the uncontested king of the 100 m free style was Johnny *Weissmuller*, who won the finals in 58"6. In the 100 m backstroke the swimmers from the United States won a "sweep", with George *Kojac* winning the event in 1'08"2, ahead of Walter *Laufer* and Paul *Wyatt*. The 4 x 200 m free style was also won by the Americans.

For their part, the women swimmers won the 100 m free style, thanks to Alvina *Osipovich*, and the 400 m, won by Martha *Norelius*, still a wonderful swimmer, while in the 4 x 100 m free style relay a new world record was established in 4'47"6.

Los Angeles 1932
In 1932, the Games ventured into the New World for the second time. Of course, the expense of such a trip was heavy for the European competitors, considering the economic situation of the times, and participation suffered as a result. But what progress since St. Louis! From 500 athletes and 11 countries in 1904 there were now 1 500 competitors coming from 37 countries.

Everything was done to receive the guests worthily. The arrival of each team in an authentic Olympic Village was used as an excuse for friendly displays and performances.

In the competitions themselves, the athletes from the United States, who had been more or less decisively beaten in the preceding Games, had their revenge, brilliantly winning

Williams Carr, a
high-jumper who
switched to sprinting,
won the Olympic title
in the 400m in the
Los Angeles Games,
1932, setting a new
world record (46"2)

eleven titles and setting five world
records and eight Olympic records.
The women did even better: they took
first place in all the events except the
100 m.

The Games marked the appearance of the black sprinters, whose
dominance is still evident today.
Eddie *Tolan*, winner of the 100 m in
10"3, set a new world record, while
his time in the 200 m, 21"2 was a new
Olympic record. William *Carr*, a former high jump and long jump champion, had become a sprinter after
double ankle fractures and won the
title in the 400 m in 46"2, a new
world record. He beat the favorite
for this event, Benjamin *Eastman*. The
4 x 100 m relay team, composed of
Kiesel, *Dyer*, *Toppino* and the blond
Wykoff, was awarded the gold medal
after a race in which they lowered the
world record to 40". In the 4 x 400 m,
Fuqua, *Ablowich*, *Warner* and *Carr*
also won the title, also setting a
world record (3'8"2). The Americans
did as well in the field events as on
the track, winning the finals in the
long jump and pole vault, the discus
throw and shot put. Finally, James
Bausch came in first in the decathlon
with a total of 6 588 points.

In the women's events, five Olympic titles were won and as many
world records set by Mildred *Didrikson* in the 80 m hurdles (11,7")
and the javelin throw (43,68 m),
Jean *Shiley* in the high jump (1,67 m),
Lilian *Copeland* in the discus throw
(40,58 m), and the American women's
team in the 4 x 100 m relay.

While the American athletes were
very successful, the swimmers met with
great disappointment because the
Japanese team won eleven medals,
five of them golds. Only Clarence
Crabbe succeeded in winning a title in
the 400 m free style. The women, on
the other hand, were even more
brilliant: they won four first places,
two by Helen *Madison*, who received
gold medals for the 100 m and 400 m
free style, one by Eleonor *Holm*, who
won the title in the 100 m backstroke,
and the 4 x 100 m relay team, which
won the gold medal and set a new
world record (4'38").

At the Olympic rowing basin, the
teams from the United States won
three titles: in double sculls, coxed
pairs and eights.

Finally there was the brilliant
performance of the American gymnasts, who won four titles, and also
the fine showing by the American
riders, who won the team victory in
the equestrian sports Three Day event.

Berlin 1936

When *Hitler* declared the Games
of the XI Olympiad open on August 2,
1936, without a speech – as the President of the I.O.C., Count *de Baillet-
Latour*, had insisted – all the facilities
were in place, ready to astound the
world.

The incredibly effective propaganda machine of the Third Reich was
used by the Führer to maximum
advantage on this occasion. For two
weeks, 4 000 athletes, including more
than 300 women, competed, using the
splendid facilities. The sports world
experienced some unforgettable
moments.

The athletics competitions at the
Berlin Games were dominated by one
man from the United States. Jesse
Owens, that astounding athlete, won
four gold medals: the 100 m in 10"3,
the 200 m in 20"7, the 4 x 100 m with
Metcalfe, *Draper* and *Wykoff* in 39"8
(a new world record), and the long
jump, where his jump of 8.06 m set a
new world record, one which held
for more than twenty-four years.

During these fantastic athletic
competitions, five world records and
eighteen Olympic records were set.
American runners won all the races
from the 100 m to the 800 m. In the
high jump there was a magnificent
sweep, with Cornelius *Johnson*
coming in first, followed by David
Albritton and Delos *Thurber*. Earl
Meadows won the pole vault with a
vault of 4.35 m, while Kenneth
Carpenter won the discus final and
Glenn *Morris* won the decathlon.

In the women's athletic events,
Helen *Stephens* won the title and set
the world record in the 100 m with a
run of 11"5, and the 4 x 100 m relay
team won the gold medal, beating
Great Britain and Canada.

In all the Olympic arenas, the
contests were at a very high level.
Germany was dominant in rowing,
gymnastics and the equestrian sports,
Sweden in wrestling, Italy in fencing,
and France in cycling. The United
States participated in almost all the
events without winning many medals,
particularly in men's swimming, where
the Japanese opposition was again
very strong.

Never had the swimming events
attracted such a large audience. Every
day more than 20 000 spectators
crowded into the enormous swimming pool built at the side of the
Olympic stadium.

One of most famous relay teams in the history of athletics, the winners of the 4 x 100 m at the Berlin Games: Jesse Owens, Ralph Metcalfe, Foy Draper and Frank Wykoff

In the 100 m free style, a Hungarian swimmer staged an upset and beat the Japanese swimmers for the title. In the 400 m free style, Jack *Medica* made the American supporters forget their disappointment by winning the finals. Two days later *Medica* also won the silver medal in the 1 500 m. In the 100 m backstroke, Adolph *Kiefer* won the Olympic title, ahead of his compatriot Albert *Van De Weghe*. Unfortunately, competitors from the United States in the 4 x 200 m free style were outclassed by an amazing Japanese team, which won the event and beat the world record in 8'51"5.

In the women's events, the girls from Holland were an outstanding success in their Olympic swimming debut. They won four of the five titles.

These Games of the XI Olympiad were immortalized by the famous film "The Gods of the Stadium" by Leni *Riefenstahl*. They left the numerous spectators with the memory of magnificent sports facilities and perfect organization but also the image of a strong power on the move.

Americans Glen Morris (center), Bob Clark (left) and Jack Parker (right) first, second and third respectively in the decathlon in the Berlin Games

London 1948

After a twelve-year break, the London Games proved the permanence of Olympism.

The courage of this sorely-tested city, still under rationing, in staging the first post-war Games deserves great praise.

Opened by King *George VI* before more than 100 000 spectators, the Games of the XIV Olympiad reunited more than 4 500 participants, 450 of them women, representing 59 countries. Japan, Germany and the U.S.S.R. were absent.

In athletics, the sprint runners from the United States easily won the finals in the 100 m and 200 m, but in the 400 m they had to face the amazing Jamaicans, who won the first two places, with Melvin *Whitfield* placing third. Two days later, in the 800 m, *Whitfield* got his revenge by beating Arthur *Wint*, who had defeated him in the 400 m.

In the 4 x 100 m relay, the American athletes *Ewell, Wright, Dillard* and *Patton* won a relatively simple victory, but in the 4 x 400 m it was quite different. All the predictions were in favor of the Jamaicans, whose performances in the earlier individual races had stunned the crowds. Even when *Cochran*, the last runner for the United States in the race, received the baton 20 meters ahead of *Wint*, no one doubted what the final result would be, once the Jamaican runner took off like an animal after its prey. *Wint* quickly caught up with his opponent, but at the moment he would have caught him, he suddenly stopped, suffering from a cramp. In that way the 4 x 400 m relay was won by the United States.

In the field events, the long jumper Willie *Steele* won the title with a jump of 7.825 m, and Owen *Smith* won the pole vault in 4.30 m. Wilbur *Thompson* won the shot put gold medal, ahead of two other Americans. Finally, Robert *Mathias* stood on the highest step of the winner's platform in the decathlon, having scored a total of 6 386 points.

In the women's events, only one title went to the United States. The women's high jump was won by Alice *Coachman*, with a jump of 1.68 m, a new world record.

In the Olympic pool, with the Japanese not taking part, the American swimmers had an unprecedented triumph. They won practically every race. Just recall the victory won by *Reiss, Wolf, McLane* and *Smith* in the 4 x 200 m free style relay. In a closely fought final they bettered the world record (8'46").

For their part, the women swimmers had to face heavy Danish opposition and only won titles in the 400 m free style, thanks to Ann *Curtis* (5'17"8), and the 4 x 100 m free style, with *Corridon, Kalama, Helser* and *Curtis* (4'29"2).

In weightlifting, the champions from the United States did very well, winning four gold medals. Some of the other successes were the two golds in free style wrestling, two in yachting, one in shooting, one in Canadian pairs, and of course, the victory of the basketball team, as well as the team medal in the equestrian sports Three Day Event.

Helsinki 1952

In organizing the Games of the XV Olympiad, Finland set a real example for the rest of the world. All those who experienced that great festival are unanimous in agreeing that the Olympic ideal has never been so nearly realized as it was in Helsinki in 1952.

In athletics, the level of competition was exceptional. The representatives from the United States did brilliantly in the sprints. Lindy *Remegino* won the title in the 100 m in 10"4; in the 200 m there was a sweep, with Andrew *Stanfield*, Thane *Baker* and James *Gathers* winning in that order. In the 800 m, *Wint* and *Whitfield* were again at the starting line, and the race took place according to the same scenario as during the preceeding Games. Once more it was *Whitfield* who won. There was also an American sweep in the 110 m hurdles, Harrison *Dillard* winning the race and breaking the Olympic record in 13"7. In the 400 m hurdles, Charles *Moore* beat the Soviet Yuri *Lithouyev*. Victory was also won in the 4 x 100 m and in the field events, where athletes from the United States won all the titles except for the triple jump and the hammer throw. Finally, Robert *Mathias* won an overwhelming victory in the decathlon. His second gold medal was won with a total of 7 887 points, 900 more than the competitor in second place.

In the women's events, the American women met stiff opposition from the Australian athletes, and they won only the 4 x 100 m relay title, although they set a world record (45"9) in the process.

In the Olympic boxing ring, there was a very good team of American boxers who won five gold medals.

291

In weightlifting, the lightweight Thomas *Kono* and heavyweight Norbert *Schemansky* won first places, each bettering the world record for his weight category.

In the Olympic pool, the men's team had some success. Clark *Scholes* won the 100 m free style and Ford *Konno* the 1 500 m, Yoshinobu *Oyakawa* won the 100 m backstroke, and the American team won the 4 x 200 m free style relay. The women's team won titles only in diving, with both springboard and tower events being won by the extraordinary Patricia *McCormick*.

At the Olympic rowing basin, the United States won its seventh consecutive title in eights, as well as the gold medal in coxless pairs.

Finally, other successes were achieved in basketball, shooting (automatic pistol), Canadian singles, free style wrestling (light middleweight), and yachting (5,50 m and 6 m classes).

Melbourne-Stockholm 1956

The choice of Melbourne for the Games of the XVI Olympiad was the subject of much criticism, since the Games could not take place during the usual time for sports competitions in the northern hemisphere.

And much more than the location of the host city, the tragic events which the world had experienced in 1956 (Suez, Budapest) seemed to cast a shadow over the great international get-together. Participation suffered as a result. Switzerland, Spain and the Netherlands did not attend. However, more than 3 000 athletes, representing 67 countries, were present in Melbourne.

Some of the champions were known even before the opening ceremony, because Australian public health and quarantine regulations had made it necessary to hold the equestrian sports competitions in Stockholm six months earlier.

The Games of the XVI Olympiad confirmed the rise of the Soviet Union as an athletic force to be reckoned with. They were now the principal rivals of the Americans. The Americans still dominated athletics, but the Soviets won the 5 000 m and 10 000 m, thanks to their champion Vladimir *Kuts*. The competitors from the United States, as usual, won nearly all the medals in the sprints. They won the first two places in the 100 m, the first three in the 200 m, the first place in the 400 m, and the titles for the 4 x 100 m and 4 x 400 m relays. They were also successful in the 800 m, the 110 m hurdles and the 400 m hurdles.

In the field events, the American athletes won the finals of the high jump, long jump and pole vault, as well as the discus, hammer and shot put. Finally, Milton *Campbell* succeeded Robert *Mathias* in the decathlon championship, winning with 7 937 points, a new Olympic record.

In face of the severe competition from Australia in the races and from the eastern European countries in the field events, the women athletes from the United States managed to win just one title, the high jump, which was won by Mildren *McDaniel*, setting a world record with a jump of 1.76 m.

At the rowing basin, the American teams won three events: the coxless pairs, coxed pairs, and, of course, the eights.

In weightlifting there was an American-Soviet duel. The United States won four titles to the Soviet Union's three, setting three new world records and four Olympic records. The winners were Charles *Vinci* (bantamweight), Isaac *Berger* (featherweight), Thomas *Kono* (light heavyweight), and Paul *Anderson* (heavyweight).

In basketball the team from the United States held onto its title, defeating the Russian team overwhelmingly with a score of 89 to 55.

In the men's and women's swimming events, a change in the stronger teams was taking place. While Japan had stayed among the best, the United States this time played a somewhat more modest role than in the past, and Australia triumphed, especially with the performances of Murray *Rose* and Dawn *Fraser*. The Americans won the title in the men's 200 m butterfly, won by William *Yorsik*, and the women's 100 m butterfly was won by Shelly *Mann*. These were both new Olympic events. Americans won four silver and five bronze medals as well, during the swimming events.

Rome 1960

If the ghost of Theodosius the Great came to haunt the eternal city, it can only have been to see how he had failed. The edict of 393 AD had not withstood the blows of time as well as some of the arenas which welcomed the sports elite in 1960. Nor had St. Ambrose's curse lasted, since Pope John XXIII gave his blessing to the 5 000 athletes who had come from all corners of the world.

The Olympic Games of Rome were in a certain sense the last link in a great chain. Never had so many nations taken part: there were 84 countries represented, 17 more than in Melbourne.

For the first time since 1932, the great favorites in the sprints, the Americans, did not win gold medals in either the 100 m, the 200 m or the 4 x 100 m. Otis *Davis*, a physical education teacher at the University of Oregon, who had been running only since 1958, won the gold medal in the 400 m, ahead of German Karl *Kaufmann*, both of them beating the world record by three-tenths of a second (44"9). Lee *Calhoun* won his second gold medal in the 110 m hurdles, and Glenn *Davis* won his second in the 400 m hurdles. In the 4 x 400 m relay, *Yerman*, *Young*, *Davis*, G. and *Davis* O. came in first in a closely fought race, setting a new world record (3'2"2). In the field events, the Soviet Union won the first two places in the high jump with the performances of Robert *Chavlakadze* and Valeri *Brumel* (2.16 m), who will be remembered for a long time to come. They also won the javelin and hammer throws. The United States led in the other events: Alfred *Oerter* won his second gold medal in the discus throw (59.18), Ralph *Boston* won the long jump title with a jump of 8.12, Donald *Bragg* won the pole vault (4.70 m), and William *Nieder* the shot put (19.68). Finally, in the decathlon, Rafer *Johnson* came in first with a total of 8 392 points.

In the women's events, especially memorable were the successes of Wilma *Rudolph*, "the black gazelle", in the 100 m and 200 m and with her team in the 4 x 100 m.

In the other sports, rivalry was intense: Germany and the Soviet Union were dominant in rowing, with the United States winning only the finals of the coxless fours. In boxing, the titles were divided among six countries. The European public made the acquaintance of an American boxer known as Cassius *Clay* (*Muhammad Ali*), who won the gold medal in the middle heavyweight class, while his countrymen Wilbert *McClure* and Edward *Crook* also won titles in the light middleweight and middleweight classes, respectively.

In weightlifting, it was again the U.S.S.R. which dominated. One single victory went to the United States, won by bantam weight Charles *Vinci*, who had won his first gold medal four years earlier. In free style wrestling, the American champions won three titles.

The Australians continued to be outstanding in men's swimming, while Japan won no title and only played a secondary role. The level of competitions was very high. Swimmers from the United States won several titles, including the 200 m breaststroke, won by William *Milliken*, and the 200 m butterfly, the 4 x 200 m free style relay, and the 4 x 100 medley relay, where each time they bettered the world record.

In the women's swimming events, Chris Von *Saltza* won the title in the 400 m free style, Lynn *Burke* the 100 m backstroke, and Carolyn *Schuler* the 100 m butterfly. In the relays there were also two American victories, thanks to *Spillane*, *Stobs*, *Wood* and Von *Saltza*, who won the 4 x 100 m free style in world record time (4'8"9), and *Burke*, *Kempber*, *Schuler* and *Von Saltza*, who won the 4 x 100 m medley relay, also in world record time (4'41"1).

The gold medals won by William *MacMillan* in the rapid fire pistol event and the team of the 5.50 m "Minotaure" in the yachting competition complete the U.S. honors list from the great international meeting in Rome.

One of the most impressive images from these Games, which ended with the marathon, was the silhouette of the Ethiopian Bikila *Abebe* advancing toward glory past the foot of Constantine's Arch of Triumph, dedicated to the conqueror of the barbarians at Maxence.

Tokyo 1964
On May 26, 1959, during its 55th session, the International Olympic Committee chose Tokyo as the site of the Games of the XVIII Olympiad.

The Games were to be held for the first time in Asia, and one might have thought that the distance would lower participation. On the contrary, there was a noticeable improvement: the Olympic Villages welcomed more than 4 600 athletes, more than 700 of them women, representing 94 countries.

No doubt in homage to the Land of the Rising Sun, the birthplace of Judo, this sport was on the Olympic program for the first time, as was women's volleyball, a highly developed sport in Japan.

In men's athletics, Americans triumphed in the majority of the races. The fabulous Bob *Hayes* won the 100 m finals in 10", a new world record. Henry *Carr* won the title of the 200 m in 20"3, a new Olympic record. In the 400 m, it was Michael *Larrabee* who won the laurels. Two world records were also beaten by the American runners: the 4 x 100 m relay (39"), and the 4 x 400 m (3'00"7). The 5 000 m and 10 000 m races were stunning victories for the American runners, as were the 110 m and 400 m hurdles. To the incredible list of winners

must be added the gold medals won in the pole vault by Fred *Hansen*, who beat two Germans, the shot put by Dallas *Long*, and the discus, where Alfred *Oerter* won his third title.

In the women's events, the twelve titles were divided among seven countries. The United States won the 100 m, with the victory of Wyomia *Tyus*, winning in a magnificent 11"4, a new world record, and the 200 m, which was won by Edith *McGuire* (23").

In swimming, the men's events were the province of only two countries: the Australians won the 1 500 m, 200 m breaststroke and 200 m butterfly; the United States won the finals of all the other events, with a sweep in the 200 m backstroke. The biggest star in the pool was "super champion" Donald *Schollander*, who won the gold medals for the 100 m free style (53"4), the 400 m free style (4'12"2)—a new world record—and contributed substantially to American successes in the 4 x 100 m medley and 4 x 200 m free style medleys.

Among the women swimmers, that old campaigner Australian Dawn *Fraser* won the title in the 100 m free style, and Soviet swimmer Galina *Prozumenschikova* the 200 m breaststroke. All other titles were won by the United States. Virginia *Duenkel* won the 400 m free style; Cathy *Ferguson* won the gold medal in the 100 m backstroke, setting a new world record (1'17"7); Sharon *Stouder* won the 100 m butterfly in 1'04"7. There were American victories in the relays as well: the 4 x 100 m free style in 4'03"8 (a new world record) and the 4 x 100 m medley in 4"33"9 (a new world record). Donna *De Varona* won the 400 m individual medley in 5'18"17.

In the other sports, the competition was very intense. In rowing the titles were split among five countries, the American crews winning the coxless pairs and eights finals.

In boxing, the eastern European countries were dominant, although a certain Joseph *Frazier* from the United States won the gold medal in the heavyweight category.

Finally, there were victories by Gary *Anderson* in the free arm pistol and Lones *Wiger* in smallbore rifle, three positions, and the "usual" gold medal for the basketball team.

Mexico 1968

When the International Olympic Committee, in Baden Baden for its 60th session, awarded the organization of the Games of the XIX Olympiad to Mexico on October 18, 1963, many protests were heard, mainly concerning the geographical location of the host city, which is perched more than 2 300 meters above sea level.

"Is there a problem ?" This question, asked so many times, deserves a reply. According to some, there was hardly any problem; a few days of adaptation should suffice. According to others, there was a great danger. Reality lay somewhere between two points of view.

In fact there was not just a single problem, but a multitude of them, almost as many as there were participants, because adaptation to altitude varies from one individual to another.

Another consequence of high altitudes to be considered was its influence on the results: the athletes taking part in the shorter events were helped, while those undergoing prolonged efforts were at a disadvantage.

All of which is not to say that Mexico was not entitled to stage the Olympic Games. Needless to say, the Olympics are universal. And in any case, the disasters predicted by some never took place.

While the altitude caused much ink to be used, the greatest worries of the organizers turned out to be political. The bloody incidents involving the students at the Place of the Three Cultures threw a shadow over the Olympic atmosphere. However, everything soon returned to order, and on October 12, 1968, the Games of the XIX Olympiad were opened by President Gustavo *Diaz Ordaz* in front of the most brightly colored crowds.

6 059 athletes, representing 119 countries, participated in the 172 events on the sports program.

As we have done in the past, let us start with athletics, where this time 26 Olympic records and 15 world records were set. In the sprints there was a triumph of the United States in the 100 m. Jim *Hines* won the finals and improved the world record in 9"9. In the 200 m, Tommie *Smith* won the gold medal in 19"8, a new world record. The North American athletes also won the titles of the 4 x 100 m in 38"2, new world record time, the 4 x 400 m in 2'56"2, another new world record, and the 110 m hurdles.

Beamon in
Mexico, flying to a
world record long
jump of 8.90 that
will be hard to beat

In the field events, there was the spectacular victory of Dick *Fosbury* (2.24 m) and the introduction of a new style of high jumping called the "Fosbury Flop". The success of Bob *Seagren* in the pole vault (5.40 m) was closely watched, while the unbelievable 8.90 m jump by Bob *Beamon* in the long jump was a world record that will last for a long time to come. In the discus throw Alfred *Oerter* won his fourth Olympic title, while Randy *Matson* won the gold medal in the shot put. Finally, Bill *Toomey*, with a total of 8 193 points, was the winner of the decathlon.

In the women's events, Wyomia *Tyus* kept her 100 m title, improving the world record (11"). Madeline *Manning* won the gold medal in the 800 m, and the 4 x 100 m relay was won by the American team, lowering the world record to 42"8.

In boxing, lightweight Ronald *Harris* stood on the highest step of the winner's platform, as did heavyweight George *Foreman*.

Although for the first time, the United States won no titles in rowing, they had never done so well in swimming. They won 21 medals, 10 in the men's events and 11 in the women's. Just recall the victories by Michael *Burton* in the 400 m free style and the 1 500 m, Charles *Hickcox* in the 200 m and 400 m individual medley, and especially those of Debbie *Meyer* in the 200 m, 400 m, and 800 m free style. Let us also note the records set by the men's relay teams: the 4 x 100 m free style (3'31"7) and the 4 x 100 medley (3'54"9). The women's 4 x 100 m medley relay was won in 4'28"3.

In the equestrian sports, William *Steinkraus* finished in first place in individual jumping, ahead of two Englishmen. In shooting, Gary *Anderson* kept his title (free arms), and at the yachting events in Acapulco, Lowell *North* and Peter *Barrett* won a gold medal in the Star class, while George *Friedrichs*, Baron *Jahncke* and Gerald *Schreck* won the Dragon class.

Finally, the American basketball team won its seventh consecutive gold medal, defeating the Yugoslavian team.

Munich 1972

In 1972, twelve years after the Games of Rome, the Olympics returned to Europe. Wanting to show the world the new image of their country, the Germans did everything they could to achieve that goal.

The different events had an unprecedented success. Never before had the sports halls been so often filled with such knowledgeable and enthusiastic crowds.

But then came September 5 . . . that tragedy which took the lives of eleven young athletes tarnished what ought to have been the most beautiful of festivals. Those who had prepared this great international encounter for five long years didn't deserve it.

More than 8 000 athletes from 122 countries participated in the Games of the XX Olympiad. Like four years earlier, the level of the competitions was incredibly high.

This time the men athletes had to face a very strong opposition. The Americans finished in a tie with the Russians, winning six gold medals each in athletics. The other gold medals were divided among seven countries, Finland winning three of them.

The two most beautiful performances by representatives of the United States were the victories in the 4 x 100 m relay, which equalled the world record (38"19), and Rodney *Milburn*'s success in the 110 m hurdles in a time which equalled the world record too. Recall also the successes of Frank *Shorter* in the marathon, Vincent *Matthews* in the 400 m, David *Wottle* in the 800 m, and Randy *Williams* in the long jump.

For the first time in the women's athletic events, the American women won no titles. The representatives from the German Democratic Republic triumphed, winning 6 gold medals and finished ahead of the German Federal Republic, which won 4 gold medals.

In the Olympic ring, light welterweight Ray *Seales* won the gold medal, while on the wrestling mats, his fellow countrymen Dan *Dable* (68 kg), Wayne *Wells* (74 kg) and Ben *Peterson* (90 kg) also stood on the top step of the winner's platform.

In swimming there were tremendous successes by the United States, the men winning 10 gold medals and the women 7.

In the 5 000m of the Munich Games: Lasse Viren in the lead with American Steve Prefontaine in third place. Prefontaine, of whom much was expected for the Montreal Games, died in an unfortunate accident in 1975

The biggest star was of course Mark *Spitz*, who won four individual titles and contributed to the victories in three relays: the 4 x 100 m and 4 x 200 m free style and 4 x 100 m medley. He set these world records: the 100 m free style in 51"22, the 200 m free style in 1'52"78, the 100 m butterfly in 54"27, the 200 m butterfly in 2'00"7, the 4 x 100 m free style in 3'25"42, the 4 x 200 m free style in 7'35"78 and the 4 x 100 m medley in 3'48"16.

Let us also call to mind the victories of Rick *Dumont* in the 400 m free style, Michael *Burton* in the 1 500 m (15'52"58), a new world record John *Hencken* in the 200 m breaststroke (2'21"55), a new world record, nor should we forget *Spitz*'s teammates in the various relays. Dave *Edgar*, John *Murphy* and Jerry *Heidenreich* were in 4 x 100 m free style, John *Kinsella*, Frederick *Tyler* and Steven *Genter* in 4 x 200 m free style, and finally Mike *Stamm*, Tom *Bruce*, and again Jerry *Heidenreich* in the 4 x 100 m medley.

American Frank Shorter on the long road to victory in the marathon at the Munich Olympic Games

In the women's events, the American swimmers had to face the redoubtable Shane *Gould* from Australia, but the results for the team were quite remarkable. In the 100 m free style, Sandra *Neilson* won the title. In the 800 m free style, Keena *Rothhammer* won the gold medal in 8'53"68 (a new world record). Melissa *Belotte* won two gold medals, for the 100 m and 200 m backstroke. Catherine *Carr* won the first place in the 100 m breaststroke, also setting a world record (1'13"58), while Karen *Moe* came in first in the 200 m butterfly, also setting a world record (2'15"57). In the relays, Sandra *Neilson*, Jennifer *Kemp*, June *Markman* and Shirley *Babashoff* won the Olympic title in the 4 x 100 m free style, copied that same day in the 4 x 100 m medley by Suzie *Atwood*, Judy *Melick*, Dana *Shrader* and, again, Shirley *Babashoff*.

To end this list, let us note that for the second time, the United States won no rowing titles. In shooting John *Writer* won the gold medal for smallbore rifle, three positions, and Louis *Wigger* free arm pistol. And there were the successes of Harry *Melges*, William *Bentsen* and William *Allen* in the Soling class in the yachting competitions which took place in Kiel on the shores of the Baltic Sea.

It is not long now until Montreal will welcome the youth of the world. Far more than the city and the province of Quebec, it is all of Canada which is involved and which will reap the benefits of this great event.

Let us render homage to all the athletes who are preparing relentlessly for the Olympic Games, often at the price of very great sacrifices.

U.S. Olympic Honor Roll

Athletics

Men

Olympic Champions

Athens, 1896
Burke, Thomas	100 m – 400 m
Curtis, Thomas	110 m hurdles
Clark, Ellery	long jump, high jump
Connolly, James	triple jump
Hoyt, William	pole vault
Garrett, Robert	discus, shot
Ewry, Ray	standing triple jump

Paris, 1900
Jarvis, Francis	100 m
Tewksbury, John	200 m, 400 m hurdles
Long, Maxey	400 m
Kraenzlein, Alvin	110 m hurdles, 60 m, 200 m hurdles, long jump,
Baxter, Irving	high jump, pole vault
Prinstein, Myer	triple jump
Flanagan, John J.	hammer
Sheldon, Richard	shot
Orton, George (Canadian)	2 500 m steeplechase
Ewry, Ray	standing high jump, standing long jump, standing triple jump

St. Louis, 1904
Hahn, Archie	60 m, 100 m, 200 m
Hillman, Harry	400 m, 400 m hurdles, 200 m hurdles
Lightbody, James	800 m, 1 500 m, 2 500 m steeplechase
Hicks, Thomas	marathon
Schule, Frederik	110 m hurdles
Jones, Samuel	high jump
Prinstein, Myer	long jump, triple jump
Dvorak, Charles	pole vault
Sheridan, Martin	discus
Flanagan, John	hammer
Rose, Ralph	shot
National Team 1	4 miles
Ewry, Ray	standing high jump, standing long jump
National Team 1	tug of war

London, 1908
Sheppard, Melvin	800 m, 1 500 m
Hayes, John	marathon
Smithson, Forrest	110 m hurdles
Bacon, Charles	400 m hurdles
Porter, Harry	high jump
Irons, Francis	long jump
Cooke, Edward	pole vault
Gilbert, Albert	pole vault
Sheridan, Martin	free style and Greco-Roman style discus
Flanagan, John	hammer
Rose, Ralph	shot
National Team	200, 200, 400, 800 m relays
Ewry, Ray	standing high jump, standing long jump
Hamilton, Cartmell, Taylor, Sheppard	4 x 400 m

Stockholm, 1912
Craig, Ralph	100 m, 200 m
Reidpath, Charles	400 m
Meredith, James	800 m
Kelly, Fred	110 m hurdles
Sheppard, Meredith, Lindbert, Reidpath	4 x 400 m
Richards, Almer	high jump
Gutterson, Albert	long jump
Babcock, Harry	pole vault
McGrath, Matthew	hammer
McDonald, Patrick	56 pound shot
Berna, Taber, Bonhag	team 3 000 m
Adams, Peter	standing high jump
Rose, Ralph	two-handed shot

Antwerp, 1920
Paddock, Charles	100 m
Woodring, Allen	200 m
Loomis, Frank	400 m hurdles
Paddock, Scholz, Murchison, Kirksey	4 x 100 m
Landon, Richmond	high jump
Foss, Franck	pole vault
Ryan, Patrick	hammer
Brown, Schardt, Dresser	team 3 000 m
McDonald, Patrick	56 pound shot

Paris, 1924
Scholz, Jackson	200 m
Kinsey, Daniel	110 m hurdles
Taylor, Morgan	400 m hurdles
Clarke, Hussey, Murchison, Leconey	4 x 100 m
Cochran, Helffrich, MacDonald, Stevenson	4 x 400 m
Osborn, Harold	high jump
Dehart Hubbard, William	long jump
Barnes, Lee	pole vault
Houser, Clarence	discus, shot
Tootell, Frederick	hammer
Osborn, Harold	decathlon

Amsterdam, 1928
Barbutti, Raymond	400 m
Wykoff, Wuinn, Borah, Russel	4 x 100 m
Baird, Alderman, Spencer, Barbutti	4 x 400 m
King, Robert	high jump
Hamm, Edward	long jump
Carr, Sabin	pole vault
Houser, Clarence	discus
Kuck, John	shot

Los Angeles, 1932
Tolan, Eddie	100 m, 200 m
Carr, William	400 m
Saling, George	110 m hurdles
Kiesel, Dyer, Topping, Wykoff	4 x 100 m
Fuqua, Ablowich, Warner, Carr	4 x 400 m
Gordon, Edward	long jump
Anderson, John	discus
Sexton, Lee	shot
Bausch, James	decathlon
Miller, William	pole vault

Berlin, 1936
Owens, Jesse	100 m, 200 m, long jump
Williams, Archie	400 m
Woodruff, John	800 m
Towns, Forrest	110 m hurdles
Hardin, Glenn	400 m hurdles
Owens, Metcalfe, Draper, Wykoff	4 x 100 m
Johnson, Cornelius	high jump
Meadows, Earl	pole vault
Carpenter, Kenneth	discus
Morris, Glenn	decathlon

London, 1948
Dillard, Harrison	100 m
Patton, Melvin	200 m
Whitfield, Melvin	800 m
Porter, William	110 m hurdles
Cochran, Roy	400 m hurdles
Ewell, Wright, Dillard, Patton	4 x 100 m
Cochran, Bourland, Hornden, Whitfield	4 x 400 m
Steele, Willie	long jump
Smith, Owen	pole vault
Thompson, Arthur	shot
Mathias, Robert	decathlon

Helsinki, 1952
Remigino, Lindy	100 m
Stanfield, Andrew	200 m
Whitfield, Melvin	800 m
Dillard, Harrison	110 m hurdles
Moore, Charles	400 m hurdles
Ashenfelter, Horace	3 000 steeplechase
Davis, Walter	high jump
Biffle, Jerome	long jump
Richards, Robert	pole vault
Iness, Sam	discus
Young, Cyrus	shot
O'Brien, Parry	
Mathias, Robert	decathlon
Smith, Dillard, Remigino, Stanfield	4 x 100 m

Melbourne, 1956
Morrow, Robert	100, 200 m
Jenkins, Charles	400 m
Courtney, Thomas	800 m
Calhoun, Lee	110 m hurdles
Davis, Glenn	400 m hurdles
Baker, King, Murchison, Morrow	4 x 100 m
Jones, Jenkins, Mashburn, Courtney	4 x 400 m
Dumas, Charles	high jump
Bell, Gregory	long jump
Richards, Robert	pole vault
Oerter, Alfred	discus

Connolly, Harold — hammer
O'Brien, Parry — shot
Campbell, Milton — decathlon

Rome, 1960

Davis, Otis	400 m
Calhoun, Lee	110 m hurdles
Davis, Glenn	400 m hurdles
Yerman, Young, Davis, G., Davis, O.	4 x 400 m
Bragg, Donald	pole vault
Oerter, Alfred	discus
Nieder, William	shot
Johnson, Rafer	decathlon
Boston, Ralph	long jump

Tokyo, 1964

Hayes, Robert	100 m
Carr, Henry	200 m
Larrabee, Michael	400 m
Schul, Robert	5 000 m
Mills, William	10 000 m
Jones, Hayes	110 m hurdles
Cawley, Warren	400 m hurdles
Drayton, Stebbins, Ashworth, Hayes	4 x 100 m
Cassell, Larrabee, Williams, Carr	4 x 400 m
Hansen, Fred	pole vault
Long, Dallas	shot
Oerter, Alfred	discus

Mexico, 1968

Hines, James	100 m
Smith, Tommie	200 m
Evans, Lee	400 m
Davenport, Willie	110 m hurdles
Green, Pender, Smith, Hines	4 x 100 m
Matthews, Freeman, James, Evans	4 x 400 m
Fosbury, Richard	high jump
Seagren, Bob	pole vault
Beamon, Robert	long jump
Matson, Randy	shot
Oerter, Alfred	discus
Toomey, William	decathlon

Munich, 1972

Matthews, Vincent	400 m
Wottle, David	800 m
Shorter, Frank	marathon
Milburn, Rodney	110 m hurdles
Williams, Randy	long jump
Black, Taylor, Tinker, Hart	4 x 100 m

Silver Medals

Athens, 1896

Jameson, Herbert	400 m
Blake, Arthur	1 500 m
Connolly, James	high jump
Arrett, Robert	long jump
Tyler, Albert	pole vault
Baxter, Irving	standing triple jump

Paris, 1900

Tewksbury, John	100 m, 60 m
Holland, William	400 m
Gregan, John	800 m
MacLean, John	110 m hurdles
Prinstein, Myer	long jump
Connolly, James	triple jump
Colkett, M. B.	pole vault
Hare, Truxton	hammer

McCracken, Josiah	shot
Baxter, Irving	standing high jump
	standing long jump
King, C.	standing triple jump
National Team	tug of war

St. Louis, 1904

Cartmell, Nathan	100 m, 200 m
Waller, Frank	400 m, 400 m hurdles
Valentine, Howard	800 m
Verner, Frank	1 500 m
Corey, Albert	marathon
Schiedler, Tadeus	110 m hurdles
Serviss, Gartett P.	high jump
Frank, Daniel	long jump
Englehardt, Fred	triple jump
Leroy, Sam	pole vault
Rose, Ralph	discus
Dewitt, John	hammer
Coe, Williams	shot
Hogenson, William	60 m
Castleman, Frank	200 m hurdles
National Team II	4 miles
Stadler, James F.	standing high jump
King, Charles	standing long jump
Flanagan, John	56 pound shot
National Team II	tug of war
Gunn, Adam	combined championship

London, 1908

Rector, James	100 m
Cloughen, Robert	200 m
Garrels, John	110 m hurdles
Hillmann, Harry	400 m hurdles
Kelly, Daniel	long jump
Giffin, Merrett H.	free style discus
Horr, Marquis	Greco-Roman discus
McGrath, Matthew	hammer
National Team	3 miles

Stockholm, 1912

Meyer, Alvah	100 m
Lippincott, Donald	200 m
Sheppard, Melvin	800 m
Kiviat, Abel	1 500 m
Tweanima, Lewis	10 000 m
Wendell, James	110 m hurdles
Nelson, Frank	pole vault
Wright, Marcus	pole vault
Byrd, Richard	free style discus
Rose, Ralph	shot
Adam, Benjamin	standing high jump
Adams, Peter	standing long jump
MacDonald, Patrick	two-handed shot
Donahue, James	pentathlon

Antwerp, 1920

Kirksey, Morris	100 m
Paddock, Charles	200 m
Barron, Harold	110 m hurdles
Norton, John	400 m hurdles
Flynn, Patrick	3 000 m steeplechase
Pearman, Joseph	10 km walk
Muller, Harold	high jump

Johnson, Carl	long jump
Hamilton, Brutus	decathlon
Ryan, Patrick	56 pound shot
National Team	tug of war
Bradley, Everett	pentathlon
Eby, Earl	800 m

Paris, 1924

Scholz, Jackson	100 m
Paddock, Charles	200 m
Fitch, Horatio	400 m
Brown, Leroy	high jump
Gourdin, Edward	long jump
Graham, Glenn	pole vault
McGrath, Matthew	hammer
Hartranft, Glenn	shot
Norton, Emerson	decathlon
National Team	10 000 m cross country for teams

Amsterdam, 1928

Anderson, Stephen	110 m hurdles
Cuhel, Frank	400 m hurdles
Hedges, Benjamin	high jump
Casey, Levi	triple jump
Droegemuller, William	pole vault
Brix, Hermann	shot

Los Angeles, 1932

Metcalfe, Ralph	100 m
Simpson, George	200 m
Eastman, Benjamin	400 m
Beard, Percy	110 m hurdles
Hardin, Glenn	400 m hurdles
Van Osdel, Robert	high jump
Redd, Charles	long jump
Laborde, Henri	discus
Rothert, Harlow	shot
Hill, Ralph	5 000 m

Berlin, 1936

Metcalfe, Ralph	100 m
Robinson, Matthew	200 m
Cunningham, Glenn	1 500 m
Cable, Young, O'Brien, Fitch	4 x 400 m
Albritton, Daniel	high jump
Dunn, Gordon	discus
Clark, Robert	decathlon

London, 1948

Ewell, Henry	100 m, 200 m
Scott, Clyde	110 m hurdles
Delaney, James	shot
Seymour, Stephen	javelin

Helsinki, 1952

Baker, Thane	200 m
Davis, Jack	110 m hurdles
Matson, Cole, Moore, Whitfield	4 x 400 m
Wiesner, Kenneth	high jump
Gourdine, Meredith	long jump
Laz, Donald	pole vault
Miller, William	javelin
Hooper, Darrow	shot
Campbell, Milton	decathlon
McMillen, Robert	1 500 m

Melbourne, 1956

Baker, Walter	100 m
Stanfield, Andrew	200 m

Davis, Jack — 110 m hurdles
Southern, Silas — 400 m hurdles
Bennett, John — long jump
Gutowski, Robert — pole vault
Gordien, Fortune — discus
Nieder, William — shot
Johnson, Rafer — decathlon

Rome, 1960
Sime, David — 100 m
Carney, Lee — 200 m
May, Willie — 110 m hurdles
Cusman, Cliff — 400 m hurdles
Roberson, Irving — long jump
Morris, Robert — pole vault
Babka, Rink — discus
O'Brien, Parry — shot

Tokyo, 1964
Drayton, Otis — 200 m
Lindgren, Harold — 110 m hurdles
Thomas, John — high jump
Boston, Ralph — long jump
Matson, James — shot

Mexico, 1968
James, Larry — 400 m
Ryun, Jim — 1 500 m
Hall, Erving — 110 m hurdles
Caruthers, Edward — high jump
Woods, George — shot

Munich, 1972
Taylor, Robert — 110 m
Black, Larry — 200 m
Collett, Wayne — 400 m
Mann, Ralph — 400 m hurdles
Seagren, Robert — pole vault
Woods, George — shot
Silvester, Jay — discus

Bronze Medals

Athens, 1896
Garrett, Robert — high jump, standing triple jump
Connolly, James — long jump

Paris, 1900
Hall, David — 800 m
Bray, John — 1 500 m
Maloney, Fred — 110 m hurdles
Orton, George (Canadian) — 400 m hurdles
Sheldon, Richard — triple jump, discus, standing high jump
McCracken, Josiah — hammer
Garrett, Robert — shot
Tewksbury, John — 200 m hurdles
Stadler, J. F. — standing triple jump

St. Louis, 1904
Hogenson, William — 100 m, 200 m
Groman, Herman C. — 400 m
Breitkreutz, Emil — 800 m
Hearn, Lacey — 1 500 m
Newton, Albert — marathon, 2 500 m steeplechase
Ashburner, L. — 110 m hurdles
Poage, George — 200 m hurdles, 400 m hurdles

Stangland, Robert — long jump, triple jump
Wilkins, L. — pole vault
Rose, Ralph — hammer
Feuerbach, Leon B. — shot
Moulton, Fay — 60 m
Robertson, Lawson — standing high jump
Biller, John — standing long jump
Mitchell, James — 56 pound shot
National Team III — tug of war
Hare, T. — combined championship

London, 1908
Cartmell, Nathan — 200 m
Forshaw, Joseph — marathon
Shaw, Arthur — 110 m hurdles
Jacobs, C. E. — pole vault
Horr, Varquis — free style discus
Garrels, John — shot
Eisele, Lincoln J. — 3 000 m steeplechase
Sheridan, Martin — standing long jump
Biller, John — standing high jump

Stockholm, 1912
Lippincott, Donald — 100 m
Lindbert, Edward — 400 m
Davenport, Ira — 800 m
Taber, Norman — 1 500 m
Strobino, Gaston — marathon
Hawkins, Martin — 110 m hurdles
Horine, George — high jump
Murphy, F. — pole vault
Duncan, James — free style discus
Childs, Clarence — hammer
Whitney, Lawrence — shot
Adams, Benjamin — standing long jump

Antwerp, 1920
Shields, Lawrence — 1 500 m
Murray, Fred — 110 m hurdles
Desch, August — 400 m hurdles
Myers, Edwin — pole vault
Pope, Augustus — discus
Bennett, Basil — hammer
Liversedge, Harry — shot
Remer, Richard — 3 000 m walk

Paris, 1924
Enck, Schuyler — 800 m
De Mar, Clarence — marathon
Riley, Yvan — 400 m hurdles
Brooker, James — pole vault
Lieb, Thomas — discus
Oberst, Eugene — javelin
Hills, Ralph — shot
Johnson, Earl — 10 000 m cross country
National Team — team 3 000 m
Legendre, Robert — pentathlon

Amsterdam, 1928
Collier, Jack — 110 m hurdles
Taylor, Morgan — 400 m hurdles
Bates, Alfred — long jump
McGinnis, Charles — pole vault
Corson, James — discus
Black, Edmond — hammer
Doherty, Kenneth — decathlon

Los Angeles, 1932
Metcalfe, Ralph — 200 m
Taylor, Morgan — 400 m hurdles
McCluskey, Joseph — 3 000 m steeplechase
Zaremba, Peter — hammer
Jefferson, George — pole vault

Berlin, 1936
Lu Valle, James — 400 m
Pollard, Frederick — 110 m hurdles
Thurber, Delos — high jump
Parker, Jack — decathlon

London, 1948
Whitfield, Melvin — 400 m
Dixon, Craig — 110 m hurdles
Stnaich, George — high jump
Douglas, Herbert — long jump
Richards, Robert — pole vault
Fordien, Fortune — discus
Bennett, Robert — hammer
Fuchs, James — shot
Simmons, Floyd — decathlon

Helsinki, 1952
Gathers, James — 200 m
Matson, Ollie — 400 m
Barnard, Arthur — 110 m hurdles
Dillion, James — discus
Fuchs, James — shot
Simmons, Floyd — decathlon

Melbourne, 1956
Baker, Thane — 200 m
Shankle, Joel — 110 m hurdles
Culbreath, Josiah — 400 m hurdles
Koch, Desmond — discus

Rome, 1960
Jones, Hayes — 110 m hurdles
Howard, Richard — 400 m hurdles
Rhomas, John — high jump
Cochran, Richard — discus
Long, Dallas — shot

Tokyo, 1964
Dellinger, William — 5 000 m
Rambo, John — high jump
Weill, David — discus

Mexico, 1968
Greene, Charles — 100 m
Carlos, John — 200 m
Freeman, Ronald — 400 m
Farrell, Thomas — 800 m
Young, George — 3 000 m steeplechase
Boston, Ralph — long jump
Young, Larry — 50 km walk

Munich, 1972
Hill, Thomas — 110 m hurdles
Young, Larry — 50 km walk
Stones, Dwight — high jump
Johnson, Jan — pole vault
Robinson, Arnie — long jump
Schmidt, William — javelin

Women

Amsterdam, 1928
Robinson, Elizabeth — 100 m

Los Angeles, 1932
Didrikson, Mildred — 80 m hurdles, javelin

Carew, Robers, Furtsch, Von Bremen   4 x 100 m

Shiley, Jean   high jump
Copeland, Lilian   discus

Berlin, 1936
Stephens, Helen   100 m
Bland, Robers, Robinson, Stephens   4 x 100 m

London, 1948
Coachman, Alice   high jump

Helsinki, 1952
Faggs, Jones, Morreau, Hardy   4 x 100 m

Melbourne, 1952
McDaniel, Mildred   high jump

Rome, 1960
Rudolph, Wilma   100 m, 200 m
Hudson, Williams, Jones, Rudolph   4 x 100 m

Tokyo, 1964
Tyus, Wyomia   100 m
McGuire, Edith   200 m

Mexico, 1968
Tyus, Wyomia   100 m
Manning, Madeline   800 m
Ferrell, Bailes, Netter, Tyus   4 x 100 m

Silver Medals

Amsterdam, 1928
Washbrun, Gross, McNeil, Robinson   4 x 100 m
Copeland, Lilian   discus

Los Angeles, 1932
Hall, Evelyn   80 m hurdles
Didrikson, Mildred   high jump
Osburn, Ruth   discus

Melbourne, 1956
White, Willie   long jump

Tokyo, 1964
McGuire, Edith   100 m
White, W., Tyus, White, M., McGuire   4 x 100 m

Mexico, 1968
Ferrell, Barbara   100 m

Munich, 1972
Fergerson, Manning, Toussaint, Hammond   4 x 400 m

Bronze Medals

Amsterdam, 1928
Wiley, Mildred   high jump

Los Angeles, 1932
Von Bremen, Wilhelmina   100 m

London, 1948
Patterson, Audrey   200 m

Melbourne, 1956
Faggs, Matthews, Rudolph, Daniels   4 x 100 m

Rome, 1960
Brown, Earlene   shot

Munich, 1972
Hammond, Kathy   400 m
Schmidt, Kathy   javelin

Rowing

Olympic Champions

Paris, 1900
National Team (Philadelphia)   eights

St. Louis, 1904
Greer, Frank   single sculls
Atlanta Boat Club N.Y.   double sculls
Seawanhaka, C.   coxless pairs
Century, B.C., St. Louis   coxless fours
Vesper B.C., Philadelphia   eights

Antwerp, 1920
Kelly, John   single sculls
Kelly, Costello   double sculls
King, Gallagher, Johnston, Sanborn, Moore, Jordan, Graves, Jacomini, Clark   eights

Paris, 1924
Kelly, Costello   double sculls
Carpentier, Kingsbury, Lindley, Miller, Rockfeller, Sheffield, Spock, Stoddard, Frederick   eights

Amsterdam, 1928
Costello, McIlvaine   double sculls
Stalder, Brinck, Frederick, Thompson, Dally, Workman, Cadwell, Donlon, Blessing   eights

Los Angeles, 1932
Myers, Gilmore   double sculls
Schauers, Kiefer, Jennings   coxed pairs
Salisbury, Blair, Gregg, Dunlap, Jastram, Chandler, Tower, Hall, Graham   eights

Berlin, 1936
Morris, Day, Adam, White, McMillin, Hunt, Rantz, Hume, Moch   eights

London, 1948
Westlund, Martin, Will, Giov Anelli, Morgan   coxed fours

Turner, J., Turner, D., Hardy, Ahlgreen, Butler, Brown, Smith, Stack, Purchase   eights

Helsinki, 1952
Logg, Price   coxless pairs
Shakespeage, Fields, Dunbar, Murphy, Detweiler, Proctor, Frye, Stevens, Manring   eights

Melbourne, 1956
Fifer, Hecht   coxless pairs
Ayrault, Findlay, Seiffert   coxed pairs
Beer, Charlton, Cooke, Esselstyn, Grimes, Morey, Wailes, Wight, Becklean   eights

Rome, 1960
Ayrault, Nash, Sayre, Wailes   coxless fours

Tokyo, 1964
Ferry, Finlay, Mitchell   coxed pairs
Amlong, J., Amlong, T., Budd, Clark, Cwklinski, Knecht, Zimony, Foley, Stowe   eights

Silver Medals

St. Louis, 1904
Juvenal, James   single sculls
Ravenswood B.C., Long Island   double sculls
Atlanta B.C.   coxless pairs
Western R.C.   coxless fours

Antwerp, 1920
Myers, Klause, Federschmidt, F., Federschmidt, H., Clark   coxed fours

Paris, 1924
Garret-Gilmore, W.   single sculls

Amsterdam, 1928
Myers, Kenneth   single sculls
Karle, Miller, Heales, Ayer   coxless fours

Los Angeles, 1932
Miller, William   single sculls

Melbourne, 1956
Costello, Gardiner   double sculls
McIntosh, McKinlay, A., McKinlay, J., Welchli   coxless fours

Tokyo, 1964
Cromwell, Storm   double sculls

Mexico, 1968
Hough, Johnson   coxless pairs

Munich, 1972
Terry, Raymond,   eights

Mickelson, Clapp,
Hobbs,W., Hobbs,F.,
Livingston, C.,
Livingston, M.,
Hoffman

Bronze Medals

St. Louis, 1904
Titus, Constance	single sculls
Independant R.C., New Orleans	double sculls, coxless fours
Western R.C.	coxless pairs

Paris, 1924
Butler, Wilson, Jennings	coxed pairs
Welsford, Jelinke, Mitchell, Gerhardt, Kennedy	coxed fours

Amsterdam, 1928
McDowell, Schmitt	coxless pairs

Berlin, 1936
Barrow, Daniel	single sculls

London, 1948
Kingsbury, Griffing, Gates, Peew	coxless fours

Helsinki, 1952
Lovested, Ulbrickson, Wahlstrom, Leanderson, Rossi	coxed fours

Melbourne, 1956
Kelly, John Jr.	single sculls

Rome, 1960
Draeger, Findlay, Mitchell	coxed pairs

Tokyo, 1964
Piccard, Lyon, Mittet, Nash	coxless fours

Mexico, 1968
Nunn, Maher	double sculls

Basketball

Olympic Champions

Berlin, 1936
Balter, Gibbons, Lubin, Mollner, Piper,
Swanson, Johnson, Knowles,
Fortenberry, Wheatly, Ragland, Bishop,
Shy, Schmidt

London, 1948
Barker, Barksdale, Beard, Beck, Borla,
Carpenter, Groza, Jones, Kurland,
Lumpp, Pitts, Renick, Robinson,
Rollins

Helsinki, 1952
Hoag, Hougland, Kelley, Kenney,
Lovelette, Frieberger, Glasgow,
Maccabe, Pipinn, Williams, Bontemps,
Kurland, Lienhard, Keller

Melbourne, 1956
Jones, Haldorson, Cain, Ford,
Boushka, Walsh, Darling, Evans,
Houland, Jangerard, Russel, Tomsic

Rome, 1960
Dischinger, West, Lucas, Robertson,
Lane, Haldorson, Boozer, Imhoff,
Arnette, Kelley, Smith, Bellamy

Tokyo, 1964
Barnes, Bradley, Brown, Caldwell,
Counts, Davies, Hazzard, Jackson,
McCaffrey, Mullins, Shipp, Wilson

Mexico, 1968
Clawson, Spain, White, Barrett,
Haywood, Scoot, Hosket, Fowler,
Silliman, Saulters, King, Dee

Silver Medals

Munich, 1972
Davis, Collins, Henderson, Bantom,
Jones, R., Jones, D., Forbes, Brewer,
Burleson, McMillen, Joyce, Ratleff, Iba

Boxing

Olympic Champions

St. Louis, 1904
Finnegan, George	flyweight
O'Kirk, L.	bantam, featherweight
Spanger, Harry L.	lightweight
Young, Albert	welterweight
Mayer, Charles	middleweight
Berger, Samuel	heavyweight

Antwerp, 1920
De Genaro, Frank	flyweight
Mosberg, Samuel	lightweight
Eagan, Edwards	lightheavy weight

Paris, 1924
La Barba, Fidel	flyweight
Fields, Jackie	featherweight

Los Angeles, 1932
Flynn, Edward	welterweight
Barth, Carmen	middleweight

Helsinki, 1952
Brooks, Nathan	flyweight
Adkins, Charles	super lightweight
Patterson, Floyd	middleweight
Lee, Norvel	light heavyweight
Sanders, Edward	heavyweight

Melbourne, 1956
Boyd, James	light heavy weight
Rademacher, Peter	heavyweight

Rome, 1960
McClure, Wilbert	light middleweight
Crook, Edward	middleweight
Clay, Cassius	light heavyweight

Tokyo, 1964
Frazier, Joseph	heavyweight

Mexico, 1968
Harris, Ronnie	lightweight
Foreman, George	heavyweight

Munich, 1972
Seales, Ray	light welterweight

Silver Medals

St. Louis, 1904
Burke, Miles	flyweight
Finnegan, George	bantamweight
Haller, Frank	featherweight
Eagen, James	lightweight
Spanger, Harry J.	welterweight
Spradley, Benjamin	middleweight
Mayer, Charles	heavyweight

Paris, 1924
Tripoli, Salvatore	bantamweight
Salas, Joseph	featherweight

Amsterdam, 1928
Daley, John	bantamweight
Halaiko, Stephen	lightweight

Berlin, 1936
Wilson, Jack	bantamweight

London, 1948
Herring, Horace	welterweight

Melbourne, 1956
Torres, José	light middleweight

Mexico, 1968
Robinson, Albert	featherweight

Bronze Medals

St. Louis, 1904
Van Horn, Russell	lightweight
Lydon, Joseph	welterweight
Fee, Raymond	flyweight

Antwerp, 1920
Colberg, Frederick	welterweight

Paris, 1924
Boylstein, Frederick	lightweight

Amsterdam, 1928
Devine, Harold	featherweight

Los Angeles, 1932
Salica, Louis	flyweight
Bor, Nathan	lightweight
Feary, Frederick	heavyweight

Berlin, 1936
Laurie, Louis	flyweight

Rome, 1960
Daniels, Quincey	light middleweight

Tokyo, 1964
Carmody, Robert	flyweight
Brown, Charles	featherweight
Harris, Ronald	lightweight

Mexico, 1968
Marbley, Harlan	light flyweight
Baldwin, John	light middleweight
Wallington, James	lightweight
Jones, Alfred	middleweight

Munich, 1972
Carreras, Ricardo	bantamweight
Valdes, Jesse	welterweight
Johnson, Marvin	middleweight

Canoeing

Men

Olympic Champions

Helsinki, 1952

Havens, Frank	Canadian singles, 10 000 m

Silver Medals

London, 1948

Lysak, MacKnowsky	Canadian pairs, 1 000 m, 10 000 m
Havens, Frank	Canadian singles, 10 000 m

Bronze Medals

Berlin, 1936

Riedel, Ernest	kayak singles, 10 000 m

Munich, 1972

McEwan, Jamie	Canadian singles, slaloms

Women

Bronze Medals

Tokyo, 1964

Jones, Marcia	kayak singles
Fox, Perrier	kayak pairs

Lacrosse

Olympic Champions

London, 1948

National Team

Cycling

Olympic Champions

Paris, 1900

National Team	1 500 m team pursuit

St. Louis, 1904

Hurley, M.	¼ mile, ⅓ mile, ½ mile, 1 mile
Downing, G.	2 miles, 25 miles
Schlee	5 miles

Silver Medals

St. Louis, 1904

Downing, B.	¼ mile, ⅓ mile, ½ mile, 1 mile
Goerke, O.	2 miles
Willey, G.	5 miles
Andrews, A.	25 miles

Bronze Medals

St. Louis, 1904

Billington, E.	¼ mile, ⅓ mile, ½ mile, 1 mile
Hurley, M.	2 miles
Andrews, A.	5 miles
Wiley, G.	25 miles

Stockholm, 1912

Schute, Carl	individual road race

Schute, Loftes, Krushel, Martin	team road race

Fencing

Men

Olympic Champions

St. Louis, 1904

Fox, A.	junior foil

Silver Medals

St. Louis, 1904

Grebe, William	individual sabre
Carstens, T.	junior foil

Los Angeles, 1932

Levis, Joseph	individual foil

Bronze Medals

St. Louis, 1904

Holroyde, A.	junior foil

Antwerp, 1920

National Team	team foil

Amsterdam, 1928

Calnan, George	individual épée

Los Angeles, 1932

National Team	team foil
National Team	team épée

London, 1948

Armitage, Worth, Nyilas, Cetrulo, De Capriles, Flynn	team sabre

Rome, 1960

Axelrod, Albert	individual foil

Backsword fencing

Silver Medal

St. Louis, 1904

Grebe, W.

Bronze Medal

Scott, O'Connor

Football

Silver Medal

St. Louis, 1904

National Team

Golf

Men

Olympic Champions

Paris, 1900

Sands, Charles

Women

Olympic Champions

Paris, 1900

Abbot, Margaret

Gymnastics

Men

Olympic Champions

St. Louis, 1904

Heida, Anton	lengthwise horse vault, side horse, horizontal bar, 7 apparatus competition
Glass, Herman	rings
Eyser, George	parallel bars, manual suspension
Henning, Edward A.	Indian clubs
Emmerich, Max	3 exercise competition
Lenhardt, Julius	6 exercise competition
National Team I	6 exercise competition

Paris, 1924

Kriz, Frank	lengthwise horse vault

Los Angeles, 1932

Gulak, George	rings
Bixler, Dallas	horizontal bar
Roth, George	Indian clubs
Bass, Raymond	climbing
Wolfe, Rowand	acrobatic jumping
National Team	team floor exercises

Silver Medals

St. Louis, 1904

Eyser, George	lengthwise horse vault, side horse 7 apparatus competition rings
Merz, William	rings
Heida, Anton	parallel bars
Voigt, Emile	Indian clubs
Krause, Charles	manual suspension
Grieb, John	3 exercise competition
National Team II	6 exercise competition
Henning, Edward	horizontal bar

Los Angeles, 1932

Jochim, Alfred	lengthwise horse vault
Denton, William	rings
Ehrenberg, Philip	Indian clubs
Calgraith, William	climbing
Gross, Edward	acrobatic tumbling
National Team	team free exercise

Bronze Medals

St. Louis, 1904

Merz, William	lengthwise horse vault, side horse, 7 apparatus competition 3 exercise competition

Voigt, Emile	rings,
	manual
	suspension
Duha, John	parallel bars
Eyser, George	horizontal bar
Wilson, Ralph	Indian clubs
Mayer, G.	3 exercise
	competition
National Team III	6 exercise
	competition

Los Angeles, 1932

Carmichael,	lengthwise horse
Edward	vault
Huabold, Frank	side horse
Kuhlemeier,	Indian clubs
William	
Connelly, Thomas	climbing
Hermann, William	tumbling

Women

Bronze Medals

London, 1948

Schifano, Schroth,	team
Elste, Barone,	classification
Bakanic, Lenz,	
Simonis, Dalton	

Weightlifting

Olympic Champions

St. Louis, 1904

Osthoff, Otto	heavyweight

Berlin, 1936

Terlazzo, Anthony	bantamweight

London, 1948

Di Pietro, Joseph	bantamweight
Spellman, Frank	middleweight
Stanczyk, Stanley	light heavyweight
Davis, John	heavyweight

Helsinki, 1952

Kono, Thomas	lightweight
George, Peter	middleweight
Schemansky,	heavyweight
Norbert	

Melbourne, 1956

Vinci, Charles	bantamweight
Berger, Isaac	featherweight
Kono, Thomas	light heavyweight
Anderson, Paul	heavyweight

Rome, 1960

Vinci, Charles	bantamweight

Silver Medals

St. Louis, 1904

Winters, Frederic	heavyweight
Osthoff, Otto	one arm lift

London, 1948

George, Peter	middleweight
Sakata, Harold	light heavyweight
Schemansky,	heavyweight
Norbert	

Helsinki, 1952

Stanczyk, Stanley	light heavyweight

Melbourne, 1956

George, Peter	middleweight
Sheppard, Dan	middle
	heavyweight

Rome, 1960

Berger, Isaac	featherweight
Kono, Thomas	middleweight
George, James	light heavyweight
Bradford, James	heavyweight

Tokyo, 1964

Berger, Isaac	featherweight

Bronze Medals

St. Louis, 1904

Kungler, Frank	heavyweight
	one arm lift

Los Angeles, 1932

Terlazzo, Anthony	featherweight
Duey, Henry	light heavyweight

London, 1948

Tom, Robert	bantamweight

Melbourne, 1956

George, James	light heavyweight

Rome, 1960

Schemansky,	heavyweight
Norbert	

Tokyo, 1964

Schemansky,	heavyweight
Norbert	

Mexico, 1968

Dube, Joseph	heavyweight

Hockey

Bronze Medal

Los Angeles, 1932

National Team

Judo

Bronze Medal

Tokyo, 1964

Bregman, James	middleweight

Free style wrestling

Olympic Champions

St. Louis, 1904

Curry, Robert	flyweight
Mehnert, George	bantamweight
Niflot, Isaac	featherweight
Bradshaw,	lightweight
Benjamin H.	
Roem, Otto F.	welterweight
Erickson, Charles	light heavyweight
Hansen, B.	heavyweight

London, 1908

Mehnert, George	bantamweight
Dole, George	featherweight

Antwerp, 1920

Ackerly, Charles	featherweight

Paris, 1924

Reid, Robin	featherweight
Vis, Russel	lightweight

Spellman, John	light heavyweight
Steele, Harry	heavyweight

Amsterdam, 1928

Morrisson, Allie	featherweight

Los Angeles, 1932

Pearce, Robert	bantamweight
Van Bebber, Jack	welterweight
Henringer, Peter	light heavyweight

Berlin, 1936

Lewis, Frank	welterweight

London, 1948

Brand, Glenn	middleweight
Wittenberg, Henry	light heavyweight

Helsinki, 1952

Smith, William	welterweight

Rome, 1960

McCann, Terry	bantamweight
Wilson, Shelby	lightweight
Blubaugh,	welterweight
Douglas	

Munich, 1972

Gable, Dan	68 kg
Wells, Wayne	74 kg
Peterson, Ben	90 kg

Silver Medals

St. Louis, 1904

Heim, John	fly weight
Bauers, Gustave	bantamweight
Wester, August	featherweight
McLeer, Theodore	lightweight
Tesing, R.	welterweight
Beckmann,	light heavyweight
William	
Kungler, Frank	heavyweight

Antwerp, 1920

Gerson, Samuel	featherweight
Pendleton, Nathan	heavyweight

Paris, 1924

Newton, Chester	featherweight

Amsterdam, 1928

Appleton, Lloyd	welterweight

Los Angeles, 1932

Nemir, Edgar	featherweight
Riley, John	heavyweight

Berlin, 1936

Flood, Ross	bantamweight
Millard, Francis	featherweight
Viliva, Richard	middleweight

London, 1948

Leeman, Gerald	bantamweight

Helsinki, 1952

Evans, Thomas	lightweight
Wittenberg, Henry	light heavyweight

Melbourne, 1956

Hodge, Daniel	middleweight

Mexico, 1968

Sanders, Richard	fly weight
Behm, Donald	bantamweight

Munich, 1972

Sanders, Richard — 57 kg
Peterson, John — 82 kg

Bronze Medals

St. Louis, 1904

Thiefenthaler, Gustav — flyweight
Nelson, William — bantamweight
Strebler, Z. P. — featherweight
Clapper, Charles E. — lightweight
Zukel, G. — middleweight
Winholtz, J. — light heavyweight
Warmbold, F. C. — heavyweight

Antwerp, 1920

Johnson, Charles — middleweight
Maurer, Walter — light heavyweight
Meyer, Frederick — heavyweight

Paris, 1924

Hines, Bryan — flyweight

London, 1948

Mervill, Leland — welterweight

Helsinki, 1952

Henson, Josiah — featherweight

Melbourne, 1956

Blair, Peter — light heavyweight

Tokyo, 1964

Brand, Daniel — middleweight

Munich, 1972

Taylor, Chris — 100 kg and over

Swimming
Diving
Water Polo

Men

Olympic Champions

St. Louis, 1904

Daniels, Charles — 220 yards free style, 440 yards free style
Sheldom, G. E. — tower diving
New York A.C. — water polo
Dickey, W. E. — underwater swim
National Team I — 4 x 50 yards free style

London, 1908

Daniels, Charles — 100 m free style

Stockholm, 1912

Kahanamoku, Duke — 100 m free style
Hebner, Harry — 100 m backstroke

Antwerp, 1920

Kahanamoku, Duke — 100 m free style
Ross, Norman — 400 m free style, 1 500 m
Kealoha, Warren — 100 m backstroke
McGillivray, Kealoha, Ross, Kahanamoku — 4 x 200 m
Kuehn, Louis — springboard diving
Pinkston, Clarence — acrobatic diving

Paris, 1924

Weissmuller, John — 100 m, 400 m free style
Kealoha, Warren — 100 m backstroke
Skelton, Robert — 200 m breaststroke
O'Connor, Clancy, Breyer, Weissmuller — 4 x 200 m
White, Albert — springboard diving, acrobatic diving

Amsterdam, 1928

Weissmuller, John — 100 m free style
Kojac, George — 100 m backstroke
Clapp, Laufer, Kojac, Weissmuller — 4 x 200 m
Desjardins, Peter — springboard and tower diving

Los Angeles, 1932

Crabbe, Clarence — 400 m free style
Galitzen, Michael — springboard diving
Smith, Harold — tower diving

Berlin, 1936

Medica, Jack — 400 m free style
Kieffer, Adolf — 100 m backstroke
Degener, Richard — springboard diving
Wayne, Marshall — tower diving

London, 1948

Ris, Walter — 100 m free style
Smith, William — 400 m free style
Stack, Allen — 100 m backstroke
Verdeur, Joe — 200 m breaststroke
Ris, Wolf, McLane, Smith — 4 x 200 m
Harlan, Bruce — springboard diving
Lee, Samuel — tower diving
McLane, Jimmy — 1 500 m

Helsinki, 1952

Scholes, Charles — 100 m free style
Konno, Ford — 1 500 m
Oyakawa, Yoshinobu — 100 m backstroke
Moore, Woolsey, Konno, McLane — 4 x 200 m
Browning, Daniel — springboard diving
Lee, Samuel — tower diving

Melbourne, 1956

Yorsik, William — 200 m butterfly
Clotworthy, Robert — springboard diving

Rome, 1960

Mulliken, William — 200 m breaststroke
Troy, Michael — 200 m butterfly
Harrison, Blick, Troy, Farell — 4 x 200 m
McKinney, Halt, Larson, Farell — 4 x 100 m medley
Tobian, Gary — springboard diving
Webster, Robert — tower diving

Tokyo, 1964

Schollander, Donald — 100 m free style, 400 m free style
Graef, Jed Richard — 200 m backstroke
Roth, Richard — 400 m individual medley

Clark, Ustin, Ilman, Schollander — 4 x 100 m free style
Clark, Saari, Ilman, Schollander — 4 x 200 m free style
Mann, Craig, Schmidt, Clark — 4 x 100 m medley
Sitzberger, Kenneth — springboard diving
Webster, Robert — tower diving

Mexico, 1968

Burton, Michael — 400 m free style, 1 500 m free style
Russell, Douglas — 100 m butterfly
Robbie, Carl — 200 m butterfly
McKenzie, Donald — 100 m breaststroke
Hickcox, Charles — 200 m, 400 m individual medley
Wrightson, Bernard — springboard diving
Zorn, Rerych, Spitz, Walsh — 4 x 100 m free style
Nelson, Rerych, Spitz, Schollander — 4 x 200 m free style
Hickcox, McKenzie, Russel, Walsh — 4 x 100 m medley

Munich, 1972

Spitz, Mark — 100 m, 200 m free style, 100 m, 200 m butterfly
Demont — 400 m free style
Burton, Michael — 1 500 m
Hencken, John — 200 m breaststroke
Edgar, Murphy, Heidenreich, Spitz — 4 x 100 m free style
Kinsella, Tyler, Gener, Spitz — 4 x 200 m free style
Stamm, Bruce, Spitz, Heidenreich — 4 x 100 m medley

Silver Medals

Athens, 1896

Williams, Gardrez — 100 m free style

St. Louis, 1904

Daniels, Charles — 100 yards free style, 220 yards free style, 440 yards free style, ½ mile free style
Chicago A.C. — water polo
Leary, Scott — 50 yards free style
Adams, Edgar H. — underwater swim
National Team II — 4 x 50 yards free style

Stockholm, 1912

National Team — 4 x 200 m free style

Antwerp, 1920

Kealoha, Warren — 100 m free style
Langer, Ludi — 400 m free style
Kegeris, Ray — 100 m backstroke
Pinkston, Clarence — springboard diving

Paris, 1924

Kahanamoku, Duke — 100 m free style

305

Wyatt, Paul — 100 m backstroke
Desjardins, Peter — springboard diving
Fall, David — acrobatic diving

Amsterdam, 1928
Laufer, Walter — 100 m backstroke
Galitzen, Michael — springboard diving

Los Angeles, 1932
National Team — 4 x 200 m free style
Smith, Harold — springboard diving
Galitzen, Michael — tower diving

Berlin, 1936
Medica, Jack — 1 500 m
Van De Weghe, Albert — 100 m backstroke / 4 x 200 m
National Team
Wayne, Marshall — springboard diving
Root, Albert — tower diving

London, 1948
Ford, Alan — 100 m free style
McLane, Jimmy — 400 m free style, 1 500 m
Cowell, Robert — 100 m backstroke
Carter, Keith — 100 m backstroke
Anderson, Miller — springboard diving
Harlan, Bruce — tower diving

Helsinki, 1952
Konno, Ford — 400 m free style
Stassforth, Bowen — 200 m breaststroke
Anderson, Miller — springboard diving

Melbourne, 1956
Hanley, Breen, Woolsey, Konno — 4 x 200 m free style
Harper, Donald — springboard diving
Tobian, Gary — tower diving

Rome, 1960
Larson, Lance — 100 m free style
McKinney, Frank — 100 m backstroke
Hall, Samuel — springboard diving
Tobian, Gary — tower diving

Tokyo, 1964
Nelson, John Mauer — 1 500 m
Dilley, Gray — 200 m backstroke
Robbie, Carl — 200 m butterfly
Saari, Roy — 400 m individual medley
Gorman, Francis — springboard diving

Mexico, 1968
Walsh, Kenneth — 100 m free style
Schollander, Donald — 200 m free style
Kinsella, John — 1 500 m
Spitz, Mark — 100 m butterfly
Hickcox, Charles — 100 m backstroke
Ivey, Mitchell — 200 m backstroke
Buckingham, Gregory — 200 m individual medley
Hall, Gary — 400 m individual medley

Munich, 1972
Heidenreich, Jerry — 100 m free style
Genter, Steven — 200 m free style
Stamm, Mike — 100 m backstroke, 200 m backstroke
Bruce, Tom — 100 m breaststroke

Hall, Gary — 200 m butterfly
McKee, Tim — 200 m individual medley, 400 m individual medley
Rydze, Richard — tower diving

Bronze Medals

St. Louis, 1904
Leary, Scott — 100 yards free style
Kehoe, Frank — tower diving
Missouri A.C. — water polo
Daniels, Charles — 50 yards free style
Handy, Jamison — ¼ mile breaststroke
Gailey, Francis — 1 mile free style
Goodwin, Budd — underwater race
National Team III — 4 x 50 yards free style

London, 1908
National Team — 4 x 200 m free style
Gaidsik, George — springboard diving

Stockholm, 1912
Huszagh, Kenneth — 100 m free style

Antwerp, 1920
Harris, William — 100 m free style
Balbach, Louis — springboard diving
Priest, Harry — acrobatic diving

Paris, 1924
Kahanamoku, Samuel — 100 m free style
Kirschbaum, William — 200 m breaststroke
Pinkston, Clarence — springboard diving / acrobatic diving
National Team — water polo

Amsterdam, 1928
Crabbe, Clarence — 1 500 m
Wyatt, Paul — 100 m backstroke
Galitzen, Michael — tower diving

Los Angeles, 1932
Schwartz, Albert — 100 m free style
Christy, James — 1 400 m
Degener, Richard — springboard diving
Kurt, Frank — tower diving
National Team — water polo

Berlin, 1936
Green, Al — springboard diving

London, 1948
Sohl, Robert — 200 m breaststroke
Lee, Samuel — springboard diving

Helsinki, 1952
Taylor, Jack — 100 m backstroke
Clotworthy, Robert — springboard diving

Melbourne, 1956
Breen, George — 400 m, 1 500 m
McKinney, Frank — 100 m backstroke
Connor, Richard — tower diving

Rome, 1960
Breen, George — 1 500 m
Bennett, Robert — 100 m backstroke
Gillanders, Dave — 200 m butterfly

Tokyo, 1964
Jastremski, Charles — 200 m breaststroke
Bennet, Robert — 200 m backstroke
Schmidt, Fred — 200 m butterfly
Andreasen, Larry — springboard diving
Gompf, Thomas — tower diving

Mexico, 1968
Spitz, Mark — 100 m free style
Nelson, John — 200 m free style
Wales, Ross — 100 m butterfly
Ferris, John — 200 m butterfly, 200 m individual medley
Mills, Ronnie — 100 m backstroke
Horsley, Jack — 200 m backstroke
Job, Brian — 200 m breaststroke
Henry, James — springboard diving
Young, Edwin — tower diving

Munich, 1972
Genter, Steven — 400 m free style
Northway, Douglas — 1 500 m
Murphy, John — 100 m backstroke
Ivey, Mitchell — 200 m backstroke
Hencken, John — 100 m breaststroke
Heidenreich, Jerry — 100 m butterfly
Backhaus, Robin — 200 m butterfly
Furniss, Steven — 200 m individual medley
Lincoln, Craig — springboard diving
Slatton-Cole, Webb, Weitzenberg, Sheerer, Bradley, Asch, Ferguson, Barnett, Parker, Lindroth — water polo

Women

Olympic Champions

Antwerp, 1920
Bleibtrey, Ethelda — 100 m butterfly, 400 m free style
Bleibtrey, Schroth, Guest, Woodbridge — 4 x 100 m free style
Riggin, Aileen — springboard diving

Paris, 1924
Lackie, Ethel — 100 m free style
Norelius, Martha — 400 m free style
Bauer, Sybil — 100 m backstroke
Ederle, Wehselau, Lackie, Donelly — 4 x 100 m
Becker, Elizabeth — springboard diving
Smith, Carolyn — tower diving

Amsterdam, 1928
Osipovich, Albina — 100 m free style
Norelius, Martha — 400 m free style
Lambert, Osipovich, Garatti, Norelius — 4 x 100 m
Meany, Helen — springboard diving
Pinkston, Betty — tower diving

Los Angeles, 1932
Madison, Helen — 100 m free style, 400 m free style
Holm, Eleanor — 100 m backstroke
McKim, John, Faratti, Madison — 4 x 100 m free style

| Coleman, Georgia | springboard diving |
| Poynton, Dorothy | tower diving |

Berlin, 1936

| Gestring, Marjorie | springboard diving |
| Poynton-Hill, Dorothy | tower diving |

London, 1948

Curtis, Ann	400 m free style
Corridon, Kalama, Helser, Curtis	4 x 100 m free style
Draves, Vicky	springboard diving, tower diving

Helsinki, 1952

| McCormick, Patricia | springboard diving, tower diving |

Melbourne, 1956

| Mann, Shelley | 100 m butterfly |
| McCormick, Patricia | springboard diving, tower diving |

Rome, 1960

Von Saltza, Chris	400 m free style
Burke, Lynn	100 m backstroke
Schuler, Carolyn	100 m butterfly
Spillane, Stobs, Wood, Von Saltza	4 x 100 m free style
Burke, Kempber, Schuler, Von Saltza	4 x 100 m medley

Tokyo, 1964

Duenkel, Virginia	400 m free style
Ferguson, Cathy	100 m backstroke
Stouder, Sharon	100 m butterfly
De Varona, Donna	400 m individual medley
Stouder, De Varona, Watson, Ellis	4 x 100 m free style
Fergusson, Goyette, Stouder, Ellis	4 x 100 m medley
Bush, Lesley-Leigh	tower diving

Mexico, 1968

Henne, Jan	100 m free style
Meyer, Debbie	200 m free style, 400 m free style, 800 m free style
Hall, Kaye	100 m backstroke
Watson, Pokey	200 m backstroke
Wichman, Sharon	200 m breaststroke
Kolb, Claudia	200 m individual medley, 400 m individual medley
Barkman, Gustavson, Pedersen, Henne	4 x 100 m free style
Hall, Ball, Daniel, Pedersen	4 x 100 m medley
Gossick, Sue	springboard diving

Munich, 1972

Neilson, Sandra	100 m free style
Rothhammer, Keena	800 m free style
Belot, Melissa	100 m backstroke, 200 m backstroke
Carr, Catherine	100 m breaststroke
Moe, Karen	200 m butterfly
Neilson, Kemp, Barkman, Babashoff	4 x 100 m free style
Belote, Carr, Dearduff, Neilson	4 x 100 m medley
King, Micki	springboard diving

Silver Medals

Antwerp, 1920

Guest, Irene	100 m free style
Woodbridge, Margaret	400 m free style
Wainwright, Helen	springboard diving

Paris, 1924

Wehselau, Mariechen	100 m free style
Wainwright, Helen	400 m free style
Geraghty, Agnes	200 m breaststroke
Riggin, Aileen	springboard diving
Becker, Elizabeth	tower diving

Amsterdam, 1928

Garatti, Eleonora	100 m free style
Poynton, Dorothy	springboard diving
Coleman, Georgia	tower diving

Los Angeles, 1932

Kight, Leonor	400 m free style
Rawls, Catherine	springboard diving
Coleman, Georgia	tower diving

Berlin, 1936

| Rawls, Catherine | springboard diving |
| Dunn, Velma | tower diving |

London, 1948

Curtis, Ann	100 m free style
Zimmerman, Suzanne	100 m backstroke
Olsen, Zoe	springboard diving
Elsener, Patricia	tower diving

Helsinki, 1952

| Myers, Paula | tower diving |

Melbourne, 1956

Cone, Carin	100 m backstroke
Ramey, Nancy	100 m butterfly
Ruuska, Mann, Simons, Eosazza	4 x 100 m free style
Stunyo, Jean	springboard diving
Irwin, Juno	tower diving

Rome, 1960

| Von Saltza, Chris | 100 m free style |
| Pope Myers, Paula | tower diving, springboard diving |

Tokyo, 1964

Stouder, Sharon	100 m free style
Ramenofsky, Marily	400 m free style
Finneran, Sharon	400 m individual medley
Kolb, Claudia	200 m breaststroke
Collier, Jeanne	springboard diving

Mexico, 1968

Pedersen, Susan	100 m free style
Henne, Jan	200 m free style
Gustavson, Linda	400 m free style
Kruse, Pamela	800 m free style
Daniel, Ellie	100 m butterfly
Pedersen, Susan	200 m individual medley
Vidali, Lynn	400 m individual medley

Munich, 1972

Babashoff, Shirley	100 m free style, 200 m free style
Atwood, Susie	200 m backstroke
Schoenfield, Dana	200 m breaststroke
Colella, Lynn	200 m butterfly

Bronze Medals

Antwerp, 1920

| Schroth, Frances | 100 m free style, 400 m free style |
| Payne, Thelma | springboard diving |

Paris, 1924

Ederle, Gertrude	100 m free style, 400 m free style
Riggin, Aileen	100 m backstroke
Fletcher, Carolyn	springboard diving

Amsterdam, 1928

| McKim, Josephine | 400 m free style |
| Coleman, Georgia | springboard diving |

Los Angeles, 1932

Garatti-Saville, Eleonore	100 m free style
Fauntz, Jame	springboard diving
Roper, Marion	tower diving

Berlin, 1936

Wingard, Leonor	100 m free style
Bridges, Alice	100 m backstroke
National Team	4 x 100 m free style
Poynton-Hill Dorothy	springboard diving

London, 1948

| Elsener, Patricia | springboard diving |

Helsinki, 1952

Kawamoto, Evelyn	400 m free style
Lavine, Stephan, Alderson, Kawamoto	4 x 100 m free style
Olsen-Jensen, Zoe	springboard diving
Irwin, Juno	tower diving

Melbourne, 1956

Ruuska, Sylvia	400 m free style
Sears, Mary-Jane	100 m butterfly
Myers, Paula	tower diving

Tokyo, 1964

Ellis, Kathleen	100 m free style
Stickles, Terri Lee	400 m free style
Duenkel, Virginia	100 m backstroke
Ellis, Kathleen	100 m butterfly
Randall, Martha	400 m individual medley
Willard, Mary	springboard diving

Mexico, 1968

Gustavson, Linda	100 m free style
Barkman, Jane	200 m free style
Swagerty, Jane	100 m backstroke
Hall, Kaye	200 m backstroke
Shields, Susie	100 m butterfly
Daniel, Ellie	200 m butterfly
Wichman, Sharon	100 m breaststroke
Henne, Jan	200 m individual medley

| O'Sullivan, Keala | springboard diving |
| Peterson, Ann | tower diving |

Munich, 1972
Rothhammer, Keena	200 m free style
Atwood, Susie	100 m backstroke
Daniel, Ellie	200 m butterfly
Vidali, Lynn	200 m individual medley

Tennis

Olympic Champions

London, 1908
Jay-Gould

Modern Pentathlon

Silver Medals

Berlin, 1936
Leonard, Charles

London, 1948
Moore, George

Melbourne, 1956
| Lambert, Andre, Daniels | team classification |

Tokyo, 1964
| Moore, Kirkwood, Pesthy | team classification |

Bronze Medals

Los Angeles, 1932
Mayo, Richard

Rome, 1960
| Beck, Daniels, Lambert | team classification |
| Beck, Robert | |

Rugby

Olympic Champions

Antwerp, 1920
National Team

Paris, 1924
National Team

Equestrian Sports

Olympic Champions

Los Angeles, 1932
| Thompson, Chamberlin, Argo | team three day event |

London, 1948
| Henry, Anderson, Thomson | team three day event |

Mexico, 1968
| Steinkraus, William | individual jumping |

Silver Medals

Los Angeles, 1932
| Chamberlin, Harry | individual jumping |
| Thomson, Earl | three day event |

Berlin, 1936
| Thomson, Earl | three day event |

London, 1948
| Borg, Thomson, Henry | team dressage |
| Henry, Frank | three day event |

Rome, 1960
| Chapot, Steinkraus, Morris | team jumping |

Tokyo, 1964
| Page, Freeman, Plumb | team three day event |

Mexico, 1968
| Wofford, Page, Plumb | team three day event |

Munich, 1972
| Freeman, Plumb, Davidson, Wofford | team three day event |
| Steinkraus, Shapiro, Kusner, Chapot | team jumping |

Bronze Medals

Stockholm, 1912
| Lear, Montgomery, Henry | team military event |

Paris, 1924
| Doak, Sloan | three day event |

Los Angeles, 1932
| Tuttle, Hiram | individual dressage |
| Tuttle, Kitts, Moore | team dressage |

Helsinki, 1952
| MacCashin, Russel, Steinkraus | team jumping |
| Hough, Staley, Wofford | team three day event |

Mexico, 1968
| Page, Michael | individual three day event |

Munich, 1972
| Shapiro, Neal | individual jumping |

Lawn Tennis

Men

Olympic Champions

St. Louis, 1904
| Wright, Beals | singles |
| Leonard, Wright | doubles |

Paris, 1924
| Richards, Vincent | singles |
| Richards, Hunter | doubles |

Silver Medals

St. Louis, 1904
| Leroy, Robert | singles |
| Leroy, Bell | doubles |

Women

Olympic Champions

Paris, 1924
| Will, Helen | singles |
| Will, Wightman | doubles |

Mixed Doubles

Olympic Champions

Paris, 1924
Wightman, Williams

Silver Medal

Paris, 1924
Jessup, Richards

Shooting

Olympic Champions

Athens, 1896
| Paine, Sommer | automatic pistol |

Paris, 1900
Winans, Walter	moving deer – double barrelled
Helgerald, A.	army rifle – 300 m
Millner, J.	army rifle – 200, 500, 800, 900, and 1 000 yards

London, 1908
| Winans, Walter | moving deer – double barrelled |

Stockholm, 1912
Lane, Alfred	automatic pistol, dueling pistol
Hird, Frederick	smallbore rifle
Graham, James	Olympic trap
National Team	Olympic trap
National Team	revolver

Antwerp, 1920
Arie, Mark	Olympic trap
Osburn, Carl	free arm
Nuesslein, Lawrence	smallbore rifle
National Team	Olympic trap
Frederick, Carl	dueling pistol
National Team	dueling pistol (team), team revolver, team smallbore rifle, army rifle

Paris, 1924
Bailey, Hn. N.	automatic pistol
Fisher, Morris	free arm
National Team	team dueling pistol, team army rifle, team Olympic trap
Boles, John	moving deer

London, 1948
| Cook, Arthur | smallbore rifle |

Helsinki, 1952
| Benner, Huelet | automatic pistol |

Rome, 1960
| McMillan, William | automatic pistol |

Tokyo, 1964
Anderson, Gary — free arm
Wigger, Lones — smallbore rifle, three positions

Mexico, 1968
Anderson, Guy — free arm

Munich, 1972
Writer, John — smallbore rifle, three positions
Wigger, Lones — free arm

Silver Medals

London, 1908
Simon, Harry E. — free arm

Stockholm, 1912
Dolfen, Peter J. — automatic pistol

Antwerp, 1920
Bracken, Raymond — automatic pistol
Rothbrock, Arthur — smallbore rifle
Troeh, Frank — Olympic trap

Paris, 1924
Osburn, Carl — free arm
Dinwiddie, M. W. — smallbore rifle
National Team — team smallbore rifle

London, 1948
Tomsen, Walter — smallbore rifle

Rome, 1960
Hill, James — smallbore rifle

Tokyo, 1964
Wigger, Lones — smallbore rifle, prone position
Green, Franklin — free pistol

Mexico, 1968
Writer, John — smallbore rifle, three positions
Garrigus, Thomas — Olympic trap

Munich, 1972
Auer, Victor — smallbore rifle, prone position
Bassham, Lanny — smallbore rifle, three positions

Bronze Medals

London, 1908
Gorman, John — automatic pistol

Antwerp, 1920
Lane, Alfred — automatic pistol
Nuesslein, Lawrence — free arm
Fenton, Dennis — smallbore rifle
Wright, Frank — Olympic trap

Paris, 1924
Hughes, Frank — Olympic trap

Helsinki, 1952
Jackson, Arthur — smallbore rifle

Melbourne, 1956
Pinion, Offutt — automatic pistol

Tokyo, 1964
Gunnarson, Martin — free arm
Pool, Tommy — smallbore rifle, prone position
Morris, William — Olympic trap

Archery

Men

Olympic Champions

St. Louis, 1904
Taylor — short distance
Bryant — long distance
National Team — team event

Munich, 1972
Williams, John — 4 distance total

Women

Olympic Champions

St. Louis, 1904
Howell — short distance, long distance
Cincinnati A. C. — all-round event

Munich, 1972
Wilber, Doreen — 4 distance total

Yachting

Olympic Champions

Paris, 1900
Taylor, Howard — 3-10 tons

Los Angeles, 1932
Gray, Libano — Star
Churchill, Biby, Cooper, Morgan, Dorsey, Sutton, Morgan, Davis, Burmand, Webster, Huettner, Moore, Carey — 8 meter

London, 1948
Smath, H., Smart, P. — Star
Whiton, Loomis, Weekes, Monney, Smith — 6 meter

Helsinki, 1952
Chance, White, S., White, E., Schoettle — 5.5 meter
Whiton, H., Roosevelt, Morgan, Endt, Ridder, Whiton, E., Gubelmann — 6 meter

Melbourne, 1956
Williams, Low — Star

Rome, 1960
O'Day, Hunt, Smith — 5.5 meter

Mexico, 1968
Friedrichs, Jahncke, Schreck — Dragon
North, Barrett — Star

Munich, 1972
Melges, Bentsen, Allen — Soling

Silver Medals

Los Angeles, 1932
Conant, Carlson, Ashbrook, Smith, Douglas, Davis — 6 meter

London, 1948
Evans, Ralph — Finn

Helsinki, 1952
Reid, Price — Star

Tokyo, 1964
Stearns, Williams — Star
Barrett, Peter — Finn

Bronze Medals

London, 1948
Pirie, Torry — Swallow

Melbourne, 1956
Marvin, John — Finn

Rome, 1960
Parks, Halperin — Star

Tokyo, 1964
McNamara, Scully, Batchelder — 5.5 meter
North, Robers, Deaver — Dragon
Melges, Bentsen — Flying Dutchman

Munich, 1972
Cohan, Horter, Marshall — Dragon
Foster, Dean — Tempest

Bibliographie
Bibliography

Mémoires olympiques
Pierre de Coubertin
À travers les anneaux olympiques
O. Mayer
50 ans d'histoire
L. Genet
Des nageurs et des records
S. Oppenheim
Héros olympiques
R. Pariente – G. Edelstein
Le phénomène olympique
G. Meyer
Pierre de Coubertin
M. T. Eyquem
Olympica
M. Berlioux
La genèse des sports
J. Le Floc'hmoan
Le judo
M. Hansenne
Les géants de la route
J. Durry
La fabuleuse histoire des Jeux
Olympiques
R. Pariente – G. Lagorce
The Ancient Olympics
C. Palaeologos
Histoire de Montréal
(Bibliothèque municipale de Montréal)
C. Bertrand

Rapports officiels des Jeux de :
Official Reports of the Games of :
Helsinki
Melbourne
Rome
Tokyo
Mexico
Munich

Documents photographiques

Recherche photos :
Gilles Marien, Montréal

Albert Meyer, Berlin
Association Olympique
Canadienne
Carl Valiquet
Collection Geoffroy de Navacelle
Comité Organisateur des Jeux de
la XXIe Olympiade
Raymond Damblant
Phototèque Perrin –
Velizy, France
Raymond Depardon, GAMMA,
France
Henri Mannet, France
Musée Métropolitain d'Art,
New York
Musée des Sports de Paris
Musée Olympique, Olympie
Musée Olympique, Lausanne
Programme Parcours de la flamme
olympique
National Olympic Pool,
München 72
Sports Illustrated
United Press International

Nous remercions

Le Comité International
Olympique
Le Comité Organisateur des Jeux
de la XXIe Olympiade
L'Association Olympique
Canadienne
Monique Berlioux, Directeur du
C.I.O.
Jean Durry, Musée des Sports
de Paris
La direction des Relations
publiques de la ville de Montréal

Collaboration spéciale avec
l'auteur :
Daniel Mitre

Collaboration spéciale
à l'adaptation anglaise :
Ann Gasior

Services de création,
Imprimerie Canadienne Gazette Ltée
Graphisme :
Frank A. Lipari, Manfred Troske

Picture credits

Photo research :
Gilles Marien, Montreal

Albert Meyer, Berlin
Canadian Olympic Association
Carl Valiquet
Geoffroy de Navacelle Collection
Organizing Committee for the
Games of the XXI Olympiad
Raymond Damblant
Phototèque Perrin –
Velizy, France
Raymond Depardon, GAMMA,
France
Henri Mannet, France
Metropolitan Museum of Art,
New York
Paris Museum of Sports
Olympic Museum, Olympia
Olympic Museum, Lausanne
Olympic flame relay programme
National Olympic Pool,
München 72
Sports Illustrated
United Press International

We thank

The International Olympic
Committee
The Organizing Committee for the
Games of the XXI Olympiad
The Canadian Olympic Association
Monique Berlioux, Directeur
du C.I.O.
Jean Durry, Musée des Sports
de Paris
Public Relations Department of
the City of Montreal

Special collaboration with
the author :
Daniel Mitre

Special collaboration for the
English adaptation :
Ann Gasior

Creative Services,
Gazette Canadian Printing Ltd.
Graphic design :
Frank A. Lipari, Manfred Troske

Table
des matières

Table
of contents